U0135432

序　言

何卫平

　　西方解释学的发展,自宗教改革以后,有一个渐强的哲学化进程,而当代哲学解释学是其自身发展的必然结果。这方面的研究,国内与国外并不同步,例如,在谈到哲学解释学的源流时,我们较多提到施莱尔马赫、德罗伊森、狄尔泰、海德格尔、伽达默尔和利科,而往往忽略或不太重视一个特殊人物,那就是德国神学家、新约解释学家鲁道夫·布尔特曼。

　　布尔特曼在西方当代神学以及相关的解释学领域有着独特的贡献,影响很大,尤其是 20 世纪 50—60 年代达到了极致,这种贡献集中体现在他基于辩证神学背景提出来的“解神话化”的解释学纲领,使得他不仅在当代神学而且在当代西方解释学领域拥有重要的一席之地,然而,由于种种原因,国内学界对他的研究并不多,系统、深入也不够,时至今日,除了《信仰与理解》第 1 卷以及少数论文外,他的许多重要著作都没有译成中文,这也限制了人们对他的了解。现在随着对哲学解释学探讨的不断深入,我们愈来愈感到布尔特曼这个环节之重要,不可忽略,而姜韦博士的这本书《布尔特曼与哲学解释学的发展——从海德格尔到伽达默尔与利科》的出版在一定程度上满足了这一需求,它是国内第一部深入、系统研究布尔特曼解释学思想的专著,在不少方面有较大的突破,可以说是作出了一项补白性的贡献,很值得称道。

　　这本书从大量一手资料出发,吸收了国内外的许多成果,视野开阔,立论有据,所探讨的主题并不限于布尔特曼的“解神话化”的解释学纲领与“生存论解释”之间的关系①,而是以此为基础和出发点来探讨布尔特曼与作为一种“运动”的哲学解释学的关系,将他本人当做其中一员来对待,同时又纳入神学与哲学交互影响的背景来加以呈现,两者的分析在作者那里结合得很好,工作深入细致,层层递进,令人印象深刻。

　　本书主题涉及一系列复杂关系的处理,主要包括神学解释学与哲学解释学的关系,布尔特曼与海德格尔的关系,布尔特曼与伽达默尔、利科的关

---

　　①　因为只限于这种关系,前人已做过,比较有名的成果有麦奎利《存在主义神学——海德格尔与布尔特曼之比较》(中文本参见成穷译,香港:道风书社 2007 年版)。

系,以及辩证神学背景下,布尔特曼与卡尔·巴特的关系,充分显示出作者较强的理论驾驭能力和分析能力。

从总体上看,布尔特曼本人的思想带有特殊性与复杂性,它既有神学解释学的因素,又有哲学解释学的因素,两者融合在一起,难解难分,它从一个方面典型地体现了哲学与神学在解释学上的深刻联系;但正因为如此,人们也容易将它限制在神学解释学的范围内,使之一般解释学的意义,尤其是哲学解释学的意义受到遮蔽。但实际上,我们有理由将布尔特曼的"解神话化"的纲领看成是一种潜含哲学解释学框架的神学解释学,或者说是以神学解释学面目出现的哲学解释学。

但两者的这种关系应当理解为是神学与哲学的一种"相遇"的结果,而不是单向度地由哲学对神学影响的结果。因为和其他局部解释学(如语文解释学、历史解释学、法学解释学)相比,神学解释学离哲学解释学最近。这种关系主要表现在它不单单是方法,还与人的存在即"生存"有关,基督教信仰就有这个传统,它早在一千多年前的教父哲学家奥古斯丁的思想中就十分突出了,这也是为什么海德格尔在 1923 年夏季学期讲座中所给出的西方解释学"简史"对奥古斯丁评价极高的原因①,更何况广义的哲学解释学是在新教背景下发展起来的。

由于这种关系,布尔特曼自然地将"解神话化"纲领或方案纳入到西方一般解释学传统也就不足为奇了,他的著名论文《解释学问题》比较集中展示了这一点,其意义超出了一般神学解释学。在这里,他从施莱尔马赫、狄尔泰、海德格尔的发展中引出"生存论解释",让我们看到,由施莱尔马赫的"心理解释"到狄尔泰的"生命解释"再到海德格尔的"生存解释"有一条内在的发展线索,或者说,西方解释学内部就有这样一种"憧憬",而布尔特曼的"解神话化"的纲领就属于这条发展线索中的一"环",由这里我们可以看到生存神学与生存哲学如何融汇于生存解释学。但也正因为这一点,过去的正统解释学史容易将它仅作为一种局部解释学来对待,导致人们往往在谈到哲学解释学时,直接想到的是海德格尔、伽达默尔和利科,但国外早就有学者意识到了这一点,例如,布莱希尔在他的《当代解释学》一书中,就是将布尔特曼作为在海德格尔与伽达默尔之间的一位解释学家来处理的②,这和海德格尔的《存在与时间》(1928 年)之后(他不再提"解释学")与伽达默尔《真理与方法》(1960 年)之前这中间 30 多年里,西方解释学的发展主

---

① 参见海德格尔:《存在论(实际性的解释学)》,第 2 节,何卫平译,商务印书馆 2016 年版。
② Bleicher, Josef, *Contemporary Hermeneutics*, Routledge & Kegan Paul, 1980, pp.104-107.

要是围绕着布尔特曼的"解神话化"的纲领来展开的状况相一致。姜韦这本书不仅在这方面提供了丰富的资料,而且实际上已触及到了布尔特曼解释学神学背后的一般解释学框架,它既是其神学解释学的升华,同时又可视为其神学解释学的前提,在大的方面可以归入到哲学解释学这个范围内。

然而,就伽达默尔本人来说,对布尔特曼在哲学解释学方面的贡献是估计不足的,他主要将他定位于狄尔泰学派①,这可能是从布尔特曼突出"文本"与"前理解"之间的"生命关联"或"生活关联"的角度来考虑的②,它通向海德格尔前期的"生存论解释",伽达默尔这一判断虽然可以在布尔特曼那里找到根据,但不够全面,可能正是基于这种理解,《真理与方法》第二部分在梳理哲学解释学的准备或前史时,只提到德国浪漫派(施莱尔马赫)、德国历史学派(兰克、德罗伊森)以及二者的集大成者狄尔泰,接下来是现象学派的胡塞尔和海德格尔③,没有提到布尔特曼,这显然是不公正的。现在看来,布尔特曼思想中既有狄尔泰的东西,又有海德格尔的东西,是两者的叠加,而后者更多一些。如果考虑到海德格尔弗莱堡早期有一个生命现象学的阶段,其间狄尔泰是他改造胡塞尔现象学所借助的重要资源之一,那么布尔特曼接近狄尔泰,又接近海德格尔也就不奇怪了,这也影响到伽达默尔。

伽达默尔思想的成熟阶段应当是在其马堡时期(1923—1939),他在那里待了15年,海德格尔和布尔特曼这两位老师对他后来的哲学解释学产生了直接的启发。同海德格尔一样,这方面布尔特曼完全称得上是伽达默尔的先驱。前面提到的他的著名论文《解释学问题》发表于1950年,早于伽达默尔《真理与方法》10年,其中很多思想为后来的伽达默尔所吸收和发挥。如果说,海德格尔对伽达默尔的影响主要是存在论—此在论的现象学解释学,那么布尔特曼对伽达默尔的影响主要是"前理解"、"历史性"、"生存论解释"、"自我理解"、"事情的理解"、"事件"(发生)等观念,显然这两位老师的思想之间有交集。另外,海德格尔的生存论解释学与文本无直接关系,它主要探讨的是生存的理解和解释,而不是文本的理解和解释。与之不同,基于教义学的目的,布尔特曼解释学思想主要围绕《圣经·新约》来进行的,格朗丹因此称他是第一个将"生存"与"文本"结合起来的人④,这

---

① See Grondin,Jean.*Gadamer and Bultmann*.in Petr Pokorny and Jan Roskovec(ed.).*Philosophical Hermeneutics and Biblical Exegesis*.Tübingen,Mohr Siebeck,2002.p.139.

② See Bultmann,*Glauben und Verstehen*,*II*,J.C B.Mohr(Paul Siebeck)Tübingen,1958,S.217.

③ 参见伽达默尔:《诠释学Ⅰ:真理与方法》,洪汉鼎译,商务印书馆2007年版,第241—361页。

④ Grondin,Jean.*Gadamer and Bultmann*.in Petr Pokorny and Jan Roskovec(ed.).*Philosophical Hermeneutics and Biblical Exegesis*.Tübingen,Mohr Siebeck,2002.pp.140-141.

里的"文本"指的是一种特殊文本,而后来的伽达默尔则扩大到所有文本,涵盖整个精神科学领域,它通向利科的重中介反思的文本现象学。反过来,布尔特曼本人对伽达默尔的《真理与方法》也赞赏有加,认为它对神学具有非常重要的意义①。

讲布尔特曼必须从他的"解神话化"与"生存论解释"的关系开始,姜韦这本书也不例外,而且将其贯穿到整个内容的始终。这里首先碰到对"Entmythologisierung"的翻译问题,它颇有争议。从字面上讲,"去神话化"似乎最接近原文。不过,布尔特曼曾说,使用"Entmythologisierung",对他本人来讲,并不是一个恰当的词②,这主要指他看到其字义容易产生歧义、混淆和误解。相对来讲,译成"解神话化"比"去神话化"更符合布尔特曼的原意,且更具有弹性。这里的"解"除了有"解释"、"解构"的意思外,还有"消解"、"解除"的意思,接近德文前缀"ent-"的含义,也就是说,"解"在翻译上更"神似",但也没有排除"形似",因此,我认为这是目前汉语学界最贴切的翻译。当然"去神话化"也不错,因为这里的"去神话化"不是"去神话",而是指去除一种"神话化"的世界观,它体现为一种对象化、客观化的思维方式,相对启蒙时代之后的人来说是一种过时的世界观,而"去神话化"要求面对作为一种"事件"发生的神人"相遇"的生存经验,将新约神话背后真实的宣道意义释放出来。另外,之所以不是"去神话",是因为《圣经》作为"上帝之道"是没有任何错误的,因此没有什么东西需要去掉,所需要的只是通过我们的解释去达到神话背后"宣道"意义的把握。而且"解神话化"与基督教解经传统中不限于字义的喻义解释有关,由此可见,它又不是绝对新的、无任何来自的东西,而且布尔特曼本来就是将"Entmythologisierung"作为一种探讨神话之实在的解释学方法来理解的③,因此,译成"解神话化",解释学的意味更浓,更适合。而本书这方面辨析得比较深入、细致、全面,说理透彻。

在揭示"解神话化"纲领同"生存论解释"的关联,进而与哲学解释学的关联的过程中,无法回避布尔特曼和海德格尔的关系。本书作者对这一关系的分寸把握得很好,既没有简单地将布尔特曼的相关思想视为海德格尔"生存论"的附庸,又没有完全否定海德格尔的影响作用,而是着重强调他

---

① Grondin, Jean. *Gadamer and Bultmann.* in Petr Pokorny and Jan Roskovec (ed.). *Philosophical Hermeneutics and Biblical Exegesis.* Tübingen, Mohr Siebeck, 2002. p.121.
② 参见布尔特曼等:《生存神学与末世论》,李哲汇、朱雁冰等译,上海三联书店1995年版,第7页。
③ 参见布尔特曼:《关于"去神话化"的问题》,李章印译,《世界哲学》2012年第1期,第73—74页。

们之间相互影响、殊途同归,是基于一种共识的"相遇",一拍即合的"共鸣",更何况基督教《圣经》本身包含重生存的丰富内涵,这样看来,完全可以说,布尔特曼与海德格尔一起构成了哲学解释学的先驱,伽达默尔本人虽然对布尔特曼提得不像海德格尔那样多,但二人思想上的联系是很紧密的,对这种联系不仅过去人们提得比较少,即便提到也往往大而化之,语焉不详,而姜韦这本书将其具体化了,而且作为这种具体化的铺垫,作者不仅探讨了布尔特曼与海德格尔前期思想的关系,而且还深入到了布尔特曼与海德格尔后期思想的关系。因为作为后起的伽达默尔与利科的哲学解释学,并没有仅仅停留于海德格尔的前期思想。因此,这部分内容不论从事实,还是从过渡上讲,都是很重要的。

　　虽然无论伽达默尔,还是利科都认为,布尔特曼对海德格尔思想的吸收,主要止步于其前期,而对其"转向"后的思想未能涉及,这是事实,不过尽管如此,布尔特曼并非不存在与海德格尔后期思想的交集,例如,他谈到神人相遇中的"呼唤"与"决断"的关系以及与之相连的作为"事件"的理解就说明了这一点。可见,虽然布尔特曼的表述缺少后期海德格尔的来源,但它并不缺乏基督教的来源,而海德格尔后期思想与基督教的影响是分不开的,包括他的表达方式,他的存在与此在的关系接近神人的关系,离开基督教的背景我们是无法理解的。本书作者集中于布尔特曼的"宣道"思想,并同后期海德格尔的语言观联系起来,对此作了比较详细的论证,从而构成了本书的一大亮点,并暗示出布尔特曼学派的两大成员艾贝林和富克斯后来自觉地将海德格尔后期思想引入,不是没有根据的,而伽达默尔走的是大致相同的路子。

　　本书的论题离不开辩证神学的背景,从而触及到布尔特曼与卡尔·巴特的关系。二人同属于辩证神学,都坚持巴特明确提出的"上帝是上帝,人是人"这一辩证神学的宣言,坚持上帝的超越性原则,当然这应当追溯到克尔恺戈尔著名的神与人"质"的无限差异的论断,以及更远的加尔文的"有限不能知无限,时间不能知永恒"的说法。不过对它的理解,布尔特曼与卡尔·巴特之间存在分歧:布尔特曼认为,虽然神人相隔,但如果在这两者之间不能找到一种沟通,那么它们的对立就是抽象的,对于人来说没有任何意义。这令人联想到柏拉图晚年意识到"理念"与"现象"的"分离说"的困境,并试图用"分有说"来解决之,从而使他这个阶段的思想较之前期更具辩证性,但他并没有放弃"分离说"的意义①。布尔特曼与之类似,他主张神

---

①　参见拙作:《哲学解释学的伦理学之维——伽达默尔对柏拉图和亚里士多德"善"的观念的解读》,《道德与文明》2019 年第 6 期,第 16—17 页。

学在谈论上帝时,必须要谈到人,谈到人对它的接受,它涉及上帝之言对于人意味着什么,这种"意味"体现为一种生命关联,这与布尔特曼强调的理解不是无前提的、一切理解都是自我理解的观点保持一致,而且也接近海德格尔前期所揭示的本体论的解释学循环:要理解存在,必须通过此在,要理解此在必须通过存在。布尔特曼是在二者结合的基础上来秉持他的辩证神学的,而且他的上述说法隐含一种现象学的立场,在这方面显示出他深受海德格尔的影响,或许也是他优越于不关注现象学的巴特之处;同时也让我们看到,相比巴特,布尔特曼的辩证神学似乎更加"辩证":在神人关系方面既看到否定的一面,也看到肯定的一面。巴特强调上帝与人的绝对差别,而布尔特曼则强调在此基础上应从二者的联系或关系(相遇)中去把握上帝,以使相对于人作为绝对他者之上帝落到实处。

我们知道,从克尔恺戈尔,经辩证神学(卡尔·巴特、布尔特曼)到海德格尔,贯穿一种重悖论的辩证法,例如,海德格尔所突出的存在或语言的二重性就是典型,这里面隐含的悖论辩证法更强调对立面双方的张力,而不是统一或综合;至于海德格尔之后的哲学解释学虽然不排斥这个方面,但同时又受黑格尔辩证法的影响,"统一"或"综合"的因素更重一些,这尤其体现在伽达默尔的身上。但我认为,伽达默尔和利科都突出的解释学的辩证性,也是有着辩证神学的影响的,尤其是布尔特曼的辩证神学的影响①。

以上只是我作为第一读者对姜韦这本书的主要印象和感想。虽然还存在着某些不足,但总的来看,这是一部引人入胜的解释学专著,它展示了布尔特曼与哲学解释学之间关系的来龙去脉,主题明确,内容翔实,材料丰富,分析细致,说理到位、语言清晰、文风朴实,达到了预期的效果,目前是国内这个领域研究的重要推进和新收获。在高兴之余,我一下子想起作者当年考取武汉大学哲学学院的博士生,进入我的名下研究解释学时的情景,初次见到他,感到人很憨厚朴实,他的起点并不高,但在接下来几年里,非常用功,不断更新、提升自己,进步很快,他积极参加我主持的研讨班,发言踊跃,并刻苦学习德语,努力根据原文去建立自己对经典的理解,坚持不懈,很有成效,而且在读期间,发表了多篇学术论文,和其他博士生相比,成果显著,表现出较强的科研能力。后来我根据他的知识背景,希望他的论文选题研究布尔特曼,他不仅接受了,而且进入状态较快,干得很不错,他的博士论文完成后,我是比较满意的,答辩受到专家们的好评,后来还获得了湖北省优

---

① 参见拙作:《伽达默尔评布尔特曼"解神话化"的解释学意义》,《世界宗教研究》2013年第2期,第99页。

秀博士论文奖,这是对他这个阶段学习的充分肯定。毕业工作后,他面对新的挑战和压力,继续严格要求自己,发表了不少高质量的学术论文,并在对博士论文修改和拓展的基础上推出了这部很有分量的著作,相对于他的博士论文,不仅内容丰富、扩大了,而且思想更加成熟了。在此书即将出版之际,作为他的老师,除了表示祝贺外,我更希望他咬住青山不放松,继续朝着这个方向努力,争取出更多、更好的成果,以不负时代所赋予我们的这样一个难得的学术发展机遇。

是为序。

2021 年 1 月 26 日于北京

目　　录

导　　论

一、问题提出的意义

西方解释学的历史源远流长,哲学解释学正是这一历史酝酿的产物。哲学解释学之前,西方解释学主要作为方法论分别在语文学、历史学、法学和神学各领域得到发展。虽然哲学解释学在旨趣上与各门部门解释学存在差别,但是毕竟以前者为充分准备和前提。因此,澄清哲学解释学之前史对于理解它是必不可少的,甚至可以说,哲学解释学本身就是对部门解释学的反思和继承。

在四门部门解释学中,语文解释学和历史解释学对于伽达默尔而言更加熟谙。伽达默尔自己本来就在语文学方面颇有研究,不仅自誉为半个语文学家,而且他在这方面的研究在语文学领域是获得承认的。而在历史解释学方面,他的哲学解释学就其是一种新历史主义而言,与古典历史主义解释学有着直接的批判继承关系。因此这两者在《真理与方法》中直接和频繁地涉及。但是法学解释学和神学解释学,由于其专业性和特殊性,并没有被系统地、全面地论及。伽达默尔只是将其作为一个殊例从中汲取一些能说明哲学解释学问题的思想。如解释学应用、解释学实践、解释学的语言经验等。鉴于此,从更专业的角度,对此两门解释学的内在发展逻辑进行考察无疑会让哲学解释学的内涵更加丰润。其中尤其是有着几千年历史的神学解释学,对之的考察定会为我们理解哲学解释学带出更多的线索和启发。

那么,哲学解释学研究为什么避不开神学解释学呢? 从宏观来讲,因为西方思想的发展本来就是神学与哲学相互影响的过程,从微观来讲,因为神学解释学自古以来就有着超方法论的维度和传统。神学解释学虽然主要以方法论为其取向,但是,圣经解释自古以来似乎又不可能只是一个方法的问题。解经者所处的时代、他的个体存在及其解经所要面向的受众的生活状态都在圣经解释过程中发挥作用。神学解释学很早就开始关注这个问题,并将之作为解经学的重要维度予以强调。虽然鉴于不同时代的需要,这条线索可能或强或弱、忽隐忽现,但是,它却从未断绝过,并且总是在紧要的历史时刻为神学研究注入新的生机。由于这条线索具有非方法论或者说超方法论的倾向,因此与突显解释学之存在论维度的哲学解释学最具近缘关系。

哲学解释学研究避之不开的正是神学解释学中的这条路线。本书着力也在于此。

本书除了阐明神学解释学对于哲学解释学形成与发展的重要意义之外，还有一个重要且迫切的目的，那就是更深挖掘布尔特曼解释学的意义。重要是在于若不能深刻理解布尔特曼的解释学，本书也就无法阐明第一个问题，因为本书并没有采取梳理神学解释学史的方式来澄清它对于哲学解释学的意义，而是以布尔特曼解释学为关注点进行阐明。迫切是在于，布尔特曼解释学在神学领域遭受普遍误解，而在哲学领域尚有更多可开显的意义。然而要做到这一点，就不能把他的解释学仅仅局限在神学之内。

西方思想的发展史是神学与哲学交互影响的过程。这不仅表现在双方不同思想之间的交换与借鉴，而且表现在它们滋生于其中的共同传统和背景。因此，不仅澄清神学解释学有助于更好地理解哲学解释学。反过来，立足于哲学解释学，或者说现象学，又可以看到神学解释学中更精彩的东西，而这些往往是单单站在神学之内无法看见的。如前所述，本书不打算梳理神学解释学的发展史，而是以其最新近的思想发展，即布尔特曼解释学为切入点来展现神学解释学与哲学解释学的交融关系。所以，我们将看到，当立足于哲学解释学的背景之下来理解布尔特曼解释学的意义时，不仅神学内部对之的误读和排斥是草率而肤浅的，而且它还具有更加深邃的思想内涵，而随着其内涵的不断开显，可以发现布尔特曼不仅可以与哲学解释学有更加宽阔的对话空间，而且在哲学解释学本身的形成与发展过程中产生了不应忽略的作用和影响。

二、选择布尔特曼解释学的理由

1. 布尔特曼在神学解释学史上的地位和意义

既然要澄清的是洋洋几千年的神学解释学对哲学解释学发展的意义，那么为什么任几千年的神学解经史于不顾，而单选布尔特曼的解释学，这能说明问题吗？如前所述，本书关注的主要是神学解释学超方法论的维度。鉴于此，占据神学解释学之大部分内容的方法论问题将不是本文意欲关注的。所以，千载史料，毋庸一一细述。至于本书企图关注的神学解释学传统，细说起来，远可溯至奥古斯丁，近可归于马丁·路德。然而，这一传统实际上还可以诉诸一个更大的背景，那就是寓意解经的传统。

寓意解经的基本立场是挖掘文本文字背后的意义。它起源于古希腊，但在犹太教和早期基督教的解经活动中得到大力运用和发扬。这里我们不讨论寓意解经的发展史，只是阐明它与布尔特曼解释学传统的内在关联。

鉴于布尔特曼解释学是基督教解经在 20 世纪的最新发展，所以我们着重讨论早期基督教解经，即新约出现后的圣经解释传统中的寓意解经。寓意解经在这一传统中最早体现为对旧约的预表论（typology），即以一种对应的眼光看待旧约与新约之间的关系，"将《旧约》中的事件、人物或对象解释为《新约》事件、人物或对象的预示或原型"。① 早期使徒实际上已经开始了这种解释方式，如保罗把以色列人过红海视为洗礼的预表，逾越节视为耶稣救赎的预表，等等。使徒的这一解经传统为早期的教父继承并发扬，形成在基督教解经史上影响深远的亚历山大学派。该学派将寓意解经推向一个新的高潮。如果说预表论还局限于旧约与新约之间的对应解释，其目的在于论证耶稣及其救赎的合法性，那么在亚历山大学派那里，由于时代的需要，对圣经的寓意解释已经辐射到更广泛的领域。该学派的早期代表人物克莱蒙就认为，圣经文本有至少五种寓涵：历史意义、神学意义、预言意义、哲学意义，以及奥秘意义。此外，由于受到著名犹太教解经家斐诺的影响，该学派非常注重他山之石的功效，是借鉴外来思想解释圣经的先驱。

　　然而，亚历山大学派不仅在外延上拓展寓意解经的范围，而且在内涵上推进寓意解经的深度。例如该学派的另一位重要代表人物奥利金认为，圣经的意义分为不同层次，分别对应着不同水平的读者。"心思简单的人可以从经文的肉身中得教诲（所谓'经文的肉身'是指字面意思）；那些心智渐开、能够领受更深道理的人，可以从经文的灵魂中得教诲；而那些智慧具足的人……可以从那'属灵的律法'中，就如同直接从圣灵中一样得教诲。正如人是由肉体、灵魂和灵三部分组成的一样，经文亦复如此。"② 虽然寓意解经的基本解释学立场还是客观主义的，即无论对圣经进行怎样的寓意解释，这些意义仍然是圣经本身蕴含的，但是，它显然已经开始注意到读者水平在解经中的作用，无意中把圣经解释推向一种读者与文本之间的意义发生活动。

　　因此，寓意解经已经在诸多方面暗示了神学解释学的超方法论维度。由于不满足于圣经的字面意，它所代表的解经取向一开始就带有强烈的时代融入感。一方面，通过寓意解经让圣经向不同时代的不同领域保持敞开，另一方面，把外来文化带入圣经解释，促进寓意解经。虽然寓意解经也导致各种问题，但圣经这部几千年前的文本之所以能经历不同时代而不断

---

① 卢龙光主编：《基督教圣经与神学词典》，北京：宗教文化出版社 2007 年版，第 542 页。

② 高峰枫：《奥利金论圣经三重义》，载《欧美文学论丛》第 3 辑，北京：人民文学出版社 2003 年版，第 86—87 页。

彰显强烈的生命力,得益于寓意解经。更为重要的是,它已经注意到理解者在理解中的作用,可谓神学解释学之哲学解释学维度的崭露头角。然而,就寓意解经自身立场而言,这一切都发生在无意之中。而真正有意识地将其蕴含的这些思想加以阐发的是奥古斯丁。

奥古斯丁继承了亚历山大学派的寓意解经传统,但他的解释学思想却是在寓意解经和字义解经(安提阿学派)之间的张力中运思构建出来的。所以,他尝试在二者之间调和,"试图兼取亚历山大学派和安提阿学派之长,开拓出一种能兼容字面意义和超字面意义的诠释学视野。"①《论基督教教义》虽然是一本解经学和讲道学手册,而且里面的确涉及大量方法、技巧的讨论。但是,在本书中,奥古斯丁首先提出的并不是方法,而是解释者当具备的生活:信、望、爱、敬畏、虔诚等。他认为,在解经中方法纵然重要,却应放在第二位,他甚至认为,若没有敬畏与虔诚,不要急于解释圣经。"首先,我们应当怀着对神的敬畏之心努力认识他的旨意。这种敬畏必然在我们心理激起对我们所面临的必死性和可朽性的意识,⋯⋯下一步是心充满虔敬,不要那么快进入《圣经》之中。"②解经由此被奥古斯丁赋予了神圣的意味,同时也暗含某种深刻的解释学意义,以至于他的解释学思想被海德格尔誉为具有"宏大风格"的解释学。在奥古斯丁那里,解经"首先不只是一个方法的问题,而是一个存在的问题。"③肇始于奥古斯丁的这条神学解释学路线,尽管在接下来一千年的解经活动中发生了深远的影响,但并没有得到太大的推进和突破,直至16世纪初宗教改革家马丁·路德提出"唯有圣经"的解释学思想。

"唯有圣经"强调圣经的自解原则。一方面针对的是天主教沉重的解经包袱,另一方面则是杜绝泛滥的寓意解经。马丁·路德极为强调字义解经的重要性,但他同时要求解经必须是解经者与圣经的话语发生生命的相遇。解经本身就是一种信仰的活动和操练。虽然强调字义,但圣经在马丁·路德眼中绝非一个对其文法、逻辑、历史进行考究的对象,毋宁说,圣经与解经者一样是一个自己运动着的精神的存在,它有自己的主题、内容和事情。所以,解经在路德看来是人格之间的交流。而且,在此过程中,解释者

---

① 梁工:《圣经诠释学早期历史略伦》,《安徽师范大学学报》(人文社会科学版)2012年第3期,第318页。
② 奥古斯丁:《论基督教教义》,载《论灵魂及其起源》,石敏敏译,中国社会科学出版社2004年版,第49页。
③ 何卫平:《奥古斯丁与西方解释学》,《武汉大学学报》(人文科学版)2012年第5期,第6页。

始终要抱着听从的态度跟随文本，而非把文本强行植入自己的精神之中。
"文本（圣经）不是一套固定的先验思想体系，它要以自己的事情（Sache）运
动起来。一句话：文本要说话，或者说，它要求被听见。因此，解释者一定不
要把文本的精神置入自己，而必须把自己的精神置入文本。"①路德的这种
解释学思想不是仗势于"圣经具有上帝的权威"这一教条，而是企图表达一
条解释学的原则，即在理解时，必须让文本讲话。所以，路德主张人应当尊
重圣经的文字，不要以自己的先入之见干预文本。"当路德声称圣经的自
解原则时，他没有依仗圣经的上帝权威，而是诉诸一种必然，即圣经必然
讲话。"②

　　显然，马丁·路德的解释学在某种意义上是对奥古斯丁解释学思想的
复兴。然而，正如奥古斯丁之后，近千年的经院哲学把圣经解释带入沉重的
教义桎梏和寓意解释泛化的死胡同。同样，路德之后，圣经解释经由启蒙理
性和实证主义，再度被自由神学领进历史批判的末路。布尔特曼提出"解
神话化"的解释学方案，就解经学而言，直接面对的正是自由神学的解经问
题。在解经学的意义上甚至可以说，整个辩证神学都在批判自由神学的解
经方案。只不过，卡尔·巴特通过复兴强调圣经权威的加尔文主义，而布尔
特曼则是通过复兴路德主义的"唯信"传统来做成这件工作③。

　　所以，面对解神话化方案招致的谴责，布尔特曼搬出保罗和路德的唯信
称义做挡箭牌。如果说保罗和路德提出"唯信称义"分别针对的是犹太人
的律法主义和天主教的事功主义，布尔特曼认为他的解神话化针对的是在
启蒙以来的科学理性主义的大背景下，信仰在知识化、道德化、历史化，以致
最终人本化的语境中被扼杀的现实。他回应批评者说："我们解神话化的
意图实际上与圣保罗和路德的不靠律法唯靠信心称义完全一致。或者毋宁
说，它是这个学说在认识论领域的逻辑结论。正如称义学说一样，解神话化
摧毁了一切虚假的可靠感；……可靠只有通过放弃所有可靠感才能获
得。"④这里的认识论，不是近代哲学意义上的，而是指用在手的、可把握的
知识代替信仰的各种企图。布尔特曼是在"事功"（Werk）的意义上定性知

① Walter Mostert, *Glaube und Hermeneutik*, Herausgegeben von Pierre Bühler und Gerhard Ebeling, Tübingen：J.C.B Mohr（Paul Siebeck），1998，S.13.
② Ibid., S.11.
③ 参见何卫平：《伽达默尔评布尔特曼"解神话化"的解释学意义》，《世界宗教研究》2013 年第 2 期，第 98 页。
④ R.Bultmann，"Bultmann Replies to his Critics，" *Kerygma and Myth A Theological Debate*,（New York：Harper &Row，Publishers，1961），pp.210-211.

识的,就两者都隐藏着人自己为自己营造可靠感的企图,依靠它们都等于靠行为称义。具体而言,布尔特曼指的是历史批判研究者们追求的历史耶稣的知识和道德神学家们所坚持的道德伦理知识,诸如此类。如果说,自由神学在解释圣经时,将之视为可进行历史考证的史料记载,或传授某些伦理教训的道德书籍,那么布尔特曼的解释学则要把圣经当做上帝之道来倾听。上帝之道是直接对我当下说出的话语,因此,真正聆听的人要做的不是去考证它的历史真实性,而是立足于他的当下处境予以回应。

可见,布尔特曼解释学是曾经被马丁·路德复兴于16世纪的神学解释学传统在20世纪的再次复兴。这条解释学线索是在寓意解经的传统中孕育而出,而奥古斯丁、马丁·路德、布尔特曼无疑是这一传统中的三个重要中点。故此,布尔特曼作为它的最新继承者成为本书的探讨中心绝非信手拈来。

2. 布尔特曼在哲学解释学中的地位和意义

由于布尔特曼是一位神学家,又由于其"解神话化"的解释学方案首先是一套新约解释方法,所以,把它视为神学解释学这一部门解释学内部的方法论是再平常不过的了。然而,如果"解神话化"的意义不过尔尔,那么本书就没有写下去的必要了。本书之所以敢于立论,就在于布尔特曼虽然是一位神学家,但他的思想却与哲学有着密不可分的关联;"解神话化"尽管是一门解经方法,却远不止方法论的意义。当然,布尔特曼解释学与哲学密切关联,是众所周知的事情。遗憾的是,这个关联常常被认为是布尔特曼把海德格尔的哲学当做一个模板直接移入圣经解释。然而,当本书再次重申此断言时,却不再以外在的眼光来看待二位思想家之间的关联,而是着眼于现象学和生存主义①的思想背景予以考量。这样一来,便可发现"解神话化"若仅被视为借鉴某种哲学体系而编制出来的方法论,就太过浅显了。毋宁说,它是发生于神学领域的哲学解释学运动。

"哲学解释学"是西方解释学在20世纪,以海德格尔为起点所发生的一次从认识论—方法论向存在论—生存论的转向。这一转向的关键在于,"解释"的意义从一种概念性的、理论性的认知行为转变为生命现象或生存的自行显现。沿此路线,伽达默尔把文本解释也纳入到生存显现的框架下揭示其更加深刻的含义。然而,如前所述,神学解释学很早开始关注解释者

---

① 生存主义的德文词是"Existenzialismus"。该词常被译为"存在主义"。布尔特曼的神学被称为生存主义神学是因为他和前期海德格尔都关注"生存"。鉴于此,本书将"Existenz"或英文"existence"一律译为"生存"。

的生命状况与文本解读的联系。秉承这一传统,布尔特曼有意识地将其与哲学解释学相对接,其解释学正是要把"海德格尔生存论的'理解观'应用至解释学的传统问题,即文本解释的问题之上"。①"解神话化"作为一套解经方法之超方法论的地方正在于它要把生存因素纳入到解经,或者说,他把解经视为一种人的生存活动予以考量。故此,自布尔特曼以后,不仅神学内部发生了一次解释学转向,即从神学解释学向"解释学神学"的转向,而且影响到神学领域之外,对当时正在形成和发展的哲学解释学产生重要的推动作用。

有鉴于此,把布尔特曼的"解神话化"仅仅归为一门部门解释学的方法论是不够的。虽然本书意欲探讨的是神学解释学与哲学解释学之间的历史关系,但是并没有驻足于哲学解释学的门槛之外。我们要探讨的"解神话化"恰恰是神学解释学发生转向的枢纽,就此而言,它已经完全踏足在哲学解释学的领域之内了。所以,当伽达默尔把布尔特曼的解释学仍归诸于狄尔泰学派,而不是哲学解释学的范围时,他的学生让·格朗丹却认为此举有失中肯②。

不仅如此,就哲学解释学的发展历程而言,布尔特曼本身就是一个不可或缺的环节。如前所述,哲学解释学肇始于海德格尔对"理解"和"解释"的生存论阐发。实际上,海德格尔解释学的形成蕴含着充分的神学背景,早期弗莱堡时期的《宗教生活的现象学》以及《存在论:实际性的解释学》都是其解释学思想形成的重要节点。正是带着这一背景,当他进入马堡大学时(1923年)能够与布尔特曼产生深刻的思想对话和相互影响,进一步为《存在与时间》的撰写奠定基础。然而,《存在与时间》后(1927年),海德格尔似乎不再关注解释学问题,而围绕解释学进行全面系统研究的巨著《真理与方法》问世之际,已是1960年。实际上,海德格尔转向后,哲学解释学的推进和发展主要围绕布尔特曼进行,尤其是其提出的"解神话化"方案,在解释学领域产生巨大反响,引领并推动了当时的解释学研究。

布尔特曼不仅有意识地考虑人的生存活动在理解和解释中的重要性和决定性,而且已经对诸多具体的解释学问题和概念进行了深刻的探讨。他对生命关联(Lebenszusamenhang)的阐述其实已经蕴含了视域融合的基本思想,而像前理解、自我理解、理解的相对主义等问题已经在他的解释学中

---

① *Philosophical Hermeneutics and Biblical Exegesis*, Edited by Petr Pokrný and Jan Roskovec, Tübingen:J.C B.Mohr(Paul Siebeck),2002,S.140.

② See Ibid.,S.139.

得到充分和详细的讨论。最后,他的宣道思想强调理解是一种作出决定的回应行动,非常明确地阐述了理解与应用的统一性,深刻体现了解释学的实践性特征。正因为此,伽达默尔的学生让·格朗丹宣称,布尔特曼在诸多问题上构成伽达默尔的思想先驱。

不仅如此,20世纪60年代末,解神话化的影响继续渗入到法语世界。1968年,保罗·利科将布尔特曼的思想引介至法国学术界,并为其解神话化的代表性著作《耶稣、神话学和解神话化》作序。该序言不仅成为法语世界了解布尔特曼的一个窗口,而且反映出布尔特曼在保罗·利科自己的解释学思想形成中的重要意义。利科作为继伽达默尔之后具有重大理论突破的解释学家,尝试探索一条统一解释学存在论与方法论的路径。在此过程中,他深刻反思了自海德格尔以来的解释学传统,而这个序言正是利科立足于哲学解释学的发展逻辑,对布尔特曼的反思性解读。布尔特曼之所以引起利科关注,乃因二者共同的神学解释学旨趣。就此而言,解神话化与利科之间能发生碰撞,不仅进一步确证了布尔特曼在哲学解释学发展过程中的重要性,而且展现了他在解释学当代发展中的影响力。

因此,无论是从思想本身的内涵而言,还是就其在哲学解释学的发展过程中的影响而言,布尔特曼皆是有意识地融入哲学解释学的运动,毋庸置疑属于哲学解释学范畴。如此说来,要发起一场神学解释学与哲学解释学的深入对话,似乎没有比"解神话化"更为合适的切入点了。

三、国内外理论研究综述

本研究立足于哲学来考察解神话化,进而考察神学与哲学的交互关系,所以,所关注的文本主要是与哲学相关的解神话化研究成果。在国外,关于布尔特曼与哲学之关系的研究大致有两条路线。一条是,就思想和概念之内涵进行的横向对比研究;另一条则是,着眼于思想之历史发展的纵向研究。

1. 国外的研究状况

麦奎利的《存在主义神学——海德格尔与布尔特曼之比较》和乔治 D. 克里塞德斯(Gorge D. Chryssides)的论文《布尔特曼对海德格尔的批评》属于横向比较研究的代表。它们能在哲学与神学之间把握平衡,不至于偏于一隅。但是,由于主要是一种平面比较,限于布尔特曼与海德格尔思想概念的对比,忽略二者的思想传统和历史背景,未能把布尔特曼思想自身的传统和解神话化由之提出的语境指明出来。

罗杰 A. 约翰森(Roger A. Johnson)《解神话化的起源:鲁道夫·布尔特

曼神学中的哲学与历史学》是纵向研究的初步尝试者。作者系统而全面地
梳理出解神话化与马堡学派、宗教历史学派、启蒙主义、生存主义的思想关
联。但该书过度强调新康德主义在布尔特曼神学思想中的影响作用,以至
让他的思想打上二元论的烙印。它忽视了德国浪漫主义和历史主义传统对
布尔特曼的影响。在某种意义上,路德的唯信主义正是通过这个传统影响
到布尔特曼的。

纵向研究的另一部杰作当属格雷斯·琼斯(Gareth Jones)《布尔特曼:
走向一种批判的神学》。该书注意到布尔特曼思想的路德传统,并有意识
地从该传统内部出发来理解他与海德格尔的关系。① 但是,这本著作毕竟
是一个尝试性的研究,关于解神话化与海德格尔后期的探讨,只是粗略地就
上帝问题与去蔽的真理问题,而且基本上没有去涉及布尔特曼与伽达默尔
之间的研究。

安东尼 C.西塞尔顿(Anthony C.Thiselton)在其著作《两个视域》中谈到
布尔特曼与海德格尔的关系。一方面,他延续了罗杰 A.约翰森追溯思想发
生史的研究方式,对布尔特曼在与生存哲学相遇之前的神学与哲学背景给
予澄清。另一方面,他更多地从布尔特曼自己的思想和文本中寻找他对生
存哲学的看法,澄明生存神学与生存哲学之间的关系。② 尽管如此,该书对
生存哲学与生存神学的关系没有深入,没看到走向宣道神学是布尔特曼神
学的必然趋势,没有理清布尔特曼对辩证神学的理解如何推进了它的发展。

国外关于解神话化与伽达默尔的关系研究首推安东尼 C.西塞尔顿的
著作《两个视域》和 B.H.麦克林(B.H.Mclean)的著作《圣经解释与哲学解释
学》。前者对伽达默尔的核心概念,诸如艺术游戏、前理解、时间距离、视域
融合、语言观、问答逻辑等进行阐释,并指明它们对圣经解释的意义。③ 后
者围绕哲学解释学的兴起与发展对圣经解释学带来的影响展开讨论。但是
二者属于双方的平面比较,因此几乎没有布尔特曼的身影。

让·格朗丹《伽达默尔与布尔特曼》一文的研究眼光为我们呈现出新
的图景。它不在现成观点之间外在地罗列比较,而是从他们共有的思想背
景——海德格尔来追寻二者之间的复杂关系。格朗丹的这篇论文为研究解
神话化与伽达默尔哲学解释学的关系打开一个崭新的视域,但是,毕竟处于
初步探索,很多问题需要继续展开,一些连带的问题,如前理解、自我理解以

---

① 　Gareth Jones,*Bultmann*:*Towards a Critical Theology*,Cambridge:Polity Press,1991,p.66.

② 　See Anthony C.Thiselton,*The Two Horizons*,The Paternoster Press,1980,p.207.

③ 　See Ibid.,pp.304-318.

及与之相关的生存等问题也是短小的篇幅无暇顾及到的。格朗丹的文章发表后,菲利普·埃贝哈德(Phillippe Eberhard)的文章《伽达默尔与神学》在他的基础上进一步探讨伽达默尔与神学的关系。该文把格朗丹指出的一个现象,即伽达默尔始终把布尔特曼归于狄尔泰传统的做法归因于他的一个认识:布尔特曼没有跟随海德格尔的转向。此外,作者通过阐明奥古斯丁的三位一体对伽达默尔语言观的影响,指出神学对伽达默尔的意义更多是一种形式上的启发。①

关于布尔特曼与利科的研究,有凯文杰·范胡泽(Kevin J. Vanhoozer)的《保罗·利科哲学中的圣经学识——诠释学与神学研究》。该书在以下两个方面对于本研究具有重要意义。一方面是对利科解释学中神学与哲学之交汇关系的揭示。指出利科的哲学是一种神学思考,其神学是一种哲学阐释。这为从宏观层面切入利科与布尔特曼之思想关联研究提供了一个宽阔的视野。另一方面是点明利科的叙事理论对于布尔特曼解释学的补充性意义。为具体深入二者的思想关联提供了一个极具启示性的视角。尽管如此,该书涉及利科与布尔特曼的篇幅有限,只是指出一个方向,并未就二者解释学的具体观点展开对话。鉴于此,立足于哲学解释学的发展,深入二者解释学内部展开一场对话显得极为必要。

2. 国内的研究状况

布尔特曼在国内研究相对薄弱。专门研究布尔特曼解释学,并从解释学的角度研究他与海德格尔、伽达默尔、利科之关系的论文也很少见。尽管如此,汉语学术界早在20世纪80年代就已经开始关注布尔特曼。

就笔者所了解的资料,汉语界最早关于布尔特曼的文献似乎是刘小枫先生《走向十字架的真》中的一篇文章《神圣的相遇》。该文对解神话化之实义,即解释而非消解神话②,以及其中的精义,即在生存中与上帝相遇,进行阐发,另外,作者也没有在他与海德格尔的关系问题上草率地认为后者绝对性地影响前者,这些观点对于深入研究布尔特曼解释学,都是非常重要的提示。

张旭先生在《上帝死了,神学何为?》中认为海德格尔对布尔特曼有重大影响,但他看到,布尔特曼是带着其老师赫尔曼的传统走向海德格尔的。其另一篇专门讨论布尔特曼解释学的论文《布尔特曼的解释学神学》更加

---

① See Phillippe Eberhard,"Gadamer and Theology",*International Journal of Systematic Theology*,Vol.9,No.3,July 2007,p.289.

② 参见刘小枫:《走向十字架的真》,上海三联书店1995年版,第120—123页。

明确地界定了生存哲学对布尔特曼的意义。作者看到,解神话化是布尔特曼立足于自己的神学思想对圣经进行解释,而不是对生存哲学的搬用。作者还指出宣道神学以及由之而生的末世论生存是布尔特曼神学的终极目的。此外,作者提及布尔特曼与伽达默尔的关系。"布尔特曼的解释学思想对于伽达默尔以及 20 世纪的解释学运动都有深远的影响,这一点往往为人所忽略。"①鉴于研究兴趣,作者并没有在这方面继续展开,但这一句简单的评论却不失为一个极为重要的提醒。

李章印先生的《海德格尔哲学对布尔特曼神学的影响》是目前关于这方面论述较为全面的一篇文章。值得注意的是,作者从方法论的角度将解神话化与海德格尔的"解构—指引"关联起来。注意到解神话化是建立在两种实在的区分之上,即"自然科学意义上的实在"和"生存和信仰所涉及的实在"②。指明海德格尔的哲学与布尔特曼的神学是在两个不同层次上,概念的借鉴不破坏神学自身的独立性。最后,作者通过海德格尔对神学提出的一项任务为中介将基督教的宣道与伽达默尔解释学联系起来,这对于研究布尔特曼在哲学解释学运动中的地位和作用都极为重要。

有关布尔特曼与伽达默尔关系研究,杨慧林先生的《圣言·人言——神学诠释学》中对之有所涉及。在谈到布尔特曼解释学的前理解问题时,作者认为布尔特曼强调理解是生存中的相遇,"并非不可能被视为伽达默尔的'效果历史'的先声。"③而且,就伽达默尔把布尔特曼的生存论解经仅视为"是用神学的方式解释海德格尔关于'此在'本真性的概念",④表示不认同。此外,李毓章先生的《关于布尔特曼的神话解悟——兼析伽达默尔对他的评论》不仅探讨解神话化之最核心的几大概念:生存解释、自我理解和生命关联,而且分别就这些问题论述伽达默尔的看法。二位的洞见对深入探讨伽达默尔与神学解释学之间的复杂关系具有重要意义。

何卫平先生的《伽达默尔评布尔特曼"解神话化"的解释学意义》以解释学发展史的眼光来解读布尔特曼解释学与伽达默尔之间的关系,具体而言,从辩证神学的发展来看待神学解释学对伽达默尔的影响,以及前者向后者的一种历史的憧憬。作者立足于伽达默尔的解释学,主张后者可以为巴特和布尔特曼提供融合的空间。伽达默尔对"自我理解"和"事情理解"的

---

① 张旭:《上帝死了,神学何为?》,北京:中国人民大学出版社 2010 年版,第 99 页。
② 李章印:《海德格尔哲学对布尔特曼神学的影响》,载傅永军等:《宗教与哲学:西方视域中的互动关系研究》,济南:山东大学出版社 2014 年版,第 318 页。
③ 杨慧林:《圣言·人言——神学诠释学》,上海译文出版社 2002 年版,第 109 页。
④ 同上。

同时强调,亦即对解释之游戏特征的揭示,实际上是对两者之对立立场的综合①。最后,作者以"自我理解"问题,把布尔特曼、海德格尔前期和伽达默尔的哲学解释学加以贯通,为进一步探讨三位思想家之间的关系理清一条线索。

国内关于布尔特曼与保罗·利科解释学关联研究相对较少。就笔者目前搜集的材料,林子淳先生在其著作《利科:在圣经镜像中寻索自我》的第五章专门探讨了二者之间的关系。该书紧扣理解者的"自我转化"问题,指出利科立足于自身的叙事解释学对布尔特曼进行批判。与此同时,作者在讨论"自我转化"问题时,特别突出利科的特点,即体现为反思意识形态宰制的自我理解。此外,该书讨论了利科见证解释学,围绕见证进一步阐述自我反思和自我理解问题。见证解释学为沟通布尔特曼与利科建立了一个纽带。另外该书中有关利科解释学中的神学维度的揭示也为本研究思路的打开带来非常重要的启示。

综上所述,国外关于解神话化与海德格尔和伽达默尔关系的研究或限于平面对比,未能深入,或注重发生学研究,却限于解神话化本身,仅仅尝试性提及它与哲学解释学之间的关联。在国内,有关探讨多为片段式论文研究,系统性专著研究付诸阙如。国内外有关布尔特曼与利科解释学的探讨缺少系统性。因此,笔者认为若不在哲学解释学的发展进程中理解布尔特曼,打通布尔特曼与海德格尔后期和伽达默尔,无法真正深入到布尔特曼与利科的研究中去。此外,国内外对宣道在布尔特曼解释学中的意义阐述不够,这将是本研究的一个理论突破。

四、基本思路和写作方法

在现有研究基础之上,本研究一方面着眼于宣道以打通布尔特曼解释学与海德格尔后期和伽达默尔的语言观。另一方面,将历史发生的眼光全面引入布尔特曼、海德格尔、伽达默尔、利科四者之关系的研究之中,从中梳理出一条逻辑的线索。

既然是历史性研究,就不能就事论事,而是必须把"解神话化"得以提出,以及它与生存哲学得以相遇的学术传统和时代背景展示出来。不仅如此,还要把解神话化的哲学解释学内涵阐发出来,所以,引导第一章的核心问题是,它得以提出的历史传统是什么?通过第一章的阐述,详细交代布尔特曼提出其解释学的神学和哲学背景。

① 参见何卫平:《伽达默尔评布尔特曼"解神话化"的解释学意义》,第106页。

　　第二章在第一章的基础上,深入剖析"解神话化"的解释学内涵。一方面从"解"入手,分析解神话化的三重解释学内涵,着重凸显宣道这个维度。另一方面,从"神话"和"神话化"入手,阐述它对对象化思维的批判以及宣道语言的基本特征。此外,本章还将探讨"生存"这一概念在布尔特曼思想中的来龙去脉,着重理出两个重点:第一,澄清布尔特曼解释学中"生存"问题的渊源,为与海德格尔前期关系的探讨埋下伏笔。第二,进一步揭示宣道在解神话化中的意义。它将贯穿于整篇行文之中,为后面与海德格尔后期、伽达默尔和利科关系的探讨奠定基础。笔者立足于整个哲学解释学的发展,力图表明布尔特曼与海德格尔在生存问题上是一种彼此相遇和交互影响关系,也就是说各自立足于自己的问题和传统在同一问题上发生共鸣。既然如此,他们在某些方面存在差异就在所难免了。所以,第三章除了指明生存神学与生存哲学的相契合之处,更多地在于指出二者的差异之处,以便清楚而中肯地评断生存哲学对生存神学的意义,进而为我们发现布尔特曼在解释学问题上对海德格尔的推进和发展提供基础。

　　虽然力图把布尔特曼与海德格尔前期思想关系的研究细致化,并指出其中的诸多误区,予以辨明,但是这个问题实际上是一个显的问题。因为关于它的研究自解神话化提出之日起就是一个热点。第四章意欲探讨的则是一个隐的问题。解神话化究竟有没有与海德格尔后期对话的空间?本书不仅对此问题作出肯定回答,而且以现象学为背景,以"宣道"为轴,系统全面地阐发解神话化与后期海德格尔的关联。然后在第三、四章的基础上,理清布尔特曼解释学对海德格尔的推进与发展,并为他与伽达默尔的对话做好准备。

　　第五章虽然只有一章的篇幅,但实际上在结构脉络上是第三章和第四章的缩影,即是说,也分别从显和隐两个层面就布尔特曼解释学与伽达默尔解释学进行对话。其中,第一节主要就伽达默尔明文提到过的有关布尔特曼解释学的问题予以讨论,如前理解、解释学的应用与实践、自我理解等问题。本节的论述以海德格尔、伽达默尔和布尔特曼三者之间的关系为背景,结合布尔特曼自己的思想语境阐明上述主题在他自己思想中的意义,由此指出它们对于伽达默尔思想的先驱意义。第二节则沿着第一节末尾的"自我理解"问题,通过把它与海德格尔后期贯通,以查明解神话化与伽达默尔的艺术游戏和语言观之间的关联。这些内容一方面开拓了布尔特曼与伽达默尔更隐秘的思想对话空间,另一方面暗含着布尔特曼解释学对后世产生影响的潜在要素,因而属于隐的一面。

　　解神话化不仅在哲学解释学的形成过程中扮演着重要角色,而且对后来哲学解释学的发展也产生很大的影响。一方面,它直接导致神学解释学中新解释学派的产生。另一方面,传到法国之后,它在法国解释学家保罗·利科那里激起了强烈的反响。第六章围绕布尔特曼解释学与保罗·利科解释学探讨前者在法国解释学发展中的影响。本章讨论从利科对布尔特曼的一个批评切入,即指责他在解释学上走了生存论的捷径。所以,本章将着眼于利科的叙事解释学反思布尔特曼解释学的不足,同时阐明后者在利科解释学中产生的作用,由此指明哲学解释学的发展是一场运动,它从海德格尔与布尔特曼的相遇开始,经由伽达默尔,走向利科。同时,这场运动也是神学解释学与哲学解释学从交互影响走向融合的道路。

第一章 "解神话化"提出的背景

布尔特曼解释学体现在他提出的"解神话化"方案。该方案提出之后在学术界引起强烈反响。从正统神学的角度来看,解神话化方案所可能带来的负面影响和冲击是不可估量的。且不说其具体内容,但就"解神话化"这一术语本身已足以令那些所谓正统和保守的教派避而远之。对于包含许多神话叙事的圣经来说,解神话化无异于釜底抽薪。

有趣的是,如果布尔特曼只是一个研究圣经的纯粹学者,那么无论他的解经怎样花样百出、耸人听闻,只把它当做一种"奇谈怪论"听听也就罢了,但事实上,布尔特曼同时也在教会担任布道事工。他的许多思想都在其布道中有其萌芽。这说明布尔特曼不只是纯粹学术的眼光,教会布道是他的神学思考的一个不可或缺的维度。所以,布尔特曼反复要求读者把他的解神话化方案纳入当今教会的布道活动这一背景下予以理解。

既然如此,解神话化是在为基督教信仰辩护吗? 不错。只不过这种辩护采取的不是排他自居的方式,而是在同当下时代对话的过程中进行的。所以,理解解神话化,必须考虑布尔特曼所处时代背景和文化思潮的影响。然而,此等言辞可能不可避免地又刚好迎合了人们对布尔特曼的一般印象。一提到解神话化,第一时间呈现在我们脑海的无疑是"一边使用电灯和无线电,享受现代医学服务,一边相信新约的神迹灵异的世界,这是不可能的"。[①] 仿佛解神话化的意图仅仅在于用一种先进的世界观取代陈旧的世界观。布尔特曼因此被赋予科学和理性的鼓吹者,以及神学界的启蒙主义者的角色。解神话化虽然并非艰深晦涩的哲学理论,但它的时代语境和多种思潮的影响使得解神话化无论就其缘起、发展抑或效应都显得极其纷呈复杂。因此,如果不把这些错综的思想线索理出头绪,那么产生上述简单的表面印象着实不足为怪。

究竟是什么促使布尔特曼提出解神话化方案的呢? 当时的基督教解经面临着怎样的困局? 如果解神话化代表一种理解圣经的方式,那么它所针对的是什么? 布尔特曼提出解神话化的时代和思想背景又是什么? 本章将

---

① Rudolf Bultmann, *Kerygma and MythI, A Theological Debate*, New York: Harper &Row, Publishers, 1961, p.5.

沿着这些问题线索就解神话化的背景予以澄清。首先是它的神学背景,然后是哲学背景。

第一节　"解神话化"的神学背景

一、信仰道德化

启蒙运动以后,信仰道德化似乎成为大势所趋。面对自然理性的至高权威,不但灵感论的解经理论被拒斥,而且我们无法直接把圣经中的奇迹当做历史的事实加以接受。斯宾诺莎《神学政治论》第七章关于圣经解释的论述典型体现了启蒙精神。一方面,不可预先带着偏见去解释圣经,这里的偏见主要指把圣经当做上帝的神圣话语等宗教前设,因为"解释圣经与解释自然的方法没有大的差异"。① 正如"解释自然就是解释自然的来历",②同样,也应该以历史形成的眼光来发现圣经起源的原则,然后以此合乎理性地理解圣经的奇迹。所以,另一方面,唯一可算为合乎理性的原则只能是道德。"我们若要证明《圣经》的神圣的来源,我们必须只以《圣经》本书为据,以证明《圣经》教人以纯正的道德信条。因为只有用这种方法,才能证实《圣经》来源之为真。"③可见,理性主义、历史主义和道德主义可谓是启蒙解经的三位一体的原则。

面对启蒙运动的道德主义解经原则,基督教内部是如何反应的呢?基督教当然不能像启蒙那样把自己的至高典籍仅仅视为一部普通的、自然的书籍。然而,在启蒙运动的自然理性面前,它也不能不顾圣经奇迹的合理性问题。那么如何既不把圣经中奇迹的意义一律道德化(否则就排斥掉),又避免启蒙理性的批判呢? 较为可行的道路就是把圣经的解释与个人的虔诚信仰和圣洁生活紧密联系起来。我们知道,启蒙运动秉承希腊精神,追求普遍必然的原则,这同样在它的圣经解释中表现出来。道德主义的解经不仅是解释圣经的一种方式,或者说,道德主义不仅是一条解释原则,当启蒙解经把圣经视为一本道德的自然书籍之际,它实际上是为圣经给出了一个普遍一般的定论:圣经的精义是道德。这是一个可以普遍传达的命题,因此它带来的是关于圣经的一个普遍定义,而完全忽略个人及其各种因素在圣经

---

① 斯宾诺莎:《神学政治论》,温锡增译,商务印书馆 2009 年版,第 103 页。
② 同上。
③ 同上书,第 104 页。

解释中的作用。德国敬虔主义运动以及其他民族所发生的与之相似的运动,如英国的福音主义复兴运动和美国的大觉醒运动,正是抓住了启蒙的这个弱点。他们通过强调圣经在个人生活中的应用,从个体的维度维护了圣经的合法性。

尽管如此,把圣经解释与个人生活紧密联系的做法仍然未能彻底摆脱信仰道德化的趋势。因为这里强调的"个人生活"可能主要还是在道德意义上。虽然敬虔派反对对圣经进行普遍一般的科学式解读,但它只不过将启蒙立为原则的东西转化到个人的实际生活行动中。所以,这对于启蒙所提出的奇迹批判是无济于事的,因为它不是通过回答启蒙的问题来回应它,而是将问题的关键转向另一个领域,即主观的领域以回避它。

沿着敬虔派的道路往下走,必定通向施莱尔马赫的情感神学。就时代环境而言,下述关于施莱尔马赫神学意义的评论是较为恰当的:"从整个思想史的宏大角度来看,自由神学可以视为启蒙运动和德国唯心主义之后的一个产物,是基督教神学在哲学的理性法庭面前作的一次颇为成功的自我辩护。"①也许当施莱尔马赫意识到信仰的意义既不在普遍的知识(正统主义和自然神学),也不在一般的道德律令和在外的道德行动时,他是在试图跨出启蒙运动以来的信仰观。但是,把宗教诉诸于人敬虔的自我情感意识,即对无限者的意识和依赖,却让信仰变成一种不可在公共领域就现实问题进行客观评价的纯主观感受状态。施氏在颇为成功地克服信仰理性化(教条化)和道德化的同时,让信仰变成一种与外面世界完全隔绝的绝缘体。一方面,信仰不必导致外在可见的后果。就信仰的实在性而言,如果说 18世纪的自然神学虽然企图将宗教自然化、理性化,却还极其强调"德行是崇拜上帝的主要方面"②,那么,施莱尔马赫所谓的信仰则与任何可显现的东西隔绝(社会正义和秩序、道德行动)。"宗教本身根本不催促人们去行动。"③纯粹的信仰者"只会感受"④。另一方面,信仰作为敬虔的感受不产生于任何外在的对象(教义、他人感受等)。"十分明显,没有一个人是由于寻找教义知识和行动原则而成为宗教徒的。这样的人'有记忆、有模仿',但是没有宗教。……真正的虔敬来自一个人自己产生的、真切的感受,而不

---

① 张旭:《卡尔·巴特神学研究》,上海人民出版社 2005 年版,第 27 页。

② 这是"自然神论之父"爱德华·赫伯特勋爵关于宗教总结出的五条可以为所有人赞同的原则之一。参见詹姆斯·C.利文斯顿:《现代基督教思想》上卷,何光沪译,赛宁校,四川人民出版社 1999 年版,第 23 页。

③ 转引自上书,第 199 页。

④ 同上。

可能来自对他人感受的苍白描述。"①由此决定,信仰根本说来只能是一种绝对的个人感受,"由于宗教与人的内心感受方式相关,所以宗教是不能传授的。"②施莱尔马赫的信仰观显然是有意针对信仰知识化和道德化③,企图为信仰争得相对于二者的独立性。这种以退为守的做法虽然在当时的社会和文化环境中的确起到维护信仰的作用,以至于在施莱尔马赫之后,"神学就不再感到必须在科学法庭或者康德的实践理性法庭之上为自己辩护了",④但是它自身的局限性也是显而易见的,因而至少是需要补足的。这正是自由神学的后继者们所从事的工作。

显然,利奇尔(Albrecht Benjamin Ritschl)看到了施莱尔马赫神学的片面性。他虽然认同后者突显信仰的情感维度,但是一味地强调内在意识而不顾信仰的在外表现,让信仰失去了面对自然和社会的自由。信仰仿佛温室里的植物,不敢见到天日。利奇尔认为,耶稣拯救的工作与他的最高使命密不可分,即实现上帝的国度。二者互为一体。拯救是在实现上帝之国这一终极目的的过程中发生的,换言之,耶稣对个人的拯救意味着把他带入上帝的国度,成为上帝的子民。因此,拯救不仅是某种内在意识的问题,而且意味着作为上帝之国的共同体以及在其中的道德生活。"拯救与终极目的互为条件,因为基督所理解的目的,即实现上帝普遍的道德国度的目的,必定在他里面唤起一种施行拯救的决心,至死不渝的使命感以及与上帝生命的交通使他得以施行拯救。"⑤耶稣以他对上帝的绝对顺服和至死忠诚吸引人来组建上帝之国,并为他们立下上帝子民的楷模。

道德性的上帝之国或效法耶稣生活的共同体,正是利奇尔所谓的信仰的在外表现。但讽刺的是,自启蒙以来,人们对信仰的理解从道德出发,转了一圈又回到了道德。当然,利奇尔的道德信仰与启蒙对信仰的道德解释是有界可寻的,前者所谓的道德并非世俗的、经验的行为准则,亦非某种指导现世的道德理论学说,而是向超世的上帝当负的责任和义务,因此绝对地高于尘世的道德经验甚或伦理要求。因此之故,利奇尔非常自然地倾向于康德的道德学说。因为康德所谓的道德律正如上帝的命令是绝对的,需要

---

① 詹姆斯·C.利文斯顿《现代基督教思想》上卷,第201—202页。

② 同上书,第203页。

③ 施莱尔马赫之前,信仰知识化主要是自马丁·路德宗教改革之后的正统主义。信仰道德化一方面表现为自然神学把道德视为信仰的精义,另一方面表现为把信仰诉诸于道德的需要,其代表人物是康德。

④ 同上书,第224页。

⑤ Jan Rohls, *Protestantische Theologie der Neuzeit I*, J.C.B.Mohr, Tübingen, 1997, S.774.

无条件地遵循。因此在利奇尔看来,唯有康德为正确评价基督教的基本精神提供了恰当的尺度,他所要求的义务的严格性,以及他阐述道德法则的自由特性(自律)时的明确性,简直是对宗教改革道德观的创新。然而,不同的是,康德主张的纯粹道德义务和绝对道德律是理性自己为自己颁布的,而人对上帝的绝对道德责任则是耶稣完美的道德人格力量向人要求的。利奇尔反对传统教义把耶稣视为某个超历史的先存实体,耶稣的意义毋宁在于,他作为一个现实的历史人物,是上帝之国的共同体的创始者,并因着他高尚的道德人格持续地作为共同体的效仿榜样而发挥作用。因此,个人信仰与历史耶稣的人格绑在了一起。

二、不可还原的历史

启蒙以来,圣经解释不仅道德化,而且历史学化。实际上,二者是相互依存的。正因为圣经中记载的很多事情无法做历史的解释,启蒙学者们才试图对之进行道德的解释,从而引起信仰和解经的道德化。反过来,正因为圣经中并非所有内容都能够做道德性解释,有的甚至具有反道德的意味,所以,启蒙学者们才就这些内容进行历史学的批判,但其目的不是证明它们的历史实在性,而是指出这些记载作为历史事实是何等荒谬。例如伏尔泰对《创世纪》中上帝造人、诺亚方舟,以及福音书中关于耶稣家谱等等他所谓"不名誉的东西"①的揭露。大卫·施特劳斯对圣经的神话学解释则更进一步。他宣称,不可能在圣经中,尤其是关于耶稣的记载中,截然区分历史的和神话的。因为第一,耶稣时代的犹太人并没有我们今天的那种历史学意识,神话是他们思考问题,看待历史的基本方式,"他们是以神话史诗的方式来思考问题的"。② 第二,神话是宗教的自然语言。也就是说,新约作者们并非有意把历史神话化,以欺骗读者。"耶稣的生平和业绩所带有的神话成分,并不是什么新鲜发明,而只不过是犹太人对未来弥赛亚的期待里本来就有的东西。"③故此,施特劳斯认为,即使圣经中有历史的成分,它们也少得不足以还原历史的耶稣。

如果说以大卫·施特劳斯为代表的圣经历史批判的意图和结果是"把基督教信仰的历史根据放到了一个很不确定的基础之上,"④那么,自由神学的圣经历史批判的意图则刚好相反,它要通过历史考证把信仰落实到历

---

① 詹姆斯·C.利文斯顿:《现代基督教思想》上卷,第 54 页。
② 同上书,第 350 页。
③ 同上书,第 350—351 页。
④ 同上书,第 356 页。

史之中。所以,当利奇尔以及利奇尔学派的神学家们再度企图用道德拯救信仰时,他们却不得不为他们的道德化信仰寻找历史的根基。这样,经过施莱尔马赫之后,信仰道德化从一种抽象的道德理论阐释变成个人现实的道德生活。换言之,信仰的意义不在于为现实生活提供一般的道德原则,相反,它是个人面对耶稣这个历史人物时所产生的道德情感上的感化。耶稣不是超历史的存在,而是一个活生生的历史人物。他的言语、行为、受苦和死亡使他成为一个无上的道德人格。面对他,我们感到自己道德上的怯弱和无能,同时又受到无比的鼓舞和安慰。这样,我们通过耶稣的道德人格产生对上帝的信仰。

　　在此前提之下,历史的耶稣成为整个 19 世纪和 20 世纪初期神学的重要课题。许多神学家致力于对圣经进行历史批判研究,通过历史文化考察、心理主义的推测等各种现代科学的方法来建构历史耶稣的肖像,从而为基督教信仰奠定扎实的历史根基。然而,历史批判运动以失败告终。且不说它采用的方法与它自己的信念是完全相悖的,即历史批判以为自己得到的是关于耶稣的历史事实,实际上不过是历史学家个人心理性情的投射①;即使就其成果来看,如火如荼的历史批判研究最终是搬起石头砸了自己的脚。正如施维尔策(Albert Schweitzer)所言:"有多少研究者,就有多少历史的耶稣。"②他们坚信自己就是让历史事实说话的人,却不曾注意到自己的先行意图和观念决定着历史如何向他们说话。可是,事情还远非如此简单。或者说,这里涉及的不仅是研究者的主观因素与历史客观材料之间的张力问题。随着圣经形式批判研究的逐步进展以及宗教历史学派的研究成果,竟然得出让历史批判者瞠目结舌的结论,即他们曾经当做史料根据的同观福音书,根本不是单纯的历史文献。换言之,福音书有关耶稣的故事不局限于历史记录的意义,这意味着,他们意欲再现的历史本来就是已经消失的历史。

　　当然,这并非表明福音书纯属编造,其中当然有历史的成分。首先,耶稣的历史存在是毋庸置疑的,而且,福音书中的有些话语和教导是可以归诸于耶稣的。但是,这些被称为史料的成分在汇集成书之前已经在流传中不可避免地遭到改变,而且,福音书作者不是历史学家,而是传道者,因此他的

---

① 历史批判实际上采取的是为现代科学认同的心理学的方法,即以人的本性或倾向为基础,通过心理的同情类比把这些历史的片段串联起来形成所谓的历史耶稣。布尔特曼认为,历史批判使用心理学的方法根本无法把握耶稣及其教导的真正意义。

② Werner G. Jeanrond, *Theological Hermeneutics-Development and Significance*, London: Macmillan Academic and Professional LTD.1991, p.126.

工作不是将他承传的口头史转变成文字叙述,这对他来说是没有意义的,相反,他是带着自己的信仰以及教会宣教的需要对这些材料进行编纂整理。因此,福音书中出现的关于时间和地点以及耶稣教导时的背景,如在船上、在路上、在会堂、在海边等都是作者为了把零碎的个别事件汇聚成完整的叙述而设置的场景①。而且福音书中记载的耶稣的话语不尽然出自耶稣之口。有的是门徒借主的口表达自己的宗教信念和盼望,有的则是教会为突显自己教导的权威性而冠以耶稣之名。

如果圣经形式批判是要把福音书的史实性还原到早期教会传教活动的发展过程中,那么宗教历史学派则要将之还原到早期基督教的时代文化背景之中。从文化史的角度出发,宗教历史学派把基督教视为一种希腊化的合成物,即是说,基督教是通过吸纳前基督教时期的各种神话、宗教、哲学等文化因素而形成起来的。19 世纪末 20 世纪初,随着对非基督教文献的翻译和异教文化的研究大量问世,人们发现基督教拥有许多与其他宗教文化共享的因素,其中最为突出的就是二元论的世界观以及与之相关的“原型人(Primal Man)”的神话②。基督教的叙事和教导实际上是在当时盛行的二元论思想背景下进行的。道成肉身作为基督教信仰的核心内容并非约翰的原创,相反,前基督教的宗教文化中早已有相同的叙述③。所以,非基督教文化的影响深烙在约翰和保罗这两位新约神学的核心人物的思想中,就此而言,基督教作为一种文化和其他文化形式一样无非是其时代的产物。

如此一来,圣经所载内容的史实性和基督教信仰的内容或者说对象的严肃性分别被圣经批判研究和宗教历史学派瓦解了。在它们各自看来,基督教只有作为教会宣道的历史和时代文化的产物才具有历史的事实性,而

---

① 在《同观福音传统的历史》一书中,布尔特曼把形式批判发挥得淋漓尽致。但其实在他之前,已经有学者开始从事这项工作。首先是,魏烈德(Wrede)和威尔豪森(Wellhausen)已经意识到,《马可福音》是作者马可把传统关于耶稣的材料与自己对耶稣的信仰相结合的产物。其次是施密特(K.L.Schmidt),他发现,《马可福音》书中包含的只是个别性的历史片段,因此,其中的时间、地点的描述都是作者编纂的结果。布尔特曼的形式批判研究正是在这样的学术氛围中得以开展的。

② 二元论的世界观认为世界中存在着黑暗与光明两种相互对立的势力。“原型人”的神话是以这种世界观为前提的,即认为来自光明世界的原型人披戴黑暗的样式,来拯救黑暗脱离混乱。

③ 1904 年,宗教历史学派的主要代表莱岑施泰因(Reitzenstein)发表了他的著作《人类的牧人》(Poimandres)。该书对“原型人”神话进行文化史考察发现,这个神话可以溯源于伊朗。通过进一步考察,他得出这样的结论:这一伊朗式的神话模型在之后的各种宗教现象中发挥作用,包括曼达派、摩尼教、诺斯替、犹太教的末世论、菲诺的思想以及保罗和约翰的思想。这样,他成功地把基督教的思想、信仰和崇拜还原至伊朗的起源中。(See Roger A.Johnson,*The Origin of Demythologizing*,Leiden:E.J.Brill,1974,pp.91-92.)

被教会宣讲、因此作为信仰之基础的内容,如道成肉身、死而复活、升天再临等教义并不是历史的事实。虽然自由神学的历史批判与自然神学的历史批判意图相反,但结果却相同:在18、19世纪的圣经解释中,历史的耶稣消失了!

三、对"唯信称义"的应用性解释

在基督教内部一直存在着两条不同的神学进路:理性主义和唯信主义。前者表现为教义神学、自然神学、道德神学以及上节所谈到的历史批判神学等,后者因为强调活生生的信仰生活,总是表现出对一切理性的冰冷叙述的克服和超越,故而在某种意义上与注重生活—生命的浪漫主义有更大的对话空间。

之所以说唯信主义总是表现为对理性主义的克服与超越,因为只需回顾一下基督教历史便可发现,凡是信仰被赋予至高地位的时代几乎都总是理性的势力或产物大行其道以至损坏信仰的时代。当犹太人用他们人手所建造的律法传统限制福音的功效时,保罗提出唯信称义,指明没有律法的外邦人既可以因信得救,同时也因着良知的律而必须接受上帝的审判。当希腊的理性主义和道德主义精神浸入基督教,企图将之改造成合理性的体系和具有道德教化意义的人伦思想时,德尔图良果断宣称:"唯其荒谬,我才相信",拒绝把信仰常情化、常识化、自然化、理性化。及至后来,当天主教把信仰变成用人的功劳甚至金钱兑换恩典的买卖行为时,马丁·路德复兴保罗的唯信传统,提出"唯有信心"和"唯有圣经"。一方面是为把信仰从天主教所设置的"天国专线"中解放出来,另一方面是为让圣经理解摆脱天主教繁杂的解经传统。两个"唯有"就其都与面对上帝的个体相关,互为条件、相辅相成。

路德之后,理性和唯信的张力关系逐渐演变为教条主义与敬虔生活之间的对立。在正统主义①中遭到压制的唯信传统经由敬虔运动进入自由神学的语境之中。自由神学虽然对正统的教条主义表示不满,但它并没有像先辈们那样高举唯信的旗帜,相反,此时主宰神学家们的是自启蒙以来的科学实证精神。成长于自由神学家园的布尔特曼对此感受颇深:"我们这些被自由神学哺育的人如果没有从中感受到真诚的严肃性,似乎不能做或不能保持做一名神学家。我们发现各式各样的正统普遍神学的工作都在促成

---

① 17世纪,保守的路德宗神学家为维护路德的正统,把路德神学思想教义化。一系列的要理问答随之而生。信仰由此变成知识的认同,致使当时德国教会呈现死寂的氛围。

妥协,它们断裂了我们的存在。……我们在这里感到真诚的氛围,只有在这氛围中我们可以呼吸。"①此外,我们在前面亦曾提到,自由神学的实证工作与它的道德化信仰齐驱并驾。可是,当历史批判工作因着各种原因以失败告终时,当耶稣这个无尚的道德楷模无法在历史中树立起来时,道德化的信仰又当何去何从呢?鉴于此,一些自由神学家如马丁·凯勒(Martin Kähler)和威廉·赫尔曼(Wilhelm Hermann)开始对历史批判工作进行反思并重新考虑耶稣基督与基督教信仰的关系问题。

与其他神学家不同的是,凯勒和赫尔曼在批判历史耶稣运动时,重新启动了路德的唯信传统。马丁·凯勒主要从两个方面提出他的批判。首先,历史耶稣运动对信仰毫无帮助。或者说,即使成功找到历史的耶稣,对信仰而言仍然有害无益,因为它取消了信仰的唯信特征。路德宗教改革的目的在于击溃教皇和教会等人手所造的体制和权威,还原信仰的真意,即单单地信靠上帝的话语和应许。但是,"历史研究要求掌握复杂的研究方法和大量的历史知识,在此领域,非专业人士无发言权"。②所以,历史耶稣研究即使成功,无异于另一个人手所造的坚固体制。这样,信仰这边刚摆脱教皇的束缚,那边又要俯首于历史学权威,虔诚地去聆听他们为我们讲述耶稣当年感人泪下的"事迹"。凯勒认为这不是宗教改革家的目的。他们把我们从教皇的手中解救出来不是为了把我们送进专业学者的课堂。其次,历史耶稣研究低估了耶稣对信仰的意义,因此误解了耶稣对信仰发生效用的方式。按照历史批判者的看法,耶稣的意义仅在于他的道德性人格。他以他的顺服和牺牲吸引人来效仿他过信仰上帝的生活,而这主要是通过在人心中产生道德感化而得以可能的。对此,马丁·凯勒回应道:"历史人物因其历史业绩为人们纪念。他们的业绩通过他们说过的令人难忘的话或做过的事而留下直接的深刻印象。然而这种印象的效果必定受到产生印象的话语或事迹的限制,也受到它得以发生作用的环境的影响。所以,单纯从历史的观点看,任何历史人物的历史事迹只能影响几代人,因为只有他们才记得这些事迹。"③面对耶稣持续至今的影响,历史人格根本无法解释耶稣对信仰的意义,而连接耶稣与当下每一个信徒的也不是所谓的道德感化。"耶稣是如何对当下信徒产生决定性影响的呢?从圣经和教会历史可以看到,他的影响不是通过别的而是门徒的信心。他们相信在耶稣那里,他们找到了战胜

---

① Rudolf Bultmann, *Glauben und Verstehen I*, Tubingen: J.C B.Mohr(Paul Siebeck), 1966, S.2-3.

② *The Historical Jesus in Recent Research*, Edited by James D.G.Dunn and Scot Mcknight, Indiana: Eisenbrauns Winona Lake, 2005, p.78.

③ Ibid., p.79.

罪、试探和死亡的那一位。耶稣的所有影响都是由此产生。"①所以,信仰所接受的不是历史的耶稣而是作为信徒之主的基督。"'基督是主'是门徒信念的总结。"②主基督作为复活的主不是通过考证福音书的历史性而能找到的历史的耶稣,而是使徒们乃至整个新约所宣扬的基督。所以,"真正的基督是宣道的基督,而宣道的基督恰恰是信仰的基督"。③ 马丁·凯勒借助路德的唯信传统用宣道的基督克服历史的耶稣,对布尔特曼的解神话化产生了深刻的影响。

威廉·赫尔曼似乎不曾像马丁·凯勒那样正面、激烈地批判历史耶稣运动,因为他的神学旨趣始终在于把利奇尔学派的道德化信仰与康德先天、自律的道德学说结合起来形成一门作为自律信仰的伦理学。赫尔曼效仿康德把自然与历史区分开来。与主宰自然的律不同,历史领域发生作用的是道德律。以道德为基础的宗教只能是历史领域的事情,也就是说,上帝与人的关系或者说信仰只能发生在由道德律支配的历史领域。所以,当神学偏向于自然领域以及与此相关的事务活动时,信仰必定变得艰难。在一个科学技术盛行、理论学说层出的时代,不仅神学纷纷效颦,建立起庞大的教义体系,而且科学世界观的渗透让道德、历史,因而也让信仰失去了独立性。所以,赫尔曼在其毕生的神学工作中,始终与科学的前提、方法和由此构造起来的理智化世界划清界限。"基督教信仰是对发生在基督徒个人生活中的事件的相信;有关某个报告的可信度的探讨或对某个教义的研究不能为信仰提供真正的对象。"④罗伯特·沃厄尔克尔(Robert Voelkel)在赫尔曼《基督徒与上帝的交通》一书的序言中这样说道:"威廉·赫尔曼一生的工作就是与科学世界周旋,……这影响了他的个性和教学风格。"⑤

尽管秉承利奇尔学派的传统,赫尔曼习惯于从道德的角度把信仰阐释为离恶从善的努力,但是与前者不同,他没有站在康德的传统之下,在价值与事实的对立框架下将信仰完全伦理化、价值化;相反,在他的思想中,显然已可见到宗教相对于道德的超越性。"基督徒只有当渴求善时,才能与上帝交通,但是仅是对善的渴求还不能算作与上帝交通。"⑥这段话表明赫尔

---

① *The Historical Jesus in Recent Research*, Edited by James D.G.Dunn and Scot Mcknight, Indiana: Eisenbrauns Winona Lake, 2005, p.79.

② Ibid., p.80.

③ Ibid., p.81.

④ W.Hermann, *The Communion of the Christian With God*, SCM Press Ltd, London, 1972, pp. 225-226.

⑤ Ibid., p.xix.

⑥ Ibid., p.298.

曼关于信仰与道德关系的态度:信仰无疑具有道德的性质,但是,道德不是信仰的原因。那么信仰的源泉何在?"我们首先必须摒弃的看法是:信仰和人寻求上帝的其他途径一样是人的事功。"①如果道德是信仰的根基,或者说,如果我们在道德和信仰之间画上等号,那么,信仰将沦为一种人自己的"事功",这种信仰"即使土耳其人和异教徒也可以实现"。② 信仰之为信仰恰在于它是人无法从自身中寻到的,因而是不可能通过自己的努力达成的,"我们所说的真信仰不是我们思想的产物,而是完全由上帝在我们里面做成的工作"。③ 这是赫尔曼引用路德的一句话。路德把信仰单单诉诸于上帝的恩典,旨在抵御教会的各种事功。赫尔曼将路德的这条原则运用于自己的时代,要抵御的是源于人自己的各种知识。凡从人自身出发,无论是理智、情感还是意志,对信仰进行解释,或以之为基础建立信仰都可列于"没有恩典的自然事功"的范畴之下。

马丁·凯勒强调信和宣道的基督以面对消失的历史耶稣为基督教信仰辩护。赫尔曼则更进一步,应用路德的唯信传统不仅使信仰从科学认知领域,而且从道德经验领域中摆脱出来,让信仰与上帝的恩典再次相关。然而,恢复信仰与恩典的关系在赫尔曼的思想中仅仅初露端倪,或者说,他的学术背景还没有形成适合这种思想顺利生长的气候,因此只是个别神学家的个人灼见。直到辩证神学革命彻底击碎自由神学的范式,它才获得广阔的生长空间,布尔特曼正是带着他老师的思想火花融入辩证神学运动之中的。

四、"世界是世界,上帝是上帝"

自施莱尔马赫伊始的自由神学模式之所以主导着整个 19 世纪的神学氛围,因为它的确先后成功地面对启蒙理性的法庭和科学实证的风气为基督教信仰作出有力辩护。尽管自由神学内部并不乏各种观点的对立和争辩,但是,这并没有影响它的基本前提和统治地位,反而使它自身的理论更加完善和强大。令人意外且有趣的是,自由神学的危机并非源自自身理论的缺陷,亦非由于其他异类神学观点的外部攻讦,一切皆开始于一个偶然的历史事件,即第一次世界大战。

象牙塔的工作是相对单纯的,往往对知识分子具有考验性的是面对时

---

① W.Hermann, *The Communion of the Christian With God*, SCM Press Ltd, London, 1972, pp. 214-215.
② Ibid., p.215.
③ Ibid., p.216.

代变迁如何表明立场的时刻。1914 年 10 月,自由神学的代言人哈纳克(Adolf von Harnack)和赫尔曼连同当时德国思想界其他人士共计 93 位知识分子,一同支持威廉二世的战争政策。这让当时的神学后生们大失所望,其中反应最为直接和激烈的是卡尔·巴特。困惑巴特的是,为什么如此强调宗教道德性的神学在最需要道德感的关键时刻退缩不前、噤若寒蝉,甚至作出如此"非道德"的选择?值此之际,巴特,这个一度醉心于哈纳克的科学神学事业,把赫尔曼的神学当做一次心智上的巨大解放的自由神学学徒,恍然大悟道,原来所谓个体宗教体验、内在生命力、道德自我意识都是象牙塔的构想、温室里的鲜花,是在社会政治面前毫无力量的空谈。

　　卡尔·巴特对自由神学的激烈反应与他的经历非常相关。大学毕业后,巴特并没有继续走神学研究的道路,而是到瑞士的萨芬维尔担任一个乡村教堂的牧师。十年的牧师工作经历让他深感单纯神学理论的空洞无力,从而使他深切关注社会现实并积极投入社会实践活动。可见,在自由神学的一战丑闻之前,巴特就已经开始对自由神学不满。他的神学的实践倾向让他更多关注的是如何把基督教化成现实社会的力量。所以他在题为《耶稣基督与社会运动》的讲演中宣称"在我们的时代,真正的社会主义就是真正的基督教"。① 然而,宗教社会主义的不齿之举②再度给巴特以反思的契机:上帝的公义、上帝的国度究竟在哪里?显然不在自由神学的内在生命中,也不再在各种打着上帝旗帜的宗教社会运动中。它们各自的斑斑劣迹让巴特不得不重新认识上帝。在《上帝的公义》这篇演讲中,巴特指出:"首先,这将是我们再度将上帝当做上帝来认识的事情。说认识是很容易的。但是,认识是在激烈的内在人格斗争中赢得的能力。与这一任务相比,所有文化、道德、爱国义务,所有'应用宗教'的努力都是儿戏。"③上帝的公义既不在人的情感体验、道德宗教,也不在社会公义、政治运动之中,"世界是世界,上帝是上帝",上帝与世界不可混为一谈。辩证神学运动由此拉开序幕。

　　可见,辩证神学从一开始就被打上实践的烙印。虽然它触及到理论的变革,但辩证神学面临的理论危机是通过实践危机折射出来的。坚决的立场、果断的论争以及过渡性的角色表明,与其说辩证神学是一个构建新神学

---

① 张旭:《卡尔·巴特神学研究》,第 92 页。

② 1916 年阿尔高州的瑞士宗教社会主义者接受萨芬维尔工厂主的宴请和收买。(参见张旭:《卡尔·巴特神学研究》,第 93 页)

③ Karl Barth, *The Word of God and The Word of Man*, translated by Douglas Horton, New York: Harper and Brothers, 1957, p.24.

的理论学派,毋宁说,它是一场强有力度的神学解构运动。"巴特回归圣经,并以被圣灵鼓动的口吻敬畏地谈论上帝,警告这个世界和时代,从根本上来说不是一个神学家的举动,而是一个行动者的行动,一种顺从上帝的意志的勇敢行动。"①所谓情感神学、道德神学、社会运动神学等人类中心主义的神学都随着上帝和世界之间无限的质的距离被拉开而终结了。然而,巴特的辩证神学也有其明显的局限性,那就是,一旦上帝被宣布为一个与我们的世界相切的未知世界,基督被理解为两个世界的相切点,因而成为历史和时间的终结,我们除了"这个点留下的令人咋舌的弹坑和空穴"②之外,对上帝、基督、上帝的国度还能有什么可说的呢? 罗伯特 W.占逊在一篇评论巴特的文章中说了一句饶有趣味的话:"辩证神学是以基督为中心的神学,但却是被废了论说基督的能力。"③他认为,实际上自由神学也是以基督为中心的,令辩证神学不满的是它谈论基督的方式。但是,当辩证神学弃绝历史的和道德的谈论方式时,它自己也"无法具体地论说那复活的基督"。④ 所以,辩证神学之迅速瓦解是不可避免也是非常必要的,因为当它的坚持者一旦被赋予某种全新的眼光,他们不可能永远停留于说"不",而是必须去寻找自己的神学建构。"当辩证神学家被迫要求说他们所肯定的,他们发现这不再是联合的一群,没有人撤回他们共同的否定,但每个人都找到自己建构思想的途径;这些不同的途径构成了二十世纪神学的许多选择模式。"⑤

相比于巴特,布尔特曼的辩证神学运动显得柔和得多。这主要因为布尔特曼更多是出于学术的关怀踏入辩证神学。当然,这并不是说布尔特曼对现实问题不闻不问。在那样一个特殊的时代,即一个政治全民化、意识形态强制化的时代,无人能幸免于政治的沾染,更不用说知识分子。所以,布尔特曼当然有自己明确的政治立场,他加入认信教会反对纳粹,面对教会纷纷倒戈纳粹政权而主张上帝之道的全然超越,都透露出辩证神学的影响。但是,这种影响要归之于辩证神学作为神学和政治运动在现实层面的效应,因此应该与另一种影响相区别。这另一种影响与布尔特曼关注辩证神学的语境和动机相关。布尔特曼关注的辩证神学既没有政治的缘起,也没有革命旧神学的动机,因此他没有把辩证神学视为与自由神学的决裂。相反,他

---

① 张旭:《卡尔·巴特神学研究》,第98页。
② 卡尔·巴特:《罗马书释义》,魏育青译,华东师范大学出版社2005年版,第33页。
③ 大卫 F.福特编:《现代神学家——二十世纪基督教神学导论》,董江阳、陈佐人译,香港:道风书社2005年版,第35页。
④ 同上。
⑤ 同上。

从一开始就带着自己特有的语境和视角投入辩证神学运动,因此,辩证神学对他最大的意义仍然是理论层面的,即向他展现出克服旧有神学即自由神学之局限和困难的新的视角和维度。

在《"辩证神学"对新约学的意义》一文中,布尔特曼清楚地表达了他对辩证神学的理解。他认为,辩证神学的口号"上帝是上帝,人是人"是没有意义的,因为它只是抽象地强调上帝与人的区别,因此仍然是空洞的、概念的谈论。而神学要谈论的是实实在在的上帝,即此时此刻向我启示、施恩、审判的上帝,上帝是一位与具体的个人发生具体关系的现实的上帝,所以,"如果神学应当做的不是对上帝进行思辨,谈论的不是上帝的概念而是实际的上帝,那么它必须通过谈论人来谈论上帝"。① "通过谈论人来谈论上帝"究竟是如何进行的呢?难道是通过全面系统地考察人的理智、情感、意志、道德、社会等等,以便从中找到上帝存在的根据?或者是通过揭露人的认知的有限性和过程性而把上帝预设为一个终极大全的存在?布尔特曼认为这些都是理论的、无时间的、普遍的抽象谈论,实在的上帝不在这些谈论之中。相反,为了谈论上帝而必须谈论的"人"是这样的存在,他具体而现实地存在于时间之中,谈论上帝的人一定是一个历史性的个人,他的谈论也是历史性的。因此,"'辩证神学'这个口号的意义简而言之就是对人之存在的历史性的洞见"。② 至此,布尔特曼理解辩证神学的语境已然显明于眼前。在神学领域把历史性的个体与上帝的谈论紧密相连并非布尔特曼的首创,他的老师赫尔曼已经采取这种方式说明基督教信仰的意义。

面对历史耶稣运动对信仰的损害,赫尔曼主张信仰作为历史的现象不属于超历史的理性活动及其产物。因此,赫尔曼坚持认为,基督教信仰不能奠基在历史耶稣运动所建构的耶稣之上。一个仅仅属于过去的历史耶稣不仅与信仰毫无关系,而且对信仰形成遮蔽,让人执迷于一个与己身无关的抽象理论和现成事实,而遗忘了自己作为一个经验着的个体的当下存在,即人的历史性。因此,只有在个体的经验中亦即赫尔曼所谓的历史性中(Geschichte),上帝才会与人发生关系。就此而言,历史学的(Historische)耶稣是非历史的,基督是历史性的(Geschichtlich),即在个人的内在经验中与人相遇的基督。

然而,尽管赫尔曼后来主张信仰超出道德的一面,强调它在上帝的启示和恩典那里的起源,但是,自由神学语境致使他的落脚点仍然在人的道德层

---

① Rudolf Bultmann, *Glauben und Verstehen I*, S.117.

② Ibid., S.118.

面。在他看来,信仰作为上帝的启示必定表现为一种道德的力量。也就是说"我们经验到的历史性的基督对赫尔曼而言就是耶稣的内在生命,这生命作为信仰的根基表现为一种力量"。① 个体体验中的基督是他遭遇到的、能赋予他力量战胜恶、实现善的基督。

　　一方面,赫尔曼的"历史性基督"无疑对布尔特曼产生深远的影响。对此,他自己也直言不讳:"通过赫尔曼,我开始关注历史(Historie)和历史性(Geschichtlichkeit)的问题。这为我和生存哲学的相遇做了铺垫和预备。"②另一方面,赫尔曼也成为布尔特曼需要克服的障碍,即如何把从历史性的经验出发谈论上帝的方式从自由神学的语境中,或者说从巴特所谓人本主义的指责中解脱出来。布尔特曼认为辩证神学可以帮他化解这个悖论式的难题,这才是他关注辩证神学的真正动机。

第二节　"解神话化"的哲学背景

一、客观化思维

　　19世纪70年代以来,马堡大学逐渐成为德国学术的重镇。这里不仅有引导当时哲学研究步伐的新康德主义之马堡学派,而且还有作为最系统、最全面的新约研究的马堡神学。布尔特曼虽然一生潜心于神学思考和新约解释,但是他浓厚的人文旨趣决定他不可能对自己时代的各种哲学思潮置若罔闻。而且,他的关注没有限于一知半解,相反,他将之纳入到自己的神学思考之中。且不说生存哲学,实际上,马堡哲学在布尔特曼的思想中也起到了不可忽视的作用。此外,布尔特曼是一位历史感极强的学者。他的解神话化不只是各种共时思想的交错,而且也是这些思想之历史传统的汇集。所以,布尔特曼从马堡哲学那里看到的是整个西方思想历史的缩影。

　　布尔特曼自始至终使他的解神话化工作与希腊精神保持距离。无论是对原始基督教历史意义的考察,抑或对新约圣经的解读,他总是致力于排除希腊式思维对自己神学工作的干扰。甚至在某种意义上,布尔特曼的解神话化以及他的整个神学工作通过与希腊做斗争的方式呈现出来。那么,希腊文化中究竟是什么让布尔特曼如此防备不已呢?

　　希腊式的思维方式是概念化的逻辑方式。因此它追求的是逻辑上的普

① Jan Rohls, *Protestantische Theologie der Neuzeit II*, S.89.

② 转引自 Anthony C.Thiselton, *The Two Horizons*, The Paternoster Press, 1980, pp.207-208。

遍必然性和概念上的清晰性。可以说，这一思维精神已经如此根深蒂固地渗入西方哲学和文化之中，以至于成为其最为基本的甚至是主导性的色调。即使旨趣与之截然不同的基督教信仰文化也难逃它的洗礼。整个中世纪的主要工作正是致力于用概念、逻辑的方式论证信仰的内容，一千多年的中世纪思想史骨子里是希腊式的。尽管如此，希腊哲学作为神学之婢女毕竟被囚禁在一个不恰当的套子中，故而有"回到古希腊"的启蒙运动。启蒙运动使希腊精神在新的历史环境中放射出更加耀眼的光芒。

希腊式的逻辑概念思维是有其预设的，即宇宙、人伦甚至神祇都遵循着同一个普遍有效的规律而存在。这就是尺度、法则、理性，就是逻各斯。逻各斯是客观的，一切遵循逻各斯的运动、事物也都是客观的，因而可以客观地得到认识和把握。如此，世界，包括宇宙和社会，被希腊人看做按照自己的法则恒常运作的封闭体系。希腊的客观必然的世界观在近代思想的核心概念——主体——那里获得了更加强大的主宰力量。一句"人为自然立法"便告诉我们，古希腊人视为客观世界的客观性是人赋予的，它遵循的法则不在别处，恰在人的理性之中。在这一发展过程中，原本为人也要遵守的逻各斯成了人理性颁布的法度，原本遵守逻各斯运转的世界成了人的理性法度客观化的产物。"客观"（objektive）从一个描述存在状态的形容词变成人的理性的行动，即"客观化"（Objektierung）。

以客观化思维为基础的世界观和人观在布尔特曼的学术环境中，已经演变至炉火纯青的地步。在马堡学派的新康德主义者看来，康德并没有把他的"人为自然立法"的原则贯彻到底。康德竟然还容许感性来扶持知性。感性作为接受性的能力，必然预设一个给予感性以材料的外在物。在他们看来，这完全是多此一举："我们从思维本身开始。思维不需要在自身之外有什么起源。"①没有感性的知性并非盲的，康德所谓由感性提供给知性的东西无非是知性自己发现的。"知性只能把它自己发现的那类事物视为'被给予的'。"②康德之所以留下感性论的尾巴，说明他仍然受到英国经验论的影响，从而没能在心理学的意识（Bewusstheit）和纯粹逻辑的意识（Bewusstsein）之间做出区别。前者作为一种当下意识属于人与动物共有的生理机能，后者作为知识的基础是具有自身法则的"精神"。真正为知识奠基的是作为后一种意识的精神，而康德保留心理学意识的做法说明其批判哲学的不彻底性。所以，应该将一切思维之外的被给予因素作为心理学的东

---

① Cohen, *Logik der Reinen Erkenntniss*, Berlin: Bruno Cassirer, 1902, S.11.
② Ibid., S.68.

西排斥掉。这样,知性在康德哲学中的综合活动,到了马堡学派的新康德主义那里,就变成了精神的绝对客观化活动。"客体,无论是知识的还是意志的,都是通过意识的形成活动而向意识存在的。客体不是'被给予的'。意识形成它们,当然不是通过给予的材料,而是按照它自己的形式法则。就此而言,所有的客观化活动都是意识的创造性活动。"①与此相应,康德对人的能力的划分,如知性、意志、情感以及与之相关的学科领域的划分,如知识、道德和审美,也都被抚平。在马堡新康德主义看来,人的所有能力无非是进行客观化的逻辑意识能力,因此,人的一切精神活动无非是这种能力客观化的表现。

马堡新康德主义对康德哲学的解读向我们呈现一个单调的世界图景,其中除了精神按照其法则的客观化活动之外什么都没有。与此同时,这也是一个令人感到"血腥"、"残暴"的世界图景。精神仿佛一架巨大的机器,一切都是它制造出来的精神产物,人也作为一种精神的现象而隶属于它的被造物之中。没有个体,没有具体的独特存在,只有自古希腊以来就被推崇的逻各斯、尺度和法则。

二、个体生命经验

对于一生在马堡大学任教的布尔特曼而言,受到马堡新康德派思想的影响是不可避免的。然而,不可夸大这种影响②,毋宁说,这影响的意义在于为布尔特曼反思整个西方传统哲学提供了一个恰当的契机。当然,布尔特曼的旨趣不在哲学本身。作为一个神学家,他需要考虑的问题是,在这样的时代氛围下,宗教和信仰如何可能。他已经看出,马堡学派的观点表面上看是因为把康德的思想放在当时数学物理学的理论框架下所产生的结果,但实际上也不过是希腊精神淋漓尽致的表现。就此而言,布尔特曼不认为康德本身和新康德主义有什么质的区别。为它们共同推崇的,或者内在于它们之中发挥作用的无非是同一种思维和精神。

然而,对于信仰而言,这种思维方式及其所蕴含的对人和世界的理解是

---

① Natorp, *Religion Innerhalb der Grenzen der Humanität*, Leipzig: J.C.B.Mohr, 1984, S.74.

② Roger A.Johnson 对布尔特曼与马堡新康德主义的关系进行详细探讨。认为布尔特曼提出个体体验是因受到新康德主义二元论思想的影响。笔者认为,这夸大了新康德主义对布尔特曼的影响。因为布尔特曼没有将客观化思维与个体的生存体验截然对立,而只是区别开来。其实作者自己也承认这一点。因此,他没有在传统二元论意义上理解他所谓的布尔特曼的二元论,而把后者称之为存在论的二元论,即两种不同的存在方式。(See Roger A.Johnson, *The Origin of Demythologizing*, Leiden: E.J.Brill, 1974, p.74)

极其成问题的。这里有一个因素不能不提,即第一次世界大战在德国思想界引起的触目反思。如果说,这场战争让卡尔·巴特看到的是旧神学在世俗势力下的软弱无力,那么,它为布尔特曼提供的则是与自启蒙运动以来西方思想所刻画的人性的伟大形象,以及所向往的未来的美好图景极不相称的残忍现实。1917 年的一次布道中,布尔特曼描述了他的时代[①]如何面对战争展现出来的疯狂暴力和血肉模糊的惨状而对它向来信奉的人性茫然不知所措。"我们不再理解自己,我们对自己成了陌生人。因为我们凝视人性的深渊,看到我们自己似乎成为一场陌生力量的游戏。我们凝视生命的深渊,它迎面而来的冲击力让我们无法理解。我们看到的是我们想所未想的深渊。"[②]因此,"人是什么?"这一问题必须重新提出。布尔特曼认为,正如传统的人性观让我们在残酷现实面前大跌眼镜一样,它也无法为信仰提供基础,毋宁说,信仰的意义在其中遭到曲解和压制。

在 1920 年撰写的一篇题为《宗教与文化》的文章中,布尔特曼系统比较了文化与宗教之间的差异。在该文中,布尔特曼一方面对他的时代处境予以理论上的回应,另一方面,针对这一处境为信仰指出一条出路。他认为,西方文化自启蒙以来,被自律概念所统治,因此宗教在此之前与各种文化如科学、历史、艺术、道德的各种联系被彻底斩断。自律标榜的是理性、合法则性、关联体系、普遍必然性,也就是说,在理解和解释世界、人伦时,不仅要排除任何超自然的因素,即使那些偶然的、个别的、与个人的心灵和生活相关的因素也应该忽略不计。哪怕这些因素以某种方式确实在人类文化的形成中发挥着作用,但它们归根结底都为普遍必然的理性或精神所左右。因此,"所有的文化形态都具有必然性和普遍性的特征。即使在文化历史的形成中,偶然的、个人的因素,即灵感、直觉等此类的因素,作为文化发生源泉的心灵境地,扮演着非常重要的角色,但它们对文化的重要意义的正当性不能从心灵起源的角度而是要在理性的合法则性意义上加以解释"[③]布尔特曼的意图在此显而易见,他所关注的恰恰是在传统的文化语境中被压抑和忽略的因素,即个体及其生活。因为只有在这个领域中,才能有意义地

[①]　甚至马堡新康德派在战争的冲击下也开始对自己的思想进行调整。纳托普在其 1921 年的自传中声称他战前的哲学已经过时了。战争让他获得了全新的焦点和思想方向。(See Roger A.Johnson, *The Origin of Demythologizing*, p.82)

[②]　Rudolf Bultmann, *Existence and Faith*, Translated by Schubert M.Ogden, Collins: The Fontana Library, 1961, p.28.

[③]　*Theologische Bücherei: Die Anfänge der Dialektischen Theologie* Teils 2, Herausgegeben von Jürgen Moltmann, Chr.Kaiser Verlag München, 1963, S.17.

谈论宗教和信仰。

为了说明问题,布尔特曼甚至引出施莱尔马赫的"绝对依赖感"。在现代神学的语境中,重提施莱尔马赫似乎显得不合时宜。施莱尔马赫的情感宗教似乎在作为全然他者的上帝的审判下已无立足之地。然而,这只是卡尔·巴特的辩证神学留给我们的印象。"在本世纪(20 世纪),施莱尔马赫成了卡尔·巴特和艾米尔·布龙纳(Emil Brunner)领导的早期新正统神学所嫌恶的人物。第一次世界大战前几年间自由派新教神学所到达的'死胡同尽头',被新正统派归于他们认为是施莱尔马赫在 100 年前开创的'错误开端'。"①但是,在布尔特曼的神学语境中,个人的生活体验与上帝的彻底性审判不仅不是矛盾的,而且是相辅相成的。所以,与巴特不同,布尔特曼不是简单地在神本和人本的对立框架中理解施莱尔马赫,而是着眼于信仰生活,或者说人的历史性存在,从而使他能够看到施氏的积极可取之处。进而言之,布尔特曼之所以在这里提到施莱尔马赫,不只是出于单纯的神学学说的考虑,而是在关注个人的心灵、生命、生活的德国浪漫主义和历史主义的大环境下来理解施莱尔马赫。因此,布尔特曼关注的不是施莱尔马赫的具体神学理论和观点,而是他的思想所折射出的那种与启蒙运动所标榜的合法则性、普遍必然性以及以此为基础的客观化不同的东西。

"宗教的知识和观念不具有必然性和普遍性,而只有个人的效力"②;宗教不是从理性概念的普遍联系中推导出来的,而是当个人遭遇到一种足以让他臣服自己的力量之际,所发生的生命体验。因此,宗教是不可被客观化的,一切神学和宗教史作为对这种原生经验的客观化都不能等于宗教本身。所以,在宗教中没有推理,没有普遍必然的联系,宗教没有历史,没有可以代代相传的宗教问题,每个人的信仰遭遇是相互独立的,与上帝的遭遇,在理性的必然性看来,是一件可遇而不可求的偶然事件。"如果宗教不开始于某个偶然的事实,那么它根本无从开始。"③

通过阐释施莱尔马赫的"绝对依赖感",布尔特曼意在展现一个发生着的,因此是作为一切文化之前提的领域——活生生的我。人最初和首先是一个在其处境中体验着的个体,一切理性的推理应该以这种原生的体验为基础。但这不等于说,体验是理性思维和推理的原材料。这里的体验要比认识论通常划分给感性的经验更加广泛,也更加原本,所以体验并非与理性

---

① 詹姆斯·C.利文斯顿:《现代基督教思想》上卷,第 193 页。

② *Theologische Bücherei:Die Anfänge der Dialektischen Theologie* Teils 2,S.18.

③ Ibid.,S.19.

和感性相异的另一个东西,毋宁说,理性作为一种发生活动都属于体验。所以,在布尔特曼看来,理性主义之所以看不到个体,而总是追求超个体的普遍精神,乃因为它总是就人类文化可被客观化的内容来理解各种文化形态,而根本看不到它们形成的发生活动,即那个活生生的我。"个体对于文化似乎只是超个体精神自我展开的中点。各种文化形态的意义仅在于它的内容,至于它们实际的实行过程则完全被忽略了。"①如此,活生生的个体也被客观化为文化内容中的因素,因而被理解为精神自我展现过程中的一个中点。

就宗教而言,当个体遭遇到上帝而把自己献于他,从而获得一种内在的自由释放和全然的依赖感时,这里所谈论的根本不是心理上的感受,而正是引文中所谓的"实际的实行过程"(tatsächlichen Verwirklichung)。只有在这样的"实行过程"和"成为着(werden)的个体"中才有宗教,才有信仰。"让自己向着这种馈赠(原文作 Schenkung,即遭遇到的外来的力量)而敞开的体验就是自我献身的全然依赖感,就是宗教的原生之所。"②把自己交托于它在自身之外所遭遇到的伟大力量的个体之我与按照自己的法则进行客观化活动的理性之我形成对照,是布尔特曼通过这篇文章展示给我们的。这里面存在着一个对人的理解的转变:人是一个向着异己的他者敞开,并在与他者的遭遇中成为着的、因此是不可事先预估的生存个体,而不是将社会、他人、宇宙甚至上帝毫无遗漏地事先保存在自身中,从而可以在其自身展开的过程中投射出它们的普遍精神。实际上,这两种不同的理解一直在西方的传统中持存着。就远来看,它们可以溯源于古希腊精神与希伯来精神的不同旨趣,就近而言,则表现为近代以来的启蒙运动和浪漫主义运动。

在启蒙运动之后,出现浪漫主义。与现代自然科学文化和历史学教养相反,在这里我们特别在艺术领域看到这样的反应:回溯到哥特时代去寻找生命的根基;哥特时代是一个向着彼岸,即以其神秘力量充实我并赋予我本己的生命感受的彼岸,超越世界文化的时代③。

显然,凸显个体,强调生命经验是布尔特曼解释学的基础。但是,他没有因此陷入情感主义、道德主义等强调内在生命体验的自由神学老套路中。

---

①　*Theologische Bücherei:Die Anfänge der Dialektischen Theologie* Teils 2,S.17.

②　Ibid.,S.25.

③　Ibid.,S.26.

如前所述,对于他引用施莱尔马赫的做法,已经不能仅从神学角度出发来理解了,而是应当从德国浪漫主义和历史主义思潮这一大背景下来理解。换言之,布尔特曼选择站在施莱尔马赫的立场反思、批判甚至对抗新康德主义的对象化思维方式,恰恰体现了德国浪漫主义传统和启蒙主义传统的较量与张力,所以他能与历史主义传统产生共鸣,进而与海德格尔的生存哲学相遇,乃至成为伽达默尔解释学的一个重要先驱。

本 章 小 结

通过对解神话化的神学与哲学背景的梳理,解神话化的思想语境和发生渊源得以被勾画出来。我们发现,无论是神学背景还是哲学背景,布尔特曼面对的始终是两种旨趣迥异的思想风格。在神学中,它们通过基督教的彻底合理性化(道德化解释)、对象化(历史的耶稣)和强调信心(路德传统)、恩典和启示(辩证神学)的正统路线之间的区别表现出来;在哲学中则通过以无时间的普遍必然性为追求的客观对象化思维和强调当下个体之生命的生存经验之间的区别表现出来。当然,布尔特曼并不是照搬路德传统,辩证神学的"正统"亦非僵硬地恪守传统,相反,它们都被注入时代的需要。布尔特曼通过把信心、恩典、启示等代表基督教正统保守神学的典型术语融入到个体的生命体验中重新予以解释,目的是面对渗透在现代人骨髓中的理智客观化思维为信仰做辩护。

因此,如果我们把解神话化当做一种解经方法加以理解的同时,也看到它背后隐藏的一种神学范式的变革和对信仰的重新理解,那么这里的背景梳理就不仅是一种背景梳理,毋宁说,它已经向我们透露出解神话化的动机、意图和整体的运思过程。然而,背景交代还只是初步的工作。要想进一步证实上述背景在解神话化中的实际影响,就必须从它的外部环境转入其内在涵义的解读之中。

解神话化纲领(Das Programm der Entmythologisierung)自提出之日,就不断地招致各种指责。其中最为常见的莫过于两种。第一涉及到与启蒙的关系,即认为解神话化是以现代科学为准绳裁判圣经内容,是把圣经理性化、现代化的尝试;其次涉及到与生存哲学的关系,即认为解神话化是把圣经转化为生存哲学的语言。总而言之,布尔特曼提出解神话化,就等于在现代科学和世俗哲学面前妥协上帝的话语和真理。

解神话化无非是世界观的更替和语言转化的事情,因此可以直接将之归于启蒙的效应吗? 通过前面的背景介绍,我们发现,解神话化的提出与当时的文化氛围和神学内部出现的信仰危机息息相关。因此,就神学之外的哲学思想环境而言,解神话化正是启蒙的科学主义传统和受德国浪漫主义影响的历史主义传统相互碰撞的产物。就神学背景而言,解神话化面临的问题恰恰是如何在科学思维盛行的处境中为信仰找到一种恰当的表达。就此而言,解神话化关涉的不只是基督教解经的问题,毋宁说,它与整个精神科学或者说历史科学的自我理解相关。换言之,它是自施莱尔马赫、狄尔泰以来的德国浪漫主义和历史主义在神学领域的发展和体现。可见,虽然启蒙的影响在解神话化的运思过程中有明显的表现,但后者的动机和旨趣显然不是启蒙主义的。故此,我们绝不该在启蒙主义的语境下看待生存哲学对解神话化的意义,仿佛它是作为一种现代人能接受的表达方式而被纳入解神话化的纲领之中。事情毋宁是,启蒙主义的现代科学世界观只是解神话化的出发点,所以,解神话化不是以科学取代神话,以理性解释信仰,相反,它的目的在于对"信仰的意义"进行澄清,而生存哲学与解神话化的关系必须纳入这一澄清过程加以思忖方才合适。

此外,在布尔特曼的解释学中,信仰作为一种理解活动离不开宣道。宣道是我们接下来即将重点探讨的问题。鉴于此,下一章将分别着眼于解神话化与启蒙、生存哲学和宣道的关系来系统地阐述它的内涵。

第二章 "解神话化"的内涵

第一节 "解神话化"之"解"的内涵

一、"解"之谓"去除"：解神话化与现代科学

在目前的汉译世界中,对"Entmythologisierung"的翻译大致有以下几种:"解神话化"、"去神话化"、"脱神话化"、"神话解悟"①。译法虽有四,但就它们的基本内涵和共同倾向而言,神话解悟和解神话化可归诸于"解",去神话化和脱神话化可归诸于"去"。"ent"这一德语前缀词本来的意思就是"去除"或"脱离",并没有与"解"相关的含义,所以,翻译为"去"或"脱",比较直观、信实地呈现出该词的含义。而且这本身不是不可在布尔特曼的文本中找到根据的。"神话世界观只不过是前科学时代的宇宙观"②;"人类借助科学技术对世界的了解和掌握使他不可能严肃对待新约世界观"③;"不可能一边使用电灯和无线电,享受现代医学成果,一边相信新约世界中的灵异和奇迹事件。"④诸如此类的断语在布尔特曼关于"Entmythologisierung"的论述中比比可见。既然神话相对于科学和现代人已经如此不合时宜,那么将之抛弃则是在所难免和势在必行之事。就此而言,"去神话化"不失为一种可取的译法。

"去除神话"对于启蒙以来的理性和科学精神是非常亲切的,而对于保守神学又是极为敏感的。所以,"去神话化"从一开始注定是一个挑拨情绪的字眼。尤其对于保守派而言,几乎无人在听到它之后,还会心平气和地对

---

① "解神话化"是李哲汇先生在《生存神学与末世论》中的译法。刘小枫先生在《走向十字架的真》用的是"解神话"。洪汉鼎先生在《真理与方法》以及李章印先生在《去神话问题》中均译为"去神话化"。在《耶稣基督与神话》的台湾译本中,该词被译为"脱神话化"。(参见《耶稣基督与神话学》,蔡美珠译,台湾:水牛出版社 1972 年版);李毓章先生在他的论文《关于布尔特曼的神话解悟》中,将之译为"解悟神话"。

② Rudolf Bultmann, "Bultmann Replies to his Critics", *Kerygma and Myth A Theological Debate*, p.2.

③ Ibid., p.3.

④ Ibid., p.4.

之进行一番研读;同时,它似乎也不大可能在神学领域之外得到特殊关注,这倒不是因为它格格不入,相反,它貌似的亲切感让时代精神不假思索地以为它是与自己为伍。情绪激起的偏见形成深入理解的障碍。只有悬隔情绪、克服障碍才能让"去神话化"呈现出更多的意义。

如果布尔特曼的意图仅仅在于去除神话,那么他与启蒙运动在神学内部造成的自然神学以及各种批判的理论和思路并没有根本的区别。去神话只不过是拾人牙慧。在这种意义上,斯宾诺莎、伏尔泰、大卫·施特劳斯以及宗教历史学派都已经行走在去神话的道路之上。不可否认,去神话化和自由神学一样受到现代科学世界观的影响,但是否可就此把二者等同视之呢?难道去神话化就是把新约中富有道德教益和可历史考证的部分与没有事实依据的"天方夜谭"区别开来?为了指明二者的差别,布尔特曼使用了两个关键词,"如果过去的自由派使用批判去除新约的神话,那么我们今天的任务是要使用批判去解释它。"①当然,神话作为一种过时的世界观需要去除,但是去神话化的任务不能就此止步,因为它没有把神话仅仅当做某种可与现代科学世界观对比的理论,相反,它要追问的是,神话作为人类历史的现象,进而言之,作为人的自我理解的一种表现具有何种意义。在此,历史的意义不局限于客观可观察的过去事实,否则神话作为过去某个时代的特定产物已经没有任何意义。但是,倘若神话对现代人仍旧意味着什么,那么这意义唯一可被展现的场所就是作为人之生存的历史。解释神话"当然还是需要处处去除神话,但不是采取现代思想的标准,而是从封藏在新约自身中的人类生存出发"。②

那么,"Entmythologisierung"究竟是应该译为"去神话化"还是"解神话化"呢?通过上述考察,实际上两种翻译都有本可据。而且,相比于解神话化,去神话化的优点在于它忠实于字据的实义,前者则含有解释性翻译的意味。然而,"去神话化"的缺陷也是显而易见的。一方面,它容易让人望文生义,尤其是对现代人;另一方面,时代已然赋予它的含义使它不可避免地对"Entmythologisierung"的真实意图造成一种遮蔽。或许是出于这一顾虑,布尔特曼自己从一开始就对此术语表示不满,并及时作出补充说明:"这种试图恢复在神话概念后面隐含的更深意义的方法是解释新约的一种方法,我称之为'Entmythologisierung'——的确,这不是一个令人满意的术

---

① Rudolf Bultmann,"Bultmann Replies to his Critics",*Kerygma and Myth A Theological Debate*,p.12.

② Ibid.

语。它的目的并不在于消除神话的陈述,而是努力对其加以解释。"①

这样是否应该鉴于上述理由而把"去除神话"与"解释神话"完全对立起来呢? 如果我们坚持站在启蒙的立场上,认为"Entmythologisierung"等于抛弃神话,那么对立势必在所难免。这样一来,两者代表的是完全不同的眼光。去除神话采取客观化的眼光,站在科学的立场把神话当做可取舍的对象简单予以抛弃;解释神话采取生存的历史主义眼光,立足于人对自身的理解,让神话开显出某种意义,因此并不意味着把神话彻底排除,反倒在另一种意义上是一种保留。但是,如果我们立足于后一种眼光,即生存主义的眼光,则可以赋予"去神话化"以崭新的意味,使之不仅不与"解神话化"相矛盾,而且是它必不可少的一步,因此可以说,解释神话以去除神话为起点。也就是说,解释作为一种"让开显"的过程必须以去除开显之障碍为前提。

所以,即使布尔特曼也仍然主张解神话化必须首先去除神话的世界观。"解神话化并非笼统地弃绝《圣经》和上帝的预言,而是放弃《圣经》的世界观,这是一种过往时代的世界观,一直保存在基督教义和布道之中。解神话化是要否定《圣经》和教会信息限定在已被否弃的古代世界观之中。"②但更为重要的是,布尔特曼从未声称解神话化是按照现代人的思维解释圣经。为之反复强调的仅仅是,新约叙事背后的世界观是现代人不可接受的。误解通常从这里开始,人们往往不假思索地作出一个推理:"现代人不可接受"就意味着"按照现代人的思维解释圣经"。二者似乎没有区别。然而,在布尔特曼的语境里,两者恰恰要严格区别开来。当他声称神话世界观为现代人不可接受时,他的意图不在于指明现代思维的合理性,而在于神话思维对新约之实义即福音的不恰当性。所以,如果让福音因为神话思维而被现代人拒绝,这是神学和教会的失职,反过来,如果因为神话思维而拒绝福音,这是现代人的轻狂与草率。"因为圣经的真理穿着神话的外衣就加以拒绝是不对的。布尔特曼认识到,今天的人拒绝福音时并没有理智地思考他们究竟拒绝的是什么。"③因此,解神话化与其说是在为现代辩护,不如说是在申明基督教信仰的意义。或者按照布尔特曼的说法,"解神话化是信仰自身的要求,……批判圣经神话和传统的教会宣道,使我们得以彻底思考

---

① 布尔特曼等:《生存神学与末世论》,第7页。
② 同上书,第22页。
③ Alfred A. Glenn, "Rudolf Bultmann: Removing the False Offense", *Journal of the Evangelical Theological Society* 16.2, Spring 1973, p.74.

信仰自身的本质。"①因此,把代表某种世界观的神话去除是必要的,但却不是因为这种世界观相比于现代科学是过时的,而是因为它预设的思维方式遮蔽了神话中的生存理解和向当下开显的生存可能性。

以上论述表明,虽然两种译法各有利弊,但"解神话化"能够把"去神话化"作为一个环节纳入自身之中。不仅如此,"解神话化"更能凸显布尔特曼与海德格尔在解释学精神上的契合。我们知道,海德格尔非常重视现象学方法,并声称这种方法同时是解释学的。海德格尔在1923年的讲座《存在论:实际性的解释学》中提出"解释学就是解构"。② 后来在《存在与时间》中,海德格尔明确地把现象学与解释学结合起来,认为"现象"不是与"本质"对立的范畴。相反,与现象相对的是"遮蔽状态",③因此现象是"争而后得"④的去蔽过程,而"现象学描述的方法论意义就是解释"。⑤ 海德格尔不仅将这种解释学精神应用于对此在之生存论结构的分析中,并声称"此在的现象学就是解释学",⑥而且以之解读历史上诸位哲学家的思想。其中最具代表的是对康德的解读。在《康德与形而上学疑难》一书中,海德格尔把"为传统松土,为意义松绑"⑦的解释学精神发挥得淋漓尽致。而且进一步提出,解释的任务在于将作者尚未说出之物带到眼前。"解一释一直被赋予的任务在于:将康德在其奠基活动中所揭示的那些超出明确表述之外的东西原本地加以展现。"⑧

由此可见,海德格尔所主张的现象学的解释学实际上是一个具有建构意义的解构法。看起来是在摧毁、撼动,实际上是在建立、寻根。因为只有去除遮蔽、阻碍的东西,意义才能展现,从而达到创建的效果。同样,"Ent-mythologisierung"听起来是否定的,实际上却是积极的,创造的。首先必须去蔽,即去除神话所表达的那种世界观及其背后的思维方式,然后,神话的意义才可能向着生存着的个体显现出来。

---

① Alfred A. Glenn, "Rudolf Bultmann: Removing the False Offense", *Journal of the Evangelical Theological Society* 16.2, Spring 1973, p.210.
② 海德格尔:《存在论:实际性的解释学》,何卫平译,人民出版社2009年版,第105页。
③ 海德格尔:《存在与时间》,陈嘉映、王庆节译,熊伟校,三联书店2010年版,第42页。
④ 同上书,第43页。
⑤ 同上书,第44页。
⑥ 同上。
⑦ 参见同上书,第26页。
⑧ 海德格尔:《康德与形而上学疑难》,王庆节译,上海译文出版社2011年版,第191页。译文有改动。

二、"解"之谓"解释"：解神话化与生存论分析

既然解神话化之旨趣在于解开释放意义，而解神话化作为让神话之意义显现又必须以去除代表某种世界观的神话为起点，那么也就是说，神话除了是一种世界观之外，还有另外的意义，澄明它正是解神话化的任务。

神话，无论是新约中抑或新约外的，共同分有这样的前提，即超世界的力量随时介入世界并干预和影响世界的进程。例如把自然现象归诸于某种神明的行为。同样，在新约中，常把各种世内的祸福、社会政治事件等归之于上帝、天使或恶魔的作为。这种世界观对于受过启蒙运动洗礼的现代人以及相信世界和社会严格遵循着各自内在法则而运行的科学世界观而言，当然是不可接受的。但是，这并不排除神话仍然可能对现代人成为可理解的因而是有意义的。神话的确表达了一种在现代人看来幼稚的世界观，但是，无论是神话世界观抑或科学世界观在有一点上是没有区别的，即它们都把世界以及其中的现象当做客观的事实（对象）予以解释。不同的是，由于神话不像科学那样有意识地在主—客思维模式下把世界确立为客体，也不曾形成系统的解释原则和概念，它对世界的解释时常伴有个人体验的成分。具体而言，持守神话世界观的人们是直接从自己生活中发生的事情和个人的经历出发理解他所面对的世界。所以，世界作为对象化的自然界和作为体验的生活世界在他们那里没有全然区别开来。既然如此，我们当然可以站在科学的立场给神话扣上"幼稚"、"愚昧"的帽子，但我们也可以着眼于人的生活、体验和生存去发现生活在神话世界观中的人是如何理解自己的。

就此而言，解神话化的眼光不能是宇宙论的而只能是生存论的。"神话的真正目的不是呈现一幅客观的世界图景，而是表达人对生活在世界中的自我的理解。不能以宇宙论的而是以人类学的，或者说生存论的眼光（existentially）解释神话。"①从生存的角度来看，神话的意义首先并不在于世界观。虽然在某种意义上，它的确在对世界作出一种解释，但这种解释是无意识的，或者说是我们后来人反思到的。无论如何，神话的初衷不是解释世界，而是人面对他所遭遇到的世界而产生的体悟。大自然摧毁性的力量，生活中不可预料的祸福让人感到似乎总有一种不可抗拒又不可捉摸的力量在左右自己的生命，这个世界谜一般地让人不能测透，我们既不能预计也不能控制自己的生命。与此相仿，布尔特曼认为新约中的神话叙事是当时作

---

① Rudolf Bultmann, " Bultmann Replies to his Critics," *Kerygma and Myth —A Theological Debate*, p.10.

为信徒的个体或作为信仰共同体的教会对自己生活的一种表述,因此,他对新约中的神话,如上帝创造、关于耶稣基督的叙述,包括他的身份描述、十字架、复活以及再来(末世)等进行生存论的解释。也就是说,上述事件只有关涉到生存时才是可理解的,它们是个体或共同体的自我理解的一种表达,因此对于现代人,它们也只有对个人的自我理解发生效应时才是可理解的和有意义的。相反,如果以某种无关己身的方式将它们当作客观事实予以描述和认知,例如把耶稣描述为上帝之子,先在的神性存在、把十字架仅当做上帝救赎人类的方式、把复活视为耶稣是上帝之子的历史证据、把末世当做某个未来时间中的戏剧化巨变加以期待等,那么它们就是神话,对新约的生存意义构成遮蔽。既然它们本来是个体的信徒或共同体的教会对其信仰的表达,那么展现给我们的应该是他们的信仰生存活动,但是由于采取了不恰当的表达方式,致使活生生的信仰生活被掩埋在那煞有其事的叙事中。所以即使这些叙事有些碰巧能得到历史的证据,如耶稣确实是一个历史人物,钉十字架也确实是一件历史事实,那也不能免去神话的实质。在解神话化的语境中,是否为神话不是通过事实上的真假来判断的,神话之为神话在于它是一种与信仰的实义不相适宜的表述方式和思维方式。表达信仰的恰当方式只能是生存论的。

迄今为止,我们已经述及解神话化的意图和基本的运行思路。首先,“解”是解释而不是简单地去除,另外,解释神话必须以生存论意义为诉求。解神话化是否到此为止了呢? 如果是,那么请问,解神话化的根据何在? 凭什么主张新约叙事是对生存的表达? 这难道不是一种解释的强暴吗? 一些布尔特曼的批评者因此指责他的解神话化是以哲解经,是把与新约毫无干系的东西强加于它,甚至造成一种普遍的印象认为布尔特曼无非是海德格尔拙劣的誊写员。对此,布尔特曼回应道:“一些批评者指责我借用海德格尔的范畴并将之强加于新约。这恐怕只能说明他们没有看清问题之所在。我的意思是,如果他们看到新约已经以自己的方式阐述哲学所阐述的东西,那么他们会大吃一惊。”①这里所谓“新约以自己的方式阐释的东西”是什么? 此乃人的生存现象。生存对于圣经和基督教信仰而言并非外来的新事物。毋宁说,在希腊式的本质主义的人性观占据西方思想之主导地位的历史过程中,基督教信仰将现实的、活生生的生命—生活保存了下来。因此,布尔特曼声称,生存哲学为神学理论叙述提供恰当的概念和术语,而神学则

---

① Rudolf Bultmann, “Bultmann Replies to his Critics,” *Kerygma and Myth —A Theological Debate*, p.25.

教哲学领会生存,①以此为解神话化的根据提供辩护。现在如果要问,为什么布尔特曼大胆主张新约的生存意义,那么可以这样回答,因为新约关注的不是别的,正是时间中的历史性个人。布尔特曼把揭示历史性的个体作为他新约神学的任务。

在《新约神学》中,布尔特曼主要研究了保罗和约翰的神学。他是通过对两位使徒的基本神学概念进行生存论的分析和解读展开他的新约神学研究的。布尔特曼认为,尽管保罗和约翰受到当时诺斯替思想的影响,他们的著作中也不乏诺斯替式的表达,但不可局限于后者的二元论的神话思维模式去理解他们,他们在诺斯替的思想框架和表达方式下阐述的是原始基督教特有的神学和人学思想。

在保罗的行文中常常出现下列字眼,如"身体(body)"、"肉体(flesh)"、"灵(spirit)"、"魂(psyche;yuch)"等。上述概念的使用显然受到诺斯替的影响,所以,常常让人误以为保罗主张二元论甚至三元论的人观,即人由身体和灵魂两部分,或灵、魂、体三部分构成。布尔特曼认为,这与保罗的意思相去甚远。保罗从未把人当做复合构成物。人是一个整体,所以在使用上述概念时,他所意指的总是作为整体的人本身。例如身体"显然不是某个添加在人的真实自我(比如灵魂)之上的外在之物,而是属于人的本质,所以我们不能说人有身体,而是说,人就是身体"。② 既然如此,保罗为何使用多个术语呢? 如果把这些概念一律替换为"人",岂不更加清楚明白? 然而这里触及的绝非概念和对象之间的指称问题。既然人是一个整体,那么他就不可能只是自然科学意义上的时空中的现成物,因为任何时空中的对象都具有可分割的特征,所以,从根本上讲,它们是由部分构成的整体。但人作为一个整体是不可分割的。不可分割意味着不可能就物理时空将之理解为对象,而必须从历史的角度将之理解为时间性的生存现象。我们不能说一个生存着的人,或者保罗语境中的一个面向上帝而在的人,只是部分地生存,或只是灵魂那一部分面向上帝而在。正如生存不是人的某一个行动而是人本身,同样在保罗看来,面向上帝也不是人可有可无的选择,而是人的现实处境。然而,人可以在其现实处境中选择逃避、否认、不顺从上帝。因此,生存意味着人因着本己的能在特征而向可能性作出决定的存在。"鉴于人的存在的历史性,我们认识到他的存在是能在,也就是说,人的存在是

---

① See *Karl Barth-Rudolf Bultmann Letters*, 1922–1966, Edited by Bernd Jaspert, Translated and Edited by Geoffery W.Bromiley, Michigan: William B.Eerdmans Publishing Company, p.98.

② Rudolf Bultmann, *Theology of the New Testament I*, Translated by Kendrick Grobel, SCM Press Ltd, 1952, p.194.

不可操控的,它总是在具体的生活处境中冒险,进行决定,在这些决定中人不是为自己选择什么,而是把自己选择为他的可能性。"①"身体"在保罗的神学中正是指人的这种可能性存在。"人既可以是这样一个自我,即他作为主体把自己与这个自我区别开来,使它成为自己行为的对象,也可以是这样一个的自我,即感到自己遭受着某种自身之外的意志。人被称为身体正是就此而言。因为人与自身的这种双重关系属于人的本性,所以存在两种可能性:与己和谐或与己疏离。"②与己和谐意味着人可以自主地生存着,与己疏离则意味着迷失于非本己的势力之中,而后一种生存又具有两种可能性:或被一种世界的力量操控以至于与自己彻底疏离,或被上帝的力量指引,最终能复归自主的生存③。布尔特曼认为,保罗的"肉体"和"罪"表达的是前一种生存④;"灵"表达的是后一种⑤。至于"魂",虽然使用得相对较少,但也是表达一种完全按照世界的样式去生存的方式⑥。然而,无论哪个概念,保罗绝不用它们指称人的某一部分、某一能力,相反,凡在它们出现的地方,总是一个在以某种方式生存着的活生生的人。"人并非由两部分或三部分组成。魂和灵也不是比肉身生命更高级的心灵生活的特殊能力和原则。毋宁说,人是一个活的统一体。"⑦人作为一个活的统一体,在生存论—存在论的层面表现为"向着将来,向着拥有或迷失自己的可能性"⑧而在的生存形式,在生存—存在状态的⑨层面则表现为以"这样或那样的特定方式而存活着"。⑩

布尔特曼在《约翰福音的末世论》一文中,同样就约翰的基本神学概念,诸如"世界"、"生命"、"死亡"、"信仰"、"爱"等进行生存论的分析。他认为,绝不应该把这些概念理解为对象、品质、状态或能力等,而应该就人在遭遇到耶稣基督这一末世论事件之际所作出的决定,将之理解为生存的方式,他说:"生命不是状态,不是占有某种当下的无时间的事物,而是在瞬间

---

①　Rudolf Bultmann, *Glauben und Verstehen I*, S.118.

②　Rudolf Bultmann, *Theology of the New Testament I*, p.196.

③　See Ibid., p.198.

④　See Ibid., pp.201,239,244.

⑤　See Ibid., p.206.

⑥　See Ibid., p.205.

⑦　Ibid., p.209.

⑧　Ibid., p.210.

⑨　布尔特曼关于"存在论—生存论的"和"存在—生存的"的区分与海德格尔有关联,将在第三章的相关章节中详论。

⑩　Rudolf Bultmann, *Theology of the New Testament I*, p.210.

中由将来得到规定的真正当下。它是存在的方式（Wie），同样'世界'和'死亡'也是存在的方式。"①

尽管布尔特曼花费了大量时间和精力对圣经经行生存论的解释，但必须指明的是生存论分析不是解神话化的最终目的。如前所述，除了从事神学著述和圣经解释，布尔特曼还有布道的活动。布道不是他闲暇之余的额外工作，实际上，他的主要神学观点的形成与其布道实践息息相关。这表明，布尔特曼的神学旨趣不可能局限在纯粹学术的范围，毋宁说，他的神学具有强烈的实践基础和取向。

布尔特曼神学的实践性并非偶然。他一开始就没有站在信仰之外对圣经进行纯粹学者式的探讨。他的神学旨趣和圣经理解总是立足于对信仰意义的追问。作为一个信徒，萦绕他的问题是：信仰对我究竟意味着什么？我怎样做才算是在信仰？诸如此类的问题是布尔特曼关切背后的关切。布尔特曼自己对他批判自由神学的动机的坦诚十足地说明了这一点。他针对自由神学极力维护的历史耶稣的人格和道德化信仰提出的系列批判，引起了他的老师的谴责。然而，他的回应却没有半点理论争论的色彩，而是直抒胸臆："在我早年的学生年代，我竭力按照自由神学的理解来宣讲耶稣，……直到我意识到我是在隔靴搔痒、画饼充饥，这种虔诚（即道德的虔诚）让我茫然不解，历史耶稣的人格对我而言毫无意义。"②强烈的生命关怀使他对信仰意义的追问不可能是纯理论层面的，毋宁说，对保罗和约翰神学的生存论解析是为进一步澄清信仰的意义铺垫道路，信仰的本质必须结合生存着的个人即实践才能真正得到澄清。

三、"解"之谓"发生"：解神话化与宣道

秉承自由神学的传统，布尔特曼极力杜绝把信仰理解为对某种学说、观点、教义的认同和接受，当然，他也反对前者把信仰诉诸于历史事实、道德情感，布尔特曼认为这两种方式都没有把握信仰。那么，信仰究竟是什么？信仰，就生存论层次而言，意味着人的本真的生存可能性，就生存的层次而言，意味着放弃对可见事物的依靠，投向不可见的上帝的生活。如果说阐明前者属于生存论解经，那么后者作为非理论的、实际的事件，如何才能发生？或者说，如果解神话化仅仅在于第一个层次的工作，那么这是否足以保证第

---

① Rudolf Bultmann, *Glauben und Verstehen I*, S.147-148.
② Bernd Jaspert, "Rudolf Bultmanns Wende von der liberalen zur dialektischen Theologie," in *Rudolf bultmanns Werk und Wirkung*, ed. Bernd Jaspert, Darmstadt: Wissenschaftliche Buchgesellschaft, 1984, S.30-31.

二个层次必然发生？如果解神话化像某些批判者指责的那样，是把圣经转换为生存论语言，从而把基督教信仰转变为哲学，难道布尔特曼认为只要把他的《新约神学》向现代人讲述一遍，就能让他们明白何为信仰？实际情况毋宁是，且不说将新约转换为哲学，即使将之替换成科学，现代人仍然不会因此而产生信仰。所以，生存论的解释绝对不可能是解神话化的最终目的，后者作为信仰本身的要求终要为信仰寻找发生的根据。

在关于"解神话化"的纲领性文章《新约与神话学》中，布尔特曼正式提出"解神话化"并围绕解神话化的动机、实行和实现三个问题展开讨论。解神话化的动机在于神话的世界观与其所蕴含的意义相冲突，需要加以去除。"新约的世界图景是神话的……。现在人不可能相信它们，因为他们认为神话世界观已成过去。所以，当今基督教面临一个问题，即新约是否拥有独立于神话世界图景的真理，这是神学进行解神话化的任务。"①解神话化的实行则是从生存论的角度将新约中被遮盖的真理解释出来。例如"钉十字架"的意义不在于耶稣作为无辜的上帝之子，为全世界流血洗罪（这是神话世界观的理解），而在于对当下的人"成为他自己的十字架并让自己与基督一同钉十字架。也就是说，它（十字架）不是我们回顾过去的事情，而是超越过去的时间距离在当下时间中不断地在个人的理解中展现为末世论事件"。②解神话化的实现在于如何让新约的真理像上述那样对个人成为可理解的从而不断在当下成为末世论事件。"在我看来唯一的答案是宣道。钉十字架并复活的基督只能在宣道不能在别的地方遭遇到我们。宣道召唤我们相信，为我们打开理解我们自己的可能性。"③不难看出，布尔特曼对"解神话化"内在运思逻辑的阐述是按照"去除神话世界观—生存论分析—宣道"而来，宣道是实现生存论分析故而达成解神话化之目标的最终根据。

既然信仰本质上既不是历史学事实的回顾也不是理智概念的认知，而是与历史性个体的生存可能性相关，因此，宣道的主要目的不是报告历史事实，传达道德和教义的说教，而是"意味着宣告，即直接向听者召唤并敦促他采取某种确定的姿态"。④"召唤"或"敦促"表达了宣道语言的特征。宣道的语言不指向自身之外的存在，或者说它不是事物、思想等的表达，相反，它本身向听道者构成一种要求和挑战。宣道是对话语的宣告，通过宣告的

---

① Rudolf Bultmann, *New Testament and Mythology and other basic writings*, selected, edited, and translated by Schubert M.Ogden.pp.1,3.

② Ibid., pp.34,35.

③ Ibid., p.39.

④ Rudolf Bultmann, *Glauben und Verstehen III*, Tubingen: J.C B.Mohr(Paul Siebeck), 1965, S.122.

行为,语言本身成为上帝与人相遇的事件。因此,宣道向我们呈现另一种语言的意义:语言即行动。

现在的问题是,如何理解宣道与解神话化的关系?难道解神话化要让新约的语言变成被宣讲的语言事件?这似乎令人费解,因为解神话化通常总是与作为理论解释的生存论分析联系在一起,因而很少想到它可能会与实践性的宣道活动有关系。圣经是一部历史文献,我们当然可以对之有历史学的研究和生存论的研究,通过前者,某些历史事实得以重构,后者则着眼于当下追问历史的一般意义,例如"在《圣经》中人的存在是如何被理解的"。① 但是,以上两种追问尤其是后一种几乎可以就任何历史文本提出。那么它们对《圣经》解释是否足够呢?"圣经的解释具有特殊的动机。传统和教会布道告诉我们,我们应该聆听圣经中关于我们生存的命令式话语。……确切说,圣经成为对我个人所说的话,它不仅告诉我普遍的生存,而且给予我真正的生存。"②圣经可以成为向个人说出的命令式话语,此时,它要求人聆听,这是圣经解释的特殊动机。

即使对圣经的生存论分析也必须以此为目的。布尔特曼分析圣经中的生存理解不是建立一门有关生存的理论体系,它没有预先假设一个关于生存的定义,然后围绕它把生存作为一种研究对象加以理论地分析和构建。诚然,布尔特曼反复强调,任何解经都有前设,甚至它自己也把生存哲学作为自己解经的前提,但是,这里的情况根本不同于理论体系的前提。理论体系的前提通常是一种理论的预设。但布尔特曼把生存哲学作为前提,不是要把它关于生存的系统理论分析作为解神话的出发点③,在他心目中,生存哲学对于神学的重要意义毋宁在于对每一个人提出告诫:"你必须生存起来。只有人可以有某种生存,因为他们是历史的,这就是说,每一个人都有他自己的历史。他的现在源于他的过去,并转入他的未来。……人的生存仅仅在生存的过程中才是真实的。"④所以,对新约进行生存论分析的目的是"必须发现新约是否向人提出一种挑战他做出本真的生存决定的自

① 布尔特曼等:《生存神学与末世论》,第36页。
② 同上书,第168页。
③ 布尔特曼当然承认海德格尔的生存哲学也是对生存的理论分析,但他认为仅仅作为理论分析的生存哲学对于神学的意义不大。因为神学的目的不是要让人明白什么是生存,而是要让人以信仰的方式生存起来,而这一点是生存哲学做不到的。他说:"存在的哲学分析表明,坦诚地面对将来是人类存在的基本特征。但是,哲学分析能将这种坦诚赋予处于具体生存处境中的人吗?不可能。"(同上书,第55页)
④ 同上书,第170页。译文参照德文有改动。

我理解"。① 圣经中关于生存理解的陈述同时也是生存的命令,"陈述中蕴含着命令",②因此要求人作出生存的回应,即聆听并作出决定。

圣经成为要求个人的聆听和决定的上帝命令,这就是宣道。不应该将宣道仅限于牧师的布道(Predigten)或福音宣讲(Kerygma),毋宁说,只要在生存的决定被唤起的地方就有宣道(Verkündigung)。所以,即使个人阅读圣经,甚至一个非直接涉及福音的演讲报告,只要"点燃他对自己生存的真实性的追问,因此起到呼吁的作用,"③也间接地具有宣道的效用。相反,一篇仅仅呈报一些事实和学理的布道,算不上宣道④。基督教的宣道必须具备两个条件,第一,上帝的呼召与人言相遇;第二,进入听者的当下处境与个人相遇。只有在宣道中发生的上帝与人相遇的事件中,解神话化的任务才得以最终实现。反过来表达则是,只要圣经还没有以宣道的方式成为上帝之道闯入人的生命为之打开一种他可遇不可求的可能性,那么它仍然是神话。解神话化去除神话世界观,进而去除科学世界观,借助于生存论的表达,所要澄清的正是信仰的这种唯独聆听上帝之道的本质。

第二节　"解神话化"之"神话化"与 "神话"的内涵

一、"神话化"作为客观化思维

鉴于解神话化意义的整体性,第一节讨论解神话化之"解"的内涵时已经零零碎碎地触及神话的意义。实际上,布尔特曼是从一个与解神话化的根本意图不相切合的话题切入解神话化进程的,即神话代表一种现代人不可接受的世界观。这一开端为解神话化招来多么根深蒂固的误解,前面已有述及,兹不赘述。在此仅为表明,布尔特曼所谓"神话"概念的意义是多重性的,所以不可像通常容易做的那样,简单地站在古代与现代、神话与

---

① Rudolf Bultmann, "Bultmann Replies to his Critics," *Kerygma and Myth: A Theological Debate*, p.16.

② Ibid., p.32.

③ Rudolf Bultmann, *Glauben und Verstehen III*, S.122.

④ 这或许会产生误解,即布尔特曼似乎主张一种泛宣道论。既然一切情况都有产生宣道效果的可能,那么圣经宣道还必要吗?更严重的是,如果信仰是宣道中发生的事件,那么是否圣经宣道之外的宣道都能发生信仰?需要澄清的是,布尔特曼主要着眼于"唤起生存的决定"来理解宣道的意义,但这并不表示,凡产生宣道效果的事情都能唤起基督教信仰这一生存决定。信仰作为一种生存决定唯有作为上帝之行动的圣经宣道能唤起。

科学、蒙昧与启蒙的对立中看待神话的意义,仿佛布尔特曼是一个科学进步观的鼓吹者。若真如此,我们就可以从神话的人文科学意义指责布尔特曼的神话观是缺乏历史教养的。当柏拉图、巴门尼德、普诺丁诺用神话表达自己的思想时,有谁会去对他们解神话化呢? 这些神话式的表达岂不是至今仍然是取之不尽用之不竭的意义源泉吗? 论到解神话化就气急败坏的巴特这样诘难道:"是否要问一问,把凡是带有神话学意味的事情都视作对现代人无用的东西合理吗?"①布尔特曼从未否认神话对现代人仍然可能是有意义的,毋宁说,解神话化的总问题恰在于"对于现代人来讲,作为一个整体的耶稣布道和新约的教诫有什么意义?"②既然如此,布尔特曼为什么一定要把神话当做一种过时的世界观或者一种遮蔽的"外壳"与它们可能蕴含的意义对峙起来呢? 为什么神话和理性,如伽达默尔所描述的,不能像在古希腊那样,作为两种描述真理的方式相互融合,彼此适应呢?③ 为什么新约神话不具有古希腊神话"以旧见新"的魅力,反而遮盖了隐含在其背后的更深意义呢?

　　澄清这些问题,需要在"神话"与"神话化"之间作出区分。几乎每个民族,尤其是具有悠久历史文明的民族都有自己的神话传统。神话作为一种文化的存在形式或思想的表达方式不仅无可厚非,而且它们通过解释源源不断地为后世带来启示,成为一个民族乃至人类宝贵的精神财富。例如古希腊神话对于西方思想的影响如此之大,以至于许多伟大的思想家在思索和澄清一些重要问题时都会追溯到它那里吸取灵感。有鉴于此,伽达默尔说:"这种'解神话化'的另一个例子就是希腊诗人面对他的民族神话传统所具有并行使的极大自由。即使是这些也并非'启蒙'。"④伽达默尔通过类比希腊人的神话解释,指明布尔特曼的解神话化的非启蒙旨趣,面对神学界对于解神话化的普遍误解为之辩护,这不禁令人惊讶和佩服。尽管如此,我们仍然要在布尔特曼理解的神话与希腊式神话之间划出一条界线。

　　首先,希腊式神话是一种纯粹的寓意性和象征性表达。当读到巴门尼德的"真理女神"或柏拉图的"灵魂马车",我们不会停留在这些神话表达本身,而是立即转入它们所要喻示的道理,而这些道理是认知性的,即可以通

---

① Karl Barth, "Rudolf Bultmann: An Attempt to Understand Him", in Hans-Werner Bartsch (ed.), *Kerygma and Myth*, vol.II, London: S.P.C.K., 1962, p.108.

② 布尔特曼等:《生存神学与末世论》,第 7 页。

③ See Hans-Georg Gadamer, Gesammelte Werke, Band 8, Tubingen: J.C B. Mohr, Paul Siebeck, 1993, S.173.

④ 伽达默尔:《诠释学 II:真理与方法》,洪汉鼎译,商务印书馆 2011 年版,第 158 页。

过理性的反思把握住的哲理,如理性高于感性,灵魂的向善性与趋恶性,等等。其次,希腊神话具有启发的意义。例如亚里士多德的第一推动力就得益于神话的启发①。但是,布尔特曼的解神话化所要解释的新约神话却与之不同。首先,新约神话虽然也表达出某种世界观,但它不具有寓意和象征的表达性。或者说,它们不指向自身之外的某个理论或说教。例如,新约把"圣灵内住"刻画为某种客观的东西由外向内注入人之内的现象,这样我们就不可像解读柏拉图那样,仅仅把这种现象理解为人性中的善的预表,相反,当新约这样表述时,它就是在叙述一个客观发生的事实。因此,当读到新约的神话时,人们往往把目光锁定于神话的内容本身,而新约中的神话都是以上述客观化的方式思维和表达的,换言之,它们把信仰以及与之相关的事情统统客观化为对象和历史学的事实。其次,尽管新约中的神话也可以具有启发作用,最典型的例子莫过于"道成肉身"对伽达默尔语言观的启发②,但这却不是解神话化的目的所在。解释是让意义开显,就此而言,启发不能算为严格意义上的解释。启发者对于被启发者仅仅是一个契机性的触发,一旦某个意义呈现,启发者即被当做跳板抛掷于脑后。所以,如果启发者本身具有自身的意义,那么它绝不可能是被启发出来的意义。更为甚者,假如这样对待新约神话,那么,解神话化将会失去神学和解经学的意义,因而成为一门人皆可为之的漫无目的的工作了。然而,新约中的神话不是神谕性的暗示,它不指向无限的意义空间,而是拥有自己特定的意义和目的。"神话表达了人的某种信念,即他所在的世界的起源和目的不在世界之内而在世界之外。……神话表达了人的一种意识,即他不是自己的主宰;……神话的真正意图意在表明一种掌控世界和人类的力量。"③所以,布尔特曼绝对不会承认他的生存神学是受到新约的启发而建立的一套与新约本身毫无干系的学说体系,相反,他认为解神话化所要揭示的恰恰是新约本身的意义。

　　既然新约神话既非寓意象征的表达,亦不具有启发的意义,那么它究竟意味着什么呢? 它和新约本来的意义(生存)有着怎样的关系? 实际上,解神话化面对的新约神话与一般神话的根本区别在于,它不只是单纯的神话叙事,而且是对整个世界进行一种神话式的解释,或者说,它要用神话的思

---

① 参见亚里士多德:《形而上学》,吴寿彭译,商务印书馆1959年版,第281页。
② 参见伽达默尔:《诠释学 I:真理与方法》,洪汉鼎译,商务印书馆2011年版,第588—595页。
③ Rudolf Bultmann, "Bultmann Replies to his Critics," *Kerygma and Myth:A Theological Debate*, pp.10-11.

维方式理解世界,简言之,它把世界"神话化"了。新约神话当然也可以是一种神话叙事,因此就其所表达的内容本身而言,新约神话并没有道出与当时其他宗教不同的东西,就此而言,它只不过是时代遗留的痕迹。但是,就其要将世界"神话化"而言,它所传达的就不仅是叙事,而且还是一种世界观和思维方式。所以,真正说来,布尔特曼要克服的不是新约神话,而是新约对世界的"神话化",即一种客观化、对象化的思维方式,新约的实义被掩盖于这种表象方式之下,因为信仰实际上不是可客观把握的理论或事实,而是当下发生着的生存经验。所以,希腊神话作为一种表达方式不与它所要喻示的思想观点相矛盾,因为它们都可被客观对象化地把握,因此可以相互融合,而新约中的神话作为一种客观对象化的思维和表达(神话化)与新约的实义龃龉,故而构成遮蔽。

通过区分"神话"与"神话化",解神话化与现代科学的关系变得更加明朗。在讨论解神话化之"解"的内涵时已经指出,解神话化绝非站在今胜于昔的角度以现代科学为准绳裁剪新约。不仅如此,尽管布尔特曼自己反复强调,去除新约神话是因为它表达了一种相比于现代人的科学世界观而言过时了的神话世界观,但是上述区分已经表明,新约需要被解神话化的根本原因不只在于它的世界观过时了,而在于它将世界"神话化"的客观对象化思维。毋宁说,是"神话化"让新约神话作为一种对过时世界观的描述而变得过时。既然如此,不仅新约神话,凡是具有客观对象化特征的思想产物,包括现代科学,都是解神话化要去除的对象。科学不承认任何超自然和超历史的力量对自然和历史进程的干预作用,就此而言,它与神话不同。可是当神话是把超自然的力量当做可把握和理解的原因来解释自然事件时,如用具有超自然力量的神氏或恶魔的作为去解释自然中的惊恐事件和现象,它实际上与科学抱有相同的意图,即以客观对象化的思维方式为世界上发生的现象寻找原因。正因此"神话常常被说成是一门原始科学。"[1]科学与神话共同预设了这种思维方式,扣押着生存的现象和新约本来的意义。"我们看到,解神话化的任务所接受的最初推动力来自包含在《圣经》中的神话世界观与受到科学思想影响的现代世界观的冲突,而且有一点已经非常明显:信仰本身需要摆脱人的思想构造物,无论是神话的还是科学的世界观。因为人的全部世界观都使世界对象化,忽视和排除我们个人生存中的际遇的意义。"[2]所以,神话与科学的对立不是原则和本质上的,相反,它们

---

[1] 布尔特曼等:《生存神学与末世论》,第8页。参德文本有所改动。

[2] 同上书,第59页。

恰恰意气相投,但是由于神话把它与科学共有的思维方式运用于不恰当的领域,即超自然的领域,所以它描绘出的世界观才显得与科学格格不入。经过一番澄清,我们应该大胆离开解神话化这个术语可能留下的表面印象和由之而来的误解,即神话等于过时、荒诞、幼稚,解神话化是以现代科学为标准清除神话等。不仅如此,我们还必须更进一步:解神话化不仅不清除神话,而且在某种意义上要求神话。

二、"神话"作为宣道语言

既然客观对象化思维不适合理解和表达信仰,那么,是否信仰是一种与语言无关的纯粹主观经验? 的确,信仰作为此时此地的决定是当下直接发生着的事件,因此任何语言性描述都会让它成为反思对象而失去发生的当下性。在这层意义上,信仰是不能言表的。但是,这并不把信仰推向神秘主义的体验。尽管那些采取神秘主义方法的信徒在体验到某种心灵的特殊感受时,认为"是上帝进入了预备妥当的心灵,并以一种无法言语的喜悦充满它",①但是,不得不承认,这只是一种纯粹的心理体验。并非只有基督教的上帝才能赐予这种体验,任何回返心灵深处的身心修养都可以达到它。与此完全相反,布尔特曼所谓的生存体验不是回归宁静、消极无为的心灵状态,而是一个被上帝的启示"击中"的个人。信仰的生存体验只有在来自于超越之上帝的启示下才可能发生。不是进入一种"纯粹被动和自我倒空"②的宁静之境的人,而是"一个把他的过去、现在、将来的全部重负承担起来,并带着这重担站在上帝审判之下的具体个人"③才是信仰上帝的人。

"审判"是基督教教义中的重要内容。布尔特曼从生存角度把它解释为一种人与上帝相遇的生存事件。因此,审判既不是像在传统教义中那样,发生在将来的事情,也不是像在自由神学中那样,被仅仅视为一种纯粹主观的道德自责感。尽管布尔特曼一再强调人接受上帝审判,或者说能够遭遇到上帝,在于他首先在生存论上是可能性的存在,但"能在"(Sein-können)不是人具有的某种心理活动或机能,而且"能在"只是前提,它不等于与上帝相遭遇的经验本身,审判作为这样的经验是从人之外的某种力量闯入他生命之中而产生的一种遭遇。因此,审判不是道德的内省,不是认知的自我反思,而是表现为我被一个异己他者(上帝)遭遇到的事件。既然如此,在

---

① 布尔特曼:《信仰与理解》卷一,卢冠霖译,香港:道风书社 2010 年版,第 30 页。
② 同上书,第 29 页。
③ 同上书,第 30 页。译文参照德文有改动。

这个事件之外就审判概括出一些可传达的内容是无意义的,因为"它总是在上帝向具体个人的作为中才是现实的",①审判的意义在于它正在被审判者的具体处境中发生着,因此拒绝任何理论性语言置之度外的一般性把捉和描述。任何此类企图,即使采用科学语言,与新约神话别无二致。由此看来,问题的关键不是澄清审判作为一种生存体验是什么(这种客观化思维所采取的追问是没有止境的),而是如何发生这种体验。

如果信仰既不是前语言的心理体验,又拒绝语言的陈述,那么它和语言究竟是什么关系呢?有没有一种信仰的语言?如果有,那么它又是一种什么样的语言?信仰之所以拒斥语言的陈述,不是因为信仰是不可言状的神秘体验,而是由于我们描述信仰的语言的客观化特性。解神话化的必要性在于解构神话的客观化思维,这是我们前面已经论述过的。然而,一旦神话经过这种解构,它反而成为适合于信仰的语言。也就是说,如果把神话描述的所谓客观对象悬隔掉,从而除去它普遍一般的传达性,那么,信仰恰恰与神话有着最为亲密的关系。换言之,当我们不在客观对象化的思维方式下理解或使用神话,神话便成为能让信仰发生的语言。此时,"神话与作为解神话化对象的神话之间有很大的差异",②因为它"并不是在对象化的意义上以神话的方式谈论的。"③那么,这种脱掉客观对象化的神话是一种什么样的语言呢?

首先,这种语言绝不预设某个对象作为自己去描绘的目标,或者呈现某个普遍一般的知识,因此,它的意义既不由对象赋予,也不在于它自身固有的一般意义。可能有人这样质问,一个既没有指称又没有意义的语言怎么能存在呢?如果我们总是在客观对象化的认知态度下理解语言,上述质疑是不错的。但是对象化语言的意义判断方式根本不适合这里要讨论的语言,后者的意义只在于它成为语言,或者说,它作为语言发出来了,也就是布尔特曼所谓的被宣告出来:宣道。因此,非对象化的语言与其说是在传达意义,不如说是在开创意义,带出意义。宣道中的话语的意义不是先存的实在,而是随着宣讲开显出来的。正是在此意义上,神话是信仰的语言,信仰是在宣道的语言事件中遭遇到上帝启示的生存。

其次,这种语言并非另一种语言,即使宣道"也必须以一般的概念来谈

① 布尔特曼:《信仰与理解》卷一,卢冠霖译,香港:道风书社 2010 年版,第 29 页。译文参照德文有改动。
② 布尔特曼等:《生存神学与末世论》,第 42 页。
③ 同上书,第 42 页。

论,因为我们的全部语言都使用概念"。① 但是,在宣道中,同样的语言概念所行使的作用全然不同。宣道让人遭遇到上帝的启示,不是因为上帝的启示通过宣道表达出来,相反,宣道本身就是上帝的启示。语言在这里成为行动,所以,倾听宣道的人仅作出理智的认知是不够的,在某种意义上甚至是无益的,重要的是他必须首先成为语言启示行动的接受者和回应者。这不是非理性主义,也不涉及信仰与理性关系的中世纪难题,毋宁说,理性认知作为生存着的个体的一种能力和行动方式共同参与到对上帝启示的回应行动中。一旦语言本身成为一种行动或事件,人作为一个行动的存在参与到这个事件之中,"神话语言在当作信仰语言使用时,就失去了它的神话意义。"②同样是"道成肉身,死人复活",如果仅被理解为客观叙事的语言,即预设某个无关生存的历史事实作为它们传达的内容,那么它们就是神话,相反,如果将之向着处在某一特定境域中的倾听者宣讲出来,有如保罗的"基督颂",使之成为打开人的某种生存可能性的上帝之道,那么它们不再是神话。很明显,"不再是神话"不是因为圣经被转换为科学语言,而是由于对之的非对象化使用——宣道。对神话作宣道的使用"绝不是对解神话化的非议,而是郑重要求解神话化。"③鉴于语言问题是哲学解释学的一个重要议题,故有关神话之语言性问题将在布尔特曼与海德格尔关系研究中进一步展开,此处仅为进入布—海关系研究做一个准备性铺垫。

第三节　"解神话化"与人的历史性

交代了背景,澄清了内涵,似乎可以讨论解神话化与海德格尔前期的关系了。然而,由于解神话化与海德格尔前期的关系备受争议,如果仓促进入不但毫无所获,反而会迷失在各种嘈杂的论争声中。这样,除了把现有的关于解神话化与生存哲学之关系的各家之言罗列于此之外,二者关系的研究似乎找不到其他意义。鉴于布尔特曼与海德格尔发生关联的核心概念是生存,而很多观点认为在生存问题方面,海德格尔决定性地影响了布尔特曼,所以,在正式讨论二人思想关系之前,有必要对布尔特曼关于生存问题的理解做一个梳理,以便看到布尔特曼作为一个生存神学家并非半路出家,他的生存解释学亦非抄袭海德格尔的生存论分析,而是有着自己特有的

---

① 布尔特曼等:《生存神学与末世论》,第46页。
② 同上书,第47页。
③ 同上。

学术语境、思想渊源和独到见解。这将为我们接下来的研究确立一个方向。

解神话化的意义不局限于方法论,因为它关涉到人的生存活动。单纯的方法论一般不考虑运用方法的主体,但对新约的解神话化过程却是在解释者面对上帝话语的生存中发生。所以,布尔特曼的解释学关涉到一种对人的理解。如果不把握住这个问题的来龙去脉,布尔特曼解释学与哲学解释学的对话空间将会非常狭小。

所有思想,无论哲学的抑或神学的,都有意无意地从某种人的理解出发。可是这种对人的理解在 18、19 世纪的德国,因着浪漫主义的影响和历史主义的复兴逐渐发生转变。这一转变通过海德格尔的生存论思想达到一个新的高度。显然,发生在德国思想界的历史主义运动无疑影响了德国神学的发展。因此,布尔特曼的神学思想在某种意义上也融入了这场运动的洪流之中。他与海德格尔的思想关系尤其说明了这一点。但是,需要注意的是,基督教神学本身的历史主义传统是非常深厚的。甚至可以说,基督教就其发源而言本来就是历史主义的。但因为希腊思想的渗入,形而上学的倾向以及与之相关的概念思辨和命题推演成为神学的主要任务,后来又因为启蒙运动的影响,理性主义、先验主义及至后来的实证主义成为神学追随的榜样,以致这条线索被遮盖。尽管如此,基督教的历史主义特性仍在其他思想运动中得到保留和延续。在中世纪,主要是通过唯名论的信仰的意志主义得到保存。后来则一方面通过路德的"唯有信仰"、"唯有圣经"的宗教改革立场,另一方面则是沿着俄国思想家舍斯托夫的圣经哲学、陀思妥耶夫斯基以及丹麦哲学家克尔凯郭尔的生存哲学延续下来[1]。

---

[1] 站在个体生存的孤独、无助、无根、悖谬的处境中,不遗余力地挖苦、嘲讽一再为我们虚构绝对价值的形而上学是俄国作家陀思妥耶夫斯基、俄国哲学家舍斯托夫和丹麦哲学家克尔凯格尔思想的共同特征。舍斯托夫认为,上帝在希腊人的理性演证面前隐退自己,谁要证明上帝谁就离弃上帝。因为上帝与在绝望、受苦和磨难中向他呼求的人同在,与一边刮着毒疮一边宣称上帝之公义的约伯同在。(参见刘小枫:《走向十字架的真》,第 9、35 页)克尔凯格尔在《致死的疾病》中所描述的那种厌恶生又不得不生的生存处境恰恰是理解上帝的契机,是一个直面上帝之人的真实写照。陀思妥耶夫斯基在《地下室手记》中对康德纯粹理性发起猛烈攻击,因为他看见数学式的理性演绎是窒息生命的死亡法则。这种演绎在个人渺小卑微的荒谬处境中是否必要?(刘小枫:《走向十字架的真》,第 15 页)陀思妥耶夫斯基看到了实践理性法则在面对其不幸和死亡的个体面前的不合时宜。三位思想家都看到作为最高价值、绝对理念或永恒法则的形而上学的上帝对个体发起的残酷统治,强迫他向它尽忠,或诱惑他逃遁到它设置的虚假"平静"之中,不让个体直面自己的处境。他们看到亚伯拉罕、以撒、雅各以及约伯的上帝是临在于人的孤寂、荒诞、苦痛和挣扎中的上帝。

　　西方哲学史上之所以能够出现与理性逻辑概念不同的声音,恰恰因为希伯来精神及其继承者基督教精神带给西方文化以不同于希腊精神的生命力。布尔特曼正是通过梳理和刻画原始基督教信仰的历史演变过程来阐述他对生存的理解。他的理解,如我们将要看到的,更多扎根在路德宗的唯信传统以及克尔凯郭尔的生存哲学。正因为如此,必须注意布尔特曼在与德国的历史主义运动,尤其是与这一运动的最高花朵海德格尔相遇时所拥有的思想背景和前理解。

　　鉴于此,下面将从发生论的角度考察布尔特曼对人的理解。首先将希伯来与希腊的人观予以对比,旨在指明布尔特曼为了阐明希伯来精神而不得不把它与希腊精神拉开距离,然后着眼于末世论传统,分别从旧约以色列民族的盼望、犹太教启示文学的末世论(apocalyptic eschatology)和新约的末世论阐释布尔特曼的历史性概念。最终在澄清布尔特曼理解人的历史性存在的思想渊源的基础上,进入他与海德格尔关系的研究。

一、历史与自然

　　希伯来的人观主要指旧约圣经对人的理解。布尔特曼在描述旧约圣经的人观时,始终以希腊人观为参照。在希腊思想中,人总是被纳入到某种普遍性之下加以理解,人由此成为了具有某种共性的存在物,个别的人只是普遍的类本质的殊例。理解人意味着把握人的本质,人是作为一个占有人的本质的对象得到理解的。因此,他和其他对象性事物一样是对象化世界的一部分。虽然希腊也从城邦的共同体生活理解人,但城邦无非是大写的人,它的本质与构成它的个体的本质同一。与之形成鲜明对比,在旧约中,人是按照上帝的形象被造。但绝不可从类本质来理解人所具有的上帝的形象。人不是作为一个占有上帝形象的类被创造的。相反,人被造是为做世界的管理者。"神说:'我们要按照我们的形象,按照我们的样式造人,使他们管理海里的鱼、空中的鸟、地上的牲畜和全地,并地上所爬的一切昆虫'。"①"管理者"不是本质,而是一种身份,也就是说,按照旧约圣经的看法,人作为一个具体的个体或群体被造于上帝、世界、人这三者的关系之中。所以,人里面的"上帝形象"首要的意义不是把人标示为一个类存在(虽然在希腊思维的框架下,这样理解是非常容易的),而是指明人是向上帝履行义务,向世界负起责任地生存。鉴于此,在旧约中,人是相对于上帝这个他者而得到理解的。

---

　　① 《圣经·创世纪》1 章 26 节。

故此,对希伯来人而言,上帝绝不是某种他们要努力去实现的理想人性,或他们自身固有的某种本质。相反,上帝是向他们发出命令并给出应许的那一位,他们的命运与遵守这位上帝的命令并盼望他应许的实现息息相关。所以,以色列民族因着他们所信的上帝而成为历史性的,即是说,它的当下维系于它的过去并憧憬着应许之将来。以色列的存在是通过上帝在它的历史中的作为,即祖先的呼召、领出埃及、西奈颁布律法等历史事件得到标识的。"这个民族(以色列)是历史的产物。这意味着,问题之关键在于对历史的忠实。因为当下的状况并非独立的,而总是过去的反映,过去不是人的丰功伟绩,而是恩赐,即上帝恩典的标记。"①因此,历史对于以色列不是过去了的史料,而是规定着他们现在的义务和责任。"历史不是修昔底德所谓的教育政治家的材料,而是对人的说教,它要让所有人认识到自己的责任。"②而且,这种规定不是在"以古为镜,可以知兴替"的意义上以古鉴今,毋宁说,以色列的历史就是以色列的存在本身。

因着对人的不同理解,希伯来人对世界的理解也与希腊不一样。希腊人习惯于透过变迁的世界现象去寻找背后恒常的法则,因此在希腊人眼中,世界(Kosmos)是一个严格遵循着可以为理性认识和把握的某种规律运转的统一体。然而,当上帝吩咐人管理世界时,他的意思不是让人努力认识世界背后的不变法则,然后借此去把握各种变化的现象。世界对希伯来人而言并不是什么变化着的因而是不真实的现象界,他们也不会去追问世界的本原是什么。因为他不是站在世界对面的静观者,世界是他在其中经历他的上帝的场所。"在旧约中,世界是人的经验的场地,是人的行为和命运得以展现的舞台。"③人从上帝那里接过吩咐,成为世界的管理者,这意味着人和世界的关系隶属于人与上帝的关系,人始终作为面对上帝的存在,即顺从或悖逆上帝的命令的存在而与世界发生关系。反过来说,世界是在人面对上帝的作为中开显出来的世界。只有当上帝的维度缺失之后,或者说,当人与上帝的关系被遗忘时,人就自主地成为世界的审判者,世界因此由作为人的经验领域的历史变成可被观察和认知的自然,人本身也沦为自然的一部

---

① Rudolf Bultmann, *Primitive Christianity in its contemporary setting*, Translated by the Reverend R. H. Fuller, Thames and Hudson, 1983, p.36.

② Rudolf Bultmann, *Hiotory and Eschatology: The Presence of Eternity*, Harper & Brothers, 1957, pp.18–19.

③ Rudolf Bultmann, *Primitive Christianity in its contemporary setting*, p.20.

分。所以,在旧约中,"人不是根据世界得到解释,而是世界根据人得到解释"。① 根据人得到解释的世界不是"自然"而是"历史"。所以布尔特曼说:"历史是旧约文学的核心主题。"②

然而,布尔特曼该断言的意图不是要把希腊贬低为一个没有历史和历史观的民族。但是,希腊的历史观仍是自然主义的。如前所述,希腊人认为自然是变化不居的现象,并相信背后另有一个恒常不变的世界,同样,他们也把历史视为遵循某种永恒法则的纷纭现象,始终从某种原则出发,如逻各斯、自动的原子、理念的原型、或人的道德要求、人的心理力量和激情、政治经济的力量等,审视历史现象的多样性,把它们当作历史发生背后的推动力和主导原则。所以,"历史运动与宇宙自然事件的运动别无二样,无论怎样交替变更,都是同样的东西在那里发生、形成。历史知识作为科学知识在这里就是努力看到历史中共同的和永恒有效的东西。"③

然而,这一切对希伯来思想而言是完全陌生的。犹太人的历史是过去、现在、将来三位一体的历史。他们从未把亚伯拉罕蒙召、西奈山颁布律法仅仅当做编年史意义上的历史资料,更未想过要从他们的历史背后去寻找永恒的法则。犹太人的历史就是犹太人的,它是犹太人面对过去、指向将来的当下存在。"先知声明上帝过去的赏罚。指明上帝如何在他百姓的悖逆中实现自己的旨意。这是对现在的审判,也是让人意识到他们面向将来的责任,无论这将来是赐福的抑或灾殃的。"④同样,犹太人的历史理解对希腊人而言也是陌生的。因为后者"不把历史过程视为个人和民族或国家在其中活动着、经历着因此形成自己特性的过程"⑤,因为他们"从不考虑将来可能的不测,也不把现在当作人必须向将来担负起责任的决定时刻"。⑥

两个民族的不同形成过程造成它们不同的思维方式以及对世界与人的不同理解。布尔特曼将两希精神予以对比,其目的并不在把两者对立起来,一比高低,而是要在希腊式思维以及所有受其影响的思想与他自己的思想之间划清界限。就此而言,布尔特曼站在德尔图良、奥古斯丁、马丁·路德、舍斯托夫、克尔凯郭尔的传统之中。立足于这一传统,他回到希伯来精神去

---

①　Rudolf Bultmann, *Primitive Christianity in its contemporary setting*, p.20.

②　Ibid., p.21.

③　Rudolf Bultmann, *Glauben und Verstehen II*, Tübingen: J.C B.Mohr, Paul Siebeck, 1968, S.198.

④　Rudolf Bultmann, *Primitive Christianity in its contemporary setting*, p.21.

⑤　Rudolf Bultmann, *Hiotory and Eschatology: The Presence of Eternity*, p.18.

⑥　Ibid., pp.15-16.

追溯一种关于人的理解,通过解释贯穿于犹太教和基督教的末世论思想引出人的历史性存在。

二、"历史性"的演变

相比于希腊民族甚至任何其他古老民族,希伯来民族的历史性是非常突出的。无论就起源、形成抑或归宿,以色列的存在与上帝的拣选、引导和应许休戚相关。甚至可以说,它完全是上帝的作为在这个世界上的显现。然而,上帝对以色列的作为是通过立约进行的。约的应许性决定以色列这个民族的将来性和盼望性。由此可见,将来在以色列民族的历史性中是一个重要维度。这也说明了为什么末世论思想在旧约的以色列民族、犹太教甚至基督教中占据着如此重要的地位。

尽管如此,以色列人的盼望因着不同的应许以及应许的实现与否而发生着变化。从旧约以色列到犹太教,再到新约基督教,盼望不断在改变,末世论思想也被不断地赋予新的内涵。通过对这一演变历程的考察,布尔特曼形成他关于人的历史性理解。

1. 旧约以色列盼望和犹太教末世论与历史性

以色列从一个支派性的氏族成为一个政治性国家的过程是与上帝的应许不可分开的。这应许始于亚伯拉罕之约,在大卫之约达到了顶峰。上帝呼召亚伯拉罕,通过他向以色列应许了土地和人民,膏抹大卫应许了王权和国家。这些应许在旧约中都已经得到实现。以色列因此形成一种根深蒂固的认识:上帝是通过世内的应许,即土地、人民、王权和国家,来实现他的旨意,而他们就是这些应许的承受者。

然而,大卫之后,以色列国逐渐走向衰亡。首先是国内分裂,更重要的是,北国以色列和南国犹大相继被亚述帝国和巴比伦帝国掳虐。犹太人从此进入亡国的流亡生活。虽然在异国的统治下,犹太人的宗教崇拜的自由多数时候能得到保障,但是,他们的盼望是有朝一日,上帝能在现世历史之中复兴以色列王国,让他们再次回到大卫王朝的黄金时期。他们相信先知们预言的弥赛亚的救赎就是把他们从外邦统治下解放出来,重新登上大卫的宝座治理以色列国,而先知所谓上帝的审判则要么被理解为以色列王国向曾经掳虐和压迫他们的外邦民族施行报复,要么赋予某些自然灾害,如地震、洪水、干旱等以惩戒性意义。总之,旧约中犹太人的盼望所具有的此世性是非常明显的。

此外,旧约中的盼望还具有民族性特征。"旧约的宗教是一个民族的宗教,上帝总是和以色列民相互共属。耶和华是以色列的上帝,正如其他民族也有他们的上帝一样。"①以色列的形成虽然起源于上帝和亚伯拉罕个人的立约,但此约的核心内容是子民和土地。所以,上帝是与属他的民立约,而不是与某一个个体立约。旧约中的个体,如亚伯拉罕、雅各、摩西、大卫以及诸先知,是作为以色列的代表与上帝发生关系。他们的工作是在上帝和以色列民之间担当中保,而不是在自己的民族之外与上帝发生个体间的关系。因此,每一个以色列人都是作为以色列这个民族的一部分而与上帝发生关系。民族的宗教生活,民族的兴衰,民族在上帝面前的责任决定了个人的生活、兴衰和责任。反过来,个人的事情也会牵涉到整个民族。例如亚干犯罪,耶和华却向以色列人发烈怒。所以,在旧约摩西五经中,经常可以看到耶和华为了维护民族的纯洁而命令把那些有罪的、不洁净的剪除。而以色列民也会毫不留情地把那些牵连他们的犯罪个体用石头打死,并相信以此就可以在耶和华面前被算为洁净。以色列人不会从个人的角度去审视他和上帝之间的关系,相反,他个人的情况如何,完全取决于他所属的共同体的情况。同样,以色列人所盼望的救赎也是民族性的,即在弥赛亚统治下的新的大卫王朝。

以色列之所以是一个历史性的民族,因为它的存在与上帝的历史作为休戚相关。它的兴起与衰亡甚至浪迹异乡都被视为是上帝旨意的实现。因此以色列人也盼望着将来上帝还会通过他在历史中的作为来拯救它们。然而,以色列被掳之后,情况发生了转变。上帝不但没有按照预期来拯救他们,相反,上帝似乎对以色列沉默了。他不再像过去那样为他们兴起君王和先知。以色列自被掳后,一次又一次地落入异邦他族的统治之下。甚至在公元70年,维系他们信仰的焦点,圣城耶路撒冷也沦陷了。上帝从他们的历史中消失了。现在他们手头能证明他们上帝选民身份的唯一证据就是摩西的律法。此时的犹太人,一方面为了维护他们在外邦文化环境中的正统生活模式,开始对律法进行应用性的研究;另一方面,由于圣城的沦陷,他们不得不建立犹太会堂以持续他们的宗教崇拜活动。这两个方面相互融合,使得一种新的宗教崇拜方式诞生了,即没有献祭的崇拜形式。与旧约中在耶路撒冷的圣殿进行各种献祭的崇拜活动不同,犹太人在会堂里进行崇拜时,主要是祈祷和诵读旧约圣经尤其是摩西五经。这样,以色列人的宗教演变成为一种追求严谨的律法生活和会堂崇拜的犹太教。

尽管如此,犹太教仍然对上帝的未来拯救保持着强烈的盼望。上帝的沉默让犹太人放弃了旧约的现世历史救赎盼望。对犹太人而言,上帝不再

---

① Rudolf Bultmann, *Primitive Christianity in its contemporary setting*, p.35.

是他们历史中的上帝,因此他们根本不关心世内的事情,如科学、艺术以及与其他民族的文化交流等,而是努力恪守自家的旧约传统,他们的领袖既不是政治人士也不是经济人士,而是解释律法的拉比,以至于"他们盼望的将来不是一个实在的历史事件,而是历史被一劳永逸终结的奇异景象"。① 这种盼望正是犹太教启示文学所描画的末世。以色列的历史与上帝失去了联系,不仅使得以色列成为一个宗教膜拜的民族,而且,上帝也从一个民族的守护者变成某种普世意义上的世界和宇宙的主宰。犹太教的末世文学以各种奇异的方式刻画上帝的宇宙性主宰。

在犹太教的启示文学中,上帝的选民以色列民族和以色列的上帝耶和华似乎都从现实的历史中淡出了。前者不再期待历史中的王国复兴,后者也不再在历史之中施行审判。审判和救赎都被放入一个彼岸的世界之中。此岸世界是败坏的,逐渐走向终结的,上帝的彼岸性审判和救赎正是通过终结这个世界的进程而得以实现。所以,世界上的各种自然灾难不再被视为上帝的审判,而是与人类道德的腐朽现象一同被视为末日的征兆。这是启示文学的另一个主题。

通过两个世界的对立,犹太教的末世论思想在以下几方面超越因此区别于旧约以色列民的救赎盼望。

第一,犹太教的末世论思想超越了以色列民救赎盼望的此世性。犹太教认为,末世意味着一个无尽福祉时代的开始,它只有在此世的终结处才会发生。世界历史不像旧约中认为的那样,是按照上帝的计划朝向某个目标行进的过程,相反,它是一个邪恶的世代,因此要在上帝所预定的时间终止,"这终止本身不属于历史本身。因此不可视为历史在其进程中逐步迈向的目的地。终止不是历史的实现,而是它的中断,因此可以说是此世的寿终正寝。旧世界将被新的创造取代,两个世代之间没有连续性。"②所以末世在犹太教中是一件超自然、超历史的事件。

第二,犹太教的末世论思想超越了以色列民救赎盼望的民族性。在旧约时代,上帝的奖赏与刑罚总是与以色列民的行为举止相关。甚至外邦民族的兴衰存亡也是以以色列为中心得到描述的。然而,在犹太教的启示文学中,上帝成了宇宙的主宰,他现在所关心的不只是以色列的罪,整个世界都因其败坏和邪恶而处在上帝的愤怒之下。他的审判也不再仅仅针对以色列,相反,"他是审判者,所有人有一天都要在他的审判台前有所交代。因

---

① Rudolf Bultmann, *Primitive Christianity in its contemporary setting*, p.61.

② Rudolf Bultmann, *Hiotory and Eschatology: The Presence of Eternity*, p.30.

此,每个人都被给予了敬拜上帝的机会"①所以,犹太教徒也有向外邦的传教活动,因为他们认为只有加入犹太教才能免去上帝普世的审判。

第三,犹太教的末世论思想强调上帝在历史中的绝对主权,因此使个人与上帝的关系被突显。在旧约以色列民的观念中,历史是朝着某个目的发展的。这个目的随着上帝赐给他们的应许的实现而被达及。然而,应许的实现是有条件的,即以色列民只有顺服上帝命令,应许才能实现。实际上,这种观点在犹太教的拉比文献中仍然可见,虽然他们不一定认为上帝救恩的应许会发生在历史之中,但他们相信应许会因为他们努力恪守某些律法而得到实现。但是,在犹太教的末世论中已经开始出现这样的观点:世界作为一个邪恶的世代已然是上帝必须要废弃的对象,这是不可因为世界上某些事情的发生而被改变的。因此,世界必然会在上帝定下的时间终结。人既无法通过自己的作为改变这一结局,他唯一能做的就是做好准备去面对这一结局,因为终结既是上帝愤怒的审判同时亦是新的福祉时代的开端,在这一刻,个人不是通过隶属于某一个共同体而面对上帝,而是就自己的所作所为向上帝交账。"这是一个法庭的行为,是对整个世界的审判,面对这一审判,每个人都要为自己的行为向上帝负责。"②

尽管犹太教使个人的维度相对于旧约盼望的民族性而言得到突显。但是,在其骨子里,犹太民族的优越性仍然发挥着作用。它强调每个人都要按照各自的行为面对上帝的审判,其潜台词是,唯有犹太人的行为能站立得住,因为只有他们有上帝颁布的律法。另外,犹太人在向外邦宣教时,要求他们接受割礼和犹太人的礼仪。这说明,犹太教所谓的个人是犹太化的个人,民族性在某种意义上仍然是他们理解个人的背景,用保罗的话说是"不在乎灵,只在乎仪文"的个人。

然而,随着犹太教的发展和演变,尤其是随着耶稣这个人物的出现,个人的维度得到进一步凸显。虽然耶稣的传教工作是在犹太教的背景中开展的,因此很多方面保留了犹太教的末世论观点,但是,对个人以及个人与上帝的关系的理解在耶稣的宣道中获得了新的意义。

2. 新约中的末世论与历史性

(1)福音书中的末世论与人的历史性

新约的四福音书记载了耶稣的行为和教导。虽然在基督教中,耶稣基督具有核心的地位,但是在耶稣的时代,耶稣是以一位犹太拉比的身份开始

① Rudolf Bultmann, *Primitive Christianity in its contemporary setting*, p.61.

② Rudolf Bultmann, *Hiotory and Eschatology: The Presence of Eternity*, p.30.

他的传道生涯。"耶稣不是基督徒,而是犹太人,因此他的宣道是以犹太教的思维形式和形象化方式得以表达的,即使对犹太教的虔诚传统的批判也是如此。"①耶稣的拉比身份不仅在新约圣经中就已经得到承认,而且布尔特曼通过对耶稣宣道的主题、论证的风格以及说教的口吻等的考察,证明耶稣是一位受过当时文士训练和熟知拉比文学的人。鉴于此,对福音书中末世论的考察应当从耶稣与当时其他拉比的异同开始。

和其他拉比一样,耶稣对旧约律法的权威也是极其尊重的。虽然福音书中记载耶稣因为不守安息日、吃饭前不洗手等违反当时律法的事情而与法利赛人发生争执,但是这并不代表耶稣是反律法的。耶稣不仅在其教导中高频引用旧约经文,甚至说:"莫想我来要废掉律法和先知;我来不是要废掉,乃是要成全。"②不仅如此,耶稣的传道保留了大量犹太教末世论的观点。

耶稣的时代正值以色列受罗马帝国统治的时期。前面虽然在犹太教启示文学中的末世论与旧约中以色列民的盼望之间进行了区分,但犹太教内部是错综复杂的,各种教派林立,所以启示文学的末世论并非为所有犹太教教派接受。换言之,即使在犹太教内部仍然有派别持守民族复兴的旧约盼望,他们常常以政治的方式,企图通过武力推翻罗马统治来实现他们的盼望。在这样的历史传统和政治背景之下,犹太人热切的民族复兴盼望滋生当时很多人站出来声称自己是实现上帝统治的弥赛亚,在犹太教内部产生所谓的弥赛亚运动。虽然多数弥赛亚运动采取的是暴力方式,但是,其中一些并不抱有任何政治企图,也不采取任何暴力举动。犹太教启示文学中的末世论通常为他们所持守。

耶稣的传道活动属于后一类弥赛亚运动。旧约的民族盼望在耶稣的教导中已经消失,"犹太人的盼望,即盼望世界的终结和上帝的崭新未来是耶稣末世论宣道的历史背景"③。因此,两个世代的对立、二元论的悲观主义、死人复活、天堂福祉都在耶稣的教导中表现出来。和其他犹太人一样,耶稣相信上帝拯救的来临必然终止这个由魔鬼掌控的世界。此外,耶稣也期待戏剧性的末日审判事件。"那时,人子的兆头要显在天上,地上的万族都要哀哭。他们要看见人子有能力,有大荣耀,驾着天上的云降临。他要差遣使

---

① Rudolf Bultmann, *Primitive Christianity in its contemporary setting*, pp.71—72.

② 《圣经·马太福音》5 章 17 节。

③ Rudolf Bultmann, *Theology of the New Testament I*, Translated by Kendrick Grobel, SCM Press Ltd, 1952, p.4.

者,用号筒的大声,将他的选民从四方,从天这边到天那边,都招聚了来。"①
而当撒都该人用今世的习俗类比来世的情形时,耶稣回答道:"这世界的人
有娶有嫁,惟有算为配得那世界,与从死里复活的人,也不娶也不嫁,因为他
们不能再死,和天使一样。"②尽管耶稣还有许多言论都带有犹太教启示文
学末世论的色彩,但是,对耶稣教导的考察不应该止步于此,关键的任务恰
恰是要透过这些神话般的表达方式探查耶稣的真意。实际上,解神话化工
作就此已经开始。

受时代的末世论的影响,耶稣的言论披戴着神话叙事的外衣,但是与犹
太教的末世文学不同,耶稣从来不将他教导的重心放在对末世的预测和来
世景象的描述之上。他既不像《但以理书》中所描述的那样,通过对今世进
行阶段性的解读以导向上帝的统治,也不对来世的刑罚和奖赏给予详尽的
描述。"耶稣拒绝任何人能想象的天国的景象,⋯⋯否定末世文学的空玄
推论,也反对计算末世的时间,观察末世的迹象。"③尽管在《马太福音》24
章论到关于人子降临的预兆,但他同时强调人子降临不可预测、不可防备。
"但那日子、那时辰,没有人知道,连天上的使者也不知道,子也不知道,惟
有父知道。"④"若有人对你们说,'看那,基督在旷野里',你们不要出去;或
说,'看那,基督在内屋中',你们不要相信。闪电从东边发出,直照到西边。
人子降临,也要这样。"⑤既然如此,那么耶稣教导的重心是什么呢?

耶稣传道时宣讲的第一个信息是:"日期满了,神的国近了! 你们当悔
改,信福音。"⑥"满了"在希腊原文是 πεπληρωται。πεπληρωται 是
πιμπλημι 的直陈式现在完成时被动语态的第三人称单数形式,意思是已
经被充满、被实现、被完成。因此,"日期满了"在这里有双重意指。它既可
指神所定的救赎的日期已经到了,同时又可指世界的统治已经完成(结束)
了。所以,"耶稣的信息是一种末世论的福音"⑦,明显表明他就是"日期满
了"的标记。上帝的救赎在他这里已经开始。"看见你们所看见的,那眼睛
就有福了。我告诉你们:从前有许多先知和君王要看你们所看的,却没有看

---

① 《圣经·马太福音》24 章 29—30 节。

② 《圣经·路加福音》20 章 34—36 节。

③ Rudolf Bultmann, *Jesus and The Word*, Translated by Louise Pettibone Smith, Erminie Huntress Lantero, New York: Charles Scribner's Sons, 1958, p.39.

④ 《圣经·马可福音》13 章 32 节。

⑤ 《圣经·马太福音》24 章 26—28 节。

⑥ 《圣经·马可福音》1 章 15 节。

⑦ Rudolf Bultmann, *Jesus and The Word*, p.27.

见;要听你们所听的,却没有听见。"①这个世界的统治也在他这里终结。"我曾看见撒旦从天上坠落,像闪电一样。我已经给你们权柄可以践踏蛇和蝎子,又胜过仇敌一切的能力,断没有什么能害你们。"②在耶稣看来,他的出现、言语和作为标志着上帝的国和上帝的统治已经开始。当法利赛人来要他从天上显个神迹给他看时,他断然拒绝并说:"除了约拿的神迹以外,再没有神迹给他们看。"③其意思是他和他所带来的末世的信息已然是上帝施行的最大奇迹,"假冒为善的人哪,你们知道分辨天地的气色,怎么不知道分辨这时候呢?"④所以,现在的关键不是通过另外的神迹获得证据,而是辨认出他就是上帝的救赎与审判的临在,以便回应他的呼召。

如果说旧约中以色列民族的盼望与犹太教启示文学的末世论的区别在于前者是世内的、历史的,后者是超自然、超历史的,那么二者的共同之处则在于它们都把上帝的救赎与审判投入将来,而现在与将来的关系呈现为现在是向着将来的预备。然而,末世论的意义在耶稣的宣道中发生了巨大的变化。"满了"、"近了"意味着上帝的救赎和审判已经开始,所以现在要做的不是为将来做准备,而是"悔改"、"相信"。现在是决定性的时刻,每一个人都要作出决定,是悔改相信还是拒绝不信?所以,"神的国意味着彻底的放弃,它让每一个人直接面对非此即彼。"⑤

随着"非此即彼"这个术语立即映入我们脑海的当然是 19 世纪丹麦哲学家克尔凯郭尔。他的"激情哲学"与追求普遍性的传统形而上学针锋相对。对个体的突出,对人与上帝之间的深渊的描画,停止思辨、投入生活的呐喊以及荒诞的信仰决定对整个危机神学和辩证神学产生了深刻的影响。那么,布尔特曼作为辩证神学四大代表之一,又是如何把克尔凯郭尔融入自己思想中的呢?

上帝的国(上帝的统治)和人的悔改与相信是耶稣宣道中的两个主要因素。耶稣的末世论信息不同于犹太教启示文学末世论恰在于他对上帝和人的全新理解。"(耶稣的)末世论信息的核心是在这信息中发挥效用的上帝观念和它所蕴含的人的生存观念,而不是所谓的世界末了近在眼前的信念。"⑥鉴于此,下面将围绕这两个方面来展示非此即彼的含义。

---

① 《圣经·路加福音》10 章 23—24 节。

② 《圣经·路加福音》10 章 18—19 节。

③ 《圣经·路加福音》11 章 29 节。

④ 《圣经·路加福音》12 章 56 节。

⑤ Rudolf Bultmann, *Jesus and The Word*, p.31.

⑥ Rudolf Bultmann, *Theology of the New Testament I*, p.23.

　　尽管在耶稣的宣道中有这样听似激烈的言辞："人到我这里来,若不爱我胜过爱自己的父母、妻子、儿女、弟兄、姐妹和自己的性命,就不能作我的门徒。"①但这不是说耶稣在怂恿人们放弃世界上的人伦道德义务,过一种苦修生活。耶稣并不企图鼓吹一套清规戒律,以此建立一个门派。这类言辞并不具有伦理道德的要求。在耶稣的宣道中,上帝之国已然来临,所以,他的信息是末世的,因此意味着末世的要求,这是通过向上帝之国的非此即彼的决定实现的。既然,决定意味着世界的终结,亦即"把自己与世界断绝开来,否则他就是那不配进神国的,即手扶着犁向后看的人",②那么上帝的国对于这个世界而言就是立于其对面的"全然他者"。上帝之国不属于世界中的形而上学的"至类",亦即至高、至善、至美、至因诸如此类。它不与这个世界中的相对价值为伍。上帝之国的"全然他者"性还意味着,它不是人靠着遵循律例戒条可换取的奖赏,它不以人的功勋劬劳为指向。

　　布尔特曼认为,尽管受希腊哲学影响,神学习惯于将上帝类比于形而上学的"至类",从道德伦理的角度将上帝之国理解为人道德行为的奖赏。然而,这些不是耶稣宣扬的上帝和上帝之国。在耶稣教导中首要的问题不是我们怎样理解上帝,而是上帝已经向我们提出要求,而且这要求如此的绝对,以至于把上帝之国与这个世界的所有价值向着我们对峙起来,为要让我们从中作出选择。这不是在高低价值之间的取舍,不是伦理意义上的弃恶从善、大义灭亲,而是先于一切认知采取一种立场。之所以先于一切认知,因为作出此决定之先,我们不知道上帝之国的价值意味着什么,因此也无法把它拿来与世界的价值加以对比。站在这决定背后的只有一种激情和勇气,只有它方可满足上帝的要求的绝对性。所以,上帝的要求之所以绝对,正在于它既不可以作为世俗价值的终极形式而得到满足,"上帝之国作为末世论的拯救与一切相对价值截然相对"③,也不可以连同我们个人的追求一起得到满足,"它要求我们集中精力全然地向上帝做出决定"。④ 所以,这里没有折中的道路,没有兼得的方法,要么全部属于上帝,要么不属于。

　　因此,上帝之国在耶稣的宣道中既不是通过在历史中复兴大卫王朝,也不是通过在历史之外再造一个新天新地,而是通过具体当下的个体对他向之提出的绝对要求作出回应而实现。上帝和上帝之国既不是某个遥不可及的至高之物,等待着我们一步一步地向之攀升,也不是一个站在历史之端的

---

① 《圣经·路加福音》14 章 26 节。

② Rudolf Bultmann, *Jesus and The Word*, p.37.

③ Ibid., p.35.

④ Ibid., p.32.

终极审判者等待着向我们施行审判,而是进入历史,并向在历史中存在着的人发出呼召。既然如此,在这样的一位上帝面前存在的人又是怎样的呢?

正如我们一贯坚持认为的那样,解神话化不只是一个方法论问题,它始终与作为理解者的存在相关,因而涉及某种人的理解。在解读耶稣教导的末世论思想时,已经充分显露解神话化的这一特征:

> 耶稣的末世论信息,即宣扬上帝之国的来临,呼召悔改的信息,只有当作为其根据的某种人观被考虑到时,才是可理解的;只有对那些愿意质疑习以为常的人性解释,并用那种与之相反的人的生存解释来衡量前者的人,这信息的意义才会显明①。

既然如此,就让我们从上述引文中提到的"习以为常的人性解释"以及"人的生存解释"开始切入讨论。

西方思想在希腊精神的影响下,对人形成固有理解模式。"人是有理性的动物"这一定义虽然就其内容可能并不为所有人接纳,但是就其对人的理解方式,却渗入人们的思想骨髓之中,即把人当做一种分有某种共性的类存在加以理解。这共性或为某种机能,如理性、意志、情感;或为某种伦理的本性,如本善或本恶;或为某种政治的权利,如人格(个体)、自由、平等。如此,个人被理解为占有这些共性特征的殊例,其存在的意义和目的为这些共性所规定和引导。共性既是个人存在的根据又是他存在的目的,然而它作为目的却并不在人之外,而是作为一种内在价值为人本有。于是人作为具有某种类本质的存在,按照它来为自己设定存在的蓝图。

除此之外,还有一种理解也根深蒂固,即二元论。实际上,许多古老民族都在它们各自的宗教信念中表现出这种理解。同样,古希腊也以其特有的方式将之作为一种哲学观念孕育在自己的思想中。古希腊思想一直习惯于在感性和理性之间作出区分,并表现出轻前重后的倾向。这一倾向通过柏拉图把身体比喻为灵魂的牢笼得到生动形象的表达。二元论是非常具有渗透力和诱惑力的思维方式。在各种对立中,如理性与感性、身体与灵魂、此岸与彼岸等,人们可以很方便地形成对世界和人生的解释。理性主义、唯灵主义、苦修主义、禁欲主义、道德自律主义等背后的逻辑都可归结到二元

---

① *Rudolf Bultmann:Interpreting Faith for the Modern Era*,edited by Roger A.Johnson,Collins Publishers,1987,p.101.

论。然而,二元对立实际上是人的自我对立,"是人跟他自己的本质的分裂",①因此人的存在在其中表现为自我超越、自我克服、自我实现的过程。可是这里的超越,借用胡塞尔的措辞,终究是内在的超越,它无论如何没有跨出人自身的领域。

与上述两种理解相比较,耶稣教导透露出的有关人的理解完全不同。首先,"与先知们的传道不同,他(耶稣)的传道主要不是针对某个民族整体,而是针对个人。"②然而,个人难道不也为西方思想尤其自近代启蒙以来大谈特谈吗? 个人的权利、自由、生命、财产难道不是构成近代政治哲学的拱顶石吗? 耶稣的布道所针对的个人当然是有区别的。如前所述,近代的个人主义实际上并没有跳出从类本质出发定义或理解人的模式。个人虽然得到标示,但每一个个人所拥有的内在特质却是普遍的。与此相对,所谓普遍人性、内在特质等在耶稣的教导中不被预设。当然,耶稣也有他的前提:上帝之国的"审判不是临到各个民族,而是面向上帝负有责任的个人"。③"面向上帝负责"难道不是另一种对人的定义吗? 人是面向上帝的存在与人是理性的动物有何区别? 区别在于"面向上帝存在"不是人的属性而是人的处境。"面向上帝"不是通过对人进行一番考察后发现的内在本性,而是当上帝向一个人发出呼召时,他所遭遇到的处境。在其中,他没有从上帝接受一系列清规戒律或关于人生和生命的教导,而是被命令道:来,跟从我!上帝也没有为他设立某个人生的标准供他为之奋斗,而是向他提出回转和相信的要求。此刻,事关宏旨的既不是他的内在本质也不是他的道德品性,而是要做出决定。因此,他之所是不在于他拥有什么,乃在于他如何去做。"人的价值不是由他的人类品质或精神生命的品质规定,而仅仅由他在当下生活中的此时此刻所作的决定来规定。……只有他现在的行动才能赋予他价值。"④

其次,"因为在他(耶稣)眼中,人面临着决定的时刻,所以对人而言,关键在于其意志和自由行动,与此相关,主张人里面有灵与肉两个本性在发生作用的二元论的人类学是没有意义的"。⑤ 个人是作为一个整体面对上帝的要求并作出决定。决定最终如何作出不是灵与肉交锋的结果。人的罪恶不在于他拥有肉体,同样,人的良善也不在于他拥有从上帝而来因而倾向于

---

① 费尔巴哈:《基督教的本质》,荣震华译,商务印书馆 1984 年版,第 67 页。

② Rudolf Bultmann, *Theology of the New Testament I*, p.25.

③ Ibid.

④ *Rudolf Bultmann*:*Interpreting Faith for the Modern Era*, p.100.

⑤ Rudolf Bultmann, *Jesus and The Word*, p.48.

上帝的灵魂。人之善恶在于意志的抉择。因为人是意志存在的整体,他的善恶取决于他如何去存在,即如何作出决定。善恶不是现成事物的属性,而是人的存在方式。所以,人没有相对于善的灵魂的邪恶肉体,我们也不是生活在相对于美善彼岸的败坏世界之中。"世界并不邪恶,邪恶的是人。而人邪恶不是因为他拥有某种低劣的本性。……世界中的真正邪恶是人的意志的邪恶。"[①]既然如此,正如这个世界并非什么邪恶败坏污秽之物,上帝之国也不是某种更加美好、更加高级的形而上学之物。是上帝之国抑或罪恶之地,取决于人是否绝对顺服于上帝的要求。

耶稣的教导没有回到旧约以色列民族的历史救赎盼望之中。他教导的上帝是个人的,因此上帝不会像在旧约中那样通过向以色列立定世内的约定,如土地、后裔和王权,来施行他的拯救,而是通过直接向作为个体的人提出末世论要求,要求他从世界中走出来,以实现他的救赎之约。所以,耶稣的宣道要求人向着一位超历史的上帝成为末世的存在。就此而言,与犹太教一样,上帝和人在耶稣的宣道中被"去历史化"了。但是,他没有像犹太教一样将救赎指向彼岸,相反,救赎是此时此刻发生的事件,这事件表现为上帝在个人的实际处境中与之相遇。所以,"与犹太教相反,耶稣的思想在另一种'历史'的意义上,把上帝彻底地'历史化'。"[②]即是说,上帝虽然不在民族国家的历史中施行作为,但却通过向在具体处境中的个体提出顺从的要求被历史化,即在个体作为历史性存在的处境中被历史化。

至此,布尔特曼对人的历史性存在的理解已经露出端倪。他的解神话化方案的提出正是立足于他对上帝的话语以及人的存在的历史性特征的把握。圣经的意义不在于它所记载的过往之事是否确实,这已无法确证,而在于它作为上帝的话语能向当下的我们发出呼召,而当下的我们又是能向着这个呼召有所作为的存在。正因为此,解神话化才是可能的和必要的。下面让我们沿着这条已经确定下来的道路进入到保罗和约翰的末世论神学之中。

(2)新约神学的末世论与人的历史性

1948 年,布尔特曼出版了他最具影响力的著作《新约神学》。这是一部研究保罗和约翰神学思想的专著。在这部著作中,布尔特曼一方面仍然继续清理基督教思想的历史环境和时代条件(通过他的其他著作,我们可以发现这是他惯常的做法),另一方面,也保持着对新约,在此主要是对保罗

---

① Rudolf Bultmann, *Jesus and The Word*, pp.50-51.
② Rudolf Bultmann, *Theology of the New Testament I*, p.25.

和约翰文献的解神话化。

这部著作之重要不仅在于它在神学内部为新约研究开创了一个新的时代，而且，布尔特曼与哲学家海德格尔的思想关联，在本书中直接表现出来。然而，正如我们断言的，仅从平面的角度把布尔特曼的生存主义神学与生存主义哲学进行比较是不够的。布尔特曼对人的存在的关注贯穿于他对整个原始基督教历史的考察中，这也是为什么我们会用如此篇幅讨论基督教信仰形成过程中的历史性问题。因此，尽管布尔特曼对保罗和约翰神学的解读已经使用到一些《存在与时间》的术语，明显体现出生存主义哲学的影响，但实际上他是沿着新约末世论传统中的历史性问题这一线索来建立他的新约神学的。

保罗和约翰是耶稣两个最为重要的使徒，按照常理，他们是耶稣衣钵和教导的继承者，在思想上与耶稣应该是一致的，至少具有内在的逻辑联系。但是，《新约神学》开头的第一段话就让我们跌破眼镜：

> 耶稣的信息是新约神学的前提，但不是它本身的一部分。因为新约神学是在基督教信仰为自己确立的对象、基础和结果的基础上对这些信息的展开①。

一群不谈耶稣教导的人竟然声称自己是耶稣的使徒，甚至把他们所信奉的称之为基督教，这难道不荒唐吗？难道布尔特曼没看到四福音书中记载了许多耶稣的话语吗？保罗的许多教导不也显然继承了耶稣而与之相一致吗？虽然上述引文听起来有些不可思议，但其实它也并没有否认耶稣的信息对基督教的作用和影响。使徒们的宣道当然不是无中生有，但是，福音书中记载的耶稣的话语显然不只是对历史的客观记录，而是受到宣道时所持立场的影响。更为重要的是，使徒宣道的核心并不是耶稣的话语，而是耶稣自己，宣扬他的话语是为了宣扬耶稣。因此布尔特曼认为，基督教不是开始于耶稣和耶稣的教导，而是开始于以耶稣为中心的宣道。"基督教信仰直到基督教宣道即宣扬耶稣基督是被钉十字架并复活的那一位是上帝的末世论拯救行为之际才开始。"②

宣扬"耶稣是基督，是弥赛亚，是上帝对世界的拯救和审判"，这才是新约神学的主题。那么，这一主题意味着什么呢？如果耶稣在其宣道中宣布

---

①　Rudolf Bultmann, *Theology of the New Testament I*, p.3.

②　Ibid.

上帝之国和上帝统治的来临就在现在,因此,现在是向着未来作出决定的时刻,那么保罗和约翰则宣布上帝的拯救已经来临,那就是耶稣的到来。"及至时候满足,神就差遣他的儿子为女子所生,且生在律法以下,要把律法以下的人赎出来,叫我们得着儿子的名分。"①耶稣期待的决定性事件,在保罗看来已经发生。世界的状况已经因着耶稣的到来而转变了。"看哪,现在正是悦纳的时候,现在正是拯救的日子。"②同样,对于约翰而言,上帝的审判不是在某个将来的时刻才会发生的事情,相反,上帝的审判已经随着他差遣他的独生子拯救世界而发生。"信他的人,不被定罪;不信的人,罪已经定了,因为他不信神独生子的名。"③

如果保罗和约翰的神学到此就止步,那么我们就只能对他们的天真莞尔一笑。首先这种观点绝对会让犹太教徒笑掉大牙。在犹太教的末世论中,末世意味着世界和历史的终结,上帝的审判是在新天新地中发生的事情。而且耶稣只不过是一个哗众取宠的犹太拉比,一个冒天下之大不韪的小丑,他被钉十字架是他藐视上帝律法的后果。世界怎么会因为他而发生转变呢?其次,对于外邦人,保罗和约翰的神学可能只是一些头脑迷糊,神经错乱的人的胡思乱想罢了。他们竟然相信整个世界和历史因为一个普普通通的人而发生转变。这是绝对不可能的。那么,耶稣基督的十字架对于保罗和约翰究竟意味着什么呢?

耶稣是真实的历史人物吗?耶稣钉十字架是发生于曾经某个时间中的历史事实吗?当然是。然而,基督教信仰就在于承认这些事实吗?当保罗和约翰宣扬耶稣基督并他钉十字架时,他们只是在向我们陈述一个历史事实吗?毋宁说,他们是在宣告一个事实。在宣告中,重要的不是被宣告的内容,而是这一内容被宣告了。迫害基督徒的扫罗与传扬基督的保罗对于耶稣其人的了解并没有区别。他对耶稣的了解仅在于,他是一个藐视他祖宗传统的人,因此被钉了十字架,而且有一批人在追随他。保罗既没有做过耶稣的学生,也没有在耶稣生前做过他的对头。归信后的他也没有与耶稣的亲授门徒有太多交往。也就是说,保罗的归信不是因为对耶稣的人格有更深入的了解,从而被他的言行打动的结果,或者说,对信仰而言,事关宏旨的不是知识,而是意志的决定。信仰是面临宣道时所作出的决定,而不是从所获得的信息或知识得出的结论。与此相应,"宣道宣布的不是普遍的真理,

---

① 《圣经·加拉太书》4 章 4 节。
② 《圣经·哥林多前书》5 章 17 节。
③ 《圣经·约翰福音》3 章 18 节。

无时间的观念,而是一个历史性(geschichtliche)的现实(Faktum)。"①"耶稣是基督,世界在耶稣基督里已经转变"与"苏格拉底饮毒酒身亡"之间的区别在于,后者是对一个历史学事实的陈述。历史性现实之不同于历史学事实,在于它不只是过去发生过的,而是当下正在发生着的。因此,面对着宣道,个人参与到上帝之道的拯救事件中,并被带入关键的时刻。

与此相应,陈述与宣道也是有区别的。陈述的意义是由它所指向的曾经在历史的某个时刻发生过的事实赋予的;相反,宣道的意义在于它自身,它与它所宣布的内容一同属于当下发生的事件,"它不是一旦把这个现实向人宣布之后,自己就成了多余的了,相反,它本身属于这个现实。"②可见,在陈述中被使用的语言是工具性的,一旦它呈报的信息得到传达,它本身也就失去了存在的价值,或者,一旦它被指定为某种信息的承载者,就被当做一种符号固定下来成为普遍可传达的。但是在宣道中,语言本身具有某种效力性,它需要被倾听而不只是被当做知识理解,因此,它对它的倾听者发出某种呼召,提出某种要求,允诺某种存在。在这里,语言就是完整和全部的现实,它和它所宣布的内容是不可分割的,换言之,它所宣布的内容正因其被宣布而成为现实。这个现实就是保罗和约翰所宣称的上帝在耶稣基督身上的末世论拯救。由此可见,新约神学的主题不是历史学事实,而是历史性现实,不是历史的耶稣,而是宣道的基督。

我们不妨将新约神学的这种末世论称为宣道末世,即上帝的救赎通过宣道显现为一个末世论事件。宣道的末世既不是世界历史的终结,也不是犹太人期盼的戏剧化的末日审判,而是向宣道的倾听者发出呼召,以及他向之作出决定的历史性事件。宣道末世论最终落脚在信仰者作为一个历史性存在的处境。宣道与人的历史性存在是二位一体的关系。"历史性存在"意味着人总是对自己有所理解地存在着。正因为此,宣道才可能让人产生信仰。宣道正是让人对自己固有的自我理解质疑,从而把一种新的自我理解向之打开。"宣道作为真正的呼召必须把人向他自己揭示出来,教他理解自己。"③信仰作为宣道向人打开的一种新的自我理解,是以人的存在总是一种自我理解为前提。人的历史性存在是解神话化的基础,是布尔特曼思想的核心线索,而这一思想是他通过考察原始基督教信仰的发生形成过程获得的。

①　Rudolf Bultmann, *Glauben und Verstehen I*, 1966. S.208.

②　Ibid.

③　Rudolf Bultmann, *Faith and Understanding I*, Translated by Louise Pettibone Smith, New York: Harper and Row, Publishers, 1969, p.301.

本 章 小 结

通过本章剖析,我们发现,解神话化的意义并非貌似那般清楚明了,而是一个具有多层含义的术语。不仅如此,它的不同层次的含义相互递进,最终与历史性的宣道事件相关。所以,它不简单是一个方法问题,而是神学的全部任务之所系。

在第一节中,我们对解神话化之"解"进行了一个三部曲的解析。首先,"解"作为一种去除的行动,不表示简单抛弃,而是解蔽、让意义释放。其背后发生的是两种不同思维方式的更换。其次,"解"作为对圣经语言的生存论分析是理论的准备,不是它的终极目的。但是,这不是贬低理论性分析,毋宁说,它是解神话化不可或缺的构成之一。最后,"解"作为让圣经的话语成为信仰的事件是布尔特曼解神话化方案的根本旨趣所在。或者反过来说,解神话化是信仰本质的内在要求。

第二节关于"神话"之意义的分析,把我们带到同一个结论。一方面,神话需要解除,另一方面,它又成为最适合启示行为,因此适合信仰的语言。所以,解神话化之锋芒所向表面上是神话,实际上是神话背后的客观化思维。一旦神话语言从中被解救出来,反而成为一种能产生信仰的语言,并为信仰的语言立下典范。可见,解神话化不仅意味着思维的转换,而且对语言提出新的要求,从而给出一种新的语言观。

然而,牵引着本章论述过程的核心问题是,解神话化与哲学解释学的思想关联。所以本章除了从横向剖析解神话化的内涵,还通过历史溯源纵向梳理其内涵,以便为它与哲学的对话做好准备。通常认为,布尔特曼的解神话化是把圣经的神话语言转换为生存主义的语言,但鲜为人知的是,解神话化背后有着深远的神学历史传统。鉴于解神话化与海德格尔哲学的关系主要体现在生存问题,所以第三节仔细探讨了布尔特曼对生存即人的历史性存在问题的理解。我们看到布尔特曼对于这个问题的理解深深扎根在希伯来传统。由于古希腊是多民族混杂的城邦社会,不是某一民族一脉传承下来的民族性社会,所以希腊思维缺乏历史性,这倒不是说它没有自己的历史,或缺乏历史学的研究,而是说,希腊没有着眼于人的历史性来理解。而这恰恰是希伯来民族的典型特征。所以布尔特曼紧抓住希伯来精神以阐述自己对人的历史性的理解。

希伯来文化的特征是历史性和时间性,而其时间性特征则侧重于将来的维度,因而主要反映在末世论的思想之中。从旧约以色列的民族盼望经由犹太教启示文学再到新约,末世论思想经历了一个由民族到个人,由此世到来世再到此世的发展过程。在这一演变中,历史性概念得以形成。解神话化为了革新神学思维,的确使用了当时的"哲学武器",但它更为深刻的地方在于将这一革新活动关联到基督教信仰精神的起源和传统。如果立足这一传统来看解神话化,呈现于眼前的是解神话化所代表的神学思想与哲学思想之间的命运般的相遇,从而为我们审视解神话化与海德格尔哲学的错综关系扎稳一个基点。

可见,布尔特曼解神话化的真正意图和动机不是因为受到生存主义哲学的影响,而是他的宣道神学。通过第三节论述,我们已经知道,宣道神学并非一门理论,而是一个事件,即上帝之道向人提出要求以及人在回应中作出决定的事件,而这一事件发生于宣道活动。因此,解神话化并非一门单纯的理论工作,它要让新约成为能唤起信仰的语言事件,具有强烈的实践特征。解神话化所开启的语言观及其实践性为对话德国哲学打开了新的天地,突破了布尔特曼仅与海德格尔前期思想相关的陈旧看法。布尔特曼与前期海德格尔的关系固然重要,然而同时需要注意的是,虽然他没有在自己的文本中正面提到后期海德格尔的思想,但解神话化与后者的后期语言观并非没有可对话的地方。更为重要的是,如果不关注并打通这层关系,那么解神话化与伽达默尔解释学的对话也只能是零碎的。鉴于此,下面的内容将以上述两点概括为出发点,全面展开布尔特曼与哲学解释学的思想对话。

第三章 "解神话化"与海德格尔前期思想

有了前面的背景和基础，我们可以带着某种距离意识来审视布尔特曼与海德格尔的关系。然而必须事先对两种极端态度保持警惕。一方面，不能像有些极端批评者那样，认为生存神学无非是把神学哲学化，解神话化是"把《圣经》变为基督徒生存的分析，即差不多是《存在与时间》的基督教版本"；①另一方面，也不可矫枉过正，把海德格尔的思想视为"基督教思想架构的拙劣模仿"②，而完全否认它对布尔特曼的实际影响。

然而，为了使二者的关系研究能够更为深入，还必须关注到一个事实：布尔特曼和海德格尔之间存在着一种命运般的相遇和交互影响的关系。出于对天主教神学的反思，海德格尔在弗赖堡早期就已经开始关注新约中早期基督教生活经验。带着这一背景，1923 年转入马堡大学后便与当时著名的新约神学家和解释学家布尔特曼一见如故。六年的马堡生涯（1923—1928）中，二人不仅结下一生的友谊，而且一直保持有益的思想交流和学术谈话。他们积极参加对方的研讨和讲课，共同研读《约翰福音》，甚至在海德格尔开始着手写《存在与时间》时，二人固定会面探讨克尔凯郭尔和狄尔泰的思想。海德格尔在他的《现象学与神学》的演讲中表达了布尔特曼关于神学概念的观点。后来，在该讲演的单行本前，有"献给鲁道夫·布尔特曼"云云。而布尔特曼也将其论文集《信仰与理解》第一卷专门献给马丁·海德格尔以资感念他们的马堡岁月。这两位 20 世纪最重要的哲学家和神学家之间的关系之特殊由此可见一斑，正如李丽娟教授所评论的那样："他们在一九二三到一九二八之间的密切思想交换，已经很难分出到底哪些是谁的原始观点了。"③国内最早介绍布尔特曼思想的刘小枫先生也说："由于与海德格尔的关系，布尔特曼对生存概念的强调，往往被看作是海德格尔的影响。这是一种被过于夸大的流行见解。Hühnerfeld 提出：两人之间究竟

---

① 麦奎利：《存在主义神学——海德格尔与布尔特曼之比较》，成穷译，王作虹校，香港：道风书社 2007 年版，第 176 页。

② David Cairns, *A Gospel without Myth?*, London：CM Press LTD, 1960, p.69.

③ 布尔特曼：《信仰与理解》卷一，卢冠霖译，香港：道风书社 2010 年版，"中译本导言"第 xxi 页。

谁对谁的影响大,在当时就已是一个话题。"①鉴于此,我们的研究不能仅限于将二者思想的结论外在地并置和比较,而根本不顾他们思想发生过程中的交互影响。正因为此,尽管二者之间在神学与哲学的关系问题上达成一致,在生存问题的理解上产生共鸣,但是差异仍旧可寻。毋宁说,差异更体现了他们的相互影响的效果。所以,本章除了考察海德格尔与布尔特曼的共鸣之外,会将更多笔墨放在二者思想旨趣的差异性之上。

第一节　生存神学与生存哲学的共鸣

一、对人的重新理解

虽然布尔特曼与海德格尔的关系错综复杂,但首先不得不承认的是,海德格尔的生存论哲学的确对布尔特曼产生了巨大的吸引力,使他面对种种诘难竟然不厌其烦地为生存哲学对神学研究的意义进行辩护。究竟是什么吸引了布尔特曼?

布尔特曼认为,任何时期的神学研究尤其是解经总是受到世俗思潮的影响,这是不可避免的。例如19世纪,康德、黑格尔的哲学对神学产生深刻影响。那时,圣灵的意义基本上是从黑格尔的"精神"概念的意义得到理解的,而自由神学的发展与康德伦理学,而后又与实证主义和心理主义有着极为密切的关系。每一种哲学都包含对人的某种理解,或者说,本质是人对自身的一种理解。所以,当它们对神学解经发生效用时,这种理解必然会影响对上帝和圣经的理解。然而,立足于辩证神学精神,布尔特曼绝对不能任上帝与人之间界限不分,从而让神学完全变成一种彻底的人学,解经变成一般历史文献的解读。问题之症结因此在于:如果没有神学和解经能免受世俗哲学的影响,那么究竟有没有一种世俗的哲学,它能让我们在"理解上帝必须理解人"的基本事实下进行神学和解经工作时,并不模糊神人的差距?

生存哲学能够担当这个职责。与巴特不同,布尔特曼并不担心神学被世俗思潮染指,但是令之担心的是某种哲学模式或思维方式。自古希腊以来,解释世界,最终解释人自身是每门哲学的根本诉求,但是恰恰是这样的哲学不适合用来作为谈论上帝和理解圣经的前提,因为它们都自称对人是什么、世界是什么给出了一个确切的答案。之所以如此,是因为它们不假思索地认为人或世界可以一劳永逸地得到把握。但是,"不会有一种具有绝

① 　刘小枫:《走向十字架的真》,上海三联书店1995年版,第114页。

对完善体系的正确哲学,也没有一种能对一切问题提出答案和澄清所有生存之谜的哲学"。① 因此,生存哲学所以能担此重任,在于它跳出了这个窠臼。"如果生存哲学如许多人所期望的那样,试图提供一种人的生存的理想模式,那我们就无所收益。"②那么,生存哲学是怎样理解人的呢?

在《存在与时间》的第一篇,海德格尔一上来就给此在下了一个定义:"这种存在者(此在)的'本质'在于它去存在(Zu-sein)"③。照此看来,这与其他哲学有什么不同? 它不是也企图对人是什么给出答案吗? 不错! 在某种意义上,它确实也是一种定义。但不同的是,如果其他哲学的定义是要告诉我们人是**什么**,那么生存哲学要表达的则是人**是**什么。换言之,前者将人封锁在某个"什么"(whatness)上,一成不变,而后者则让人保持敞开状态,使它的"是什么"在这种敞开中不断获得,即"必须从它怎样去是,从它的存在(existentia)来理解"。④ 所以,此在与物不同,"它的本质在于它的生存",⑤因此不能像对待物那般把握此在,它的"各种性质都不是现成存在着的现成属性,而是对它说来总是去存在的种种可能方式"。⑥ 可见,虽然海德格尔也对人给出一个定义,但它的旨趣与传统的定义截然相反,因此对后者构成一种解构,它向那些绞尽脑汁企图一劳永逸地理解人是什么的哲学宣告:人根本不可把握。

如果我们将海德格尔的此在放入"存在论差异"的背景下予以理解,那么它与传统理解的区别一言以蔽之:此在是从存在的层面理解人,而传统则是从存在者的层面理解。这一区别在海德格尔早期是通过历史主义思维与理论化、对象化思维的差异得以体现。第一章讨论解神话化之内涵时,已经非常清楚地阐述了理论化、对象化思维是布尔特曼解释学企图解构的"元凶",以及他如何通过考察原始基督教历史来释放被希腊哲学束缚的历史性人观,从而为解神话化奠定基础。实际上,海德格尔的思想也是从批判这一思维开始的。作为天主教精心培育的接班人,海德格尔却对之产生极大的不满,原因在于他无法接受天主教的经院哲学体系,因为它"严重威胁到宗教生活的直接性,支持神学和教义而忘却了宗教"。⑦ 为此,海德格尔开

① 布尔特曼等:《生存神学与末世论》,第 37 页。译文参英文版有改动。

② 同上书,第 38 页。

③ 海德格尔:《存在与时间》,第 49 页。

④ 同上。

⑤ 同上。

⑥ 同上书,第 49—50 页。

⑦ Martin Heidegger,*The Phenomenology of Religious Life*,Translated by Matthias Fritsch and Jennifer Anna Gosetti-Ferencei,Indiana University Press,p.238.

始关注早期基督教团契生活,从中寻找非理论的原初生活经验,后者作为一种宗教生活不是理论的姿态,也不能作为思辨性主体的对象化客体而被充分把握到,而经院哲学正是利用希腊哲学的概念钳制早期基督教生活经验。很明显,与布尔特曼一样,海德格尔的思想也开始于对理论化思维的批判,而且为此特地关注早期基督教生活经验,并把经院主义传统归咎于希腊哲学概念向神学的引入。正是在此背景下产生了早期海德格尔的系列宗教课程和讲座:《宗教生活现象学》(1918—1921)、《中世纪神秘主义的哲学基础》(1920)、《奥古斯丁和新柏拉图主义》(1921)等。

可见,布尔特曼对生存哲学的人观产生巨大共鸣并非偶然。生存哲学不仅提供一种适合于谈论上帝的人的谈论,而且是理解圣经,即把圣经当做上帝之道去聆听的前提。只有以非理论化的态度从历史性的角度"把人的存在理解为一种能在。也就是说,人的存在不由他支配、占有",①因而始终向着某种未知之境敞开,才可能被作为全然他者之上帝遭遇,故而发生作为理解的信仰事件。与此同时,圣经才可能向之成为打开并实现其某种可能性的启示之道。"生存哲学试图通过区别作为'生存'的人和一切现世存在物的存在来表明生存的含义"②,这与布尔特曼的意图是一致的,他的解释学正是从这里出发。

二、哲学与神学的关系:存在论—生存论与存在—生存状态

1.海德格尔的意图

海德格尔认为他的哲学工作是一种存在论—生存论的建构,其目的是为所有实证科学奠基。任何一门实证的科学总是以某些特定的存在者的实质领域为探索对象,因此属于存在者领域,但是这些实质领域并非随着科学着手其工作时才有的,而是"已经先于科学工作而由对存在畿域的经验与解释完成了,"③或者说,所有实证科学的工作都活动在事先对存在经验的某种领会中。所以,存在论—生存论的任务是解释存在者及其实质领域,但不是以实证的方式,而是通过澄清存在的意义"按照存在者的基本存在建构(Verfassung)来解释存在者",④以便"把赢获的结构交给诸门实证科学,使实证科学能够把这些结构作为透彻明晰的对发问的提示加以利用"。⑤

---

① 布尔特曼:《信仰与理解》卷一,"中译本导言"第151页。
② 布尔特曼等:《生存神学与末世论》,第38页。
③ 海德格尔:《存在与时间》,第11页。
④ 同上书,第12页。
⑤ 同上书,第13页。

鉴于存在论—生存论的追问是为澄清实证科学得以可能的前提条件,它比后者的追问更加原始。

那么,神学的情况又是如何呢? 神学也需要哲学或存在论—生存论工作为其奠基吗? 在海德格尔看来,神学作为"信仰的科学"①也是一门实证科学,所以神学与他的存在论—生存论工作的关系也可以纳入实证科学与生存论哲学的关系中予以把握。但是,与其他的实证科学不同的是,神学作为信仰之科学不把信仰当做存在者来研究。相反,"神学本身起源于信仰。神学乃是信仰根据自身来进行说明和辩解的科学。"②那么,信仰是什么? 信仰是一个基督教特有的事件——上帝在耶稣基督身上的启示。在此事件中,此在与十字架上的上帝相遇。所以,信仰"作为与十字架上的受难者的生存关系,乃是历史性此在的一种方式,即人类的生存的一种方式"③。神学作为信仰的科学,其目的在于将始终只能与生存活动本身发生关系的信仰生存勾勒出来,而且就其总是涉及到上帝的启示事件和此在的生存活动而言,它是一门历史性的科学。它不是在存在者领域研究对象的客观化实证科学,相反,那些客观化的实证神学,如教义神学、系统神学、历史学神学、实践神学等都要从中寻找根源,也就是说,在神学领域内,与信仰生存相关的神学为在存在者层次上发问的神学学科奠基,前者是后者的源泉。"神学一般地作为科学乃是历史学的,不论他能分解为何种科学。正是根据这一说法我们可以理解,神学为什么并且如何不是其他,而是按照其课题的特殊统一性而原始地分解为一门系统学科、一门历史学学科(狭义上的)和一门事件学科。"④既然如此,神学是不是与海德格尔的存在论—生存论哲学处于同一个层次上呢? 不是。信仰虽然是一种生存的方式,但是"是在那种首先在信仰中并且只为信仰而揭示自身的历史中的历史性存在的一种方式"。⑤ 也就是说,信仰已经是某个特定领域的生存经验,尽管这个领域不是存在者的实质领域,但也不在以澄清存在意义为基本任务的存在论层面上。所以,海德格尔说:"根据其特殊的实证性和由此而现行标画出来的认识形式,神学乃是一门完全独立的存在状态上的学科。"⑥那么这种存在状

---

① 海德格尔、奥特等:《海德格尔与神学》,刘小枫选编,孙周兴等译,汉语基督教文化研究所1998 年版,第 11 页。
② 同上书,第 12 页。
③ 同上。
④ 同上书,第 13—14 页。
⑤ 同上书,第 12 页。
⑥ 同上书,第 17 页。

态上的①科学与存在论—生存论哲学又处于何种关系中呢？它们之间的奠基关系有什么不同？

　　鉴于神学与其他实证科学的区别,应该将它与哲学的关系描述为存在论—生存论层次与存在—生存状态层次之间的关系。前者是对此在基本生存形式结构的存在论描述,后者涉及个人在其实际生活中对其具体生存活动的理解。然而问题在于,神学既然绝对地源自信仰,它便无需也不可借助非神学的学科。不仅其内容的获得,而且其命题的证明都需从神学本身中生长出来,也就是说,即使要从概念上来阐明这种信仰的生存,那也是神学自己的事情,因为"诸如十字架上的苦难、罪等等明显属于基督教的存在关系的东西,其特殊的存在内容和存在方式,除了在信仰中,还能够作另外的解释吗?"②可见,"神学本身原初地由信仰来论证。"③如此,哲学当怎样面对此等仿佛是完全"自给自足"的科学？海德格尔认为,神学的这种"绝缘性"只是存在—生存状态层面上的。就现实的生存经验而言,罪、恩典、救赎等等基督教特有的存在方式只有在信仰的生存活动中才是可领会的。一个同时作为罪人和义人而生存的信仰者不需要求助于信仰之外的经验或科学便能充分理解这种生存。然而,这并不表示在存在论—生存论层面上,信仰的生存与前信仰或非信仰生存经验毫无关系。哲学对神学的奠基意义毋宁在于从存在论—生存论层面指示出信仰与前信仰作为此在之生存论结构的关联,以便神学在概念上阐明信仰时,注意到它所使用的"一切基本概念的阐明恰恰都致力于在其原始整体性中去洞察的原初的、自足的存在联系,……并且不断地把这种存在联系保持在眼帘中"。④ 哲学能够指示这种

---

①　"存在状态上的"德文词是"ontische"。与之对应的一个词是"ontologische(存在论的)"。在《存在与时间》的汉译本中,这两个词分别被译作"存在者层次上的"和"存在论的"。之所以如此翻译,按照译者的意思是因为如果将"ontische"直接译为"存在上的"会造成混乱,因为在海德格尔的语境中,他使用该词时关涉的是存在者而非存在。(参见海德格尔:《存在与时间》,第497—498页。)然而,在《现象学与神学》一文中,孙周兴先生将该词译为"存在状态上的"。我以为这是极其贴切的。在本文的语境中,海德格尔的确不是在存在者的层次上,而似乎是在介乎存在论和存在者层次之间的领域谈论神学的。而且该词常常和另一个词"existenzielle(生存状态上的)"一起出现在布尔特曼的文本中。布尔特曼在哲学与神学的关系问题上与海德格尔在此的论述保持一致,即认为神学的工作不在存在论的层次上,同样,哲学也不会关心存在—生存状态上发生的事情。例如,在一个具体的宣道事件中,听者作出信或不信的回应就属于后者,这是神学关心的领域。鉴于此,如果将"ontische"译为"存在者层次上的",将不符合解海德格尔在本文中关于神学与哲学关系的论述,也不符合布尔特曼的意思。

②　海德格尔、奥特等:《海德格尔与神学》,第18页。

③　同上书,第17页。

④　同上书,第19页。

关联,在于它关注的不是此在在某个特定领域中的生存方式,如信仰,而是将存在的意义(Sinn von Sein)展现出来的此在之生存机制。由于这种存在论的眼光,哲学可以看到,信仰作为此在的生存恰恰包含着可纯粹从理性上把握的前基督教的内容,而神学概念也必然蕴含着对存在的领会,因为信仰中的此在只要生存着,就有从自身而来的存在领会。

海德格尔指示出神学与前神学、信仰与前信仰的关联是不是说神学必须以他的《存在与时间》为根据来阐明信仰的生存现象呢? 这样理解与其说伤害了神学,不如说伤害了海德格尔。这种理解的前提是,《存在与时间》是在存在状态的层面探讨此在的各种生存方式,它们作为世俗的生存经验相对于信仰而言是前信仰的。不错,海德格尔的确表示过这样的意思,即此在的基本机制越是原始地得到存在论上的揭示,就越能明晰地阐明信仰的内容。但他立即指出,哲学只是从存在论上作为引线指示神学,而不是从此在的生存机制中直接演绎、证明信仰的内容。哲学之所以能充当引线的作用,在于它把此在的生存结构作为一个整体收入眼帘,从而看见信仰作为一种特定的生存方式处在哪一个存在论的区域以及它与其他生存机制的关联。所以,存在论哲学对神学的意义在于指明这种形式关联,而根本不涉及生存状态上的经验,更不提事实层面的存在者。这种形式化的指引被海德格尔称之为"形式指引"。"形式化起源于纯粹姿态关联本身的关联意义,而决不起源于'一般什么内容'",①或者说,"它并不预先断定什么",②从而"不受制于事实状态"。③ 形式指引犹如地图的指示作用,它只向你指示你的所在位置及其与其他位置的方位关联,至于你的目的地何在,如何去到目的地以及在去的过程中会发生什么,它一概不论也无从去论。因此哲学在形式指引的意义上为神学奠基丝毫不损害后者的独立性和启示性,神学的内容仍由启示的信仰决定。

正是因为神学与哲学是两个不同层次之间的关系,所以布尔特曼尽管一再遭到批评,却不遗余力地为生存哲学之神学意义辩护。原因在于,他看到前者作为一种"形式指引"对后者而言既是不可或缺的,又是神学自身不可能去讨论的,更重要的是,神学接受哲学的"指引"根本不会像许多批评者认为的那样对自身造成损坏。对此,李章印先生的一段评论非常准确:

---

① 海德格尔:《形式显示的现象学:海德格尔早期弗赖堡文选》,孙周兴编译,同济大学出版社 2004 年版,第 68—69 页。
② 同上书,第 72 页。
③ 同上书,第 68 页。

　　"海德格尔对生存论层次与具体生存层次(生存状态层次)的这种区分,对布尔特曼神学来说非常重要,可以帮助他在借用海德格尔哲学从正面阐释基督教神学的同时,又用来保护神学的启示的自主性,并反驳保守神学家对布尔特曼借用海德格尔世俗哲学的指责。"①

　　然而,关于海德格尔在哲学与神学之关系问题上所表达的这种看法,布尔特曼并非后知后觉,毋宁说这是他们之间达成的一个共识。我们一直强调两位思想家之间的命运般相遇和交互性影响,实际上,这一点在这个问题上得到了非常典型的体现。

　　2. 布尔特曼的主张

　　海德格尔有关哲学与神学关系的观点集中表达在《现象学与神学》一文中。该文是他1927年在图宾根的演讲,并于1928年以《神学与哲学》为题在马堡研讨班重做。在此之前,海德格尔已经在马堡神学界内陈明过该演讲的内容。可见,哲学与神学的关系问题,因着海德格尔与布尔特曼的缘故早就在马堡神学界内受到关注。海德格尔把修改后的讲稿又寄给布尔特曼,而且后来与布尔特曼就这篇文章有过深切交流。所以,这篇文章中布尔特曼的影子非常浓,其中很多关于神学的理解都是直接引用自布尔特曼,以至于云格尔认为,它在某种意义上是对布尔特曼的一个注解。"两位思想家谁先提出这些思想并不重要。重要的是,海德格尔的文章可以当做对布尔特曼之阐述的真正注解来读。"②所以,有关哲学与神学的关系,两人在许多方面达成高度一致,二人的交互影响由此可见一斑。那么,布尔特曼又是如何论述这个问题的呢?

　　与其他的实证科学一样,神学也以某个实在(Positum)作为自己的研究课题。然而,布尔特曼这里所说的实证科学或许与我们所谓的那种以对象化思维为前提,以数学的计算为方法的实证主义稍有不同。若按照后者的逻辑,那么神学的课题可能是某个现成的对象,如作为一种文化或历史现象的基督教,或者某些传承下来的基督教教义等。但是,布尔特曼认为作为神学之课题的对象必须是使得基督教作为一种文化或历史现象得以可能的东西。他说:"它的(神学的)对象不是作为历史现象(Erscheinung)的基督教,而是那使基督教首先成为基督教,然后把基督教和神学本身建构

---

　　①　傅永军等:《宗教与哲学:西方视域中的互动关系研究》,山东大学出版社2014年版,第337页。

　　②　Eberhard Jüngel, *Wertlose Wahrheit*, *Zur Identitat und Relevanz des christlichen Glaubens*, 2. Auflage, Tübingen: Mohr Siebeck. S.34.

起来的东西。"①这个东西,布尔特曼称其为"基督性(Christlichkeit)"。

布尔特曼在《神学百科全书》中提到"基督性",但没有展开,只说"基督性"是关于上述神学对象的一种形式上的说法②。因为它的意义已然散见于他许多著作之中,故毋庸赘述。倒是海德格尔作为一个哲学家就基督性对于神学的意义有一个总结性说明,我们在此不妨引用:"对神学来说,现成摆着的东西(即实在)乃是基督性。……信仰是人类此在的一种生存方式,根据它自己的——本质上归属于这种生存方式——的见证,这种生存方式不是从此在中也不是由此在自发地产生的,而是来自于在这生存方式中且伴随着这种生存方式而启示出来的东西,即被信仰的东西。对'基督教'信仰来说,原初地启示给信仰且仅启示给信仰的,并且作为启示才使信仰产生的存在者,就是基督,即被钉十字架的上帝。"③也就是说,如果信仰是一种此在的生存方式,而这种生存方式恰恰不产生于此在本身,而是产生于基督,那么神学的对象正是这位能产生信仰这种独特的此在之生存方式的基督。

基督正是在这个意义上成为神学的研究对象。布尔特曼不认同把基督的十字架事件视为一个历史上的事情。在第一章的背景介绍中,我们已经得知,化解历史耶稣的考证工作对神学和信仰带来的危机是布尔特曼提出解神话化方案的主要动机之一 。他用宣道的基督替代历史的耶稣作为神学的中心:基督不是我们可以置身其外加以考证的对象,而是只有置身其中才能在生存中证实的历史性启示事件。信仰的关键在于"基督是历史性的事件",④而这是通过宣道得以实现的。基督性"不是关于基督的思辨学说,而是宣道、召唤。……在宣道中,救恩事件在倾听者面前成为当下,上帝通过基督设立的复和对他来说成为当下现实"。⑤ 之所以是"当下现实",因为基督事件同时是宣道的倾听者参与其中的生存事件,是过去与当下的融合。所以,仅仅对基督采取某种观点,甚至生发某种情感算不上信仰,信仰只能是信者不断去顺从基督的生存活动。故此,扎根于这种信仰生存活动之中的神学,即生存神学,必定是一种存在—生存状态上的实证科学。既然神学是实证科学,那么就必以生存论结构的分析为"指引"。

---

① Rudolf Bultmann, *Theologische Enzyklopädie*, Herausgegeben von Eberhard Jüngel und Klaus W. Müller, Tübingen: J.C.B.Mohr(Paul Siebeck), 1984, S.12.

② Ibid., S.12.

③ 海德格尔、奥特等:《海德格尔与神学》,第8—9页。

④ 布尔特曼:《信仰与理解》卷一,第316页。

⑤ 同上书,第318页。

　　1927年,海德格尔在写给布尔特曼的信中这样描述他的哲学与神学的关系:"我的工作既不具有世界观的意图也不具有神学的意图,但是可能有为作为科学的基督教神学奠基的苗头和意图。"①1928年,布尔特曼在《宗教的历史与当代》第二版,为海德格尔撰写的词条中,逐字逐句重述了海德格尔的意思②。这说明,关于海德格尔哲学与神学的关系,二人早已达成默契。1930年,即在海德格尔"现象学与神学"演讲之后,布尔特曼撰文《此在的历史性与信仰》。其中专门讨论生存论分析对神学的意义。然而,此文并非对海德格尔演讲的接应,而是为答复另一位神学家格哈特·库尔曼在其论文《论生存的神学问题》中的种种质疑。也就是说,布尔特曼在本文中表达的其实是他向来所持的立场和观点:既然神学是实证科学,那么就必以生存论结构的分析为"指引"。生存哲学对于神学这门特殊实证科学的指引意义可以归为以下三个方面。

　　首先,哲学向神学指引人是一种能在。无论哲学与神学在旨趣上如何相去甚远,它们共有同一个研究主题——此在,即人。哲学虽不以信仰的此在为探讨主题,但是"因为信仰的此在无论如何还是此在,即使信仰者也是能产生信仰的宣道以人言的方式所遭遇到的人"。③信仰绝非魔幻式的变换,并没有把某种全新的品质或超能力带给信者,一个决定相信基督的人,没有变成超自然的人,以至于生存论分析所揭示的结构对他毫无意义。毋宁说,"如果此在通过不断把握他的可能性而生存着,那么信仰就是此在的一种不断重新把握的可能性"。④信仰者在存在—生存状态上的活动可能发生改变,例如脱掉过去的生活习惯,转变思维方式等,但"这不是说,生存的生存论—存在论的条件不复存在了"。⑤无论一个人如何去存在,他首先总是在世界中的可能性存在,只有在这个前提下,一切科学包括神学的探索才是有意义的和可能的。所以当布尔特曼声称"神学作为科学可以从哲学的此在分析中获得累累硕果"⑥,这绝非哗众取宠,毋宁说,他不得不关注生存哲学,因为后者揭示了他的神学工作必须以之为出发点的事情本身。如

①　*Rudolf Bultmann-Martin Heidegger Briefwechsel 1925–1975*,Herausgegeben won Andreas Grossmann und Christof Landmesser,Vittorio Klostermann　·　Frankfurt am Main Mohr Siebeck　·　Tübingen,S.48.

②　See Ibid.,S.272.

③　Rudolf Bultmann,*Neues Testament und christliche Existenz*,Ausgewählt,eingeleitet und herausgegeben von Andreas Lindemann,Tübingen:Mohr Siebeck,2002,S.63.

④　Ibid.,S.66.

⑤　Ibid.

⑥　Ibid.,S.63.

果这里还要在旧神学的窠臼中,为了保卫神学的纯洁性而意气用事,那么必将错失"面向事情本身"的现象学精神。虽然就具体的经验内容而言,信仰与前信仰可能存在差别,但是就它们都是此在的生存方式而言,它们并非截然对立或断裂。因此,所谓生存哲学是生存神学的前理解,无非在于后者承认前者在存在论—生存论层面所指明的事情。故而当神学与哲学发生关联时,其实并不损害神学的独立性,更不会损害上帝的启示恩典对信仰的决定性。因为探寻存在意义的哲学与神学之间的关系不是同一层次上的内容的替换或增添关系,它们之间的关系毋宁在于,当神学就此在与一个特定的存在者(基督性)的关系探讨此在的生存或此在之"在"时,必定还是由某种存在领会所引导,因此必须预设某种存在的意义,而哲学的任务正是探寻存在意义的源泉。具体言之,生存哲学在存在论—生存论的层次把存在—生存状态层次的信仰经验与前信仰经验的关联以及前者在后者那里的可能性指示出来。

其次,生存哲学从存在论的层面向神学指引此在的各种可能性条件。生存哲学之所以能够成为生存神学的前理解,同时又不损害后者的独立性,因为它"是一个纯粹的形式—存在论的标志;也就是说,哲学家根本不考虑,在此在中是否可能发生信或不信这类的事情。如果哲学家去反思这类现象,那么他就只能说,他的分析指明了一个人采取信或不信的可能性条件"。① 换言之,信和不信是一个具体的此在在面对当下正在发生的宣道而作出的两种回应。单从存在—生存状态上来看,仅有当下的发生:要么接受相信,要么拒绝不信,因而"根本无法就存在状态上的可能性说些什么"。② 但是一个此在即使选择不信,也并不排除他在存在论—生存论层面具有成为信仰者的可能性,反之亦然。所以说,只有对在存在论—生存论上是可能性存在的此在而言,他的存在—生存状态上的选择——信或不信——才是有意义的,而前者是由生存哲学指出的。和一个不信者谈恩典、赦罪,即使他仍旧不信,却是有意义的,但这种谈论对一个物或动物则是毫无意义的。因此,尽管"哲学的主题实际上不是生存而是生存性(Existentialität),不是实际而是实际性;它着眼于生存性研究生存,但它不谈论具体的生存,"③但是"每一个存在状态上的经验在此在的结构中拥有它的可能性的存在论条

---

① Rudolf Bultmann, *Neues Testament und christliche Existenz*, Ausgewählt, eingeleitet und heraus-gegeben von Andreas Lindemann, Tübingen: Mohr Siebeck, 2002, S.60.

② Ibid., S.63.

③ Ibid., S.62.

件,因此可以从这个结构出发作为可能性被理解".① 就此而言,信仰可以预先在理论上为生存哲学所把握,生存哲学的工作对于从理论上说明信仰具有非常重要的意义,但是这不代表只要从理论上把信仰作为一种此在的可能性揭示出来就能产生信仰,所以,生存神学在此意义上承认生存哲学为前提也不会导致信仰哲学化、理论化。

最后,生存哲学向神学指引一种新的思维方式。存在论—生存论的分析是为探寻存在的意义,但它不是有关存在的理论演绎体系。如果这种分析声称自己已经完全把存在的意义摆于眼前了,那么这样的哲学是不能用的,因为"它想为此在的问题,即'真理是什么?'提供一个普遍的答案"。②生存哲学之所以吸引布尔特曼,恰在于它拒绝了这种哲学模式。生存哲学拒绝就生存提出一个普遍有效的定义,真理不是在生存之外指导我们如何去生存的原则,而就是生存本身的展开和澄清。对于主宰西方哲学几千年的形而上学思维,这无异于一场巨大的革命。所以严格说来,生存哲学令布尔特曼看重的根本上不是它的具体内容,而正是它所蕴含的这种对传统思维模式的颠覆意义。哲学的此在分析"恰恰要指明唯有具体的此在本身能追问它的'意义',即提出'什么是真理?',而且不得不做出回答。对哲学而言,这恰恰意味着指明此在的'意义',亦即指出,当谈论此在时,此在意味着什么,存在具有何种'意义'。"③所以,主张神学应该向哲学学习,其实根本谈不上学习,因为这样的哲学并没有向神学提供理论体系。所以神学"不是要把哲学的体系或教条接过来,而是让哲学把现象指示于它;让现象来教导它,即让此在来教导它。"④

让现象来教导神学,何谓现象? 大多都知道布尔特曼关注生存哲学,可能少有人知道他也很关注现象学。他甚至认为不关注现象学是巴特的一大失误。因为现象学因其全新的哲学旨趣和思维方式终结了旧有哲学的宏伟抱负。"今天根本不再有可以包罗万象的科学系统和世界观体系,一切都是从存在的根据出发得到理解的。"⑤追问存在就是履行现象学的宣言:面向事情本身。布尔特曼把这事情本身称为"按照它显示自身的样子去观看它"⑥

---

① Rudolf Bultmann, *Neues Testament und christliche Existenz*, Ausgewählt, eingeleitet und herausgegeben von Andreas Lindemann, Tübingen: Mohr Siebeck, 2002, S.72.

② Ibid.

③ Ibid., S.64.

④ Ibid.

⑤ Rudolf Bultmann, *Theologische Enzyklopädie*, S.7.

⑥ Ibid.

的各种事物本身(Dingen selbst)①。(布尔特曼对"事情本身"的论述出自1926年他在马堡大学神学院的讲课,不难看出其中与海德格尔在《存在与时间》导论中关于"现象学"一词分析之间的相似性。)在传统的哲学体系中,事物本身被忽略,只有现象学能赋予我们一种态度使我们从自己构建的哲学大厦中苏醒过来,回到现实的事物本身,即"在不同生活领域中发生效用的生活的实在性(Realität des Lebens)"②。可见,布尔特曼之所以关注生存哲学,不是因为这门哲学本身,而是因为它所揭示的现象。而神学一旦学会去看这个现象,它既不会期待"哲学为自己提供一个它可以任意拿来使用的终极的规范存在论"③,也不会指望自己有朝一日能达到绝对的知识。与海德格尔的哲学一样,布尔特曼的神学永远是"在途中"的活动,这不是东施效颦、邯郸学步,而是由于他们共同关注的现象所致。

三、生存哲学是唯一可能的自然神学

　　生存哲学在形式指引的意义上构成生存神学的前理解,这是从哲学的角度讨论二者的关系,因为海德格尔早年就声称自己的工作是一种形式指引。然而,从神学的角度而言,布尔特曼认为只有与神学发生这种形式指引关联的生存哲学才是唯一可能,且不可或缺的自然神学。

　　自然神学的可能性维系于这样一个问题:究竟可不可能在信仰之外认识上帝,在上帝的启示之外理解信仰? 在中世纪,这个问题以信仰与理性的关系表现出来。但是,这种方式实际上掩盖了问题的真相,因为在中世纪的语境中,信仰已然是前提,理性是在信仰的前提之下与之产生各种关系的,如信仰不可理解(德尔图良),信仰寻求理解(奥古斯丁、安瑟尔莫),理解导致信仰(阿伯拉尔)等等。在这种模式下思考理性和信仰,必然导致自然神学与启示神学被当做两种现成的东西——理性的产物和启示的结果——相互并置,成为两条永远不可交叉的轨道,不可能发生实质性的关系。因此,中世纪神学的集大成者托马斯·阿奎那不得不在完成理性的系统论证之后,在此之外再确立启示神学的优先地位,并宣称前者不能取代后者。然而,布尔特曼所谓的自然神学是与启示神学有内在的必然关系。这种关系既不像在中世纪那样是外添的,即在确立信仰的前提下再去运用理性证明(哲学是神学的婢女),因此并不触及信仰自身的可能性,也不像现代神学

①　Rudolf Bultmann, *Theologische Enzyklopädie*, S.8.

②　Ibid.

③　Ibid., S.64-65.

那样,企图"把信仰的对象加以取消,从而把作为人类彼岸和人类对面的上帝加以取消"①,以便完全把信仰归入人的自然理性。上述两种情况根本谈不上自然神学对于启示神学的内在关系,它要么只是一种摆设,要么就要侵吞信仰。所以,要真正有意义地谈论自然神学与启示神学的关系,就不能在两者之间有所偏废,而且必须找到一个新的视角。

无论中世纪抑或现代,它们所谓的自然神学通常是一种自然的理论论证活动及其结果,启示神学则是某种超自然的启示活动及其结果(当然现代神学大都不相信超自然启示,因此企图以自然神学的方式将之取代,但这种做法恰恰说明它对启示神学的理解与中世纪在本质上是一样的)。的确,要在这样的自然神学与启示神学之间发现某种内在关系无异于在磐石中发现泉水。因此,想要恰当地谈论二者的关系,必须对它们做新的理解。换言之,只有着眼于人的生存经验把自然神学视为一种关于前信仰的生存描述,启示神学视为一种信仰的生存,按照信与不信的生存论关联,把启示和未启示理解为人的生存活动,方才可能探讨一种恰当的自然神学。就此而言,自然神学不仅是可能的,而且是必要的。

这种自然神学只能是生存哲学。首先,基督教以信仰的形式表达的对人的历史性的理解可以以哲学的方式呈现出来。生存哲学及其先驱,包括狄尔泰的生命哲学和约克伯爵的历史主义,都将基督教教义视为一种表达人生命经验的方式并从中获得启发。及至 20 世纪,克尔凯郭尔描述的信仰骑士的激情对雅斯贝尔斯和海德格尔产生了深刻影响。在布尔特曼看来,深受生命哲学的历史主义传统和基督教传统影响的海德格尔哲学是这方面的一个典型。"马丁·海德格尔对人类生存的生存主义分析似乎只是新约人观的世俗哲学化呈现,即人是一种历史性的存在,他在烦的基础上永远处于在过去和未来之间决定我们是迷失自身于可把握的世界和常人的世界,还是放弃所有的把握毫无保留地投向未来,以此获得我们本真性的时刻里。这些不都是新约对人的理解吗?"②布尔特曼的意思不是要在神学与哲学之间分出高低,相反,他的意图在于通过指出神学与哲学之间的相通性,表明作为上帝之启示的圣经以及以圣经为研究对象的神学所理解的某些东西,哲学也能在启示之外以其特有的方式予以理解。这说明,圣经或神学企图阐明的不是某种超自然的神秘(它们也不应以此为目的,否则就误入歧途

---

① 布尔特曼:《信仰与理解》卷一,第 360 页。

② Bultmann, *New Testament and Mythology and Other Baic Writings*, selected, edited, and translated by Schubert M. Ogden, SCM Press LTD, 1985, p.23.

成为迷信了），而是一种对人在世生存的理解。"新约中的信仰可以有世俗版的理解，这一事实证明基督徒的生活不是神秘的和超自然的。"①所以，虽然生存哲学不讨论信仰、启示，但是如果信仰不是相信某种超自然神话，启示不是接受某种超自然的神秘，而是一种人的历史性生存经验，那么生存哲学关于人的描述对于神学理解启示和信仰必定是有帮助的。二者在人的生存问题的思索上具有内在的一致性和连续性。

其次，不以信仰、启示、上帝为主题的生存哲学包含着某种对这些内容的前理解，布尔特曼称其为"不知之知（nichtwissendes Wissen）"。如何理解看似自相矛盾的"不知之知"？海德格尔在《存在与时间》中以现象学—解释学的方法将此在描述为一种理解性的存在。此在是通过不断地理解世界而在世的。然而这个理解具有一个前理解结构且表现为一种解释学的循环，即此在总是作为向来对自身有所理解的存在去理解其周围世界，然而这两者并非分裂，而是统一的：此在对世界的理解同时亦是此在的自我理解。信仰作为人的生存方式不等于获得某种超自然的品质或能力，而是人在上帝的启示下意识到自己的成问题性而决定顺从上帝呼召的行动，它实际上是人对自身的一种理解，"信仰的过程总是不能离开理解而实现的。当人得悉罪与恩典的时候，当人被召唤去悔改、去爱的时候，他正在理解着。"②既然信仰是在上帝启示下的自我理解，那么这种理解相对于启示前当然是一种新的理解。如果信仰是人对自身的新理解或者说重新理解，那么它肯定是相对于一种旧有理解而言的，因此启示神学"对一种在旧有生存及其自身理解中被给予的先行信仰理解加以怀疑否定，就是愚蠢不智的"。③人在启示下获得一种新的自我理解之前已然是向来对自身有所理解，这种理解尽管没有信仰的维度，因此是一种"不知"，但是，它并不是与这种新的自我理解断然决裂的，相反它是上帝启示发生的土壤，构成新的自我理解的一种先行理解，因此又是一种"知"。"如果在信仰中，有一种把先前所有理解都加以摒弃并取而代之的理解被给予，那些先前的理解就正好包含着一种先行理解了。"④然而，倘若承认前信仰的生存在"不知之知"的意义上包含着对信仰、启示和上帝的先行理解，那么一门把这种生存阐明出来的哲学"就正好把那个先行理解阐明出来了"。⑤布尔特曼提出的"不知之知"一

① *Kerygma and Myth: A theological Debate*, *Vol. II*, pp.26-27.
② 布尔特曼:《信仰与理解》卷一，第362页。
③ 同上书，第363页。
④ 同上书，第362页。
⑤ 同上书，第379页。

方面说明了生存哲学与神学之间的内在关系,从而证明前者作为一种自然神学的根据,另一方面也是对海德格尔揭示前理解结构和解释学循环的发展和应用。对此我们后面还会论述。

最后,生存哲学作为"不知之知"的前理解,乃在于通过揭示此在一般的生存论结构而间接地谈及神学的内容。例如,上述所谓的成问题状态。上帝的启示直接体现为让人认识到自己旧有自我理解是成问题的。但实际上,即使没有遭遇到上帝的人也不可能没有疑虑、毫无牵绕而恰然自得地活着。或者说人本身就是一种无法安生于既有自我理解的存在。布尔特曼认为,人的这种特性已经由海德格尔关于此在之"无名之畏"以及"茫然失所(Unheimlichkeit)"的分析揭露出来。不仅如此,人之所以在上帝的启示下能质疑自己的生存,乃因他在生存论上具有"畏"这一生存结构。"在畏中,周围世界上手的东西,一般世内存在者,都沉陷了。……畏剥夺了此在沉沦着从'世界'以及从公共讲法方面领会自身的可能性。"①或者说让他"进入不在家的存在论样式,"②即"茫然失所"。换言之,由于此在是向着质疑自身日常状态的可能性敞开的存在,这为他遭遇上帝的启示提供前提,为成为信仰者做好了准备。所以布尔特曼说"启示只能对那些已经成问题的东西提出疑问。启示所实现的成问题性,就是人的生存及其自然的自身理解总已处于其中的成问题性"。③ 布尔特曼进一步指出,"畏"也是不信的生存论根据。如果说不信作为一种生存方式表现为拒绝上帝启示的决定,那么这一决定恰恰是因为此在是一种"畏"的存在。"畏"使此在离开常人和沉沦,同时为之打开另一种可能性,即"把此在抛回此在的本真的能在世那儿去,"④也就是"把此在开展为只能从此在本身方面来作为个别的此在而在其个别化中存在的东西"。⑤ 一旦此在从常人的沉沦状态中抽身出来成为最本己的个别化存在,他不再被牵引而行,而是能够选择与掌握自己的自由存在。"畏把此在带到他的'为……'的自由存在之前,带到它的存在的本真状态前,而这种本真状态乃是此在总已经是的可能性。"⑥正因为此在在生存论上是向着本真状态敞开的,并且具有向最本己的能在作出决定的自由,所以,在生存状态上,即在宣道事件中,他可以选择不信,选择继续拒绝

①　海德格尔:《存在与时间》,2010年,第217页。
②　同上书,第218页。
③　布尔特曼:《信仰与理解》卷一,第363页。
④　海德格尔:《存在与时间》,第217页。
⑤　同上。
⑥　同上。

上帝的呼召。因为,此在的自由不是通过某种方式被外在添加于他的,而是属于他的生存论结构,因此是此在在其中建构自身的原初自由,这意味着此在虽然首先与通常是沉沦在与他人共在的常人状态中,但是,他在其自身中具有从常人突破出来的可能性。此在的自由从生存论上指明了人努力独立于任何他者而自我依存的生存经验。哲学对此在的这种自由的描述说明"哲学把神学指称为不信的那一个现象看得一清二楚"。[①] 就生存的经验而言,不信就是人坚持自救,拒绝托付己身于上帝的生活方式。

可见,一方面就内容而言,生存哲学以非基督教的形式呈现了基督教信仰的内涵,另一方面,就信仰作为一种生存经验的发生而言,生存哲学把信仰经验得以可能发生的前提条件揭示了出来,正是出于上述理由,布尔特曼断言生存哲学是唯一可能的自然神学。

第二节 生存神学与生存哲学的区别

通过上一节可以看到,虽然生存哲学的确对布尔特曼意味深远,但也足以让我们看清那些所谓后者照搬前者的诟病其实是站不住脚的。尽管布尔特曼对海德格尔的思想表现出一种格外的亲切感,但不得不注意的是,他自始至终立足于自己的学术传统和解释学问题来审视生存哲学,只不过二者不约而同的思想旨趣让这种审视主要呈现为一幅交相辉映的情景。然而,既然是审视,那就意味着区别和批判仍旧是存在的,而这一点在关于生存哲学和生存神学之关系的通常印象中往往被忽略掉了。一方面或许由于它们的亲缘关系之强势压倒了二者间的差异的一面,另一方面,在笔者看来则是由于我们对双方,尤其是布尔特曼的旨趣、问题和运思缺乏深入了解。如果我们不只是停留于表面的相似,如关注生存、概念使用等,而是深入各自背后的传统和问题域,那么差异和批判会不言自明。

一、基本问题与思想渊源的区别

1. 存在问题与生命经验

众所周知,引导海德格尔一生之思想探索的灯塔是"存在问题"。在1969 年勒托儿(Le Thor)的研讨班上,海德格尔用三个关键词概述自己的思想轨迹:以《存在与时间》为中心,对存在之意义(Sinn)的追问,围绕《论真理的本质》对存在之真理(Wahrheit)的追问以及以《通向语言之途》为代表

---

① 布尔特曼:《信仰与理解》卷一,第 377 页。

的对存在之地方(Ort)的追问。海德格尔高中时期即已开始关注存在问题，从此以后，可以说他的一切哲学努力都以展示存在的意义为目标。然而，海德格尔所处的学术环境对于他的哲学抱负而言不容乐观。因此，反抗当时盛行的实证主义和心理主义自然成为青年海德格尔学生时期和教学时期的主要任务。此时的海德格尔显然已受到胡塞尔现象学分析的影响，现象学的范畴直观是海德格尔在存在之追问的道路上找到的第一块基石，"当我使用'是'这个词时，我必须能够展示存在的意义，而能够进行这一展示的行为是范畴直观。"①海德格尔此时虽投入大量心血于逻辑问题的研究，但其意图是以现象学为基础剖析逻辑判断中"存在"的意义，这不仅在其博士论文中已成为根本关照，而且在作为《存在与时间》第二稿的《时间概念史导论》中，海德格尔仍将他揭示存在之意义的工作与胡塞尔的范畴直观紧密联系在一起。在他看来，"存在(是)"虽然无时无刻不呈现在我们的语言中，但却不是可感性地给予的，因此必须通过范畴直观把握。"'是(存在)'不是处在椅子之中的一种像木头、重、硬、颜色等等那样的实在的要素。……那些处于完整的陈述之内的要素，那些在感性的感知中为之找不到任何充实的要素，通过非—感性感知、通过范畴直观获得了充实。"②尽管如此，胡塞尔却只是追问存在意义的必要条件，而且就其仍然局限于意识领域和理论态度而言，他甚至构成一种障碍，因此，海德格尔意识到必须对胡塞尔的现象学进行转换，以便重新把握现象学。

　　在1919—1920年冬季学期题为《现象学的基本问题》的讲座中，海德格尔以下面这句话开始他对现象学的改造："现象学的基本问题是，现象学如何以自身的方式对待自身。"他觉得现象学有必要自我检讨，因为现象学既然提倡"面向事情本身"，就应该要求自己去达到最原初的现象。而原初的现象不是某种先验的自我意识，而应该是具体境况中的现实生活。显然，从海德格尔利用现象学的方法这把利器去剖析逻辑、心理学等问题到改造现象学本身这一过程中，狄尔泰发挥了不可或缺的作用。"现象学若要成为真正的本源的科学——即真正的哲学，就应直面那对每一个人来说都是最亲切的最生动的生活本身，去把握生活中那些最源始的具体的东西。现象学的还原论还原到最后就直接面对着那些活生生的、具体的东西，即生活本身。在海德格尔看来，现象学所要把握的不应该是自我，也不应该是所谓

---

① Martin Heidegger, *Supplements: From the Earliest Essays to Being and Time and Beyond*, Edited by John Van Buren, Albany: State University of New York Press, 2002, p.161.

② 海德格尔：《时间概念史导论》，欧东明译，商务印书馆2009年版，第74、76、77页。

纯粹意识,而只有生活。"①他从 1917 年开始对狄尔泰和施莱尔马赫进行研究并非偶然。在此之前,即当他热衷于逻辑问题研究之时,他一直对生活经验有非常大的关注,他的教职资格论文《邓·司各脱的范畴学说和意义理论》(1916 年)已经开始有意识地将抽象的逻辑范畴的分析与生活实践相结合。他对自启蒙以来的流行世界观表示不满,因为它侵犯并遮掩了原初的生活经验:"在原本只具有启蒙意义的原则,现在却肆无忌惮地按照规则和事物性原则,将生活以及生活经历到的一切,整齐划一地归入同一个模式。在这种模式中,一切都是可预见、可控制,可组合,可说明的。"②所以,当狄尔泰意识到抽象的、普遍的理论理性并非最原始的基础,因而提倡:"今天,我们必须从生命的实在开始,……生命是基本的事实,它必定会构成哲学的出发点"③,对于已经对当时的各种主流哲学极为不满的海德格尔而言,这无异于一大喜讯。

当时,强调生命力的远非狄尔泰一人,而且生命哲学也有诸多的流派,为什么海德格尔唯独钟情于狄尔泰呢? 在接触狄尔泰的思想以前,海德格尔主要受胡塞尔影响而采取先验哲学的立场,他早年对康德和亚里士多德的解读虽然力图开辟一个新的领域,但总显得心有余而力不足。然而,事情在遭遇到狄尔泰之后发生了巨大转机。狄尔泰把自然科学和当时的各种哲学,包括自称"回到事情本身"的现象学都远离了的事情本身展现给了他。狄尔泰的"完满的、充盈的、未经任何删节的经验"④为海德格尔突破其早年先验立场提供了动力和根基。狄尔泰"对于他当时迫切需要解决的问题——突破到一个非理论的原初领域,并要求通达这一领域的方法——来说,留下了诸多可资利用的指示"。⑤ 如果没有狄尔泰的生命领域的指示,"几乎无法想象海德格尔对胡塞尔先验自我的历史主义式的反对,和对'历史的东西'的强调。"⑥所以,如果我们把狄尔泰的生命哲学说成是海德格尔追问存在意义的第二块基石,应该是极为中肯的。

海德格尔之所以关注狄尔泰的另一个原因是因为后者所展示的生命经

① 王炜:《海德格尔:路——通过现象学到存在之思》,《求是学刊》1995 年第 4 期,第 6 页。

② 靳希平《海德格尔早期思想研究》,上海人民出版社 1995 年版,第 217 页。

③ 狄尔泰:《历史中的意义》,艾彦、逸飞译,中国城市出版社 2002 年版,第 87—88、11 页。

④ Wilhelm Dilthey, *Einleitung in die Geisteswissenschaften*, Leipzig und Berlin:B.G.Teubner,1933,S.123.

⑤ 朱松峰:《狄尔泰为海德格尔"指示"了什么——关于生活体验的问题》,《江苏社会科学》2006 年第 3 期,第 33 页。

⑥ M.费赫:《现象学、解释学、生命哲学——海德格尔与胡塞尔、狄尔泰及雅斯贝尔斯遭遇》,朱松峰译,《世界哲学》2005 年第 3 期,第 86 页。

验适合于存在意义的显现。生命,在狄尔泰的眼中,是历史性的运动,是一条活生生的溪流。生命与康德的理性不同的是,它不是事先作为一个自足的构成结构,然后切入历史之中,而是在历史过程之中形成起来的,可以说,生命的过程就是历史。因此生命是运动的,始终是有待规定因而为可追问的(Fragwurdig)。此外,生命不是由一个个孤立的个体相互组合而成,而是首先作为整体被给予的。个体,如自我、他人和他物恰恰是在这个整体的互动中而存在着,每一个体的发展、变化都是在对他者的反应因而在与他者的互动和交往中发生。然而,这里还没有产生主客的分化,每个个体生命尚非主体,他者亦非客体,所以,这里的交往和互动也还不是理论态度下的认知行为。为了区别,狄尔泰特地将生命经验中发生的各种活动称为"前反思的觉识(Innerwerden)",而将个体与他者及其周围环境的关系称为"生活关联体(Lebenszusammenhang)",旨在突显相互遭遇、影响、反应的整体关系,而非产生与被产生、主动与受动的自然因果性关系。"自然科学的因果性并不存在于历史世界之中。……历史只知道能动与受动关系、作用与反作用关系。"[1]通过生命经验的揭示,狄尔泰将个体的存在完全糅入历史世界的关系中,个体的意义是由他处身其中的历史环境呈报出来的。"我们就生活在这种环境中,它永远环绕着我们,我们沉浸在这种环境中。在这个历史的、被理解的世界中,我们在任何一处都有宾至如归之感。"[2]狄尔泰的这种作为关联整体而存在的生命经验被海德格尔紧紧把握住,他指出:"狄尔泰首先强调心理环境(context)。因为对他而言,首要的是环境,即生命本身的整体。这一环境始终已经在那里,而不是事先由元素组建起来的。这个整体必须首先收入眼帘,然后从中得出它的部分。"[3]

从狄尔泰对生命经验的领悟中,我们几乎可以瞥见海德格尔在《存在与时间》中所领会的此在的影子。此在实际上正是海德格尔通过批判性推进狄尔泰的生命哲学而获得的。从 1921 年的《宗教生活现象学》经过 1923 年的《存在论:实际性的解释学》到 1925 年《威廉·狄尔泰的研究以及当下对历史世界观的争取》,海德格尔的思想呈现出从狄尔泰的生命哲学中脱颖而出的过程。从三部著作的行文中亦可见到"生命"、"实际性"、"此在"这三个概念相继替代的嬗变过程。虽然在 1923 年此在一词已经大量出现,

---

① 狄尔泰:《精神科学中历史世界的建构》,安延明译,中国人民大学出版社 2010 年版,第 183 页。

② 狄尔泰:《历史中的意义》,第 83 页。

③ Becoming Heidegger: On the Trail of His Early Occasional Writings, 1910—1927, Edited by Theodore Kisiel and Thomas Sheehan, Illinois: Northwestern University Press, p.253.

但此时的使用基本上还是围绕着实际性。而在此后,实际性逐渐淡出他的视野。尤其在 1925 年的时候,海德格尔已经底气十足地使用"此在"以及显然属于《存在与时间》的概念,如"在世"、"共在"、"周围世界(Umwelt)"、"环顾(Umsicht)"、"操心(Sorge)"等,去描述狄尔泰已然揭示却阐释得不够明确的生命经验,以及它与理论态度之间的关系。

如果我们立足于上述背景来观看《存在与时间》的主旨,便可发现,海德格尔在某种意义上正是以他认为更加恰当的表达把他从狄尔泰那里领受的生命经验重新予以描述。此在作为生存、在世,作为一个操劳着的、现身于特定处境中的有世界的存在,世界作为意蕴整体(Bedeutsamkeit)无不在骨子里透露着狄尔泰的气息。尽管如此,有一个极为关键之处不得不指出:正如海德格尔当年投身于现象学研究不是为了胡塞尔或赶时髦,同样,他也并非为狄尔泰而倾心于狄尔泰,他对周围思想的批判和借鉴皆指向他自己的唯一问题——存在。海德格尔作为一个独立思想家,早期之所以投身于对生命经验或此在生存的探讨,乃因"此在是存在意义显现的场所"。[1] 此在之特殊之处正在于,它先行地对存在有所作为,"是为存在本身而存在的存在者。"[2]可见,在早期海德格尔的眼中,存在的意义是通过此在之在世生存显现出来的,而生存这个概念在海德格尔那里被赋予的意义,如果追溯到他在狄尔泰的思想渊源,主要指此在与他的周围世界在非理论态度下的、被给予的整体状态。

2. 信仰问题与生存决定

实际上,有关布尔特曼生存神学的渊源,我们在第二章已经有了较为清晰和全面的论述。在那里,我们主要讨论了布尔特曼如何通过考察基督教共同体中的末世论思想的演变,来澄清信仰这一生存现象。可以说,作为布尔特曼之思想的基本问题是"信仰的意义"。无论是早年在利奇尔学派和宗教历史运动的影响下,热忱投入到基督教历史的研究,抑或后来经辩证神学运动,与存在哲学相遇而开启新约神学的研究,其动机与目的皆在于努力澄明信仰的意义。

海德格尔与布尔特曼都对早期基督教团契生活经验有密切关注。这虽然是他们后来相见如故的重要原因,但二者关注的动机显然不同。海德格尔是在存在问题的牵引下寻找一种适合展现存在意义的方式去关注早期基

---

① 转引自何卫平:《海德格尔 1923 年夏季学期讲座的要义及其他》,《世界哲学》2010 年第 2 期,第 111 页。

② 海德格尔:《存在与时间》,第 221 页。

督教,而布尔特曼则企图通过回溯到希腊哲学引入基督教之前的生活经验以澄清信仰的本真意义。他认为,自希腊哲学的逻辑概念论证引入基督教以来,神学慢慢朝向逻辑化、思辨化、理论化、专业化演变,与信仰渐行渐远。信仰是一种生活,神学原本是一种来源于信仰且关照于它的活动。虽然中世纪的神学家大都抱着服务基督教的动机引进希腊哲学,但随着神学在其影响之下被思辨化后,它作为一种逻辑概念的理论推演,成为一种可以脱离信仰的关照,甚至可以无信仰地去从事的纯粹学术,已经与源自信仰生活的神学不可同日而语。二者的区别在于,在前者,信仰与神学是可以割裂开的,也就是说,基督教一方面是一种信仰生活,另一方面也是纯粹的学术活动,与哲学无异。在后者,信仰与神学是一体,神学是信仰生活的一种表现形式。这种状况在布尔特曼的时代也是非常严重,甚至渗透至教会内部,以至于教会本来作为信仰生活的共同体俨然成了墨守成规、恪守教义的外在组织形式。这种现象可称之为教条主义的信仰,即一种与生活毫无关联的理论认信。对此,布尔特曼极为不满。布尔特曼主张生活中的、现实中的、处境中的神学。所以,在微观方面,他把具体的、个别的、处境中的人立为其神学的基地,在宏观方面,他甚至声称神学应该关注时代,关注国家、民族及其政治生活。这倒不是出于文化或政治等世俗的原因,而是因为它们都与人的生存相关,而生存又与信仰相关,最终与上帝与世界的关系相关。"上帝与世界的关系,因此信者与世界生活以致与政治生活的关系是一体两面的。"①可见,布尔特曼是将神学与信仰统一起来理解的。神学不应是抽象的思辨,而是时时处处置身于信仰生活之中的活动,因此是一种实践。这就是为什么布尔特曼始终对希腊的理论化哲学耿耿于怀而尝试回到原始基督教经验的根本原因。

布尔特曼神学的实践特性并非相对于理论而言的践行,而是特指处于与上帝之关系中的个体的存在。这种实践不是反理论,而是拒绝理论式的谈论。在布尔特曼的著作中常可见到他把信仰与普遍的真理区别开来,警戒通过具有普遍概括性的哲学命题理解信仰,反对把信仰当作某种可普遍传达的世界观。相反,他的一切有关信仰的谈论都紧紧围绕现实的人与现实的上帝之间的现实关系而进行。一位不进入人的现实中的上帝不是上帝,因为"单纯的上帝不是上帝。他完全可能是别的什么东西。自我启示的上帝才是上帝"。② 所以,布尔特曼认为如果能够谈论上帝,那么只能谈

---

① *Rudolf Bultmann-Martin Heidegger Briefwechsel 1925–1975*,S.277.
② *Theologische Bücherei:Die Anfänge der Dialektischen Theologie* Teils 2,S.86–87.

论那位唤起人的义务感和罪责感,让人操劳于世、追求爱、在欲望和责任之间挣扎的上帝。与此相应,布尔特曼拒绝把人视为一个认知的理性,或隶属于某一本质的个例,因而其存在的意义在于向其本质提升。人是不断地通过作出决定而重新把握自己的可能性存在,因此相信上帝者不是站在上帝的对立面把他当做普遍的宇宙法则予以把握,或对之进行某种思辨的洞观,而是面向上帝做出决定的生存。任何把信仰当做一种世界观、价值观或人生观不关痛痒地予以谈论,都是在逃避生存因而与信仰相去甚远,信仰是不断重新领悟和重新发生的行动,它只有在人的追问和抉择中才是现实的。

显然,布尔特曼的神学进路是受到克尔凯郭尔的影响。在某种意义上甚至可以说,布尔特曼的神学是把克尔凯郭尔通过汲取基督教的信仰精神而对传统哲学的反思,即对追求普遍、大全、客观、必然的理论思辨倾向的批判精神重新引入到饱受思辨哲学侵蚀的神学领域。克尔凯郭尔强调信仰是一种激情式的悖论,即"个体性比普遍性为高"。① 这明显是对传统哲学的颠倒。超越个别达到普遍的知识,或从普遍出发规定个别是哲学的要求和哲学思维的特征。但是,普遍性要求对信仰却意味着扼杀,因为信仰是纯粹个人的事情,它无法通过普遍性得到沟通。"信仰的悖论在于,存在着一种与外在性不可通的内在性。"②因此,信仰的骑士"旁人根本不可理解他,甚至也不可充满信心地看待他。……真正的信仰骑士永远是绝对孤立的,而假的骑士则是宗派主义的"。③ 克尔凯郭尔之所以在如此绝对的意义上突显人的个体性存在,是因为"存在着一种对上帝的绝对义务,在这种义务关系中,个人将作为个体的他自己同绝对存在物绝对地联系在了一起"。④ 而一切追求普遍的产物,如"理性化(逻辑论证)和群体化(道德伦理价值)使得信仰变得更容易,从而使得宗教大打折扣"。⑤ 信仰之所以荒谬,因为它比普遍性更高因而超越普遍性的理解;信仰之所以是一种激情,因为它不是理性论证后采取的行动。将这两方面综合,信仰则是绝对孤立的个体私自采取的冒险行动。因此,它需要的是勇毅的激情和果决的意志。

因为关注绝对孤独的个体生存,克尔凯郭尔提出"片段的哲学"。传统哲学无不以建立一个包罗万象的体系为己任。哲学家们置身度外地以冷

---

① 克尔凯郭尔:《恐惧与颤栗》,刘继译,陈维正校,贵州人民出版社 1994 年版,第 33 页。
② 同上书,第 49 页。
③ 同上书,第 40、60 页。
④ 同上书,第 50 页。
⑤ 李日容:《孤独的个体之人——祁克果宗教生存哲学探析》,《经济与社会发展》2008 年第 6 卷,第 3 期,第 82 页。

静、思辨的态度对世界进行概念化的关照和思考,却对现实的生存置若罔闻。因为缺乏对最基本事实的关照,传统哲学企图为哲学寻找的基点,皆被克尔凯郭尔讽刺为幻想。"在逻辑的体系中,肯定不会有与生命相关,与生存相系的东西。逻辑思维声称自己优于所有其他思维,但仅因为它对现实性意义上的生命毫无兴趣,所以它只是一个假说,它的优越性因此也大打折扣。"①哲学所以只能是"片段的",因为它关注的不是抽象的理论建造,而是现实生存着的人本身。人不能抽身于生存之外,所以"不可能有生命本身的体系"②,或者说,就算生命是一个体系,那么它只能是上帝的体系,只有"既在生命之外又在生命之中,既在完满的永恒中,又把生命保藏于自身中的上帝"③才能去思考一个生命的体系。克尔凯郭尔在这里搬出上帝,旨在告诫我们,人不可能像上帝那样置身生命之外对之一览无余,所以,生命的体系对人而言是绝对不可能的,人之为人在于他实实在在地生存着,他只能站在生存中看生存,以至于看到的只是纷呈复杂、甚至杂乱无章的片段。"上帝是全能全知者,而人只是有限的认知者,因此只有上帝才具有俯瞰世界的能力,所有外表杂乱无章的生存在他眼中仍然是一个体系,而我们凡人却从未逃出柏拉图的'洞喻'所描述的处境,我们眼中的生存世界—生活世界,只能是些片段。对生存问题的关注,以及在思想深处人与'上帝'之间的绝对差别是克尔凯郭尔追求'片段性'哲学的根本原因。"④洞察到生存的时间性和历史性,使克尔凯郭尔用"片段哲学"来对抗传统的"体系哲学"。这种对抗不仅体现在他的哲学表达方式上,更重要的是,体现为对传统思维方式的突破。生存是活生生地发生于当下的事件,因此不可一劳永逸地把握到,任何静观的理论认知和思辨态度,以及企图把握一般本质和规律的思维方式在生存面前应当止步。生存之为生存正在于它是不可把握、不可预知、不可现成占有的。生存拒绝思辨性的把握,这不是因为生存不可思辨,或不应该被思辨,而是因为思辨取消生存。生存不在于静观与思辨,而在于富有激情的毅然决定。

　　虽然克尔凯郭尔和狄尔泰都认识到理论、逻辑、概念的有限,转而关注生命现象,然而,二者对生命的理解在旨趣上存在着差异。首先,从取向上

---

① Kierkegaard, *Concluding Unscientific Postscript to the Philosophical Crumbs*, Edited and Translated by Alastair Hannay, Cambridge University Press, 2009, p.94.

② Ibid., p.100.

③ Ibid., p.101.

④ 王齐:《作为基督教哲学家的克尔凯郭尔——克尔凯郭尔的假名写作》,《哲学动态》2009年第2期,第44页。

而言,狄尔泰是在一个相比理论认知更加原初的层面上关注生命,理论的态度尽管无法把捉自我解释的生命,但是狄尔泰并没因此将二者对立,而是在奠基与被奠基的意义上将二者调和,海德格尔在这方面接受狄尔泰的立场。与之不同,通过刚才的分析可见,生命或生存,在克尔凯郭尔这里,作为信仰没有要为理论认知奠基的意思,相反,他的意图在于利用基督教信仰这一充满激情的生命现象的利器去捣碎传统哲学坚固的体系堡垒,因此在势头上显得似乎与静观思辨的态度势不两立。把澄清信仰的意义作为自己神学之核心问题的布尔特曼对生命的理解倾向于克尔凯郭尔,而且考虑到他的学术背景,这种倾向更显得自然了。在第一章的背景交代中,我们已经涉及布尔特曼当时的学术环境。在哲学方面,马堡的新康德主义和施莱尔马赫让布尔特曼看到的是对象化思维和生命体验的对立。在神学方面,自由神学的圣经历史批判研究和赫尔曼、马丁·凯勒及至后来的辩证神学,让他看到的是以历史知识为基础和以与自我启示的上帝相遭遇的经验为基础的信仰观之间的对立。二者的对立既是他重新理解路德传统的钥匙,也是他考察基督教历史的先入之见,甚至包括他对海德格尔本真与非本真这对范畴的理解也是对立式的。所以,这一立场很明显应该溯源于克尔凯郭尔,而非狄尔泰和海德格尔。

其次,生命经验在狄尔泰的思想中是一个互相影响、彼此勾连的整体被给予现象,个体是在生命整体中获得其存在和意义。这一点也为海德格尔认同并予以进一步发挥。但是,生命在克尔凯郭尔那里,则是一个孤独的个体,具体言之,是一个与周遭环境完全隔绝,失去任何求救而只能独自地进行决定的个体。生存的意义在于作出决定,决定不是选择,而是面向未知的隐秘上帝的勇敢跳跃。在这方面,布尔特曼受克尔凯郭尔影响最深。甚至可以说,他的神学就是对克尔凯郭尔式的信仰的时代应用,利用它来批判自由神学,推进辩证神学,建立生存神学,以至解释新约圣经。一个在具体的历史处境中进行决定的人,是布尔特曼神学的第一前提。因为生存是决定,所以它不可被对象化,绝不存在以生存为对象的生存哲学或神学,这两个名称的意义毋宁在于提醒我们是在生存着的,因此只能在生存中谈论生存;因为生存是决定,人才可以在宣道事件中把圣经当做让他作出信仰决定的上帝之道去倾听;因为生存是决定,辩证神学所谓的上帝与人的无限差距可以在生存中表现出来,即上帝完全否定的审判和人自我放弃的决定。

二、同行的底线

如前所述,生存哲学对生存神学的影响和意义在于两个不同层次之间的关系,即存在论—生存论层次对存在—生存状态层次的形式指引。海德格尔是如此定位自己的生存论分析,布尔特曼也是在这个意义上把生存哲学视为唯一可能的自然神学。尽管如此,海德格尔的存在论—生存论分析似乎并没有完全脱离存在—生存状态的经验。相反,在《存在与时间》中,这种经验处处可见,如常人的庸庸碌碌、平均状态、沉沦的闲谈、好奇、两可等现象不正是我们天天处在其中的经验吗? 良知的召唤,向着最本真的自己作出决定,这些事情一说出来不是让人倍感亲切吗? 生活于世,谁不会或多或少地遭遇这种经验呢? 所以,海德格尔的分析并不像其他哲学让人猛地摸不着头脑,而是能在第一印象中给人以似曾相识的感受,我想这与他的分析所涉及的经验不无关系。当然,如此云云不免落于表面感受,不足以成为坚实论证。不过,我们也可以在海德格尔那里找到相关的证据。其实,生存论分析以生存状态的经验为根基本来就是海德格尔自己承认的。以下是《存在与时间》与此相关的论述:

> 一切在存在论上明确提出的询问此在存在的问题都已通过此在的存在方式有所预备。……若没有生存上的领会,一切对生存论结构的分析就还是没有地基的。……如果此在的存在本质上是能在,是向着其最本己的诸种可能性的自由存在,如果此在向来只是生存在面向这些可能性的自由中和背逆这些可能性的不自由中,那么,存在论阐释设为根据的不是存在者层次上的可能性(能在的某些方式),又能是什么呢?①

因着这些原因,有些学者,例如《没有神话的福音?》的作者大卫·凯恩斯(David Cairns)认为海德格尔所谓的形式的生存论分析无非是一种生存经验的描述,或者说建立在生存经验之上的形式化过程。"我们必须指出的是,所有的事件都是存在状态上的(ontic),只不过有一些具有存在论的意义。否则,海德格尔的分析将无从下手。"②卡尔·洛维奇对此几乎持相同看法:"这种(生存哲学概念)的范围和形式不意味着现象学—存在论分析所具有的原初的、存在状态上的中立态度,它只是以中立化的方式通过形式化将它必然预设的前提去人格化。"③所谓的"必然预设的前提"就是生

---

① 海德格尔:《存在与时间》,第356页。
② David Cairns, *A Gospel without Myth?*, London:CM Press LTD,1960,p.63.
③ 布尔特曼等:《生存神学与末世论》,第79页。译文参照德文本有改动。

存状态的经验。由于这些经验总是个人的,海德格尔的生存论分析正是去掉经验的个体性,使某些经验成为一般的生存论结构和环节。约翰·麦奎利关于这两个层次之关系的表述或许真的是一语中的:"个别此在的具体的实际的可能性是他生存状态上的可能性,……生存论分析的主题是那些更大的可能性,……即每一个别此在的具体可能性必然会落入其中的那些境遇。"①所以,洛维奇认为,海德格尔在《存在与时间》中的现象学分析工作并没能向生存状态的经验保持完全的中立,"以这种方式得到的东西并不是对在存在状态上和存在论上先于其他存在者而被突显的此在的'纯粹'存在论解释。"②

至于生存论分析在生存状态的经验那里有其根据,海德格尔一开始就注意到了,但他不觉得这与他哲学的奠基意义发生冲突。"必须提防把存在者层次上生存上的描述与存在论上生存论上的阐释混为一谈,或者忽视了在前者中对后者起积极作用的现象基础。"③所以,他不像大卫·凯恩斯和卡尔·洛维奇那样,断言哲学为神学奠基是不必要的和不可能的。那么,在此问题上与海德格尔保持一致的布尔特曼是如何看待这两个层次之间的关系的呢?在论到生存哲学与神学的关系问题的公开言论中,布尔特曼毫不含糊地维护前者的形式性、普遍性、中立性以及奠基性。尽管他承认生存论的分析不能脱离生存的经验,但他认为"生存论的分析是置身在生存本身中的对生存的自我理解的体系化"④。而且在生存论的分析中不可能涉及上帝与人的关系,因为这是发生在生存状态上的经验,哲学如果谈论它将失去其中立性。哲学的工作仅在于指出各种具体生存经验发生的可能性条件,所以是纯粹形式上的。到目前为止,可以看到,尽管二者有着各自不同的问题和旨趣,但布尔特曼对海德格尔基本上一直采取积极接纳的态度。生存哲学对人的刻画、要求人承担存在的责任,以及它所提供的一套术语对神学的建造都是非常有益的,但是,不得不承认,在生存神学和生存哲学之间毕竟有一条同行的底线。

在基督教的传统中一直存在信仰与理性的争执。布尔特曼对这个问题给出的回答似乎比较辩证。一方面,他认为信仰和理性不冲突,信仰完全可以在理性或哲学的范围内得到探查,因为它并非某种超自然的能力或禀赋,而是人的一种自然倾向(至少关涉某种自然倾向);然而另一方面,尽管信

---

① 麦奎利:《存在主义神学——海德格尔与布尔特曼之比较》,第42页。
② 布尔特曼等:《生存神学与末世论》,第79页。译文参照德文本有改动。
③ 海德格尔:《存在与时间》,第213—214页。
④ *Kerygma and Myth:A theological Debate*,*Vol. II*,p.194.

仰是人的一种倾向或可能性,但是这种倾向是人无法自己实现出来的。哲学正是在这里误入了歧途。关于上述信仰与哲学的复杂关系,潘能伯格一针见血地评论道:"在布尔特曼看来,就连哲学也懂得信仰,因为它懂得存在的自由。也就是说,由于它了解存在本身在其中接纳自己的自由决定,它也就知道拒斥那种决定的一种可能性。但是,哲学知道这一点,却只是把它当做一种在自由的自我建构的活动中已经'丧失的、无意义的可能性'。"①

哲学是一种反思与批判的活动,因此它不会局限于现实来理解现实,而总是参照某种有待实现的状态或完满人性对人类的当下进行反思。在这一点上,哲学与新约有可通融之处。然而,与之不同的是,哲学认为只要人被告知他的应然状态,他就可以,至少原则上可能去实现他的完满人性。但新约却主张人根本没有自我实现的可能,因为他是堕落的存在。"哲学家的自信有道理吗? 无论怎样回答这个问题,至少有一点是很明确的,即在这个问题上,哲学与新约分道扬镳。因为后者断言人无能从他的堕落状态中实现自己。"②20世纪的西方哲学发生了转变,两次世界大战让启蒙的人性乐观主义遭受巨大打击。悲观主义、虚无主义的气息四处笼罩。哲学不再谈论理念或精神的发展,而是立足于哪怕是惨淡凄凉,但却是实实在在的当下处境之中。尽管如此,哲学不会因此而放弃人的自信和自强,纵然没有希望,只有虚无和绝望,也要在悲观中孤注一掷,置死地而后生。海德格尔的哲学固然没有德国唯心主义那样乐观,但他最终仍然为此在保留了良知的自我呼唤和向最本己的能在,即向死而在的自由。对于海德格尔的这一做法,布尔特曼这样评论道:"在海德格尔那里,这种刚愎态度不太明显,因为他没有把决定(resolve)描述为自我担负(self-commitment),但是很明显,面向死亡肩负起他命运的不幸的确是同样彻底的、属人的自我执信(self-assertive)"。③ 从这段引文可以看出,布尔特曼一方面的确努力地从生存论的形式结构的角度去理解海德格尔的这些概念,但另一方面,他也感到海德格尔对这些概念的分析确实表达了某种生存状态层面的经验,因此不得不把它与新约所要求的自我否定、自我放弃以全然交付于上帝的经验相对峙,并从中划出一条界线。"新约的观点在某种程度上与现代人违拗,恰在于它欲打碎人的确定性,并告诉他,只有放弃自己的确定性,靠着上帝的恩典,才能本真地存在着。"④这样的信息对于自持、自强的哲学当然不顺耳。但

---

① 潘能伯格:《神学与哲学》,李秋零译,商务印书馆2013年版,第30页。

② *Kerygma and Myth:A theological Debate*,Vol.II,p.27.

③ Ibid.,p.30.

④ *Karl Barth-Rudolf Bultmann Letters 1922–1966*,p.92.

是布尔特曼对新约进行生存论解释的目的就是要把这令人不悦的信息从神话的表达中向现代人呈现出来。所以,"这信息对于那尽管不是通过客观化思维,却是通过自己的自由决定来为自己获得保障的生存主义者同样是不悦的。"①布尔特曼这话的所指为谁,应该是很明显的。但严格说来,布尔特曼这样理解海德格尔有违他自己的初衷。他不应该在存在—生存状态的层次上把向死而在、良知、决心与在宣道事件中发生的信仰经验相提并论。但是,正如前面已经说明的,海德格尔的生存论分析真的像他和布尔特曼所声称的是纯粹结构和形式的展露?他的分析能够给读者留下完全不与任何生存经验染指的印象吗?应该很难!读了《存在与时间》并对之表示认同的读者,应该不会在个人的生活中毫无反应。就算这不是他的本意,实际上海德格尔无形之中,或多或少地唱出了一种生活情调。就此而言,作为强调上帝恩典和主张唯信的神学家,布尔特曼为澄明信仰之故,有必要在这里与海德格尔划清界限。

三、几个概念的区别

在布尔特曼的著作中经常可见到《存在与时间》的术语和概念。这是人们认为布尔特曼受海德格尔影响的最明显理由。约翰·麦奎丽的《生存主义神学》之所以单从概念术语的比较切入海德格尔与布尔特曼的关系研究也是由于这个原因。关于一些生存论概念的使用究竟孰先孰后并不是这里打算讨论的问题。真正的问题在于,即使布尔特曼借用海德格尔的概念,二者对之的理解和使用是完全一样吗?本小节中,我们将就几个重要概念再次展现二者的思想差异。

1. 生存

虽然引导布尔特曼与海德格尔关注生存的基本问题不同,而且在生存主义思想传统的继承上有各自的所好和偏倚,但是,有一点是他们共有的,即利用生存去对抗或突破传统哲学的理论思辨模式。在海德格尔看来,人最初不是认知主体,而是在现实处境中生存着的此在,事物和他人最初不是被认知的客体,而是在生存中的照面者,正是这样一个在世界中存在的此在才能展现存在的意义。同样,布尔特曼认为如果人只是思辨的主体,那么信仰永远不可能发生,对上帝的非生存的谈论,把上帝变成一个要用奥卡姆剃刀剃除的实体,信仰只能作为上帝在人的生存处境中的启示才能发生。所以,不论是海德格尔还是布尔特曼都意识到,它们各自的事业要向前推进,

① *Karl Barth-Rudolf Bultmann Letters 1922-1966*,p.92.

就必须牢牢地扎根在生存这一现象中。尽管如此,他们一个作为哲学家,一个作为神学家,对生存的领会是一样的吗? 下面就让我们一探究竟。

在此在分析的一开头,海德格尔就把生存这个概念从传统语境中清理出来以便专门用在此在的身上。此在的本质是生存,就形式上的意义而言有三层意思:第一,此在总是与存在相关,以至于此在是什么取决于它如何去是,去存在。因此,第二,此在不是占有现成属性的现成存在者,而是存在本身。"这个存在者的一切'如此存在'首先就是存在本身。'此在'这个名称不表达它是什么(如桌子、椅子、树),而是(表达它怎样去是)表达其存在。"①第三,此在去存在意味着绽出自身、超越自身的能在。"此在总是从它所是的一种可能性、从它在其存在中这样那样领会到的一种可能性来规定自身为存在者。"②具体展开了来说,因为此在是生存,所以首先它是"在世界中存在"。世界与此在不是两个实体,"在之中"不是两个实体的关系。此在之为此在恰在于它居住、逗留于世,它与其他非此在存在者之间也不是实体间的关系,相反,后者在此在的"在世"的存在方式中作为照面的存在者揭示出来。"另一种存在者之所以能够'同'此在'聚会',只因为它(此在)能够在一个世界之内从它本身方面显现出来。"③其次,生存意味着此在是"与他人的共同此在"。不仅物作为上手的"器具"在此在的存在中显现出来,而且"他人随同在劳动中供使用的用具'共同照面'了"。④ 他人不是另一个意识主体,因此是可以认知的对象或需要通过移情去达及的客体。毋宁说,他人在此在的共同在世存在中一同被领会,他人参与构成世界之为世界。"在世界之为世界的结构中有下述情况:他人并不首先作为飘飘荡荡的主体现成摆在其他物件之侧,而是以它们操劳于周围世界的存在方式从在世界中上手的东西方面显现出来。"⑤最后,此在虽然能在决断中向着最本己的可能性而在,但这仍然是在"在世"与"共在"中发生的,换言之,即使"'世界'已不能呈现任何东西,他人的共同此在也不能"⑥,二者也是此在的基本生存论结构。

对于上述内容,了解海德格尔的人都很熟悉了。再度阐述不是为了添加一些陈词赘言,而是为展现海德格尔使用生存一词的意图。上述的论述

① 海德格尔:《存在与时间》,第 50 页。
② 同上书,第 51 页。
③ 同上书,第 67 页。
④ 同上书,第 136 页。
⑤ 同上书,第 143 页。
⑥ 同上书,第 217 页。

中反复出现的关键词是此在、世界、物、他人。显然这些概念也是传统哲学的中心词。但海德格尔用生存来规定人,正是为要赋予这些旧有概念以新的意义。他是如何做到的呢？我们知道,由于传统哲学抽象的理论认知态度和逻辑思辨的方法,这些概念作为实体性的主体和客体处于被割裂状态。鉴于此,海德格尔要把我、世界、他人、他物重新关联起来,或者说深入到比理论认知更为原始的经验,把因缘和意蕴的世界整体揭示出来,而这个世界正是生存着的此在。所以海德格尔一上来就摆出生存,紧接着拿出"在世"以及与之相关的"共在",因为他对生存性的强调,是通过对"在世"的分析而展开的。至此,我们大体廓清了海德格尔赋予生存的意义,以及他使用该词的意图,那么布尔特曼的情况又是如何呢？

布尔特曼对生存的理解主要表现为他对保罗神学中"身体(σωμα)"这个概念的解读。此概念的解释也是生存论解经的典型体现。在保罗神学中常出现"身体"、"魂"、"灵"等字眼。它们都被保罗用来指称人,其中使用最多,含义最广因此歧义最大的是"身体"。按照通常实体性理解,就会出现所谓的二分说、三分说。然而通过对保罗书信中这一概念的研究,布尔特曼发现保罗实际上既不是在诺斯替主义的二元主义的框架下将身体与灵魂对立起来,也没有在希腊哲学的意义上把身体理解为质料。相反,该词在保罗的笔下刻画的是生存的人。所以,"非常明显,身体不是某种外在附属于人的真实自我(例如灵魂)的物体,而是属于他的本质,他就是身体。"①既然如此,身体意味着怎样的生存？或者说人作为身体的存在是如何而在的呢？

"人被称为身体,因为他能让自己成为他自己行为的对象,或者能把自己经验为一个处身于发生的事件中的主体。"②这句话的意思是说,人作为生存现象在于他可以在两种生存可能性中作出抉择,要么在主客的眼光下把自己视为一个现成的物,要么投身于一个事件之中去成为经验着的存在。前一种情况中,人与自我相疏离,而后一种情况下,人与自己合一。布尔特曼认为,这正是被保罗称为身体的人,亦即生存着的人。

可见,布尔特曼也在可能性的意义上谈论生存。不过他所谓的能在似乎与海德格尔有所不同。能在对前者而言指的是两种可能性:要么赢获自己,要么失去自己。更为重要的是,在这两种可能性中,有一种是人可以把自己视为现成之物。这一点在海德格尔那里是完全不存在的。此在是能在

---

① Rudolf Bultmann, *Theology of the New Testament I*, p.194.

② Ibid., p.196.

对海德格尔而言,恰在于它不是现成存在,而是超越的、绽出的去存在。如果此在可能是现成的,那么它刚好就不是此在了,从而也不再生存。所以,如果生存在布尔特曼的理解中包含着成为现成之物的可能性,那么,这一可能性是海德格尔所谓的此在之能在没有涵盖的。让我们说得再具体一些:在海德格尔,此在作为能在意味着它可以在常人的平均状态中碌碌无为,也可以在畏中倾听良知的呼唤向死而在,但无论哪种,都是就此在是与现成存在者不同的生存而言。但着眼布尔特曼的理解,海德格尔所谓的生存实际上只是布尔特曼所谓的人的可能性之一,人的另一种可能性恰恰是海德格尔称为现成存在的东西(非生存)。更重要的是,在布尔特曼那里真正体现人之为生存的是他在上述两种可能性中进行抉择。概言之,海德格尔把生存理解为不同于存在者意义上的经验性存在,而布尔特曼则把生存刻画为在成为现成存在者和成为非现成存在者的经验性存在之间进行抉择。所以,在经验性存在这层意思上,二者是部分重合,也即是说,海德格尔认为人作为生存必定是经验性存在,但尔特曼认为经验性存在只是人作为生存的一种可能性。因此,在现成存在者这层意思上,二者便分道扬镳了。按照海德格尔的理解,人作为现成存在者便已停止为此在了,但布尔特曼却认为它恰恰是人的另一种可能性。换言之,布尔特曼认为人是可以选择成为非生存的现成存在因而逃避作出选择。可见,尽管二者都在能在的意义上将人理解为生存,故而产生巨大共鸣,但由于不同的问题关照,它们对生存的理解实际上有较大分歧。对于布尔特曼和海德格尔前期,生存是其思想的起点和基石,既然两位在这个概念上理解有区别,其他概念的区别也就在所难免。

2. 世界

此在的基本结构是"在世界中存在",此在居住于世,与物打交道、相照面,在操劳的活动中把非此在存在者显现出来以让其存在。可见"世界"在海德格尔的此在分析中是非常重要的。然而,世界(Kosmos)这个概念在基督教的传统中也不陌生。在第二章第三节开头论到希伯来与希腊精神的差异时,我们已经指出,相对于希腊人把世界视为一个由理性的法则所支配的统一体结构,世界的生存意义是由希伯来文化和基督教保存并传承下来的。后者能做到这一点因为希伯来民族是一个历史性的民族,其历史性在于,它必须向上帝而在。作为上帝的选民和上帝律法的承受者,它的存在与上帝休戚相关地绑在一起。或兴或衰,或存或亡取决于上帝以及它在上帝面前的责任,所以它不可能像希腊人那样以抽象认知的态度对待历史,而总是站在历史之中向着将来回顾自己的过去。就此而言,希伯来民族的存在是历史性的,所以它对它所处的历史和世界的理解也是历史性的,亦即末世性的。

在希伯来人的眼中,世界绝不是按照普遍法则自主运转的统一体,世界是按照上帝的旨意在进展。然而,上帝的旨意不是法则,而是上帝国度的实现。另外,这里也不存在目的论,因为上帝之国不是通过世界的发展而变成的,相反,世界是堕落的、犯罪的,因此上帝之国恰恰是通过对这个世界的审判和终结而实现。所以,在希伯来人的思想中,世界是暂时的存在,而且因为它的罪恶而总是处在上帝的愤怒之下。

布尔特曼认为,新约对世界的理解正是继承了希伯来。新约虽然受到犹太教启示文学末世论的影响,但它更加强调上帝之国的此岸性。因为上帝的国度因着耶稣基督的到来已经实现了,任何人只要认信耶稣基督为主,为上帝的儿子,他就属于上帝之国,而不再属于世界。救赎和审判是二位一体的,所以,带来上帝之国的耶稣基督同时也带来审判,世界就是这审判的对象。如此一来,世界就成为一种面对耶稣基督的态度和选择。通过对保罗和约翰神学的研究,布尔特曼发现,"由于'世界'不是一个宇宙论的术语,而是一个历史性的术语,所以,在许多(新约的)段落中,它被用来表示'人的世界','人类'。"①就此而言,世界在新约中的含义不是一个人的生活空间,而是人在世界上的生存,更确切地说,是生存着的人自身。"'世界'首先就是人。人不是站在世界的对面,相反,人就是世界。也就是说,世界不是现成的、'自在的'存在者,人可以立于对面对之进行理论的观察(毋宁说,这样的观察本身就是属于世界的,它本身就是'世界')。"②那么,作为世界的人是如何存在的呢?对此,约翰有一系列的描述:不接受光、不认识他、不接待他(耶稣基督)、不爱光倒爱黑暗。"黑暗不是世界的某处阴影,也不是世界所承受的苦难,而是它的本质。"③所以,"黑暗是捆绑着世界的权势。……世界在本质上是捆绑中的生存。"④世界在保罗的笔下同样被刻画为人不为上帝的事专为世上的事挂虑,与神相敌对的存在方式。

然而,圣经在描述世界时使用了很多神话式术语,如黑暗权势、罪的捆锁、撒旦统治等。这些术语令人不由得认为世界对人而言仿佛是一种具有绝对操纵力的异己力量。世界的确成为了一种能控制人的势力,但是"这

---

① Rudolf Bultmann, *Theology of the New Testament I*, pp.254–255.
② 布尔特曼:《信仰与理解》卷一,第 171 页。译文有改动。
③ Rudolf Bultmann, *Theology of the New Testament II*, p.15.
④ Ibid., p.16.

势力不是从外面临之于人,而是从他自身中生长出来的"。① 没有恶的世界,只有拥有恶的意志和作出恶的决定的人。正因为人都挂虑世界,按照肉体行事,所以世界和肉体成了凌驾于个人之上的势力。因此,世界是一些可以落到实处的人事,它代表的是一种人的生存方式。

在对"世界"这个概念的理解和使用上,布尔特曼和海德格尔力图摆脱自希腊以来把世界和人作为两个实体对峙的做法,他们都认同"世界就是人"。在海德格尔那里,世界既不是此在的认知对象也不是它被搁置其中的物理空间,世界是一种规定此在的生存论性质,"'世界'在存在论上绝非那种在本质上并非不是此在的存在者的规定,而是此在本身的一种性质。"②此在"在—世"意味着此在作为"为何之故"在操劳中让物作为有所用的上手器具前来照面的"因缘结构。""作为让存在者以因缘存在方式来照面的'何所向',自我指引着的领会的'何所在',就是世界现象。"③更进一步讲,世界就是此在之存在的意义结构,海德格尔称其为"意蕴"。"因缘结构导向此在的存在本身,导向这样一种本真的、唯一的'为何之故'。"④

尽管如此,我们从中能看到的恐怕更是二人的差别。首先,布尔特曼把世界视为人的存在,但世界只是人的存在方式之一;而在海德格尔,就世界是规定此在的生存论性质,世界等同于此在本身。世界是此在被抛于其中的生存境遇,此在的各种生存方式都是"依寓于(bei)世界"故而是"在世界之中"发生的。"此在的实际状态是:此在的在世向来已经分散在乃至解体在'在之中'的某些确定方式中。"⑤可见,世界和作为在世界之中的存在方式之间是一种总与分的关系,也就是说,海德格尔理解的世界是就此在之能在的生存论性质而言,而非仅指此在的某种存在方式。与之相比,布尔特曼始终把世界理解为人的一种存在方式,这也是为什么他总是把世界与海德格尔的常人相提并论。二人的区别因此在于,在海德格尔看来,常人虽然是沉沦于世界,消散在与他人的共在之中,但这并不是说独在是非共在的,或向本己可能性而在是无世界的。但在布尔特曼那里,世界虽然首次被他有意识地赋予生存的意义,但他实际上是站在基督教的传统中来理解这个术语的,即世界代表一种世俗的、没有上帝的生活。因此,海德格尔非常有意识地将此在在世的"世界"与基督教传统区别开来,他在《论人道主义书信》

---

① Rudolf Bultmann, *Theology of the New Testament I*, p.256.
② 海德格尔:《存在与时间》,第76页。
③ 同上书,第101页。
④ 同上书,第99页。
⑤ 同上书,第66页。

中说:"把'世界之中存在'指明为 homo humanus(人道的人)的人道的基本特征,这并非主张:人只是基督教所理解的意义上的一个'世俗的'生物,即背弃上帝也根本脱离'超越'的'世俗'的生物。①世界以及与之相关的与他人共在作为此在最基本的生存论结构构成此在的实际性,而非一种存在状态层面的生存样式。

这里不得不提一提约翰·麦奎利就"世界"这一概念关于布尔特曼与海德格尔关系的讨论。麦奎利认为海德格尔关于"世界"的理解包括两个方面:"一、世界是一个器具系统,是一个工场。二、只要人丧失自己于世界中,看不到他自身存在与世内存在者存在之间的区别,世界就是一种对人之本真生存的威胁。"②第一层意思没有异议。但在第二层意思里,麦奎利显然犯了一种混淆布尔特曼与海德格尔的错误。海德格尔虽然说过这样的话:"此在首先与通常沉迷于他的世界",③"此在首先总已从它自身脱落、即从本真的能自己存在脱落而沉沦于'世界'",④"'畏'将此在从其消散于'世界'的沉沦中抽回来了",⑤诸如此类。这些话容易令人对海德格尔产生误解,即认为他把"世界"等同于此在的非本真存在和沉沦的常人状态而与由"畏"和"良知呼唤"引起的本真存在相对立。仿佛"世界"仅与非本真、沉沦、常人相关。但是,海德格尔也说:"(在畏中)此在个别化了,但却是作为在世的存在个别化的。……茫然失所寓于此在中,即寓于被抛而在其存在中交托给了他自己的在世的存在中。"⑥"畏之所畏就是世界本身,……畏之所畏就是在世本身。"⑦所以在海德格尔的语境里,"世界"是此在的基本建构,此在的诸可能性,包括向死而在的本真存在以及引起本真存在的"畏"和"茫然失所"皆是在世界中的可能性。

所以,麦奎利关于海德格尔"世界"的第二层解读蕴含着一系列误解。首先,海德格尔虽然说"此在首先与通常沉迷于世",但这不是人自己选择的而是被抛于世界。但麦奎利的解读"只要人丧失自己于世界之中,看不到他自身存在与世内存在者的存在之间的区别,世界是对人之本真生存的威胁"明显凸显了人自己选择的倾向,仿佛人本来可以不选择丧失于世。

① 海德格尔:《路标》,孙周兴译,商务印书馆2001年版,第412页。
② 约翰·麦奎利:《存在主义神学》,第60页。
③ 海德格尔:《存在与时间》,第132页。
④ 同上书,第204页。
⑤ 同上书,第218页。
⑥ 同上书,第218页。
⑦ 同上书,第216页。

其次,按照麦奎丽的意思,正由于人丧失自身于世界,所以看不到自己的存在是与世内的存在者有区别的,也就是说忘记了自己作为此在不同于其他存在者,进而言之就是说把自己也当成了一个存在者。然而,按照海德格尔,即使沉迷于世界的此在也不是存在者,而且他沉迷于其中的世界也不是存在者。此在沉迷于世描述的是作为生存着的此在操劳于作为上手器具指引关系之因缘结构的世界之中的现象,在这里人与世界都不是在现成存在者的意义上被理解的,谈何人把自己当成一个存在者的情况? 最为关键的是最后引出的结论:"只要人丧失自己于世界之中,看不到他自身存在与世内存在者的存在之间的区别,世界是对人之本真生存的威胁",恐怕是对海德格尔的最大误解。海德格尔的确提到过威胁,但不是世界对本真存在的威胁,相反,是此在之本真存在的可能性对其常人状态的威胁。"这种茫然失所经常紧随着此在而且即使不曾名言却也实际威胁着它日常消失于常人中的状态。"①可见,麦奎丽使用的都是海德格尔的概念,他企图表达的恰恰是布尔特曼的意思。

前面谈到,海德格尔和布尔特曼一致认为生存哲学与生存神学是存在论—生存论层面与存在—生存状态层面之间的奠基与被奠基关系。麦奎丽的第二层意思表达的是一种存在—生存状态层面上的生存经验,因此用来作为对布尔特曼生存神学的解读是没有问题的,因为生存神学关注的本来就是存在—生存状态层面的具体经验。而且如前所述,布尔特曼的确认为把自己当做存在者是人的一种可能性。但作为对海德格尔在存在论—生存论分析的解读就显出不妥了。麦奎丽实际上是犯了海德格尔反复告诫的错误,是把"一种败坏可悲的存在者层次上的特性"②赋予给了海德格尔的"沉沦"、"常人"和"世界"等概念,从而混淆了它们作为此在之存在论结构的意义。麦奎丽犯这样的错误实际上是由他的先入之见以及由之产生的研究方式决定的。换言之,从海德格尔绝对影响布尔特曼这一前设出发,必然导致以海解布的模式,即将布尔特曼所有涉及生存主义的思想都还原到海德格尔那里去,故而很难看到二者之间的区别。

当然,两位关于世界的理解还存在一个区别,即布尔特曼把世界这种生存方式最终诉诸于意志抉择。也就是说,世界是意志的某种抉择以及与之相应的一系列行动的表现。所以,二者对世界的理解背后是他们对人的不同理解。结合前面关于生存的讨论,世界在布尔特曼那里正是人选择成为

---

① 海德格尔:《存在与时间》,第218—219页。
② 同上书,第204—205页。

现成存在者故而逃避面对上帝作出抉择的生存方式。如果说在海德格尔看来人作为能在于他是敞开的、绽出的此在,那么在布尔特曼则在于人总是能作出决定。"我们把人的存在理解为一种能在。也就是说,人的存在不由他所支配、占有,总是处于种种具体生命处境的冒险之中,经过种种决定……"①然而,海德格尔实际上也涉及决定的问题,他是通过"决心"这一现象谈论这个问题的,下面就让我们看看二者在这个问题上的差别。

3. 抉择与决心

"抉择(Entscheidung)"在布尔特曼的行文中出现频率非常高。如果说布尔特曼神学的核心词是生存,而其中心问题是信仰,那么抉择既是生存的特征,又是信仰的前提。当布尔特曼说人的历史性存在在于他在具体的生活处境中进行抉择时,他的意思不是指在各种现成事物中进行取舍,而是为要刻画人的存在的特征:人之所以能抉择恰恰因为他不是一个现成物,因而他可以把自己不断地置于可能性中。"在这些抉择中人不是为自己选择什么,而是把自己选择为他的可能性。"②可能性与抉择是一体两面的关系,抉择意味着人的存在不是可占有的物而是可能性的生存。此外,正因为人是可能性的和进行抉择的存在,信仰才是可能的。这倒不是说,人可以自己抉择成为有信仰的存在,而是说,上帝的启示只有对能够抉择的人才是有意义的,或者说,信仰对人能够意味着某种可能性,而对于非人的存在,如一块石头或一个动物,这种可能性是完全缺失的,信仰问题是根本没有意义的。

在海德格尔的概念表中有一个与"抉择"相关但相别的术语叫做"Entschlossenheit"。该词也有抉择的意思,但是在《存在与时间》中被译作"决心"。观看海德格尔自己的描述,很明显看到"决心"是相对于常人而提出的。具体言之,此在通过决心脱离常人的样式,"决心意味着让自己从丧失于常人的境况中被唤起"③,或者说决心是此在从常人向本己的存在过渡的现象,"这种缄默的、时刻准备畏的、向着最本己的罪责存在的自身筹划,我们称之为决心。"④因此,海德格尔将常人直接称为无决心。"无决心这一名称所表达的现象恰就是我们曾解释为服膺于占统治地位的常人解释事物方式的那种存在。"⑤

无论是从上述被赋予的意义,抑或从《存在与时间》的整书架构来看,

---

①　布尔特曼:《信仰与理解》卷一,第151页。

②　Rudolf Bultmann, *Glauben und Verstehen I*, S.118.

③　海德格尔:《存在与时间》,第341页。

④　同上书,第339页。

⑤　同上书,第341页。

决心被海德格尔作为过渡的中点放置在非本真的常人状态与本真状态之间。此在的基本生存结构是在世,世界就是此在的在此。在此意味着"此在就是它的展开状态"①,即解蔽。此在"在它最本己的存在中秉有解除封闭状态的性质。'此'这个词意指着这种本质性的展开状态。通过这一展开状态,这种存在者(此在)就会同世界的在此一道,为它自己而在'此'"。② 正是在此在的在世与展开状态的前提之下,决心被海德格尔视为"此在展开状态的一种突出样式"③,即本真的展开状态。只有在本真的展开状态中,此在才能够向常人发出召唤,并"以决心的方式加以领会"④。尽管如此,因为都是展开状态的样式,决心并不使本真的展开状态与常人中的展开状态变成两种截然不同甚或对立的状态,它只是使"世界的被揭示状态与共处的展开状态改变样式",⑤或者"从其最本己的能本身存在方面"⑥让它们得到规定。

虽然抉择与决心在某种意义上有相似和可通之处,但是它们在布尔特曼与海德格尔的思想中被赋予的意义实乃天壤之别。一开始我们就提到,抉择是布尔特曼神学的核心概念,所以在布尔特曼的语境中,人、生存、抉择是同一的。人就是进行抉择的存在,人的历史性在于他的抉择行动。因此,抉择是生存的具体表现。相反,决心被海德格尔赋予某种特定的意义,即专指此在在世的两种样式之间的过渡状态。而体现此在之生存的不是决心而是在世。由此可见,虽然布尔特曼与海德格尔都在非现成存在的意义上,把人视为生存,但是,对之的理解和具体解释,二者的旨趣刚好是颠倒过来的:虽然生存、世界、抉择或决心,是二位思想家共有的基本术语,而且他们都以生存为出发点,但是,海德格尔以之刻画生存的基本概念是世界,决心只是世界的展开状态的一个突出样式;相反,布尔特曼以之刻画生存的概念是抉择,而世界反倒仅是奠基于抉择的生存样式之一。

4. 本真与非本真

本真与非本真这一对偶的术语在布尔特曼思想中的作用和意义也是值得探究的。基督教对这对概念并不陌生,因为在新约的语言中充斥着类似的对仗:旧人与新人、死亡与生命、捆绑与自由、罪与义、肉与灵、世界与天国

---

① 海德格尔:《存在与时间》,第341页。第155页。
② 同上书,第154页。
③ 同上书,第339页。
④ 同上书,第340页。
⑤ 同上。
⑥ 同上。

诸如此类。这样,布尔特曼作为一个神学家从基督教惯有的对立式思维前提出发理解本真与非本真就不足为奇。然而,虽有对立,却并非二元论,因为经过布尔特曼的生存主义解释,这些对立不再是实体之间的,而是生存方式之间的对立。因此严格说来,对立在这里只是差异或区别。在布尔特曼的语境中,上述种种对立皆可归属到唯一的一个对立:信与不信。

不信作为一种生存的方式在圣经中被称为"按肉体而活"。何谓肉体?这里指的不是生物学的研究对象。肉体是这样的生存方式:凡按照肉体而活的人,把自己局限在这世界的有形可见的领域内,把自己的努力、成就和功绩当做安身立命之本,让自己从中获得安全感。相反,信作为一种生存方式则是"按照圣灵而活"或"活在信心中"的人。他们放弃过去的生活,彻底地不再执着于自以为有的安全感,而全身投入不可见的上帝,把以前总要从自己已有的东西,即从自己的过去获得的安全和确定,转入到对上帝恩典的信靠。信与不信作为两种生存方式被布尔特曼分别标示为本真与非本真的生存。不仅如此,上面的各种对立均可纳入本真与非本真的生存中予以解释,这本身就是布尔特曼解释新约所采取的策略。所以,本真与非本真不仅仅被布尔特曼当做一对概念加以使用,而且是指导他的整个解经甚至神学道路的基本原则。

此外,让我们再来看看科学与这对概念在布尔特曼思想中的关系。众所周知,对象化思维是解神话化的眼中钉、肉中刺。如果说不信作为一种生存意味着人自己为自己提供保障的企图,那么对象化思维正是这一企图的核心体现。前面已经反复谈论过希腊精神与希伯来精神之间的距离。对于严格秉承希伯来精神的布尔特曼来说,信仰与发轫于希腊的西方哲学和科学格格不入。当然,这不是通常所谓的迷信与科学的对立,而是就二者的思维方式而言的。无论哲学抑或科学是以一种外在的眼光,或者说认知的态度考量人和世界,由此形成的世界图像"是在不考虑我们自身生存的情况下得到构想的"。[1] 它们简单地把世界和人视为一个实体,然后去构想它们的存在原因或从中寻得某些永恒不变的规律,以便一劳永逸地把握它们从而让自己(人类)获得确定性和安全感。虽然一次次失败而不能如愿以偿,"它们仍然深受爱戴,这是可以理解的。因为它们已经帮了人一个大忙,就是让人得以逃离己身,并把人自身生存的疑团、其所引起的操心以及相关的责任,都消除了。"[2]如果对照布尔特曼赋予本真与非本真这两种生存方式

---

[1] 布尔特曼:《信仰与理解》卷一,第39页。
[2] 同上。

的内涵,科学和哲学以对象化的方式寻找普遍、统一、必然作为一种自我拯救的企图显然属于非本真的生存方式。"人之所以渴求一个所谓的世界观,因为他能够在面对命运和死亡的谜团的时候回到这个世界观去,他正好能够在其生存受到动摇和变得成问题的时候放弃认真看待这个问题,甚至把它理解为普遍事态的一个特例,把它加入一个关联中,使它客体化,从而得以从其自身生存中跳跃出来。"①鉴于此,布尔特曼将科学和哲学一律归为"从外部来看待"的眼光和态度。这样的眼光既不适合于谈论生存,也不适合于谈论上帝,相反,它使世界成为无神的,为持有它的人提供虚假的安全感,使他在生活中成为无信仰的,因而是按照非本真的生存方式而活的。

　　鉴于对布尔特曼的考察,我们发现本真与非本真这对概念在海德格尔那里的使用和含义略有差异。首先,最为明显的是海德格尔不但没有将二者对立起来的意思,而且还从相互关联的角度审查二者之间的关系。本真生存不是与非本真生存截然另类的状态,而只是非本真存在或常人的一种生存变式,这是海德格尔反复强调的。而且,非本真虽然把此在"从各种本真的可能性之筹划处拽开,"②使之失去自身,但是"只有当它(此在)就其本质而言可能是本真的存在者时,也就是说,可能是拥有本己的存在者时,它才可能失去自身"。③ 换言之,"非本真状态以本真状态的可能性为根据。"④

　　其次,海德格尔也意识到这对概念与基督教的亲缘关系以及由之可能引起的混淆,所以他一再声明他对这对概念的描述完全是生存论层次上的。虽然,海德格尔一方面把非本真视为在本真存在面前的逃离,把本真存在视为从常人中唤出,二者就此似乎是对立的;但是另一方面,他在阐释沉沦(非本真是通过沉沦阐释的)这一生存论现象时说道:"这个名称并不表示任何消极的评价,而是意味着:此在首先与通常寓于它所操劳的'世界'。"⑤"沉沦现象也不表示此在的'黑夜一面'。……沉沦揭露着此在本身的一种本质性的存在论结构,它殊不是规定黑夜面的,它组建着此在的一切白天的日常生活。"⑥所以,沉沦与基督教所谓的堕落,常人与布尔特曼所谓的世界根本不可同日而语。"沉沦是存在论上的运动概念。……只要信

---

①　布尔特曼:《信仰与理解》卷一,第39—40页。
②　海德格尔:《存在与时间》,第207页。
③　同上书,第50页。
④　同上书,第298页。
⑤　同上书,第204页。
⑥　同上书,第208页。

仰与'世界观'有所道说,从在世的存在说到此在,那么,无论所说的是什么,但凡它要自命为概念的领会,就势必要归结到已经摆明的各种生存论结构上来。"①正因为严格区分了生存论的与生存状态的层次,海德格尔可以在这两种生存状态上的对立中看到它们在生存论上的相互关联。"从生存上看来,自己存在的本真状态在沉沦中固然被封锁了、挤开了,……;从存在论上说,唯由于此在在本质上已经被属于此在的那种展开状态带到此在本身面前,此在才可能在它面前逃避。"②对于海德格尔的区分,布尔特曼是认同的,而且他认为神学已经不必再在生存论层次上去费力了,这已经由哲学完成,所以,很显然,他对本真与非本真的使用是在生存状态的层次上的,而海德格尔则是在生存论层次上。

最后,正由于在不同层次上使用本真与非本真,所以在涉及科学认识问题时,布尔特曼与海德格尔也存在差异。虽然二者皆认为认识作为一种对象化活动是对非对象化生存的中断,但在有关"中断"的理解上却存在区别。在布尔特曼那里,生存意味着一种当下发生着地非对象化活动,对象化对之而言是一种彻底的破坏。然而,海德格尔尽管认为对象化的认识会让此在从与他周围事物打交道的非对象化活动中抽离出来,但科学的对象化考察方式仍属于此在的一种生存方式,"认识是在世的一种存在方式。"③不仅如此,海德格尔认为认识不仅属于生存,而且它作为对象化活动与此在在世的非对象化活动并非截然对立。相反,认识以非对象化的在世活动为前提和基础。海德格尔专门使用"残断"(Difizienz)一词来刻画认识活动与此在在世的关系。"认识本身先行地奠基于'已经寓于世界的存在'中,……为了使对现成事物的观察式的规定性认识成为可能,首须'操劳着同世界打交道'的活动发生某种残断。"④一方面,产生认识活动,此在必须首先从操劳于世中抽离出来(中断),另一方面,海德格尔强调,没有在先的操劳,认识是不可能的,认识的对象以及认识观察对象的"观察点"都是从在世操劳活动中获得的。"只有基于这种向着世界的存在方式,并且作为这种存在方式的一种样式,才可能以明确的形式'观察'如此这般照面的存在者。这种观察总已选定了某种特定的方向去观望某种东西,总已瞄准了某种现成的东西。它先就从照面的存在者那里取得了一种'着眼点'。"⑤就此而

① 海德格尔:《存在与时间》,第 208 页。
② 同上书,第 214 页。
③ 同上书,第 71 页。
④ 同上书,第 72 页。
⑤ 同上。

言,对象化活动归根结底是此在在世的一种样式。

二者之所以存在上述差异,关键在于他们是在不同层次上谈论问题。如前所述,布尔特曼一开始就是在纯粹生存状态层面使用本真与非本真这对术语,把对象化和生存都把握为生存状态层面的具体经验活动。信仰作为一种非对象化的经验活动当然与对象化活动不可同日而语。因此,布尔特曼断然把对象化行为归为非本真。反观海德格尔,由于是在生存论层次上谈论问题,所以他看到的不只是对象化和非对象化的截然分别和对立,而是二者之间的奠基与被奠基关系。就此而言,认识活动作为此在在世的一种样式当然是非本真的,但为之奠基的非对象化的在世活动也并非都是本真的。一言以蔽之,布尔特曼区分本真与非本真的主要标志是否为对象化,但这并不是海德格尔的标准,具体言之,即使对象化活动在海德格尔被归于此在的非本真活动,也不代表非对象化的在世活动都是本真的。故此,虽然二者都谈到对象化认识活动对非对象化活动的中断,但由于不同的旨趣致使他们对此问题产生完全不同的理解。布尔特曼出于澄明信仰本质的神学旨趣,将对象化活动与非对象化活动断然对立,而海德格尔则出于为认识奠基的哲学旨趣,从生存论层面将二者之间的关系理解为一种残断,即非对象化的在世活动虽然在对象化的认识活动中缺场,但却在生存论的层面上为之奠基。

通过上述的对比,可以看到布尔特曼之所以把本真与非本真对峙起来,并把对象化的思维方式归入到非本真,因为他站在基督教的唯信主义传统中澄清信仰的意义,因此首先必须将信仰从当时盛行的科学主义和实证主义以及哲学上的认识论风气的压制中解放出来;海德格尔则秉承西方哲学回到根基的基本旨趣,通过澄清存在的意义来为科学甚至整个西方哲学重新奠定基础。由此可以断定,虽然布尔特曼从海德格尔借用了这对概念,却立足于自己的语境对之进行理解和运用。

第三节　生存哲学对"解神话化"的意义

由于解神话化是布尔特曼整个神学思想在解释学问题上的集中体现,所以它作为一门生存解经学实际上是一种生存神学,而不只是一种单纯的方法论。因此我们在本章花费了大量笔墨讨论生存神学与生存哲学之间的关系,尤其是它们的区别。或许只有把解神话化体现的生存神学与生存哲学的错综复杂的思想关联捋清之后,再回过头来看海德格尔前期对于解神话化的意义,或许会更加明了。

一、"你必须生存"

在第二章关于解神话化之内涵的分析中,我们已经看到,解神话化不仅是要对圣经进行生存论的解析,而且要让圣经成为上帝之道。可是这如何可能呢?《圣经》作为一部宗教的典籍或有助于我们了解基督教这种宗教文化,或作为一部历史文献吸引我们研究它的语言和历史,但是如何让它成为上帝的话语呢?

这个问题触及到了布尔特曼解释学的内核。布尔特曼的解释学以两种理解的区分为基点。理解在通常和一般的意义是在认知意义上进行合乎理智的解释。就此而言,《圣经》的确是一部历史文献,对之进行文化的、语言的、历史背景的研究等等不仅无可厚非而且不可或缺。然而,我们如此去理解一个历史文献就足够了吗?我们研究历史的真正旨趣究竟何在?"我们读《圣经》仅仅将它看做一个历史文献以求重构过去的历史时代么?《圣经》只是一种'资料',或者不单纯是一种资料呢?"①所以,对于圣经以及任何其他的历史文本,除了进行理论的理解之外,还必须理解它们所包含的人类生存的各种可能性,这才是历史研究的终极诉求。只有在这种追问下,解神话化才可能展开,引导解神话化的基本问题是"在《圣经》中人的存在是如何被理解的?"②

话既至此,我们不禁又要提问:如何理解人类生存的可能性?是不是说历史文献除了传达某种历史的知识外,另外也传达了关于生存的知识,所以,我们需要把它从中整理出来存入脑中?这仍然是理论的理解。因此,理解生存的可能性不仅需要对历史文献的新的认识,而且需要理解者的自我更新。正是在这后一方面,布尔特曼认为,生存哲学起到至关重要的作用。

"你必须生存"是布尔特曼在评论生存哲学对解神话化的意义时,对前者所作的一个总结性的评论。笔者认为,布尔特曼的评语有两个方面的含义。第一,就"生存"二字而言,生存哲学对人的理解是全新的。人并非首先已经是或应当是这般、那般,然后按照给出的模型去成为理想的人,所以生存哲学突显"生存",意味着他是要先于他所是。因此,任何在生存之外对人的理解和定义是没有意义的,因为"生存哲学表明人的生存仅仅在生存的行动中才是真实的"。③ 由于在本章第一节的第一小节对此有更详细

① 布尔特曼等:《生存神学与末世论》,第35页。
② 同上书,第36页。
③ 同上书,第38页。引文参照英文版有改动。

论述,所以不再详细展开。第二,就"必须"二字而言,生存哲学暗含某种不满与斥责,同时也是一种鼓舞与敦促。人如果总是沉溺在芸芸大众的声音之中,自己的存在从来没有在躬身自省中成为问题,或者躲入某种哲学的知识体系或世界观,在静观的审视中玄思世界和人生真谛,那么这种对生存、对自己、对当下的此时此地的逃避使理解历史中的人的各种生存的可能性成为不可能,也不可能把圣经理解为上帝的话语。历史只向那些面对当下的现实处境、敢于在承担中抉择的人展开某种生存的可能性。而这正是生存哲学所要求的。"对于生存的生存论的理解和对于这种理解的生存论的分析是否包含一种有利于某种特殊理解的抉择呢? 无疑,它肯定包含这种抉择。那么它又是什么呢? 这就是我曾谈到过的'你必须存在。'没有这种抉择,没有想要成为人,即成为一个自己负责、自己担当起来去存在的人的意愿,谁都不能把圣经的哪怕一个字理解成是向自己的生存而说出的。"①可见,虽然历史研究的根本意义在于理解其中的生存可能性,但是若没有理解者方面的某种行动,这些意义是被遮蔽的,生存的可能性不是现成的知识信息,而是与当下理解者的活动共舞的意义空间。同样,解神话化根本说来也不是把圣经中固有却被隐藏的信息挖掘出来,而是让它成为向着当下的具体个人说出的话语,换言之,解神话化要求的理解不是认知性的,而是生存性的,信仰作为一种理解就是生存,所以需要听话语的人生存起来。就此而言,生存哲学对解神话化是有意义的。

二、概念体系与表达方式的借鉴

对布尔特曼的解神话化感到最不可理解,因而误解最深,诟病最多的莫过于他曾经的同道卡尔·巴特。两位虽然共同站在辩证神学阵营对抗自由神学,但终究因为神学与哲学的关系问题分道扬镳。或许因为信仰人文化或人类学化所带来的灾难性后果在巴特心中挥之不去,以至于惩羹吹齑,再也无法忍受人文科学染指信仰的行径。相反,布尔特曼却是一个具有深厚人文关怀的神学家。与巴特刻画的高高在上,公义愤怒的上帝相对比,布尔特曼更多体现的是进到人的历史中与人一同受苦的上帝。正因为如此浓厚的人文气息,使得布尔特曼更能理解海德格尔的生存哲学。

在巴特看来,生存哲学无非是诸多哲学中的一种,也是一套系统的人类学。所以他说:"海德格尔的哲学所以被(布尔特曼)当作标杆,因为它是我们时代最优秀的哲学,但谁又会否认它无非只是对本世纪上半叶盛行的精

---

① 布尔特曼等:《生存神学与末世论》,第 39 页。引文参照英文版有改动。

神气息的表达。"①巴特把生存哲学当成一种时代风气的产物,用它去解释
圣经简直是不可理喻。可是,布尔特曼完全不做如是看待。当然,他也一直
对传统的哲学心存芥蒂,也不赞同信仰人本化的自由神学道路,但是,把生
存哲学引入神学并不会导致上述危险。在他看来,生存哲学与其他哲学,甚
至与所有人文科学不同的地方在于,如果后者是关于人或关于人是什么的
学问,那么生存哲学根本不是关于生存的学问,而是置身生存之中的生存分
析。所以,当麦奎利如此把握生存哲学时,布尔特曼给予了非常高的评价:
"麦奎利博士正确地认为,生存主义哲学(如海德格尔《存在与时间》代表
的)并不是一种思辨性的哲学,而是对于与生存本身一道给出的生存领会
的一种分析。"②既然如此,生存哲学严格说来根本不是一门知识意义上的
学问,而是一门现象学的揭示工作,即让一切学说,包括神学都生长于其上
的基地展露出来的工作。人生存着,这是无法逃离的事实,即使上帝要拯救
我们,也必须进入生存(道成肉身)。布尔特曼深厚的人文情怀让他牢牢抓
住这个基地,以至于他想要通过展示新约中的生存经验来解释新约。就此
而言,解神话化不是遇到海德格尔后临时提出的,而是布尔特曼神学思想贯
彻下来的结果,我们甚至要说,若没有这种最终孕育出解神话化的强烈的生
存关怀,马堡大学根本不会有布尔特曼与海德格尔的这段佳话,也不会有我
们今天的这番研究。

这样说来,生存哲学对解神话化的意义究竟何在?或者说,如果布尔特
曼与海德格尔之间更多的是英雄所见略同,那么生存哲学除了与解神话化
在基本立场和基本见地上交相辉映之外,是否在后者的实行过程中产生实
质作用?布尔特曼认为,如果解神话化是展示新约中的生存理解,那么生存
哲学已经为此立下一个值得效仿的榜样。布尔特曼指的主要是生存哲学所
提供的概念体系。他说:"如果这一点是真实的,即正确的问题要涉及到理
解人的存在的可能性,那么发现一种用以表达这种理解的完备的概念就是
必要的。发现这些概念是哲学的任务。"③当巴特不无讽刺地把生存哲学形
容为布尔特曼的"拘束衣",把他的神学工作视为一种仿制品④,布尔特曼的
回应却是:"如果神学从生存哲学学会如何从概念上阐释生存,我不觉得这
会给神学带来什么侵犯。"⑤或许在巴特眼中,提出解神话化之前与之后的

---

① Karl Barth, *Rudolf Bultmann: An Attempt to Understand Him*, p.115.
② 麦奎利:《存在主义神学——海德格尔与布尔特曼之比较》,第 1 页。
③ 布尔特曼等:《生存神学与末世论》,第 37 页。引文参照英文版有改动。
④ See Karl Barth, *Rudolf Bultmann: An Attempt to Understand Him*, p.114.
⑤ *Karl Barth-Rudolf Bultmann Letters 1922-1966*, p.98.

布尔特曼判若两人,而实际上解神话化的提出在布尔特曼的思想逻辑进程中一点也不突兀。解神话化,如前所述,无非是布尔特曼生存关怀的必然结果,这恰恰不是他从哲学那儿学会的,而是他自始至终就持有的,因此在其自由神学时期就有其根源。不仅如此,他甚至认为是基督教把生存教给的哲学。"生存哲学从神学或者说从新约中领会到生存现象。保罗、奥古斯丁、路德以及克尔凯郭尔对海德格尔和雅斯贝尔斯的影响可以为证。"①对于新约,生存并不陌生,因此就谈不上外在的强加或植入。所以,神学借鉴哲学在巴特看来就是让神学成为哲学的跑马场,但在布尔特曼却仅仅是概念体系和表达方式上的参照与借鉴,是一件自然的事情。

本 章 小 结

在布尔特曼与海德格尔的关系问题上,必须对两种极端保持警惕。一方面要避免把生存哲学与生存神学绝对割裂的做法,因为毕竟二位思想家的密切交流,甚至布尔特曼的明文辩护让这种主张不攻自破。另一方面,也是更复杂因此常令人们迷惑的方面,即不能把生存神学视为生存哲学的附庸,而对它们之间的界限视而不见。当然,这两个方面是一体两面。也就是说,只有弄清楚生存哲学究竟在何种意义上对生存神学产生影响,才能知道它们之间的差别。

本章分别就这两个方面进行了讨论。首先,必须指出的是生存哲学对神学的影响是发生在两个层次,即存在论—生存论与存在—生存状态之间的关系。忽略这一点意味着二者的关系永远只能是一片模糊。只有在此基础上,才能更清楚地看到他们之间的差异,即布尔特曼虽然承认海德格尔生存论分析的意义,但他从来没有将这些分析直接搬到自己的文本中。我们能在布尔特曼的文本中发现海德格尔的术语,但它们却总被赋予与之不同的意义。如果仅就这些术语的使用做平面比较,那么可以像一些研究者认为的那样,布尔特曼误解了海德格尔。但是,如果着眼于他们各自的思想渊源和问题意识,那么,这种差别就是再平常不过的事情了。因此,布尔特曼的思想背景和他独特的问题意识是他与海德格尔的关系研究中绝对不可不考虑的因素。忽视这一因素就看不到下面的事实,即是布尔特曼自己的思想进程把他推到了海德格尔面前;而这又与另一个事实分不开,即海德格尔的生存哲学本身就从基督教中汲取大量养料,而且在神学与哲学的关系问

---

① *Karl Barth-Rudolf Bultmann Letters 1922–1966*, p.98.

题上,海德格尔甚至受到布尔特曼极大的影响。

正是由于自己特有的思想传统和问题意识,才能够解释为什么布尔特曼没有跟随海德格尔的转向,却能够通向海德格尔的后期。研究者们从自己的学科视角出发,把布尔特曼视为海德格尔的效仿者,甚至是一个具有创意的效仿者(这已经是很高的评价了),都是可以理解的。正因为此,他们往往难以立足于布尔特曼思想之内,据其自身的运思过程理解解神话化。所以,没有跟随海德格尔的转向,在他们看来,当然就无法与海德格尔后期有任何对话的可能了。因为他的效仿已经结束。那么,问题真的就如此断然明了吗?在解神话化中寻找与海德格尔后期的对话有可能吗?下一章我们将做一些与此相关的尝试。

第四章 "解神话化"与海德格尔后期思想

第一节 准备性的概述

一、"解神话化"与后期海德格尔相关吗?

谁都不会怀疑"解神话化"与前期海德格尔的密切关系,但如果说解神话化还能够与后期海德格尔相通,听起来不免令人颇感诧异。所以如此,笔者认为可以从两个方面来道明其原委。第一,从事实的层面来看,在布尔特曼一生的思想道路上,海德格尔前期的确在上面留下了明显的痕迹,但却从未出现过海德格尔后期的踪迹。第二,从思想的层面来看,布尔特曼仅限于谈论生存,而海德格尔后期不再谈论生存的此在,而是转向对存在本身的谈论。布尔特曼犹如一个攀爬在大树上摘食果实的小孩一样,只尝到了果子的甜美,却不知果子的甜美应该追溯到落在树叶上的阳光雨露和保藏树根的大地土壤。这也是为什么保罗·利科指责布尔特曼"没有充分遵循海德格尔的道路,为了夺取海德格尔的'生存'而走捷径,没有走存在问题这条漫长道路"。[1] 当然,这种指责从利科自己的角度是有道理的,[2]但是,如果站在布尔特曼的角度,似乎有失公允。海德格尔作为一个思想家有他的道路,布尔特曼作为一个思想家也有他的道路。他们两人的关系是一种相遇,诚如两个长途跋涉者在同一个驿站相遇,但这不代表当他们再次启程遇到岔路口时,一个左转了,另一个也必须左转。他们各自有自己的目的地,因而各有自己的道路。对此,我已经在第三章第二节中讨论过。所以,当这里声称解神话化可能与海德格尔后期相通时,恰恰不是要牵强附会地证明布尔特曼在海德格尔转向后也在某种意义上跟着转向了,相反,我们意欲探讨的只是解神话化与海德格尔后期在思想上的相通,精神上的契合。

尽管如此,感到诧异是情理之中的事情,因为解神话化与后期海德格尔的关系确确实实远不如与前期那么显而易见。但是不可否认的是,海德格

---

① 保罗·利科:《解释的冲突》,莫伟民译,商务印书馆 2008 年版,第 488 页。

② 利科与布尔特曼的内在关联将于第六章详细讨论。

尔后期思想对新教神学的影响从效果史的角度来看,大大胜出《存在与时间》。无论是终生声称对海德格尔保持距离的卡尔·巴特的学生,如云格尔、奥托等,抑或与前期海德格尔情投意合的布尔特曼的学生,如福克斯、埃贝林等,无不尝试着从后期海德格尔的思想中寻获一种新的神学叙事模式。然而,这只是一种突发的偶然现象吗? 难道新教神学之后生们的作为在他们的前辈那里没有根源吗? 无论巴特怎样敬海德格尔而远之,他强调上帝之道、上帝启示的思路以及他几近宣道式的神学表达方式令人很容易在他和后期海德格尔之间嗅出某种亲缘关系。然而,这对于始终强调人的生存,强调上帝与人相遇的信仰经验,因而貌似让自由神学死灰复燃的布尔特曼而言,就不是那么容易了。这样说来,布尔特曼的学生如此亲海德格尔后期的举动意味着与其老师的彻底决裂? 或者说,巴特—布尔特曼之后的神学取向已经将布尔特曼的神学路径一劳永逸地送入神学思想的博物馆? 还是说,这些现象恰好成为我们以之反观布尔特曼神学,从中挖掘其更深精髓的契机? 这些问题都是非常值得讨论的。

布尔特曼神学相比于巴特神学显得与后期海德格尔不搭边际,其中一个原因在于他的神学看起来不如巴特那样具有超越性。掷地有声的辩证神学宣言"上帝是上帝,世界是世界!"立即将上帝与世界的距离拉开,使之被置于一个对世界具有绝对审判权、施恩权和拣选权的超越地位。没有上帝的启示,人的一切立场、观点、方法、体系甚至信仰都是假的因而是不义的,"人的义究竟是怎么产生的? 回答是:通过上帝的启示。"[1]而在上帝的启示中被称为义的人不是被赋予全新知识的人,而是彻底地放弃自我,"满足于仅仅是空穴的人。"[2]至此,巴特与突显存在之道说和人之沉默与倾听的后期海德格尔之间的相通性可见一斑。然而,这种相通着实很难在布尔特曼那里找得到。与巴特凌驾于万有之上的上帝不同,布尔特曼总是强调我们不能谈论上帝本身,而只能谈论向我们启示的上帝。布尔特曼虽然也谈启示,但它总与人的生存脱不开干系,上帝由此被局限于人的范围,以至于不谈人根本不可能谈论上帝。如此一来,人们很容易对布尔特曼形成的一种印象是,在布尔特曼的思想体系里人相比于上帝具有地位上的优越性。这岂不是与巴特因而与后期海德格尔的思想旨趣背道而驰吗?

然而,上述差异只是表面上的。不仅如此,我们甚至有必要在此声称,布尔特曼与巴特一样是一位坚定的辩证神学家。他对上帝之超越性的强调

---

① 卡尔·巴特:《罗马书释义》,第64页。
② 同上书,第58页。

丝毫不逊色于巴特。尽管布尔特曼张口闭口不离生存,但这并不影响他谈论上帝的超越性。相反,在他看来,对人而言,如果要把对上帝之超越性的理解落得实处,除了通过谈论人的生存,不二法门。

在《何谓谈论上帝?》这篇文章中,布尔特曼专门讨论了谈论生存与谈论上帝的关系。其中有这样一段意味隽永的话:"我们的生存,跟上帝一样,都是同样奇特的事情;我们毕竟无法谈论关于这两者的事情;这两者我们无法支配、占有。"①虽然布尔特曼标示自己的神学为生存神学,仿佛他要将神学改造成一门关于生存的系统学说,但实际上,生存在他看来根本不可谈论。任何关于生存的谈论都是非生存的,"这个时候,我们就是离开了自己的生存,在谈论关于我们生存的事情了"。② 生存不是可谈论的,生存就是去生存,它只有在生存中才有意义。所以不可以像谈论人的理性、意志、情感甚至内心的体验那样以概念式的语言对待生存。布尔特曼的生存神学与自由神学以及一切传统基督教神学的界限也正是由此划分。那就是,如果人的逻辑、敬虔感、道德、甚至上帝本身在后者的语境中是可以被当做对象予以分析和把握的,那么生存则完全地逃离任何对象化的处理方式。换言之,如果上述那些东西作为人的属性是人的所有之物,如果上帝作为一个观念是人的某种东西的投射,那么生存根本不是人的什么东西,而是人本身,即历史性地存在着的人,而上帝作为"决定着我们生存的那个实在"③同生存本身一样逃离任何对象化语言的规定。

辩证神学可谓是对自近代以来的神学思潮的病危诊断书。其症结在于没有看到上帝与世界之间的差异。不错,上帝作为一种理想与尚不完满的现实当然有差距,但无论如何这差距是可以通过人的努力得到弥合的,甚至上帝的恩典也被理解为一种助长人力的资源。这样的一种有名无实的差距究竟在学理上有没有根据? 回答这个问题正是布尔特曼的工作。他认为人在上帝面前的乐观建立在这样一个前提下:上帝是可为人随意把玩的对象。所以,布尔特曼对辩证神学精神的解读是,上帝是全然他者因为上帝是不可把握的。他拒绝成为柏拉图的"善的理念"、亚里士多德的"不动的推动者"、安瑟伦的"无与伦比的存在者"、康德保障至善的悬设和黑格尔的"绝对精神"。这些概念让上帝成为一个可静观洞察的现成之物,因此"都是属人的抽象之物"。所以布尔特曼说:"正是相对于这种被视为被给予物的属

---

① 布尔特曼:《信仰与理解》卷一,第39页。
② 同上书,第37页。
③ 同上。

人存在,'上帝是全然他者'这个命题得以提出。"①可见,上帝的超越性在于他宣布一切对象化思辨的失败,在于他不可把握。恰恰在这一点上,上帝与人的生存是一样的。

那么,是不是说上帝只是具有与生存相同的属性而已? 当然不是! 毋宁说,如果生存与上帝都拒绝对象化的谈论,那么生存则是我们唯一可能遭遇到上帝的地方(场所)。"当人欲逃离他的具体生存的实在性时,他就企图逃离他唯独在其中才能找到上帝的那个东西。"②我想这才是布尔特曼那句有名的论断——"谈论上帝必须谈论人"——想要表达的真实意思。至此,似乎出现一个难题。一方面布尔特曼竭力拒绝对上帝的对象化谈论,另一方面又声称通过谈论生存来谈论上帝,那么这种谈论究竟是一种什么样的谈论? 生存是谈论上帝的唯一方式,但是生存作为一种谈论不等于以生存为题的谈论。生存是作为与上帝遭遇的经验而被称为对上帝的谈论,而这种经验既不是神秘之体验,也不是超自然知识的获得,而是面对那个全然他者时的"被否定处境"。什么样的人才能谈论上帝? 他"想要谈论上帝但却不能,想要谈论生存但也不能。……他只能把自身生存作为罪人的生存来谈论,就是说,作为这样一种生存,在其中他无法看到上帝"。③ 这个时候,他"谈论上帝作为全然他者,便有意义了"。④ 可见,布尔特曼不仅通过赋予上帝以不可把握性,而且通过这样一种特殊的生存来说明上帝的超越性。需要注意的是,这两方面实际上是相关的。正是因为上帝是不可把握的,所以,对上帝的谈论才会呈现出某种以否定为肯定的辩证色彩。只有遭遇上帝的人才能真正地谈论上帝,而这种谈论一方面意味着上帝"对人的全面扬弃、否定,把人置于问题之中,对人的审判"。⑤ 另一方面,意味着人面对这样一位上帝而放弃认识或谈论,乃至放弃自我而成为无知的、无可辩解的,因而仅仅依靠上帝恩典的人。简言之,不断否定自我的生存活动是对上帝的积极谈论。布尔特曼在《辩证神学问题》一文中,专门讨论面对上帝的生存的辩证特性,并特地提到巴特对此的论述,即称义意味着不断地置身于上帝的审判和否定之下。通过上面的论述,我们不仅看到布尔特曼在辩证神学的基本立场上与巴特保持一致,而且他对生存经验的描述,即人对上帝的谈论表现为一种不言之"说",与后期海德格尔旨趣相投。

---

① 布尔特曼:《信仰与理解》卷一,第37页。
② 同上书,第38页。
③ 同上。
④ 同上。
⑤ 同上书,第23页。

生存之所以如此受到布尔特曼重视,因为上帝的启示只能发生在生存之中。生存是谈论上帝的唯一基地。然而这根本不表明只要谈论生存就等于谈论上帝,毋宁说被称为谈论上帝的生存只有在上帝的启示之下才可能发生,或者说,这是一种特别的生存,在其中,上帝向人启示,人与上帝相遇。就此而言,尽管上帝只向历史处境中的当下个体显现,但生存只是谈论上帝的必要条件。换言之,如果没有上帝的启示,没有哪个历史性处境能成为对上帝的谈论,谈论上帝即是"从上帝出发来谈论上帝,这显然只能为上帝所赐予"。①

上帝的启示是如何发生的呢? 布尔特曼的回答是:通过宣道。我们已于第二章关于解神话化之"解"的内涵阐发中提及宣道。在那里已经指明,虽然解神话化作为对新约的生存论解释不失为一种释经方法,但这仅是解神话化的必要准备,旨在于澄清新约核心概念的生存意义,而解神话化的最终目的是要让圣经成为能产生信仰的上帝之道。圣经只有在被宣告出来的时候,确切地说只有在向历史性个体的宣道中才成为具有启示意义的上帝之道。这里,我们再次看到布尔特曼与巴特的一致之处。

巴特不认为圣经本身和教会的布道就等于上帝的启示,唯有上帝之道才是启示,而圣经和布道只有通过启示,即时间中的宣讲行为才成为上帝之道。"只有在启示的基础之上,才能说圣经和布道是上帝之道,圣经和布道不断地成为上帝之道。"②既然圣经是在宣道事件中成为启示性的上帝之道,那么圣经中的神话的意义也只能在宣道中被真正释放出来。所以,解神话化不是可以毕其功于一役的事情,如果有人举起布尔特曼的《新约神学》说,新约神话的意义已经在这本书中被解明了,就连布尔特曼自己也会表示抗议。因为神话的意义不在于传达出某种可普遍告知的道理,神话的意义是在时间性事件,即上帝与人遭遇的现实处境中开显出来的。离开了这个处境,圣经的任何一个字都是不可理解的。解神话化作为宣道中的意义开显事件,不禁令人联想到海德格尔后期关于真理之展开状态的描述。然而,如果我们对解神话化的理解不能深入到这一步,那么布尔特曼就只能作为一个新约的生存论解释者与前期海德格尔纠缠不清啦!

看不清布尔特曼的辩证神学精神,忽略宣道在解神话化中的重要地位,是遮蔽布尔特曼与后期海德格尔亲缘关系的两大原因。除此之外,笔者认为还有一个虽然微小却实际发生着影响的原因,那就是,布尔特曼几乎没有

---

① 布尔特曼:《信仰与理解》卷一,第36页。

② Karl Barth, *Church Dogmatics*, *Volume 1*, *The Doctrine of The Word of God*, *Part 1*, Translated by G.W.Bromiley, D.Lrtt., D.D.Edingburgh: T.& T.Clark.1975, p.118.

提到后期海德格尔的著作,所以显得似乎他根本不关注海氏后期思想。当然,与前期相比,谈到海德格尔后期的文字在布尔特曼的著作中可谓凤毛麟角,然而这不代表他对之视而不见。在布尔特曼的遗稿中,有一篇专门就奥托·珀格勒(Otto Poggeler)的著作《马丁·海德格尔的思想道路》所做的系列思考的文章。他在该文中基本表述了自己对于后期海德格尔的见解。至于其内容我们将在接下来的论述中提及。

二、后期海德格尔有解释学吗?

众所周知,西方解释学在海德格尔这里经历了一次从知识论—方法论向本体论—生存论的转变。早期海德格尔的解释学思想最集中体现在《存在论:实际性的解释学》中。从自己的问题意识出发,海德格尔把狄尔泰与胡塞尔相结合,一方面把解释学存在论化,另一方面把现象学深入到生存领域,实现现象学的解释学和解释学的现象学,即他所谓的"实际性的解释学"①。实际性的解释学让解释学摆脱文本解释的方法论而成为实际性或生活—生命的自行释义,即"去蔽、开显、释放,给意义松绑,让其自由地释放出来"。②正是在此意义上,海德格尔提出划时代的解释学宣言:"解释学就是解构。"③解释学的音调甚至在《存在与时间》中仍然强劲。延续实际性解释学的道路,海德格尔将此在现象学的基本性质规定为解释学的,"此在现象学的 λογοσ 具有 ερμηνευειν(解释)的性质。"④并在此基础上,赋予解释学丰富的意义。不仅如此,海德格尔在《存在与时间》中更为成熟地把理解(Verstehen)与此在的展开状态,在世界之中,筹划等基本存在论建构等同而论,"作为开展活动,领会始终关涉到'在世界之中存在'的整个基本建构。……领会把此在之在向着此在的'为何之故'加以筹划。"⑤而解释(Auslegung)则被定义为"领会使自己成形的活动"。⑥ 但这不是说把领会到的东西对象化,"解释并非要对被领会的东西有所认识,而是把领会中所筹划的可能性整理出来。"⑦总而言之,解释学在海德格尔前期是非常活跃的一个话题。

然而到了后期,海德格尔几乎不再提起解释学。唯一涉及的地方恐怕

---

① 参见何卫平:《海德格尔 1923 年夏季学期讲座的要义及其他》,载于《世界哲学》2010 年第 2 期,第 112—113 页。
② 海德格尔:《存在论:实际性的解释学》,"译者序"第 17 页。
③ 同上书,第 105 页。
④ 海德格尔:《存在与时间》,第 44 页。
⑤ 同上书,第 168、169 页。
⑥ 同上书,第 173 页。
⑦ 同上。

是在他与一位日本学者的对话之中。当然这里的谈及算不上对解释学问题的进一步推进,而是在被问及前期为何以及如何使用到解释学一词时作出的一些澄清。不仅如此,海德格尔在对话中透露的一些信息似乎在告诉我们,解释学已经成为他思想的过去。他对日本学者这样说道:"您大约没有注意到,我在后来的著作中不再使用'解释学'和'解释学的'这两个词了。"①那么,是不是后期海德格尔真的不再谈论解释学了呢? 不再使用解释学这个词是否代表放弃解释学呢?

众所周知,海德格尔一生关注的问题是"存在"。他一生的哲学工作旨在于借助不同的主题从不同的角度揭示存在。此在的生存论分析正是他早期所抓住的一个主题。就此而言,与此相关的此在现象学和解释学不是海德格尔的目的,而是他追问存在问题的过程中所遭遇到的手段。

显然这一手段对于海德格尔哲学之根本问题是存在着局限性的。时代环境和海德格尔的学术背景决定《存在与时间》这部著作的双面性。一方面,相对于传统形而上学对存在的理解,以及在这种理解的影响下自近代以来所形成的先验主体的人观,它意味着猛烈的批判。"《存在与时间》马上被人视为'解释学的现象学',这主要因为自我理解仍然体现了这种探究的基本原则。根据这个原则,在传统形而上学中处于支配地位的对存在的理解其实是对存在的错误理解。存在不单单是纯粹的在场或近在。有限的、历史的此在是真正意义上的'在'。"②另一方面,新康德主义大背景尤其是胡塞尔的影响使它多多少少、不知不觉地被打上先验论的烙印。《存在与时间》的基本意图是把此在作为一种时间性和历史性的现象予以分析,然后把这种具有时间性特征的存在者确立为揭示存在意义的视野,而且这个视野不仅具有超越而且也具有先验的特征③。

---

① 海德格尔:《在通向语言的途中》,第 97 页;德文版,第 94 页。

② 伽达默尔:《哲学解释学》,夏镇平、宋建平译evidence,上海译文出版社 2004 年版,第 216 页。

③ 对此可参见《存在与时间》第一部的标题。汉译本的翻译是"依时间性阐释此在,解说时间之为存在问题的超越的视野"。这里"tranzendental"被翻译成"超越的",但这个词也可以翻译成"先验的"。虽然关于该词如何翻译在学界有争议,但需要注意的是,这两种翻译在海德格尔的语境中都是可以站立的。首先,诚如陈嘉映先生指出的,海德格尔不在康德先验论的意义上使用该词,因此在《存在与时间》中他将之翻译成"超越的",但是,就其意图是"去发问和描述,使得经验知识得以可能的'超越'的境遇和事情本身"(海德格尔:《康德与形而上学疑难》,王庆节译,上海译文出版社 2011 年版,第 12 页)而言,他仍然行走在胡塞尔先验现象学的道路上。对此,伽达默尔一针见血地指出:"海德格尔的《存在与时间》一书的最初设计并不完全超出先验反思的问题范围。基础本体论的观念……最初似乎只实际标志一种在先验现象学范围内的新的问题向度。"(伽达默尔:《诠释学 I:真理与方法》,第 364 页)

实际上,此在分析带有的先验性也是海德格尔本人承认的。他的转向在一定程度上正是为克服《存在与时间》的先验性。所以,转向后的海德格尔明确摒弃前期通过谈论此在追问存在的意义,而是直接从存在本身来思存在,并将前期视为一种准备和过渡。"先验的方式只是暂时地,是为回转与跃入做准备。"①所谓"回转与跃入"是指向存在本身的回转与跃入。

与先验性相关,此在现象学的解释学的另一个局限性在于它的内在性。如前所述,海德格尔唯一的哲学问题是存在。但是如果只是从此在的生存论分析,即通过揭示此在作为被抛于世的历史性存在所具有的前结构与他之外的事物之间的解释学循环关系来澄明存在的意义,那么,由于这种谈论始终只能依附在或限制在对此在的谈论之上,存在本身的超越性便无从谈起。正是因为这个原因,海德格尔曾声称解释学是伽达默尔的事情,并批评伽达默尔没有克服现象学的内在性。"我能够理解,后期海德格尔为什么会认为,我并没有真正跳出现象学的内在性的禁区。这种内在性贯穿胡塞尔思想的始终,同时也是我最初新康德主义烙印的基础。"②鉴于上述局限性,海德格尔放弃早期解释学的道路。他意识到,要真正地谈论存在,就必须走出新康德主义和胡塞尔现象学的先验倾向以及由此而来的内在性束缚,诚如胡塞尔为建立先验的现象学必须摆脱心理学的束缚一样。

这样说来,海德格尔后期真的放弃解释学了吗?在回答此问题之前,有必要弄清楚海德格尔使用解释学的目的何在,以及他对解释学的使用是否必然和此在联系在一起。

由于解释学这一概念主要出现在前期对"实际性"和"此在"的讨论中,所以容易让人认为,转向后的海德格尔逐渐淡化此在的讨论,解释学问题也随之逸出视野。然而,这种贴标签式的表面关联并不足以说明问题之关键。我们只需一问,为什么海德格尔把解释学与此在放在一起讨论?或者进一步追问,海德格尔为什么要讨论此在?众所周知,此在是前期海德格尔讨论存在的一个端口,或者说是通达存在的通道。此在之所以能成为谈论存在的恰当处所,因为此在总是对存在有所领会,"对存在的领会本身就是此在的存在的规定。"③所以,讨论此在的目的很显然是要借之澄明存在的意义。同样,解释学作为此在之"此"的敞开状态中的领会和解释被理解为此在在世的生存活动虽然不错,但更重要的是要同时看到此在的这些活动实际上

---

① Heidegger.*Beiträge Zur Philosophie*(*vom Ereignis*),Frankfurt am Main:Vittorio Klostermann,1989.S.305.

② 伽达默尔:《诠释学 II:真理与方法》,第 420 页。

③ 海德格尔:《存在与时间》,第 14 页。

是存在本身的开显。"通过解释,存在的本真意义和此在本己存在的基本结构向居于此在本身的存在之领会宣告出来。"①可见,解释学在海德格尔首先是让存在的意义释放出来,只不过在前期,存在的意义是通过阐明此在的生存论结构而被开显出来的。

对此,我们可以通过考察海德格尔转向之初对真理问题的讨论来予以说明,因为海德格尔对真理的讨论也表现出与解释学相似的情况。在《论真理的本质》(1930)中,海德格尔批评符合意义上的传统流俗真理观,而致力于回到古希腊的"无蔽"去阐明真理的意义。实际上,这种真理观的阐明在《存在与时间》中已经出现。只不过在那里,他把作为无蔽的真理之揭示活动规定为此在的一种存在方式来谈,"真在这种进行揭示的存在是此在的一种存在方式。"②所以,真理之揭示活动作为在世的一种方式,就与此在的寻视着的操劳、展开状态联系在了一起。"只有通过此在的展开状态才能达到最原始的真理现象。"③但是,转向之后,海德格尔对真理的理解和谈论并没有发生改变。对照《论真理的本质》与《存在与时间》第四十四节,便可发现其中所谈论的核心思想是一致的,甚至在写作方式上都是一样,唯一不同的是,在前者中,海德格尔不再提及此在,而是直接就真理的"无蔽"、"敞开状态"、"自由"展开讨论。

正如对真理的理解可以脱离此在论进入转向后的思想之中,同样,解释学的意义和精神也可以而且的的确确在后期思想中保留下来。无论是领会着存在的此在,抑或进行揭示的真理,甚至存在之道说都是海德格尔存在澄明之途中的路标,而它们共同指向的是存在,即把存在带入光亮之中。"海德格尔的后期著作的确变得更加诗化、晦涩、带有更强的预言色彩,但是,揭示存在仍然是其恒久的主题。"④就此而言,理查德·E.帕尔默的一句评论值得深思:"就算海德格尔没有在《存在与时间》当中对理解理论作出决定性的哲学贡献,他仍然是西方哲学家中最'解释学的'一位。"⑤所以我们说,后期海德格尔并没有放弃解释学,而是将之纳入到一个新的维度。这个维度不但没有使他的后期成为非解释学的,反而使之更加解释学,因为它不再借助此在,而是直接让存在自行澄明。

然而还需进一步指出的是,尽管海德格尔转向后让此在逐渐从其著作

---

① 海德格尔:《存在与时间》,第 44 页。
② 同上书,第 253 页。
③ 同上书,第 254 页。
④ Richard E. Palmer, *Hermeneutics*, Evanston: Northwestern University Press, 1969, p.141.
⑤ Ibid.

中淡出了,但他并没有把它取消。或者说,我们不能简单地总结说,海德格尔前期关注此在,后期关注存在本身,而应该说,早期是企图通过此在通达存在,而后期则是从存在本身出发,谈论存在与此在的关系。也就是说,发生变化的只是存在与此在的关系模式。因此,如果说在前期,此在作为向来对存在有某种领会的存在者是以解释学的方式而在,那么在后期,当存在本身与此在发生某种关系时,这种关系依然具有解释学的意味。当然我们可以说,这里的解释学已不再是前期意义上的了,但正是因此,解释学被海德格尔赋予了更丰富的意义。

转向后,海德格尔逐渐走向语言的思考。实际上,语言历来是西方哲学的中心议题之一。然而,正如传统哲学遗忘了存在,它的语言也必定对之构成遮蔽。所以,当海德格尔再度思考语言问题时,他在传统哲学的语言之外选择了诗的语言。诗的语言与其他语言不同的是,它不指涉某个实在,从而表达某个思想或事态,所以诗人写诗不是在向我们表达什么,相反,诗就是诗人当下的经验,是存在事件的发生。正因为此,诗的语言是存在的家,它保藏了存在的道说,因而是语言自身的言说。海德格尔称之为纯粹所说。"纯粹所说乃是诗歌。"①因此,诗作为诗人的经验正在于语言的言说作为存在之道说与诗人(此在)之间的关系。

这种经验与《存在与时间》中此在的经验是完全不同的。如果说在后者,此在作为在世,让他物和他人在其操劳活动中照面,那么在前者,此在不再是中心,而是存在的倾听者、跟随者、归顺者和守护者。海德格尔在《语言的本质》(1957)一文的开头对该文的主旨做出这样的描述:"下面三个演讲题为'语言的本质'。它们意在把我们带向一种可能性,让我们在语言上取得一种经验。在某个东西上取得一种经验意谓:某个东西与我们遭遇、与我们照面、造访我们、震动我们、改变我们。"②这里很明显地透露了海德格尔后期运思在方向上的逆转:不再是此在让他者来照面,而是一个他者来与此在照面,而且要改变它。所以,海德格尔强调,存在道说是一种命令,诗人倾听存在的命令应该学会放弃。但这个放弃不完全是消极的,它作为对存在命令的回应是积极的,它意味着诗人接受语言的劝说,并按照这种劝说规定自己。

尽管这种存在道说——此在倾听,语言命令——诗人顺服的经验与前期截然不同,但是,也正是通过这个经验,我们依稀看到《存在与时间》的影子。

---

① 海德格尔:《在通向语言的途中》,第75页。
② 同上书,第146页。

让我们借助一段具体的文字来说明：

> 如果我们要探问语言，亦即探问语言之本质，那么语言本身必须已经对我们劝说了。……凡探问和追问都首先需要它们所问及的东西和它们深入探究的东西的劝说。任何问题的提出都是在被追问的东西的允诺中发生的①。

这段话与《存在与时间》第二节就存在问题的形式结构所作的阐述形成呼应。在那里，海德格尔从问之所问（Gefragtes）、问之所及（Befragtes）和问之所以问（Erfragtes）来分析存在问题的结构，并指出这样一个原则，"任何寻求都有从它所寻求的东西方面而来的事先引导……所以，存在的意义已经以某种方式可供我们利用……我们不知道'存在'说的是什么，然而当我们问到'"存在"是什么？'时，我们已经栖身在对'是'（'在'）的某种领会中了。"②很明显，这里所谓的存在问题结构与上面引用的那段话所表达的意思是一致的，只不过侧重不一样。前者侧重于作为问之所问的存在本身的劝说和允诺，而后者则侧重于作为问之所及的此在向来对存在之意义的领会。但无论怎样，存在与此在的关系没有断绝。这种关系从解释学的角度看，在前期作为从此在通达存在，表现为此在对存在的领会，在后期作为存在道说—此在倾听，表现为带来消息和顺从定调。而在此时，"关于解释学的问题与关于语言的问题是融合在一起的。……对于后期海德格尔来说，解释学成了语言的另外一个词。"③换言之，解释学在海德格尔后期体现在存在和此在的语言关系之中。

至此，我们可以回到海德格尔与日本学者对话论到解释学时所说的另一句话。当日本学者听见海德格尔说不再使用解释学，便立即追问他是否改变了观点。他的回答是："我离开了前期的一个观点，但并不是为了用另一个观点来取而代之。"④这可谓是海德格尔自己对自己前后期思想之关系的评价，而这个评价放在这里至少间接表明他拒绝说他的后期思想是绝对非解释学的。当然，必须注意的是，无论是前期的此在现象学的解释学抑或后期与语言问题融合在一起的解释学在海德格尔那里都是揭示存在这条道路上的站点。所以海德格尔说，他离开前期的解释学道路不是因为要取代

---

① 海德格尔：《在通向语言的途中》，第165页。
② 海德格尔：《存在与时间》，第6—7页。
③ 让·格朗丹：《哲学解释学导论》，第170页。
④ 海德格尔：《在通向语言的途中》，第97页。

它,而是因为"即使从前的立足点也只是一条道路上的一个逗留。思想中的持存者是道路"。① 虽然海德格尔的根本问题是存在,解释学只是他的手段,但是,存在是一条道路,不是道路那端的终点,这意味着,解释学不会因为目的的实现而被抛弃,至少在海德格尔一生追问存在的道路上,解释学没有被抛弃。

最后需要说明的是,海德格尔转向后的解释学思想和布尔特曼的解神话化有着密切的关系。随着解神话化研究的推进,布尔特曼没有将它局限于生存论的分析,而是在宣道神学的语境中将圣经解释与上帝的启示和宣道的语言结合起来,从而打开解神话化更加深刻的解释学意义。也正是在宣道中,布尔特曼仍然可以在生存中看到超越的维度,从而突破海德格尔所谓此在现象学的内在性束缚,但是这一点涉及到伽达默尔,后者也认为立足于人此岸的现实经验依然可以表达海德格尔后期企图说明的那种超越性维度,所以我们将放到第五章具体讨论。下面,我们将从海德格尔的真理观与上帝的启示,以及海德格尔的语言观和宣道的语言分别探讨海德格尔后期与解神话化之间的关系。

第二节 宣道中的真理

一、作为敞开的真理与作为启示的上帝

布尔特曼与海德格尔前期思想的关系只能用相遇来形容,早在二者交往之前,布尔特曼就已经开始使用"生存"一词。及至相识之后,生存便成为他们共同的话题,彼此在各自理解基础之上相互吸纳同时也影响了对方的理解。所以,这里似乎谈不上海德格尔对布尔特曼的影响。假设布尔特曼的生命中没有与海德格尔的相识,可能也不会妨碍他提出解神话化方案。

然而,海德格尔毕竟还是对布尔特曼产生过思想上的影响。只不过这影响不是在生存方面,而是在现象学。"后来,我学会了现象学,当我在马堡(1924)认识海德格尔时,从他那里,我受到关键性的影响。"②我们似乎从未见过布尔特曼就生存哲学有如此坦诚的告白。可见,如果要说海德格尔在某方面的确影响了布尔特曼,那与其说是生存主义,不如说是现象学。

---

① 海德格尔:《在通向语言的途中》,第 97 页。
② 这是布尔特曼在写给友人的一封未发表的信中所说的。转引自 Gareth Jones, *Bultmann: Towards a Critical Theology*, p.95.

　　若没有胡塞尔就没有现象学,但若没有海德格尔则没有现象学广泛的渗透力。海德格尔一生的思想道路是现象学的,正如它同时是解释学的一样。现象学之"现象"在海德格尔意味着"显现(sich zeigen)",而"学"的字根"逻各斯"具有"展示出来让人看"的性质和结构,因此现象学就是"让人从显现的东西本身那里如它从其本身所显现的那样来看它"。① 然而,现象学的旨趣在海德格尔转向前后发生了些许的变化。如果说在《存在与时间》中,存在的显现主要是通过此在之"此"即其展开状态(Erschlossenheit)让看,那么转向后,海德格尔直接通过阐明真理之为"无蔽"的"敞开状态(Offenheit)"和"可敞开者(Offenbar)"之间的关系来说明存在的显现。所以在《论真理的本质》一文中,明显可见存在本身占据着叙述的主导地位,存在作为"让存在——即让存在者成其所是——意味着:参与到敞开域及其敞开状态中,每个仿佛与之俱来的存在者就置身于这种敞开状态中"。② 影响布尔特曼的正是作为敞开的真理。

　　基督教的上帝是一位启示的上帝。然而,启示一词的意义在基督教传统中却变得讳莫如深。它要么被视为一种能产生秘密知识和神秘体验的行为,要么被直接等同于某个历史上的人物和事情,即耶稣基督及其钉十字架。当然,不能说上述对启示的理解是绝对错误的。启示在某种意义上包含知识,而且必定与个人及其情感发生关联;更重要的是,经历了上千年的中世纪哲学之后,基督教意识到必须把神学从希腊哲学的桎梏中释放出来,强调神学的内容不应该是形而上学的思辨,而是圣经中的上帝及其启示,即耶稣基督。不仅马丁·路德、加尔文等宗教改革先锋纷纷高举圣经,强调耶稣基督的十字架,甚至之后的自由主义神学,虽然再次让神学落入科学和哲学的网罗,也没有忘记神学的主题是耶稣基督。然而,神学的主题是作为上帝之自我启示的耶稣基督,这到底意味着什么?

　　自宗教改革以来,神学就已经不把焦点放在作为历史人物的耶稣之上③。这一传统虽然因着启蒙精神的渗透而被中断,但到了20世纪,随着对自由神学之反思和清算,它重又得到重视。辩证神学的代表人物卡尔·巴特把自己的神学最终维系于基督中心论。但是,巴特所谓的基督不是作

---

① 海德格尔:《存在与时间》,第41页。

② 海德格尔:《路标》,第217页。

③ 通过改革家们的解释学观点便可看出这一点。不论是马丁·路德还是约翰·加尔文虽然不轻忽字义解经和历史解经,但他们都认识到理解圣经更加重要的是,让圣经与当下的生命照面。(参见格朗丹:《哲学解释学导论》第69—70页,以及加尔文:《基督教要义》第一卷第七章第5节)

为历史人物的耶稣,而是上帝的唯一之道。"道"作为启示,意味着带来某种信息。因此基督是上帝之道,其意义既不在于他所传达的内容,也不在于他的生命人格,而在于耶稣基督这个名字本身。"这一名字的意涵是真实的,因为这一名字的意涵得自于这一名字,这一名字的意涵指向这一名字,并且仅仅如此。"①所以,这一名字的意涵不是指它所代表和传达的东西,如耶稣的教导或他的人格性情等,而是它所带来的消息:上帝与我们同在。"在基督教的'上帝与我们同在'一词里,没有什么比这一名字所指出的涵义更多的来源和主题。在这一名字之外——在其概念的语境的必要性和力量的基础之上——这一名字的意涵不可能是真理。"②那么,这一信息是如何被带将出来的呢?巴特的回答是通过基督教的宣道。消息的带来与消息本身不可分割,消息不是藏在耶稣基督这个名字背后的内容,而是它被宣告之际产生的作用。换言之,"上帝与我们同在"不是一个知识性的事实,而是现实性的事件。与此相应,宣道的实质不在于公布一条原则,而在于宣告'耶稣基督'这个名字,通过这一宣告,"上帝自己在那儿发挥着作用,他使他自己被认识和承认。"③因此,虽然基督教的宣道是关于耶稣基督的信息,但它"不把他认作其他什么东西的代表或延伸"④,相反,宣道之为宣道必须确信在宣道中,"他自己为宣道负责,他自己作为真理在宣道中说话并被作为真理被接受,当宣道服务于他时,他自己呈现为现实性,为自己做见证。"⑤

虽然布尔特曼与巴特有着诸多的差异甚至争执,但二者在辩证神学精神的理解以及宣道对于基督教信仰的意义方面,并没有根本上的出入。若有不同,仅表现为二者阐释问题的方式和借以说明问题的领域不同。巴特以基督中心论的论调所阐明的宣道的意义,在布尔特曼那里,借着信仰这一特殊的生存经验同样得到揭示。虽然因着这个缘故,布尔特曼受到巴特严厉的批判,但是我们曾经说过,这只不过是因为巴特极端的立场转变所致。早期非常重视生存经验的巴特,因为自由神学的失败而过度谨慎,以致从此不假思索地反感任何涉足人的经验领域的神学方式。但是,当我们今天再度打通巴特与布尔特曼的基本立场时,便发现,后者的生存哲学对前者不仅不矛盾,而且起到一种完善和发展的作用。因为,启示既然意味着上帝在宣

---

① 卡尔·巴特:《教会教义学》(精选本),第76页。
② 同上。
③ 同上书,第77页。
④ 同上书,地78页。
⑤ 同上书,第77页。译文参照英文版有改动。

道中的显现和在场,那么势必要问,这对人而言意味着什么呢? 这是一个典型的布尔特曼式追问。

二、宣道的真理在生存中的展开

布尔特曼式的追问不能被简单地归诸于人本主义的范畴。虽然他不遗余力地谈论生存,但是应该注意的是,布尔特曼的神学主题不是人而是自我启示的上帝。他之所以紧抓住生存经验进行描述,因为只有在这里,上帝的启示才能实实在在地显明出来。这里面的旨趣类似于此在是存在的意义显现的场所。

上帝的启示就是耶稣基督。所以要弄清楚布尔特曼如何理解启示,就必须讨论他的基督论。正如巴特一样,布尔特曼反对从历史批判和心理考察的角度来认识基督,他把按照此等方式认识的基督称为"按照肉体认识的基督"①。不同的是,布尔特曼没有像巴特那样以宣告的方式直抒胸臆,而是以现象学的方式通过描述原始基督教的历史以使基督的意义得到澄明。在第二章中,我们已经就布尔特曼的这项工作作出系统的整理。在那里可以看到,基督教信仰的末世论特性是怎样从以色列人的民族盼望经由犹太教启示文学的末世论而转变过来的,而在此过程中,耶稣基督的出现是一个极为关键的分水岭。也就是说,耶稣从一位犹太的拉比转变为上帝差派的救主,从一位宣扬上帝之国的传道者变成上帝之国的开端,用布尔特曼的话则是"从宣扬者变成被宣扬者",基督教信仰是从这个时候开始的。"保罗称之为信仰的东西,在基督的死亡及复活发生之后才出现,而不是在之前。"②所以说,信仰的关键不在于去相信一个叫作耶稣的历史人物,也不是去相信并接纳他的某个宗教教义或道德教导,而是把这个人当作上帝之国的开启,即上帝对历史的审判和施恩的事件。"基督是历史性的事件,在时候满足时发生,带来一个新时代。"③诚然,信仰基督同时意味着接受他的教导,但是必须明白的是,基督不是因为他的教导而成为信仰的对象,相反,因为基督被接纳为上帝之道,他的教导才具有特殊的意义,否则只是一般拉比的教训。我们若止笔于此,必然会引起一个很大的误会,而且这个误会是人们初读布尔特曼或不深查他的思想时常常发生的,即认为信仰在布尔特曼那里最终成为一种人对待基督的态度。基督是否为上帝之道取决于我们

---

① 布尔特曼:《信仰与理解》卷一,第 317 页。
② 同上。
③ 同上。

把他视为一个普普通通的犹太拉比还是上帝的儿子。如此,布尔特曼不是与自由神学一样把信仰变成了一种主观的东西了吗?

面对上述质问,我们无需就布尔特曼与自由神学的区别再做一番申辩。相反,仅仅指明布尔特曼的一个立场便足够:人不可能自己把基督当做上帝之道去相信。信仰是上帝的恩典,而这恩典是作为一种审判被赐下的。在这里,恩典不是指上帝赐给的某种福祉,审判也不是指上帝降下的某种灾殃。相反,审判和恩典是上帝的启示行动,确切地讲,它们是上帝启示行动的相辅相成的两个方面,而上帝的启示正是发生在宣道之中,所以只有当上帝的审判—恩典式的启示在基督被作为钉死在十字架上的上帝之道宣告之际,临到倾听宣道的人之时,才会产生信仰。在宣道中,"倾听者被召唤着(Anrede),他被问及,是否相信这一点,就是说,是否想要根据这个事实来理解自身:把自身理解为在上帝面前的罪人,放下自我以及从自身出发所有及所是的一切。"①这就是布尔特曼理解的基督论。基督论不是关于基督属性的思辨性学说,也不是关于基督性情的历史—心理学的考察,而是宣道和宣道中的召唤。

所以,布尔特曼理解的基督是在宣道中当下发生着的上帝启示,即救恩事件。"在宣道中,救恩事件在倾听者面前成为当下,而在其中,上帝通过基督设立的复活对他来说成为当下现实。"②因此,上帝启示与宣道之间不是传达内容与传达手段的关系,相反,宣道"不是处于救恩事件之外,作为其神学解释,或者作为简单的历史传达,而是属于事件本身"。③ 一言以蔽之,宣道即启示。

在本节的第一小节中,我们把上帝的启示也理解为真理的敞开状态。如前所述,启示不是一种神秘知识的授予,而是宣道中的上帝的当下行动。这样的理解虽然摆脱了传统的束缚,但如果仅限于此,无论如何让人感觉上帝的启示仍然没有敞开。或者说,如果我们仅仅满足于承认宣道是上帝的启示事件,那么这仍然在某种意义上是一种抽象的信条。所以,既然上帝在宣道中成为当下,从而成为启示事件,那么必须追问这个事件的具体发生,亦即它所产生的效应。因此,正如真理的敞开是通过此在的在世操劳而展现出来一样,上帝的启示也要通过被启示的人表现出来。

显然,宣道的意义在巴特和布尔特曼的思想中的地位是非常重要的,他

① 布尔特曼:《信仰与理解》卷一,第318页。
② 同上。
③ 同上。

们都把基督的意义与宣道相结合。但是,与巴特不同,布尔特曼认为宣道的启示只能发生在倾听宣道者的具体处境之中。宣道意味着召唤,只有在当下的、此时此地的人才能成为被召唤者,宣道是作为一个历史性的行动向时间中的存在即生存着的人发出召唤。所以,宣道的真理是时间性的,而且是作为时机的时间性。"在信仰中看到的真理是时机的真理(Die Wahrheit des Augenblicks)。"①那么,何谓时机的真理?

在讨论真理问题时,布尔特曼一直小心谨慎地与希腊的真理观保持距离。如前所述,在布尔特曼看来,希腊民族是一个缺乏历史性思维的民族,他们对宇宙、世界和人类社会的理解都是非历史的,人的历史性和时间性在希腊思维中被抹灭,他们所理解的世界是一个遵循自身固有原则而运行的统一体,人和神只是世界的一个部分。在承袭希伯来精神的基督教信仰中,人的存在始终是在他与一个超然位格存在的上帝的关系中得到讨论的。存在于这种人格关系中的不是希腊人所谓的那种必然规律,而是历史性和时间性的遭遇。到了辩证神学之后,人与上帝的时间性关系被理解得更为彻底。以色列人虽然无法像希腊人那样用永恒普遍的法则来保证他们总是与上帝处于恰当的关系之中,但毕竟他们有律法使他们可以在一定程度上明白上帝的旨意。但在辩证神学中,与人相交的上帝成为一个完全不可把握的他者,也就是说,人无法揣度上帝的法则,他的手中没有任何可供之认识上帝的凭据。人对上帝唯一合法的认识是,上帝总是可能与我们对他的认识不一样。所以,在人与上帝的关系中,人不是一个无关己身地研究上帝法则的主体,而是站在上帝的面前倾听其话语,接受其命令的历史性存在。由于上帝是不可把握的,所以面对上帝而在的生存也是不可把握的。我们不知道在宣道的时刻,我们会顺从,还是会逃避,因而只能进入每一个时刻之中去作出抉择,而无法事先作出判断。所以,人与上帝的时间性关系在布尔特曼的神学中不再像在旧约中那样,通过上帝与以色列民族的慈爱与叛逆的辛酸血泪史表现出来,而是被刻画为一个此时此地的个体面对上帝的抉择时刻,时间性的真理着重表现为时机的真理。时间性的生存的"每一个时机都是本己的、全新的谜团。如果此在是时间—历史性的并且本质上向来是全新的,那么对 $\alpha\lambda\eta\theta\epsilon\iota\alpha$ 的追问只有作为对时机,即向来属我的时机的 $\alpha\lambda\eta\theta\epsilon\iota\alpha$ 的追问才有意义"。② 真理作为人与上帝的时间性关系只能是时机性的,即信仰的真理,具体言之,是倾听宣道的个人在倾听的那一时刻

---

① Rudolf Bultmann, *Theologische Enzyklopädie*, S.202.
② Ibid., S.185.

对上帝所作出的抉择。

上帝在宣道中的启示展开为被启示者在自己的当下处境中的抉择,即上述所谓的时机真理,或者说,上帝的启示让被启示者的具体处境成为作出抉择的时机。然而把信仰描画为一种时机的抉择不免产生一种误解,即信仰是可以在顷刻的抉择行为之中被一劳永逸地获得。

人当然可以作为一个理论认知主体,就上帝持有各种观点,如有神论或无神论。也可以把信仰当做一种人类现象予以探讨,如敬虔感、意志行动或心理现象等。然而,这一切在布尔特曼看来都是无神的。无神与无神论有所区别,无神是在上帝面前逃避,是一种生存,无神论是一种关于上帝的观点,是理论态度。布尔特曼反对用理论态度对待上帝,在于这种态度作为对象化思维是对生存的逃避。就此而言,无神论和有神论都是无神的。所以布尔特曼反对客观化思维究其根底是反对逃避生存。哪怕一个把自己的信仰经验当做对象予以谈论的人,也是逃避生存。

为什么布尔特曼如此强调生存,而反对逃避生存的任何行径?因为逃避生存就是逃避上帝,生存是我们可以理解上帝的唯一场所。"人逃避它的具体生存的实在性时,即企图逃离他唯独在其中才能找到上帝的那个东西。"①然而,我们不妨反过来想一想,虽然人只能在生存中才能理解上帝,但是人不是常常在逃避生存吗?或者说当面对上帝时,人不是通常不由自主地就会采取理论认知的态度吗?而且对象化的思维方式时时充斥于我们的生活之中,以至于可以说,就像此在首先与通常是常人一样,人首先与通常是以逃避生存的方式面对上帝。因此,正如存在的历史是被遗忘的历史,上帝在人的历史中通常也处在被遗忘的状态,而且这种遗忘是不可避免的命运。同样,正如存在的真理作为去蔽是不断地除去遮蔽,而且真理之"展开状态,它并不冲破遮蔽,而是把它的完好无损的本质逼入把握活动的敞开域中,从而把它逼入其本己的真理之中"。② 信仰作为生存的时机抉择也不可能一劳永逸地杜绝逃避生存。信仰不是只需通过一次性的抉择便可永远占有的普遍真理,抉择没有让抉择者获得一种叫做"信"的品质。此刻的抉择只能保证此刻的相信,而不能保证下一刻不变成不信,因而不变成在上帝面前的逃避。那么究竟何为信仰?"信仰因而不具有一种明确特性,例如作为一种精神态度和心灵态度;信仰不是对普遍真理的确信,亦不是一劳永逸地接受某一教义。通过信仰,人所获得的不是一种可以赖以为据的质性;

---

① 布尔特曼:《信仰与理解》卷一,第 38 页。

② 海德格尔:《路标》,第 229 页。

他不能诉诸他有信仰这个事实,毋宁说只能一再相信下去——他可以一再相信下去。"①信仰之为信仰正在于不断地作出抉择,或者说不断地抵抗逃避生存的行动,切不要企图任何一次的抵抗会获取终极的成功,从而毕其功于一役地立于不败之地。毋宁说,信仰作为这样一种不断抉择的行动是把逃避生存包含在自身之中的,所以,它具有去蔽—遮蔽的辩证特性。信仰是这样的一种生存经验,不断地克服逃避生存,同时也是不断地向上帝作出顺服的决定。为了刻画这种经验的特征,布尔特曼专门引用马可福音 9 章 24节的经文:"我信! 但我信不足。"信就是不断克服不信的行动。

通过以上的论述,宣道的真理的意义已经得到陈明。宣道的真理作为上帝审判—施恩的启示行动带出信仰的生存经验。在此经验中,宣道的真理作为时机的(时间性)真理表现为遮蔽—去蔽的抉择过程。现在的问题是,宣道的真理意义与解神话化有什么关系? 我们说过,布尔特曼解神话化的真正原因不是为了迁就现代人的思维方式,而是为澄明信仰的意义。神话之所以代表着一种过时的世界观,由于我们总是带着现代人惯有的思维方式,即对象化的思维方式去看待神话。因此,只要解构了这种思维方式,便发现神话不仅不是没有意义的,而且它作为一种特殊的语言对信仰而言是必不可少的。也就是说,当神话的语言作为宣道的语言被宣告出来之时,它便可以带出上帝的启示。而我们之所以反复强调解神话化的最终实现是在宣道中,因为只有在宣道中,神话才能成为一种能产生信仰的语言。这才是神话的意义所在,才是对圣经进行生存解释的最终目的:解神话化不仅对圣经进行生存论的解释,而且让圣经成为产生信仰经验的语言。

三、宣道中的"时机"真理与历史性

至此,可能会有这样的质疑:将布尔特曼的宣道与海德格尔的真理相提并论只不过是笔者出于二者之间的某些相似性的类比,其中缺乏历史的和逻辑的可信关联。因此,在步入语言问题的讨论以先,有必要就二者在真理问题上的思想渊源展开一番探究。实际上,布尔特曼在其宣道神学中之所以表现出与海德格尔的亲缘性,这绝非是一种表面雷同或偶然巧合,毋宁说,应该诉诸于二者共同的思想旨趣,即对历史性问题的追问。而海德格尔恰恰是从神学的考察开始展开这一追问的。

在第二章中,我们已经详细就布尔特曼解神话化的思想特征探讨了它与传统神学的反思批判关系。"反客观化"是布尔特曼的基本前提,也是其

---

① 海德格尔:《路标》,第 185 页。

解神话化的最终诉求。这一特征尤其在涉及耶稣的理解时突出地表现出来。布尔特曼因强烈批判宗教历史学派和圣经历史批判在历史问题上的客观化态度,从而将自己的新约解释视为一种新的历史观的代表。在他看来,传统神学在历史问题上都犯了客观主义的错误,即把历史当做客观对象来认识,而忽视了人与历史的一种本源关系,即我们总是站在历史之中来认识历史的。"历史的本质不能通过像观看自然环境那样'观看'到。"①因为"当人观察自然,他可以把握某种不是自己的客观事物。但是,当他转而去关注历史时,他必须承认自己是历史的一部分;他正在处理的是他自己处身其中的各种事件的复合体"。② 借着这一洞见,布尔特曼为自己乃至为之后的神学研究打开一个崭新的维度。

　　无独有偶,此时在哲学领域里也正在酝酿一股思想的风暴,酝酿者正是海德格尔。海德格尔凭借其敏锐的问题意识开始反思整个传统哲学。在他看来,哲学的根本问题在于遗忘存在,而存在被遗忘乃在于哲学自古希腊以来被客观对象化、理论概念化的思维方式主导。"必须消除那种以为哲学和科学似乎是客观的意义框架、分离的命题及命题联结的见解。"③为突破客观—理论化的思维藩篱,海德格尔早年除了对亚里士多德的伦理学进行现象学的解构之外,另一个重要努力则是对以使徒保罗为代表的神学和宗教经验进行解读。"保罗与亚里士多德一样是海德格尔眼中源初的真实生命经验的典范。这两位'通往实事本身之路的主要见证人'堪称理解他早期思想道路的关键坐标。"④由此决定海德格尔的整个思想从一开始便被染上浓厚的神学色彩。

　　海德格尔对保罗以及奥古斯丁等重要神学家的思想解读集中体现在弗莱堡早期被称为"宗教课程"的系列讲座中,包括《宗教现象学引论》、《奥古斯丁与新柏拉图主义》和《中世纪神秘主义的哲学基础》三部分(后编为海德格尔全集第 60 卷)。出于天主教的信仰背景,海德格尔早年主要从事有关中世纪的新经院哲学研究。其大学教职资格论文《邓·司各脱的范畴和意义学说》(1916)便是代表。然而,随着信仰的改宗,海德格尔的哲学旨趣也发生了较大的变化。他逐渐离弃纯粹理论化的逻辑思辨,转向对一种现

---

① Rudolf Bultmann, *Jesus and the Word*, p.3.

② Ibid.

③ 海德格尔:《宗教生活现象学》,孙周兴、王庆节主编,欧东明、张振华译,商务印书馆 2018 年版,第 9 页。

④ 瞿旭彤:《从历史问题的角度看海德格尔对保罗书信的现象学解读》,《基督教文化学刊》2018 年秋第 40 辑,第 35 页。

实实际的历史性经验的关注。正是由于这一思想旨趣的转折,海德格尔开始关注并思考基督教信仰经验,由此开启对保罗和奥古斯丁神学思想的解读。

鉴于上述思想转变,海德格尔在阐发保罗书信中的早期基督教徒的信仰经验之先,对传统哲学和神学的概念逻辑化和客观对象化的思维模式进行了深入的批判。在这一点上,海德格尔与布尔特曼表现出极为一致的运思进程。恰如布尔特曼在建立自己的"解神话化"之先,深入反思宗教历史学派和圣经历史研究的客观对象化的理论态度,并将其归咎于古希腊,同样,海德格尔在解析保罗和奥古斯丁的神学以先,也对以特洛尔奇、哈纳克为代表的神学研究模式进行批判,指出其概念化、客观化的错误倾向。"鉴于在这些史学(特洛尔奇、哈纳克的)的见解当中关于视角的占统治地位的意识都是对客体的观视,就如同在一种被客观地设置的历史性条序中所表现出来的那样,因而我们把这些见解称为客观历史的立场。"①不仅如此,海德格尔也将这种客观理论化的思维态度诉诸于古希腊的形而上学,"客观的—理论化的事实科学立足于希腊的形而上学和宇宙学的客观形态之中。"②

那么,对传统哲学和神学的批判把二者导向了何处呢?从一般的层面来说,由于二者表现出对对象化思维的强烈不满,海德格尔和布尔特曼不约而同地走向对"历史性"的追问和反思。在海德格尔看来,哲学和神学的根本问题在于它们忙于自身体系的建设,却遗忘了它们奠定其上的根基,即实际的生活经验。"无论如何哲学都从属于生活经验。"③海德格尔对保罗书信和奥古斯丁《忏悔录》的解读正是为揭示这种经验。在他看来,以往神学(特洛尔奇、哈纳克等)根据某种先有的文化或教义的框架对保罗和奥古斯丁的解读将我们导向一种关于历史的流俗理解,即历史就是过去已发生之现成事物,当思想家被列入这一历史的编排中予以考察,他们的思想就变成了一种历史客观学说中的一环,如宗教文化史、教义史等等。然而,这种历史理解和考察被海德格尔认为是"缺乏对历史性生活的活生生的亲熟并受到普遍性的驱使而几乎不可避免地成为了对于第二手文献的一种浅表化的翻弄。"④借助早期基督教宗教经验,海德格尔企图展现一种与上述不同的关于历史的理解,这种历史作为实际的生活经验具有历史性(Geschichtlich-

---

① 海德格尔:《宗教生活现象学》,第 179—180 页。
② 同上书,第 184 页。
③ 同上书,第 32 页。
④ 同上书,第 179 页。

keit）和时间性（Zeitlichkeit）的特征。在这里，历史和时间不再是客观的框架，而是实际生活的发生。对此，海德格尔特别通过解释保罗的"再临"予以说明。海德格尔认为，保罗并非在客观历史的框架序列里讨论主的再临，而是从自身以及书信接受者的当下生活处境出发阐释再临的生存意义。因而，决定性的不是去知道"再临"的日子，而是"面对这个问题，如何在自己的生活里采取行动。由之而来就生出了'何时'的意义，生出了时间和时机。"①故此，再临的"何时"意义不在于它出现于客观历史中的哪个时间，而在于它对当下构成了一个决定性的时机（Kairos）。

不难看出，海德格尔通过其宗教经验的现象学解释所表露的思想旨趣与布尔特曼是何等一致。布尔特曼将基督教信仰作为一种历史性的生存经验刻画为当下的抉择，即面对宣道的召唤而作出抉择。如前所述，抉择作为当下的发生意味着意义的开显，从解释学的角度而言意味着某种自我理解的打开，故此，布尔特曼称其为"时机的真理"（Die Wahrheit des Augenblicks）。反观海德格尔，如果说萦绕海德格尔宗教经验解释的核心概念是"实际生活经验"，那么决定这一概念之意义的就是其历史性或时间性特征，而这一特征集中体现在上一段的最后一个关键词：时机（Augenblick）。海德格尔借助宗教经验企图阐发的正是那种面对重要事件的抉择时机。这一时机是不可理论化、对象化的，它牵涉的是"一种本己的实现（Vollziehen）"②，就此而言，信仰作为一种实际生活经验不是关于上帝的知识，而是面对上帝的抉择带出来的生命活动的实现。

至此，我们可以声称布尔特曼与海德格尔在思想上的历史的和逻辑的可信关联在于他们对历史性问题的共同旨趣。不仅如此，我们甚至还要进一步声称，正是这一共同的旨趣致使布尔特曼可以与海德格尔后期产生契合。就此而言，解神话化与后期的沟通绝非一种表面的牵强附和，而是在二者之思想的共有旨趣推动和牵引之下的必然结果。当然，这种主张势必招致下述指责，即毕竟海德格尔后期发生了较大转变，已经不再讨论所谓的"实际生命经验"，怎么能以上述事实为布尔特曼与海德格尔后期的可信关联呢？

该质问实际上指向一个重要问题，即海德格尔前期与后期的关系问题。原始基督教的信仰经验对海德格尔的整个思想道路的形成具有决定性作用。尽管后期的海德格尔不再像前期那般直言神学内容，但是，神学为之预

---

① 海德格尔：《宗教生活现象学》，第 102 页。

② 同上。

备的开端却持续地指引着后期道路的方向。众所周知,海德格尔的哲学生涯开始于他对亚里士多德的现象学解释。然而,亚里士多德对于海德格尔是一个具有双重效应的人物。一方面,亚里士多德让海德格尔领悟到某种比意识活动更为本原的现象学之"事情本身",即作为历史性真理的"无弊"。"作为现象的自身显示而发生的东西,在亚里士多德和整个希腊思想和希腊此在那里,还是原始的被思为'Αληθεια'"①;另一方面,亚里士多德的更大魅力或许在于他同时让海德格尔看到古希腊存在论(包括亚里士多德自己)的根本局限性。"亚里士多德实际上恰恰又被海德格尔用作主要证人,证明古代存在论根本上是把存在之意义定向于在场状态或者现成状态的存在理念。亚里士多德同样地也在此种意义上受到尖锐批评。"②也就是说,尽管亚里士多德备受海德格尔青睐,但他的上述双重性并不足以为海德格尔提供充足的力量去击破传统存在论的藩篱以踏上一条全新的思想道路。而在这里,他早期对基督教信仰经验的思考展现出其至关重要的作用。对此德国知名学者莱曼这样评价:"对原始基督教的历史领悟的经验毋宁说是一个唯一可能的'立足点',由之出发,传统存在论的局限才可能在其对存在之意义的领悟中并且也在这种局限的顽固性中凸显出来。"③就此而言,如若没有神学的思考,海德格尔不可能直接通过亚里士多德意识到古希腊形而上学的局限,退一步说,即使意识到,也不能迅速找到突破口。对此,米勒(M.Müller)的一席话非常值得玩味:"去探究海德格尔如何以亚里士多德为根据,这件事并不多么重要;要紧的倒是这样一个问题:海德格尔为何相信,尽管自己对亚里士多德有巨大的赞赏和不断的引证,但自己必定已经超过了亚里士多德。"④

　　贯穿在本书同时也是推动本书能够写下去的一个基本立场是,海德格尔后期相对于前期的转向只是运思方向上的转变,而非基本问题的转变。即是说,前期海德格尔是从此在或者说"实际生活经验"出发探讨存在的意义,后期则是立足于存在本身借助于语言、艺术品等媒介探讨存在的发生。在此意义上,尽管后期海德格尔不再谈论此在和"实际生活经验",但他所有谈论的存在之真理、存在之道说,乃至存在作为"Ereignis"皆是以不同方式,从不同角度揭示存在的历史性。"存在本身以一种十分彻底的方式是

---

① 此段文字来源于海德格尔《尼迈耶八十寿辰(1963年4月16日)》中的文章。转引自海德格尔、奥特等:《海德格尔与神学》,第88页。
② 同上书,第89页。
③ 同上书,第90页。
④ M.Müller, *Existenzphilosophie im geistigen Leben der Gegenwart*, Heidelberg,1964,S.233.

历史性的,比《存在与时间》猜测的还要彻底得多。"①而海德格尔对历史性的洞见在其早期关于宗教经验的考察中已然确立,早期就"实际生活经验"对存在的历史性和真理的探讨已经为其后期的相关探讨奠定了基调。对此,瞿旭彤先生的一段评论颇见真谛:

> "从早期海德格尔对源初的真实生命经验的强调来看,我们或可将他整个思想道路理解为同一条道路,即试图从不同角度和进路思考和指向同样的思想实事:源初的真实生命经验与三重世界整体的互动关系或者存在与存在者共属一体的互动关系。就此而言,所谓海德格尔思想道路的"转折"(Kehre),从《存在与时间》探讨历史性或时间性的此在出发追问存在,转折到后期追问存在的历史和真理的彰显与遮蔽,其实都是在同一条道路上从不同方向出发的、指引性的思想努力。"②

如果我们不将注意力集中在海德格尔思想道路的不同路标,而是致力于这条道路自身的整体性,那么会发现神学的思考作为一种潜移默化的力量一致藏身于海德格尔的追问之中。"没有这一神学的来源我就绝不会踏上思想的道路。而来源'Herkunft'始终是将来'Zukunft'。"③故此,布尔特曼与海德格尔后期的可信关联就是他们对历史性问题的共同关注和阐发。尽管这一关注发生在二位思想道路的早期阶段,但由于它贯穿于二者思想之始末,故而构成联通解神话化与海德格尔后期的关键性同时也是实质性线索。就此而言,历史性作为可信的历史和逻辑关联不是就二位具体谈论的话题,而是就其话题背后所欲澄明的问题而言。因此我们可以完全不顾他们究竟是围绕什么话题在谈论问题,而只关注他们到底都想要谈论什么问题。扣住这一点,便可以在解神话化与海德格尔后期之间找到思想上的可信关联。

第三节 宣道中的语言

一、宣道中的逻各斯

海德格尔后期转向语言的讨论,其目的仍旧是揭示存在的历史性,但却

---

① 海德格尔、奥特等:《海德格尔与神学》,第103页。
② 瞿旭彤:《从历史问题的角度看海德格尔对保罗书信的现象学解读》,《基督教文化学刊》2018年秋第40辑,第35页。
③ 海德格尔:《在通向语言的途中》,第95页。

是以一种更加彻底的方式，即存在从其自身开显自身的事件。他一方面通过阐明逻各斯在古希腊的原始意义来揭示语言与存在的关系，即存在如何在语言中被思；另一方面则通过诗的语言说明语言如何是存在的家，即存在如何作为语言事件发生。布尔特曼的解神话化走向了宣道。宣道是一种语言现象，所以，布尔特曼实际上是企图通过语言事件将其在生存论分析中揭示的信仰的历史性予以重现，同时摆脱生存论分析可能带有的理论性以彻底展现信仰的历史性，由此致使他对语言的理解与海德格尔产生共鸣。

布尔特曼在阐发基督教信仰的历史性特征时，始终远离希腊而诉诸于希伯来传统和精神，这不仅体现在他对人的理解上，同样体现在对语言问题的理解上。前面说过，宣道是上帝的启示，这一点如果从语言的角度理解则意味着，宣道中的话语是上帝的话语。所以，讨论宣道的语言实际上就是讨论上帝之道的意义。根据旧约圣经，上帝以他的逻各斯创造世界。但是，上帝从来与上帝之逻各斯就不是分离的。上帝不是逻各斯的拥有者或逻各斯是上帝的工具，毋宁说，上帝就是逻各斯。因此，当说"上帝之道"时，切不可从所属的关系理解这个表达。因为上帝就是道，而且上帝之道创造世界意味着逻各斯是上帝的行动和作为。"根据旧约的用法，'上帝之道'可以与上帝的行动或者作为等同起来。"①所以，在基督教的上帝创世的传统中，逻各斯首先是上帝的大能作为，而不是世界的尺度或规律，更不是表达世界的符号。相反，在这里我们能看到的语言与世界的关系是"上帝以语言召唤自然进入存在并管理自然"。②

虽然海德格尔在揭示语言的原初意义时，没有诉诸旧约的语言观，但他对赫拉克利特《残篇50》的解释无疑展现了语言的某种近似于上帝创世的意义。海德格尔总是喜欢以颠覆常识的方式，为我们带来对某个词耳目一新的认识。正如真理的意义不是观念与对象的符合，而是去蔽，同样，语言不是我们今天习以为常的对意义或对象的表达，而是采集着的置放（legen）。海德格尔通过把语言追溯到语言的行为，即说话，来说明逻各斯最原初的意义不是表达，或者说，说话的意义首先不是去指称某个现存的东西，相反，在说话中，事物被置放，亦即被"带向呈放"③。所以，"λεγειν（说话）意味着放下来和放在眼前。"④事物被呈放不是某个已存的东西被意识到，而是让事物存在起来，所以事物在说话中获得存在。不仅如此，在说话

---

①　布尔特曼：《信仰与理解》卷一，第 327 页。
②　同上书，第 329 页。译文参照德文有改动。
③　海德格尔：《演讲与论文集》，第 222 页。
④　同上书，第 221 页。

中,事物不是作为一个一个的孤立对象被呈放,如果那样,仍是一种指称行为,所以,说话是通过把事物聚集起来的方式让它们存在。"置放同时也是把一物放到另一物边上,把它们放在一起。置放就是采集。"①采集不是事物的堆积,因为在采集中事物被保存,或者说"被庇护到无蔽状态中了"。②因此"在其有所聚集地让事物呈放于眼前之际,λεγειν 关注的是呈放于眼前的东西在无蔽之域中的这样一种安全庇护(Geborgenheit)"。③ 由此可见,语言的原始意义,在海德格尔看来,显然与存在者的存在相关。逻各斯的本质是让存在者在场的采集着的置放,它暗示了存在的让存在。海德格尔对语言的洞察与圣经的创世说所表达的语言理解非常具有亲缘关系,两者都是对语言是表达工具这一传统观念的颠覆和解构。不同的是,海德格尔没有牵涉进宗教的语境,所以他的阐释更加自然化,而不像旧约那样采用的是,如果照布尔特曼的看法,神话式的表达。

现在要问的是,语言的创世能力或让存在者存在的意义在宣道中是怎样体现的呢? 当上帝之道与人言相遇而发生宣道时,又会有什么被带出呢? 为回答这些问题,必须澄清宣道的意义。首先,仅仅传达普遍知识或一般道德律令不能称为宣道,因为宣道必须是一种召唤。"宣道是召唤,确切地讲,是有权柄的召唤,是上帝之道的召唤。"④其次,既然宣道是召唤,那么它必然要针对一个历史性的个体才是有意义的,或者说,召唤不传达某种人皆可获得的一般理论说教或某种可供选择的世界图景,相反,召唤本身是上帝与个人相遇的时间性事件,在其中上帝向他临在,让他的现在成为抉择的时刻。所以说,在宣道中,语言的意义不是它所表达的意义内容,而是它本身成为事件,"对于语言概念来说决定性的,是被言说(Gesprochwerden),而不是其意义内容;语言被言说,作为时间性事件发生,不是作为永恒真理持存着。"⑤最后,宣道作为上帝的召唤指向的不是人的理智,而是人的意志,理解上帝的召唤不是通过科学的分析,而是通过顺从。就理智而言,上帝之道恰恰是不可理解的,"上帝之道之所以是上帝的作为,恰恰不是因为它可以理解,反倒是因为他无法理解。"⑥上帝对人的理智保持成为一个全然的他者。然而,上帝之道作为上帝向人的指令又要求着理解,也就是说,它要求

---

① 海德格尔:《演讲与论文集》,第 222 页。
② 同上书,第 224 页。
③ 同上。
④ Rudolf Bultmann, *Glauben und Verstehen III*, S.166.
⑤ 布尔特曼:《信仰与理解》卷一,第 328 页。
⑥ 同上书,第 330 页。

着人顺服。在顺服的行动中,上帝之道成为可理解的。

如果用一句话来简单扼要地概括宣道的以上三个特征,那么可以说:宣道是上帝向历史性的个体发出的要求顺服的召唤。但是,这个概括容易让人产生一种印象,即宣道似乎只是一种指向人的情感和意志所作的呼吁,在表达形式上,宣道只是一系列祈使和命令语句的堆积。布尔特曼反复强调宣道不传达超时间的普遍真理,同时他也强调宣道不是呼吁我们去达到一个理想的境界。在这两种情况下,语言仍然是指称的符号和表达的工具,而没有成为事件。因此宣道中的语言既不是告诉我们什么是上帝的恩典、审判,什么是生命、死亡,也不是呼吁我们要去领受上帝的恩典,免除上帝的审判,或离开死亡之道,进入生命之道,等等,毋宁说,上帝的恩典和审判,生命之道和死亡之道在语言中被开启。宣道就是上帝施行审判和救恩的事件;宣道把生命和死亡呈放于眼前,或者说,把倾听宣道的人置于生命或死亡之道中。"在宣道及倾听的当下瞬间中,通往生命以及通往死亡的道路就开启了。这也就是说,布道要求信仰,但这个信仰并不意味,人接受了圣言,此后让它主导着生命,它就会影响生命;毋宁说,这个信仰便赐人生命,把人从死亡中拯救出来。"①

正如海德格尔要从自古希腊就已经开始的堕落的语言观中开启一条崭新的通向语言之途,同样,布尔特曼与希腊式的逻各斯,即作为世界规律尺度和表达普遍必然真理的逻各斯,针锋相对地提出作为上帝召唤的逻各斯。由于希腊人的逻各斯是统一性的尺度,因而使个体遭到忽略,人作为逻各斯的动物是分有同一逻各斯的存在,所以,希腊人无法从"我—你"共属的意义上理解人的存在,而只能从"拥有逻各斯"这一特性把人理解为一种类存在。人作为分有逻各斯的存在以逻各斯为目的,所以他的目的是要看那个逻各斯而不是听说逻各斯的那个人。与此相应,当这个逻各斯被看到之际,人要做的是把他所看到的予以陈述,"看"和"陈述"是希腊逻各斯的两个基本特征,希腊式的人"不需要'倾听';他想要'看见'",②相应,希腊的逻各斯"不是'召唤',而是'陈述'。"③古希腊的逻各斯是陈述,是以"看"为前提的,陈述无非是把看见的事情表达出来。而宣道的逻各斯是召唤,它要求"听"。宣道的逻各斯不是把听到的事情表达出来,而是作为一种命令要求听者顺从的行动。这里再次显露出与海德格尔后期语言观的亲缘关系。

---

①　布尔特曼:《信仰与理解》卷一,第345—346页。

②　同上书,第336页。

③　同上。

二、宣道中的倾听

1. 倾听与归属

虽然转向后的海德格尔淡化了人的维度,而直接从存在的真理和存在的地方即语言,揭示存在之让存在的意义,但是,他并没有因此完全把人忽略掉。毋宁说,此时的人只是从作为存在意义之显现场所的此在这一基础位置退隐至存在默默的倾听者。那么人是如何倾听存在的呢?当海德格尔再度回到前苏格拉底时期的希腊哲学时,他发现存在已经在古希腊人的语言活动中被经验到,虽然他们还没有从存在的本质去思语言的本质。逻各斯或者说说话的原始意义是采集着的置放,即"让一切被置放于无蔽状态中的在场者一起呈放于眼前"。① 那么对这样的逻各斯的倾听意味着什么呢? 正如逻各斯的原初意义不是通过一种有所表达的声音得到标画的,同样,倾听也不是指感官上接受一种传送的声音。这个意义上的听仍然是毫无所听,因为它没有专心于语言所发出的要求。既然语言的意义是让事物聚集而呈放于眼前,那么这就是倾听必须听到的,所以"真正说来,听就是这样一种自行聚集,即留神于要求和呼声的自行聚集。听首先是被聚集起来的倾听。所听在倾听中现身而出"。② 可见,海德格尔所谓的倾听不是接受一种物理的音素。相反,也许根本没有任何声音供这种倾听去听。那么这种对无声的倾听是什么呢? 它是一种思的经验。"关于本真的听,也许少有话说,……这里要紧的并不是研究,而是有所深思地去关注质朴之物。"③通常所谓的听,即有声之听反而扎根于无声之听的经验之中。后者作为对万物聚集,一起呈现的倾听,是对语言的归属。④ "当我们归属于被传呼者时,我们就听到了。"⑤究竟何为归属于语言?"归属于言说——这无非就是:每每让由一种'让呈放于眼前'一起呈献出来的东西一起完全地呈放。"⑥可见,倾听在海德格尔那里和语言本身一样,是一种置放。"本真的听是一种 λεγειν (置放)。"⑦尽管如此,海德格尔并没有在倾听和逻各斯之间直接画上等号,相反,他把倾听称之为"同一置放"。他说:"在作为同一

---

① 海德格尔:《演讲与论文集》,第 225 页。
② 同上书,第 227 页。
③ 同上书,第 228 页。
④ "归属"的德文词是"gehören","听"的德文词是"hören"。海德格尔从这两个词的词根把它们联系起来加以解释。
⑤ 海德格尔:《演讲与论文集》,第 228 页。
⑥ 同上。
⑦ 同上书,第 229 页。

置放（ομολογειν）的置放中有本真的听。"①那么，这种作为同一置放的置放与逻各斯的置放有什么关系呢？对此海德格尔说："如若终有一死者的置放顺应于逻各斯，就有同一置放发生。"②人与逻各斯，或者说人的言说与逻各斯本身的言说之间的关系是顺应，倾听归属于逻各斯正是就此而言。人首先倾听语言道说，然后言说，"人说话只是由于他应合于语言"③，这一关系在海德格尔后来的语言研究中得到更为突出的强调。

　　在《语言的本质》一文中，海德格尔试图通过阐明一种诗的语言经验以揭示思的经验。思不是思辨中的追问，不是逻辑式的表达，"思不是任何认识的工具"④，思的任务不是看到事物的本质，而是听。"现在所必需的思想的本真姿态是对允诺的倾听"⑤而"这里所谓的倾听屈身于作为道说的允诺，语言的本质与这种作为道说的允诺有着血脉关系"。⑥海德格尔这里所谓的语言是诗的语言，他之所以关注诗的语言，因为在诗人的经验中，思的经验最为贴切地得到表现。通过对斯蒂芬·格列奥格的诗《语词》的最后一小节的深刻追问，海德格尔借助诗人的经验来刻画思的经验，即人的语言与语言本身的道说之间的关系。在那里，诗人说道：我悲伤的学会放弃：语词断裂处无物存在。海德格尔认为，诗人悲伤的情调不是心理的情绪，而是他在存在面前或倾听语言之道说时的基本姿态。悲伤是诗人按照他倾听到的语言的道说对自己的定调。如果没有这种定调即对语言道说的顺应，就没有诗的经验和思的经验。只有在这种被定调的基本姿态中，即悲伤的情调中，诗人才能学会"放弃（Verzicht）"。海德格尔通过词源的追溯把"放弃"的意义还原为"拒绝言说（absagen；entsagen）"。"拒绝言说"有两方面的含义，一方面诗人拒绝或放弃了他之前所持守的语言观，即用语言去为物命名。另一方面，更重要的是，诗人学会放弃就是学会不说，进言之，就是学会倾听。所以海德格尔要把"verzicht"的词根"zicht"还原到"sagen"，是为说明诗人在语言的道说面前的姿态是"不说"。恰恰是这个"不说"让诗的经验展现出来。他说："在他的拒绝中，诗人抛弃了他从前与词语的关系。仅此而已吗？不。在这种抛弃中已经有某种东西向诗人允诺了，那就是一

---

① 海德格尔：《演讲与论文集》，第 229 页。
② 同上书，第 237 页。
③ 海德格尔：《在通向语言的途中》，第 27 页。
④ 同上书，第 163 页。
⑤ 同上书，第 170 页。
⑥ 同上书，第 171 页。译文参德文版有改动。

个指令,一个诗人不再拒绝的指令。"①诗人在他的作诗过程中经验到语言的道说,这就是诗的经验,在其中,诗人不再用自己手中的语词去命名、表述、指称物,而当他这样去做的时候,他听到了语言自身的道说,即听到语言是如何让物在场的。逻各斯的置放,即让事物聚集而呈放于眼前,通过诗人的放弃即不说被倾听(hören)到,也就是说,诗人的不说归属于(gehören)逻各斯,即让自己被语言定调。

2. 倾听与顺服

尽管海德格尔后期没有如早期那般直言神学,但不可否认的是,布尔特曼的神学与海德格尔后期有着比前期更多的亲和性。就具体互动而言,布尔特曼对其前期的关注远胜于后期,然而他的宣道神学与后期之间的契合性远非他对圣经的生存论解释与前期的关系所能比拟。前面的探讨中,我们已经看到二者在生存问题的理解上,以及一些概念的使用上存在的诸多差异。布尔特曼并没有刻意模仿后期海德格尔的思想道路,他也无意像奥托那样声称建立一门"海德格尔式的神学"②,然而在他的宣道神学与海德格尔后期之间,确实可以看到二者在思想旨趣上的相投,但这不是又要说他们谁模仿了谁,而是说,后期海德格尔的思想与布尔特曼的宣道神学在思想气质上更加具有类同性。布尔特曼在我们前面提及的那篇文章,即就奥托·珀格勒(Otto Poggeler)的著作《马丁·海德格尔的思想道路》所做的系列思考的文章中追溯了海德格尔后期与他神学之间的可类比性。行至最后,他说:"最终的一个类比在于,信仰不是看,而是听。因为按照海德格尔,对真理的把握不是像柏拉图思想那样的看,相反,要在对存在者之存在的允诺的倾听中把握存在的真理。……基督教信仰当然是对允诺的回应。不过信仰所要回应的允诺是宣道的话语。"③可能有人会说,这只不过是基于表面相似的牵强附会。其实这种说法在这里非但不具破坏性,反而具有积极意义。因为,布尔特曼的确没有从海德格尔直接挪用现成的理论观点,前期是这样,后期更是如此。他们两人的确只是一种精神的契友,而让他们达成这种精神同盟的就是对历史性的现象学阐释。故此,下面我们就要展示布尔特曼的宣道神学中有关倾听的理解与海德格尔有何等惊人的相似。

在宣道中,上帝之道与人言相遇。宣道是用人的语言宣告上帝之道。因此,宣道是上帝的启示和上帝之道的召唤。但是有这样一个问题:如何判

---

① 海德格尔:《在通向语言的途中》,第157页。译文参德文版有改动。
② 参见罗宾逊:《后期海德格尔与奥托神学》,阳仁生译,载布尔特曼等:《生存神学与末世论》,第138—176页。
③ *Rudolf Bultmann-Martin Heidegger Briefwechsel 1925-1975*, S.316.

断宣道中的话语是上帝之道？例如，一篇牧师的布道中，哪些是上帝之道，哪些是他自己的话语，能够分别出来吗？我们能否指着他的布道词中的某一句话说，这是上帝之道？所以，出现了一个比较棘手的问题。一方面，不可能像区分黑白那样，把上帝之道与人言一目了然地分别出来；另一方面，又不能够把人言直接地、完全地等同于上帝之道。那么，究竟在何种意义上人言是上帝之道？

前面已有反复强调，宣道之为上帝之道在于它的语言必须成为召唤。然而，召唤不等于呼吁。呼吁可以是单方面的，因此可以有呼无应。但是，召唤作为上帝之道要求被听见，或者说召唤是一种被听见的话语。就此而言，听让召唤成为召唤，让宣道中的人言成为上帝之道。"上帝之道在人言中到底是什么，根本不能从外部来感知、断定。因为上帝之道总是召唤，而唯有这个召唤得到理解，在真正的意义上被听见，上帝之道本身才会得到理解。"①上帝之道之为上帝之道，这不是一个现成的事实，不能指着某一句话说它是或不是上帝之道。相反，上帝之道是一个语言事件，是在宣道和倾听的语言事件中成为上帝之道。只有在这个事件之中才会发生上帝之道。因此，一方面可以如我们通常所言，上帝之道让人的当下此刻成为抉择的关键时刻，另一方面也可以说，倾听者通过作出抉择的方式听见宣道，人言由此成为上帝之道。需要注意的是，这里没有主体中心论或人本主义。毋宁说，这两个方面是从不同侧面对同一个宣道事件的描述。正因为此，我们才能明白下述现象：一场语词华丽、条理清晰、娓娓道来的布道不一定能让人发生生命的改变，但一个拙嘴笨腮、逻辑混乱、语无伦次的牧师也不是绝不可能说出上帝之道。关键在于，它们如何在倾听者那里被听到。

何谓倾听？难道在日常的谈话、说教、呼吁中没有听见吗？难道听道的人不也是用他的耳朵从宣道者的嘴里感知到一连串的声音吗？他们甚至不也从布道中总结出一些让他感到言之有理或不能认同的人生道理、生活原则吗？然而，我们要说的是，这些都不是倾听。如果说倾听总是对上帝之道的倾听，那么在此过程中占据主导和决定地位的就不是倾听者而是上帝之道。换言之，倾听能够让宣道中的人言成为上帝之道，是由于倾听者把自己全部交托于他所听到的话语。真正的倾听者不是用自己的眼光去判断听到的话语，而是用听到的话语来判断自己，不是把听到的信息作为知识吸纳到自己的知识体系之中，而是把它当成上帝向自己提出的质疑，从而放弃自己的问题和判断，顺服在上帝之道的召唤之下。唯有"容许他的智慧被判断

---

① 布尔特曼：《信仰与理解》卷一，第 344 页。

为'愚拙之事',放弃能够把上帝的宣讲作为上帝的智慧加以理解及证明的一切标准"①的人才能让人言成为上帝之道。因为"听见上帝之道,唯有对于那些放弃一切'自夸'并且接受'十架之道'的'愚昧'乃是上帝之道的人来说,才是可能的,他们只让上帝之道作为召唤,作为向他们发出的问题,在这个问题面前,一切属人的问题都不得不保持沉默"。② 可见,倾听的特征在于顺服(归属)。顺服意味着放弃、不判断、沉默,意味着让自己被判断,以至于让自己完全被上帝的恩典托住(被定调)。所以,信仰实际上非常清楚明白,它是一种听令,而不是什么敬虔感或神秘经验。听道并行道的人就是耶稣的门徒。就此而言,我们说信仰者不是孤独的个体,而是按照所倾听到的上帝之道规定自身的人,他是在不断的顺服和托付中倾听圣言的人。

既然宣道是有所开启的语言事件,而且宣道的语言要求倾听,即倾听者完全的顺服和交付,那么宣道的语言应该是一种什么样的语言呢? 或者说,宣道者应该采用什么样的语言进行宣道? 需要声明的是,这里不涉及任何方法论的问题。我们如此追问的目的不是要为宣道找到一种合适的语言,而是探寻宣道语言的特征,虽然不排除这或许能为实际的宣道带来某些启迪。

三、神 话 与 诗

一生追问存在问题的海德格尔到了后期对语言情有独钟。当然,令之产生兴趣的语言不是具有表达和描述之功能的工具语言而是作为道说的语言。"语言道说"对于天天说着语言的我们而言茫然不知所云。当然这句话没有任何神秘的或宗教的意义。语言道说即聚集、置放、显示、指引,具体言之,让存在者庇护于无蔽之中而在场。简言之,道说就是存在之让存在。

语言能够道说从而能让存在者存在,让非存在者不存在,但是并非任何语言都能展露存在之让存在。有逻辑的语言、数学的语言、形而上学的语言、科学的语言甚至日常的语言,究竟哪种语言是道说? 海德格尔认为语言道说当然会在人的说话中有所表现。但是上述各种语言都离开了寂静之开端③,道说已经在其中终止。在所有所说中,道说唯独在诗歌中被保存着。他说:"我们所发现的往往只是作为某种说话之消失的所说。因此,如若我们一定要在所说之话中寻求语言之说,我最好是去寻找一种纯粹所说,而不

---

① 布尔特曼:《信仰与理解》卷一,第 344 页。
② 同上。
③ 参见海德格尔:《在通向语言的途中》,第 75 页。

是无所选择地去摄取那种随意地被说出的东西。在纯粹所说中,所说之话独有的说话之完成是一种开端性的完成。纯粹所说乃是诗歌。"①那么,诗的语言究竟具有什么样的特征使它能够保存语言的道说呢?

语言道说实际上是不说、沉默,换言之,道说是一种寂静之音。"语言作为寂静之音而说话。"②一般的语言之所以不能保存道说正因为它们一味地去表达,并把这种表达视为唯一的说话,因而是对道说的离弃。与之不同,诗歌中的每一个词语并不表达某个物,相反,它们召唤物。召唤是一种命令,也就是说,诗命令物在场。何为在场? 在场不是把某物端到我们面前成为可观看的对象。"在召唤中被召唤的到达之位置是一种隐蔽入不在场中的在场。"③可见,物不是现成摆放在那里的对象,物在语言之召唤或命令之下到达、聚集而在场。"命令着的召唤令物进入这种到达。"④所以,物是一种物化(das Dingen),即在语言之召唤中聚集起来成为世界。物和世界都不具有形而上学的意义。物不是构成世界的单位,世界也不是物的统一体。语言召唤物到达并聚集,所以,物在场不是成为可观察的对象,而是栖留在世界中,栖留是一种隐藏的、不可见的或不在场的在场,反过来,世界是作为物之栖留之所而呈现的。"物化之际,物才实现世界。"⑤这种召唤和命令物和世界到达而在场正是语言的道说。而在人的说话中,唯有诗中之所说具有命令着的召唤。

解神话化的具体内涵已在第一章中得到详细讨论。神话中存在着表达的内容和暗含的意义之间的冲突。就后者而言,神话是古代人对自己及其所生活其中的世界的理解,即对生存的理解。然而,由于采用了不恰当的表达方式,神话中的生存理解被它所表达的世界观遮盖了。用上帝创世的方式表达一种意识,即世界的源头不在世界之中;用拟人化的神、天使、撒旦表达某种冥冥中掌控生命却不可见的超然力量,诸如此类。神话本要表达的是自我理解的生存经验,但实际上却表达了一种过时的世界观,"神话表达了对人类生存的特定理解,神话相信人的生命、世界的依据和局限性存在于我们不能预计和控制的一种力量之中。神话对这种力量的论述既不准确也不透彻,……因为神话赋予超验的现实以一种内在的、世俗的客观性。"⑥二

---

① 参见海德格尔:《在通向语言的途中》,第 7 页。
② 同上书,第 23 页。
③ 同上书,第 13 页。
④ 同上。
⑤ 同上书,第 14 页。
⑥ 布尔特曼等:《生存神学与末世论》,第 8 页。

者之间的冲突决定了解神话化不可能是抛弃神话而是揭示其中暗含的经验。

　　然而,必须继续追问的是,是否神话背后暗藏的经验一旦被公之于众,解神话化的工作就大功告成? 表达一种过时的世界观,如上帝让太阳停止运动,与表达一种生存经验,如人不是自己的主宰,有什么根本的区别吗? 若解神话化的任务满足于对新约神话的生存论解释,那么这还没有达到把信仰从对象化思维方式解放出来的目的。对象化思维下的语言是表达的工具,即对可看见、可思考、可想象的对象进行描述。如果解神话化意味着悬隔对象化思维,那么也就意味着语言成为无对象的,因而成为非表达的。故此,解神话化作为解经其最终目的是把圣经的神话处理为一种无对象的非表达性语言。

　　如果把一个神话,例如"天是上帝的宝座,地是上帝的脚凳"[1],在布道中作为布道词宣告出来,而不是随着这句话去想象一幅图景,即上帝坐在天上,双脚踩在地球上,那么会怎么样呢? 如果理解者不把这句话看做某个事情的表达,从而去追问该事情的合理性,而是让这句话作为一个被宣告的语言击中自己,那么,他的反应绝不可能是觉得它荒诞无稽,而是油然生出敬畏之情。因此,当对象化思维被革除,或者说,当理解者不陷在表达性的语言观,神话不仅不会遮盖信仰,反而是唯一能唤起信仰的语言。例如,当道成肉身、死而复活被宣告之际,它们成为一种命令和挑战:你愿意接受上帝救赎之恩吗? 你愿意与基督一同死、一同复活吗? 宣道的语言瞄向的不是人的认知理性,而是人的意志,意志在这里不是就它是与理性并列的另一种能力而言,而是能带动整个人活动起来的,因而刻画生存的特征。当神话成为宣道的语言,它为理解者带来一种生存的可能性,要求他用其全身心的抉择行动来理解它。

　　当然,当我们说神话成为唯一唤起信仰的语言,不是说宣道必须使用圣经中的神话。毋宁说,神话成为适合宣道的语言,是因为它的神话性,宣道的语言应该具有的是这种神话性。那么何谓具有神话性的语言? 首先,我们已经看到,神话性语言是不适合于用作表达的,因为它所描述的或想象的事情往往不合实情、违反理性。而且即使从隐喻、暗示和象征角度去解释神话,虽然能够使之避免理性的攻讦,但之所以能避免理性攻讦,无非是因为神话被赋予合理性解释,这实际上还是去除了神话语言的神话性。所以,其次,神话性语言唯有在宣道中才能保有其神话性,并同时使它这有违理性的

_____

[1]　旧约《以赛亚书》六十六章一节。

神话性转劣为优。神话之为神话正在于它不合理性。不合理性有两个方面,一是在事实层面不符常情,二是在思维方面不合逻辑。这些本是神话的缺点,但是在宣道中它们反而成为优点,因为宣道既不是单纯的描述,更不是缜密的逻辑论证,而是把某个消息带给理解者,这种消息往往不是直接告知的,毋宁说,理解者是从说出的东西中领会到的那没有说出的。因此恰恰由于不符常情、不合理性甚至令人不知所云,神话性语言可以为消息的带来让出空间,而叙述和逻辑推论只能将人紧紧封锁在它呈现的知识和思路中。神话性的语言是这样的一种语言:它为显现的东西和隐藏的东西提供发生关系的场所。试想这样一场布道,它使用了清晰的概念和严密的推理并得出确实的结论,可是这能怎样呢?它除了留下一场听觉的盛宴和理性的满足感之外,还有什么呢?它的意义全在其显现的表达之中,因此没有产生一种呼唤甚至命令。它可以让人信服地点头却无人因之作出信仰的抉择。这也是为什么海德格尔要对诗的语言进行他自己的分析时,会说出这样一席话:"对于一个以历史学、生物学、精神分析学和社会学等学科热衷于赤裸裸表达的时代来说,这样一种做法(指他对诗的分析)即使不是一条歧路,也始终有着明显的片面性。"①可见,当神话作为宣道的语言被宣告出来时,它就像诗的语言一样,具有一种颠覆性,即拒绝它的语言被通常地理解。反过来,如果用对象化的思维去理解神话和诗,神话就变成一种过时的世界观,诗也成为胡言乱语(不精确的表达)。一个语词只要成为诗的语言或宣道的语言,就排斥它在对象化思维下被赋予的意义。

四、海德格尔的语言问题与"上帝之道"

前面在谈到真理问题时,我们着重就历史性问题追溯了海德格尔与基督教神学的内在关联,并围绕历史性问题阐述了布尔特曼与海德格尔思想的共同旨趣,在解神话化与海德格尔后期之间奠定可信关联的基础。至此,我们不得不再次回到海德格尔思想道路与基督教神学的关系。神学对海德格尔的重大意义不仅在于帮助他找到突破古希腊形而上学的理论对象化之困局的钥匙,即历史性,而且塑造了他对语言问题的探索与追问。根据伽达默尔的描述,海德格尔的语言问题意识实际上与20世纪初马堡大学的神学研究的风云变革息息相关。当时的马堡神学在辩证神学的推动和影响下与自由神学发生决裂,这场决裂的效应从消极层面而言,表现为马堡学派的解体从而与统治整个19世纪的新康德主义告别,但从积极的层面而言,响彻

---

① 海德格尔:《在通向语言的途中》,第29页。

在整个辩证神学阵营中的"上帝之道"以及由此引发的有关语言问题的思考一时成为马堡关注的热点。初到马堡的海德格尔目睹并参与了这场变革。实际上,它有关语言问题的思考与当时辩证神学的先驱人物爱德华·图尔奈森(Eduard Thurneysen)的一次演讲相关,特别是受到弗朗茨·欧维贝克(Franz Overbeck)思想的极大影响。

欧维贝克本是瑞士神学家,与克尔凯郭尔一同对卡尔·巴特产生巨大影响,从而成为 20 世纪辩证神学的两大来源。海德格尔在《现象学与神学》的前言中,特别提到了欧维贝克,并把他的著作《论当代神学的基督教性》与尼采的《不合时宜的沉思》相提并论。欧维贝克关于基督教之"基督性"的揭示以及由此出发对全部自由神学之怀疑和批判深深触动海德格尔。欧维贝克认为基督教的精神被保藏在原始基督教团体的信仰之中,即人在与被钉十字架基督的特定关系中的末世论盼望,然而这种关系和生存方式(盼望)在当代神学中被遗忘。不仅如此,他甚至觉得基督教的"基督性"作为一种"古代性"精神在现代性的语境中注定只有衰落这一条道路,"欧维贝克断然否决了基督教再次成为文化核心的可能性,也否决了在现代做基督徒的可能性,他甚至否决了基督教神学的可能性。本质上属于'古代性'的基督教在现代性的世界中只有衰落一条路。"①在海德格尔看来,欧维贝克无疑是宗教领域的尼采。面对如火如荼的圣经历史批判和教义史研究,竟然搬出原始基督教信仰的"基督性",欧维贝克不合时宜的沉思注定在当时无人理睬。但是,海德格尔在《现象学与神学》中有关神学特征的探讨正是围绕"基督性"展开的,这显然是受到欧维贝克的影响。故此,在该演讲的前言中,海德格尔这样评论道:"他(欧维贝克)把否定世界的末日期待确定为原始基督教的基本特征。即使在今天这个已经变化了的世界里,这两本著作(尼采的《不合时宜的沉思》和欧维贝克的《论当代神学的基督教性》)也还是不合时宜的。而这就是说,它们对于无数计算者中间的少数思想者来说是极有意义的,并在对不可通达的东西的言说着、追问着、形构着的执着中指示着他们。"②

透过上述评述不难看出欧维贝克在海德格尔心目中的地位之重和影响之深。欧维贝克所谓的基督性与现代性的关系与海德格尔所谓的存在与形而上学之间的关系如出一辙。然而,与欧维贝克不同的是,海德格尔没有陷入悲观,像欧维贝克那样接受基督教衰落的命运,甘愿"做一个古老的基督

---

① 张旭:《卡尔·巴特神学研究》,第 118 页。
② 海德格尔:《海德格尔选集》,上海三联书店 1997 年版,第 732 页。

教传统的守灵人",①相反,他尝试着寻找挽救的道路,而这条道路在海德格尔看来只能是语言。从这里,我们就能明白为什么伽达默尔会在《海德格尔与马堡神学》中说:"在提到弗朗茨·欧维贝克的基督教怀疑主义之后,他说,寻找一种能唤起人们信仰并保持这种信仰的语词是神学的真正任务。"②虽然海德格尔因着各种原因最终没能成为一个神学家去有意识地完成这项任务,但是语言能作为一个重大哲学问题呈现于他眼前却要得益于他在马堡时期见证辩证神学运动的经历。伽达默尔后来在回忆这段岁月时说:"海德格尔在讨论图尔奈森时所持的观点至今仍是他思想的主要动机,那就是语言问题。"③图尔奈森的演讲将神学的全部任务定位于宣扬和倾听上帝之道。正是通过这场演讲以及与之相关的讨论,海德格尔意识到语言问题对于神学的重要意义,并为其哲学之路打开另一个重要开端。海德格尔很早就已抓住存在,形成自己的哲学问题意识,在某种意义上,他是戴着存在问题的"眼镜"去探索基督教的。但不可否认的是,对基督教的探索同时也激发了他对存在问题的思考,不仅帮他展开存在之思,而且为他的思想道路开启了决定性的起点。贯穿于海德格尔一生的历史性问题以及在其后期中占据核心地位的语言问题都与他早年的宗教经验和神学思考有着至关重要的关系。

在神学领域,把这项任务当作神学工作去完成的恰恰是布尔特曼。马堡岁月当然是海德格尔与布尔特曼发生思想关联的重要时期,但是在谈及这段岁月时,大家更多关注的可能是他们在生存问题上的交流。这主要由于人们关注布尔特曼的生存神学更多于其宣道神学,因此在解神话化的认识上,局限于生存论的解经。实际上,解神话化的最终问题是语言的问题,即响彻在整个辩证神学阵营并对海德格尔产生重要影响的"上帝之道"的问题。布尔特曼尽管与巴特发生巨大分歧,但作为辩证神学的重要代表人物,他没有放弃对辩证神学之基本问题,即"上帝之道"的思考,相反他以其独特的方式,即着眼于当下具体的生存经验把上帝之道阐释为一种宣道的语言事件。通过前面的分析,我们发现宣道要求的神话性语言不仅无形之中与海德格尔的诗性语言不期而遇,而且与他早年信仰语言的要求遥相呼应。那种能唤起信仰并保持信仰的语言正是宣道的语言。当然,当理清海德格尔的语言问题与他在马堡时期经历的辩证神学运动之间的关系之后,

---

① 张旭:《卡尔·巴特神学研究》,第118页。
② 伽达默尔:《哲学解释学》,第198页。
③ 同上书,第199页。

现在看来,这种"不期而遇"和"遥相呼应"实际上早已"命中注定"。

第四节 布尔特曼解释学对海德格尔的推进与发展

通过一番考察,我们基本可以得出一个结论,即布尔特曼的解释学独立于海德格尔,是在自身问题视域的牵引下按照自己的运思逻辑发展而来。二者的关系应当用交互影响和精神相遇来形容。这一点通过以下事实得到更好的说明:布尔特曼的解释学不仅不同于海德格尔,而且有海德格尔未及之处,故而对哲学解释学的发展起到推进作用。

众所周知,海德格尔是在存在论—生存论层面把解释学作为一种此在在世的方式予以阐述的,他虽然也使用到理解(Verstehen)和解释(Auslegung),但与传统解释学的基本旨趣没有关系。解释学作为一门学科最初是一种理解和解释文本的方法之学,显然海德格尔的生存解释学是不考虑这个问题的。传统的解释学家甚至因此认为,海德格尔标志着解释学发展的断裂。① 因此,海德格尔之后的解释学都在不同领域和层面上尝试恢复文本解释这一解释学的基本维度。伽达默尔甚至将此视为他的解释学致力于探究的新方向。保罗·利科这方面的旨趣则更加明显。当然,重新考虑文本解释不是简单回到海德格尔之前,相反,他们都是在海德格尔发起的解释学的哥白尼革命的前提之下重新思考这一问题。就此而言,首次讨论这个问题的人应该是布尔特曼。"布尔特曼的先驱身份还表现为它是将海德格尔生存论的理解概念应用于文本解释这一传统解释学问题的第一人。"②布尔特曼解释学是追问对新约这一文本的理解何以可能。但他对这一问题的思考不是纯粹方法论的。在布尔特曼解释学中,新约不是一部历史文献,而是上帝之道,新约的理解者不是专业神学家和历史学家,而是当下时代的每一个人。所以,解神话化处理的其实是这样一个问题,即一个从远古传承下来的文本当其思维方式、世界观甚至其表达方式都与当下不适应时,怎样与现在发生关系呢? 这里涉及的是过去与现在如何相遇的历史性问题。显然,布尔特曼这样看待理解问题与海德格尔的生存论解释学即此在是作为被抛(过去)与现在发生关联的历史性存在相关,但是他是从文本理解的角度来阐述这一问题,而且这不是将海德格尔解释学应用于文本解释的结果,

---

① See Jean Grondin, *Gadamer and Bultmann*, p.28, in *Hans-Georg Gadamer: Eine Biographie*, Tübingen: Mohr Siebeck, 2000, S.138–139

② Ibid.

而是他的解释学从一开始就必然要求的结果。因此,就哲学解释学的发展而言,布尔特曼从文本解释这一传统解释学问题出发推进并发展了海德格尔的生存论解释学,且对解释学后来的发展奠定了基础。布尔特曼是以文本解释阐释生存论解释学的鼻祖。

由于布尔特曼解释学始终关注文本理解的问题,所以他在"前理解"问题上不可能局限于海德格尔。众所周知,海德格尔主要是在生存论的意义上将前理解阐述为此在与世界的某种先行关联结构,他称其为"作为"结构。此在是通过把世内之物"作为……"来加以领会而在世,因此他向来就已经对世界有所理解了,正是在这种向来有所理解或者说"前理解"中,此在得以可能去理解和解释。"解释从来不是对先行给定的东西所作的无前提的把握。"①海德格尔把这种表现为"作为"结构的前理解具体描述为先行具有(Vorhabe)、先行视见(Vorsicht)与先行掌握(Vorgriff)。着眼于解释学的发展,海德格尔的"前理解"思想无疑具有革命性和开创性意义。然而他毕竟只是勾勒出了这一结构,而没有涉及在具体理解中,这一结构是怎样发挥作用的。这一点在布尔特曼解释学里恰好是极为关键的。

出于历史主义的立场,布尔特曼认为人和理解都已然扎根在理解者与被理解者向来已有的某种先行关系中,否则理解根本不可能发生,他称这种先行关系为"生命关联"(Lebenszusamenhang),这与海德格尔所谓的"前理解"结构是一致的。然而布尔特曼认为,仅有这种先行关系还不够,理解者必须在某种兴趣、问题的推动和指引下才能进行理解。当然,这种先行关系与理解者的兴趣和问题不是互不相关,后者是以前者为基础而产生出来的,因此可以将之理解为这种先行关系在具体理解中的体现。"每一个理解者的解释都预设了与事情的先行的生命关联,而这事情是文本直接或间接表达出来而且引导着追问之何所向(Woraufhin)。"②所谓"追问之何所向"即理解者进行理解的兴趣或提问角度,在布尔特曼看来,理解者的兴趣和问题是打开文本的钥匙。尽管兴趣或问题具有多样性,甚至可能是天真的,但理解的发生必须以理解者的某种先行兴趣为前提,否则文本就会对之保持缄默。"正是由于这个原因,许多文献在多大程度上对有些人闭口不言取决于他们的年岁和教育。"③由于注重理解者的兴趣和问题对于理解的意义,布尔特曼对此作了较多考察。他认为,理解不仅必须出于某种兴趣,而且兴

---

①　海德格尔:《存在与时间》,第176页。

②　Rudolf Bultmann, *Glauben und Verstehen II*, S.227.

③　Ibid., S.219.

趣本身是多样性的,不同的兴趣会引导理解者从文本中获得不同的东西。
然而,布尔特曼进一步对兴趣本身进行了考察。鉴于兴趣的领域和层次,他
将之划分为两类:一类是涉及具体领域的知识性兴趣。如历史学的、政治学
的、心理学的、自然科学的等。一类是涉及一般领域的生存性的兴趣。这种
兴趣布尔特曼又称其为"历史兴趣"(Interesse an der Geschichte),注意不是
历史学(Historie)。在布尔特曼解释学语境中,凡是涉及"Geschichte"一词
时,多与人之历史性存在即生存相关,因此,历史兴趣实际上是作为理解者
的人对自己生存本身的一种追问,"何所向可以产生于对作为本己存在的
人之存在的追问"①。但是,与前面的那些兴趣不一样,历史兴趣不可能像
追问某个具体的历史学的、政治学的或心理学的问题那样把生存当做一个
可具体追问的对象,毋宁说,对生存的追问体现为一种生存状态,即对自己
的生存产生困惑并为之牵绕。在这种状态中,理解者不是出于对某个一般
问题的兴趣去理解,而是在困惑、纠缠和激荡中进行理解。这种兴趣就其源
自对理解者之本己存在的追问而言,要比第一类更原始,它对于理解哲学、
宗教和文学等基础性的人文学科文本最为必要,但也为其他学科文本理解
奠定基础。"最适合这种询问的是哲学、宗教以及文学的文本;然而,根本
说来,所有文本都屈从于它。"②

　　布尔特曼在前理解问题上的思考从两个方面构成对海德格尔的推进与
发展。首先,出于对文本解释问题的关注,他不可能像海德格尔那样,仅仅
在那种源初模糊的意义上谈论前理解,而必须结合具体文本理解活动将此
在的前理解结构具体化为理解者的兴趣问题予以讨论,就此而言是对海德
格尔的推进。其次,布尔特曼在考察兴趣问题时,实际上又返回来在源初的
层面上将前理解阐述为一种理解者的生存状态。究其根底,布尔特曼认为
理解最终诉诸于理解者对自己的当下生存的困惑以及由此而生的不满,包
括那种出于某些具体兴趣进行的理解活动最终都要归到这里。这里所谓的
困惑首先并不表现为认识论层面的具体问题,这里所谓的不满也不是心理
学意义上的某种情绪,毋宁说,它们描述的是一种生存状态,这种状态用布
尔特曼自己的话说就是人对自己局限性(Begrenztheit)的领会。③ 很明显,
布尔特曼主张的"局限性领会"的前理解与海德格尔所谓的"作为"结构的
前理解很不相同。如果说前者体现为一种困惑不安的成问题状态,而后者

　　①　Rudolf Bultmann, *Glauben und Verstehen II*, S.228.
　　②　Ibid.
　　③　关于这个问题,可参看布尔特曼《新约中的启示概念》一文。此文把启示问题还原为人对
　　　　自身有限性问题的理解,具有普遍的和重要的解释学意义。

体现的恰恰是一种安然自在的无问题状态。由于海德格尔是从此在对世界的"非本真领会来论述解释的",而在非本真中,此在恰恰是无问题的。就此而言,布尔特曼实际上在前理解问题上表达了与海德格尔不同的见地,是在海德格尔的基础上将前理解问题向明晰化、具体化方向推进,实际上,这正是海德格尔之后哲学解释学发展的方向。

与前理解问题相关的是解释学循环。解释学循环是解释学的重要理论。与前理解问题一样,海德格尔主要从此在生存论结构层面,通过阐释领会的前理解结构把解释学循环视为此在在世的方式,而没有从具体文本或对象的理解活动谈论这个问题。"领会中的'循环'属于意义结构。意义现象植根于此在的生存论结构。"①布尔特曼由于涉及圣经文本的理解,所以在解释学循环问题上,他结合文本理解把海德格尔关于这一问题的原初式阐释清晰化、明确化、具体化。这主要体现在他的"不知之知"这一概念上。

如前所述,布尔特曼认为,理解任何文本,包括圣经,都以理解者与文本之间的生命关联为前提,否则无法发生理解。就此而言,理解者在某种意义上已经"知道"了文本。"知道"体现的是理解者与文本的共同性,即它们都是历史性的生存现象,或者说,文本只有进入理解者的处境才能获得理解。但生命关联中并不包含对文本本身内容的知悉,在正式进入文本理解之前,它"不知"文本要讲什么。"不知"表达的是一种要求,即尽管理解者只能从自身的处境出发才能进行理解,但理解不等于任意的主观行为,相反,他必须对文本的内容保持敏感,以不断修正自己,获得新的自我理解。"不知之知"体现的正是理解者作为一个历史性存在之前理解与被理解者之内容之间的循环关系。正因此,布尔特曼把理解视为理解者与理解对象之间持续的生命交流过程。后来从人文主义传统和精神科学领域讨论解释学循环的伽达默尔实际上是沿着这一思想的更深推进。

关注文本解释以及在前理解和解释学循环问题上的见地是布尔特曼解释学对海德格尔前期的推进。其实,相对于海德格尔后期,布尔特曼解释学也蕴含着一种推进和发展。这主要表现在语言问题上。

虽然对语言的基本理解,海德格尔与布尔特曼保持一致。但是二者达及这种理解的路径存在区别,而且直接影响到二者语言问题的走向。海德格尔考察语言主要通过两条途径。一是追溯到前苏格拉底希腊时期的语言经验。二是通过分析诗的语言。海德格尔后期放弃了前期借助某一特定存在者(此在)追问存在意义的途径,转而阐明存在让存在者存在起来的自行

---

① 　海德格尔:《存在与时间》,第179页。

发生过程。然而"不顾存在者而思存在"的道路并不容易。虽然淡化了此在,但海德格尔后期依然借助了其他存在者如艺术作品、哲学著作、诗歌等追问存在。尽管如此,海德格尔尝试着将这些"问及之物"定位为存在自身展开道路上的路标,而不是像早期定位此在那样,将之视为通达存在的端口甚至通道,以达到突显存在本身的目的。在诸多"问及之物"中,诗成为海德格尔后期关注的焦点,因为诗不再是追问存在的端口,诗的语言表现了与存在相同的特征,即它们都是让存在者存在起来的场域。所以,诗就其是一个作品而言是存在者(问及之物),但是诗的语言不是。如果海德格尔要实现从存在本身展开存在的真理从而解释存在者的存在,那么,这种努力必然是一种"通向语言之途"的。① 无论是通过古希腊的语言经验抑或诗的语言,海德格尔旨在通过指出语言的非表达、非陈述的事件性特征阐明存在作为一种让存在者存在起来的自行发生过程。这种语言观具有革命性意义。但由于海德格尔后期将存在的地方局限在诗的语言,让他的语言思想变成了阳春白雪、远离人尘的诗歌分析,甚至表现出神秘主义色彩,忽视了这种语言观在现实生活中可能具有的革命意义。伽达默尔因此宣称他的解释学的一项任务就是要将海德格尔革命性的但被晦涩化、神秘化的语言思想从天上拉回到人间。

实际上,这项工作在布尔特曼的解释学中已经展开了。首先,虽然布尔特曼与海德格尔都将语言理解为一种发生性事件,但布尔特曼没有将能开启事件的语言局限于诗的语言或其他某种特定语言。相反,在他看来,语言能否成为事件不在于它是什么语言,而在于它如何呈现出来。换言之,语言作为事件在于它作为一种召唤式的命令被宣告出来,那就是宣道。我们不能将宣道局限于基督教的布道。布尔特曼认为宣道方式可以是多样的,所以宣道严格说来不指某个特定活动而是一种语言显现的方式,即是说凡是产生一种召唤事件的地方就有宣道。因此,宣道的关键在于"宣"这一行动,而不在于被宣的"道"是什么样的语言。所以,布尔特曼认为同是新约的语言,它作为一种世界观是神话,但作为宣道的语言却又能成为唤起信仰的事件。不仅如此,布尔特曼认为宣道的语言事件作为一种召唤的命令必须在人的生存处境中才能得到落实。前面在分析宣道语言时已经指出,宣道是将人与上帝带入切近的语言事件。所以,召唤必须得到在其具体处境中生存着的人的回应,只有得到回应的语言才是召唤,否则只是一种呼吁。

---

① 参看柯小刚:《从〈存在与时间〉到〈哲学论稿〉:海德格尔前后期思想关系疏解》,《现代哲学》2011 年第 1 期,第 61—66 页。

海德格尔后期转入对语言问题的关注后,淡化了对人(此在)的谈论,因此在对诗的分析中,他呈现的是天、地、人、神四方聚集的世界,而不再是从人的生存活动中带出来的世界。所以他后期的语言分析不再是从人出发,而是将人作为语言的一个维度予以谈论。然而,布尔特曼的语言分析仍旧以人为基础,在阐述宣道语言时仍然牢牢把握住生存这一基地,把人的历史性生存活动视为语言事件发生的场所。海德格尔关心的是语言与存在的关系,布尔特曼关心的是语言与生存的相关性。①

综上所述,布尔特曼的宣道语言观对海德格尔是一种突破。既然语言作为事件不在于是诗的语言或其他特定语言,而只在于它像在宣道中那样作为一种非工具性语言被宣讲出来,而且布尔特曼将语言事件落实到生存活动,让我们看到从人的生活世界出发谈论一种作为事件的语言是完全可能的。着眼于哲学解释学的发展,布尔特曼对海德格尔的突破实际上为海德格尔之后语言问题在解释学的发展立下了一个典范,指明了一个方向。

本 章 小 结

如果说解释学不只是方法论,而且也是本体论(存在论),因此使解神话化可以与海德格尔前期发生诸多关联,那么,本章之所以把解神话化与后期海德格尔联系起来进行探讨,是因为解释学不仅仅是此在现象学的解释学,而且也是超越之事情本身、存在本身、上帝本身的自行显现。因此,在本章中,我们主要着眼于宣道,把解神话化与后期海德格尔的真理观、语言观予以分析比对。既然解释就是让显现、让展开,那么后期海德格尔原则上仍旧是解释学的,同样,解神话化作为上帝之道的启示和信仰的被唤起也是解释学的。

此外,不得不强调的是,布尔特曼与海德格尔后期之间并非某种表面的类似,笔者能将二者归置起来予以探查亦非牵强附会,毋宁说,之间的契合是以两位思想家共同的问题意识和思想旨趣为前提的,故而具有逻辑上和历史上的可信关联,即他们都是在对原始基督教信仰经验的思考中获得打破传统思想桎梏的利器,故而同时对历史性问题产生高度一致的兴趣。出

---

① 海德格尔关注语言因为他发现语言具有与存在相同的"显—隐"特性,即在不被听说和读写的时候,语言本身什么都不是。但一旦被听说和读写,语言本身又恰恰是抽身隐退(entziehen)的。相反,布尔特曼认为语言与生存具有相同的特性,即它们都是不可把握的(unverfügbar)。宣道作为人神相遇的事件与进行抉择的生存一样,不能预先规定因而不可预测。

于对客观对象化思维的彻底性批判以及对历史性的思索与追问推动着海德格尔从前期走向后期,同样也推动布尔特曼从生存论解经走向宣道。就此而言,对历史性的思考是布尔特曼与海德格尔后期发生关联的根据,也是我们探讨二者的核心线索。

通常认为,解神话化与海德格尔早期关系密切,而至于后期,布尔特曼不曾予以关注,也就谈不上关系。这些说法在某种意义上不失为正确。但是,在本书的展开论述中,我们发现,恰恰在密切相关的地方,二者之间存在得更多的是差异。这主要是由他们各自理解生存问题的传统、语境、甚至目的的不同使然。而在貌似不曾相识的地方,二者之间却有着诸多相合之处。宣道的真理观和语言观与后期海德格尔对真理和语言的理解相契合,我们说这主要由于二位皆为现象学气质的思想家。所以,虽然无法像在前期那样,从后期中直接找到与宣道相似甚至相同的思想观点或概念使用,但是就其共有的思想气质而言,可以用貌离神合来形容解神话化与后期的关系。因此,本书在研究的过程中,始终抱有一个愿望,就是能打破一般的印象,不局限于表面的现成相似,而更多地关注背后隐藏的思想和精神的契合,这不仅推进布海思想关系的理解,而且为打通解神话化与哲学解释学,从而确立解神话化在哲学解释学运动过程中的重要意义开启明朗的道路。

在某种意义上,伽达默尔的解释学是以海德格尔前期为基本前提去阐释他的后期。当然这种说法似乎不可避免地陷入一种流行的争论之中,即海德格尔的前后期之间是内在联系的抑或断裂的。无论如何,伽达默尔对海德格尔的理解更多遵循的应该是前一种策略。他通过把此在的生存经验人文主义化,即把海德格尔的生存论解释学转化为精神科学的解释学,这虽然会让海德格尔所追求的源初性遭到贬抑,但却令此在的在世更加具体和丰富,从而有利于把他后期的真理观和语言观纳入其中予以讨论。

布尔特曼在伽达默尔之前已经开始将文本解释这一解释学的基本问题重新纳入思考,而且在前理解问题上克服了海德格尔源初性解释学的局限,为解释学进入广阔的人文科学领域打开闸门。更重要的是,他立足人的生存活动阐释一种与海德格尔后期相似的语言哲学。因此,布尔特曼解释学一方面凸显理解者与被理解者之间的生命关联,先于伽达默尔对狄尔泰的解释学传统进行批判,实际上构成伽达默尔视域融合的先驱。另一方面,他的宣道语言观紧紧扣住人的生存讨论语言的发生性,也构成伽达默尔语言游戏的先声。上述种种表明,布尔特曼在多个方面已然构成伽达默尔思想的先驱。既然如此,也就不难看到布尔特曼与伽达默尔之间所可能会有的种种相关性。具体而言,解神话化一方面已经开始探讨对于伽达默尔解释学而言最为基本的问题,如前理解、自我理解等问题,另一方面,解神话化与生存经验相关,涉及上帝的启示和宣道,所以与真理和语言相关,可以与伽达默尔的语言思想展开对话。那么,以上种种问题在布尔特曼与伽达默尔之间又会以怎样的方式呈现呢? 这将是下一章的主要任务。

第五章　"解神话化"与伽达默尔解释学

相比于海德格尔,布尔特曼与伽达默尔的关系相对简单。16 岁的年龄差和不同的学术旨趣使得二人几乎没有密切思想对话的经历。这使得我们不能像对待布尔特曼与海德格尔关系那样去看待布尔特曼与伽达默尔的关系,但是,我们又不可忽略二者的关系。尽管由于研究领域不同,布尔特曼的解释学没有像海德格尔的那样构成伽达默尔思想的奠基石,直接影响着他,但是他在伽达默尔的运思过程中发生作用却是不可避免和不言而喻的。

不可避免是就哲学解释学的发展历程而言。海德格尔虽然为哲学解释学奠定了基础,开启了解释学从方法论—认识论向本体论—生存论的转向,但是,他对解释学的讨论主要体现在从《存在论:实际性的解释学》到《存在与时间》为代表的前期,转向后的海德格尔(1927—1928)似乎不再谈解释学,待到首次公开谈论哲学解释学的《真理与方法》问世之际,已是 1960 年,那么从 1927 到 1960 年这一时期,哲学解释学是如何发展的呢? 实际上,布尔特曼在这个过程中扮演了非常重要的作用。"在 1960 年伽达默尔的《真理与方法》出版之前,当代西方解释学的讨论的主题主要是围绕着布尔特曼的神学解释学展开的,它包含有对海德格尔前期生存论解释学的创造性发挥和在神学领域中的成熟应用。而作为海德格尔和布尔特曼的共同学生,伽达默尔不可能不受他们的影响。"[1]布尔特曼关于解释学的著作都发表于这个时期,如《一个新约的神学解释问题》(1925)、《新约中上帝之道的概念》(1931)、《新约与神话学》(1941)、《解释学问题》(1950),《耶稣基督与神学》(1951)、《20 世纪真正的和世俗化的宣道》(1955)、《没有前设的解经可能吗?》(1957)等,这些著作的问世不仅激起学界强烈议论,而且已经形成了以布尔特曼为中心的解释学学派,富克斯、埃贝林、克泽曼等影响较大的解释学家都是这个学派的成员。

不言而喻是就二者的私人关系而言。伽达默尔跟班布尔特曼 15 年,长期参加布尔特曼的读书会,布尔特曼甚至在伽达默尔求学期间的低谷时期

---

① 何卫平:《伽达默尔评布尔特曼"解神话化"的解释学意义》,第 99 页。

给予他莫大的安慰和帮助。① 师生之情不可谓不深。不仅如此,伽达默尔的主要著作中也常见布尔特曼的身影。在对哲学解释学诸问题的论述中,不仅提及解神话化,而且也提到宣道。可见,这两个方面作为布尔特曼解释学的核心线索都对伽达默尔产生影响,因此二者在解释学问题上的思想关联是不容置疑的。

对布尔特曼而言,伽达默尔是一个对自己的学术领域没有太大兴趣的学生,而对于伽达默尔而言,布尔特曼与其说是神学家,不如说是一位具有丰厚人文底蕴的语文学家和人文主义者。"即使布尔特曼不是一个独创的神学家,他也是一个伟大的语文学家和令人信服的人文主义者。"②然而,二者关系的关键不在于前者如何看待后者,而在于后者如何看待前者。布尔特曼的思想谈不上受伽达默尔的影响。他虽然赞许地称《真理与方法》是一本"对神学家意味深长的书"③,且在讨论古希腊的历史观时,参照过伽达默尔的论述④。但时至伽达默尔成名作问世之际,布尔特曼已步入学术的暮年,解神话化已提出 19 年之久,而且已产生广泛的效应。那么,伽达默尔是如何看待这位旨趣不同但情义相投的老师的呢?

严格说来,布尔特曼和伽达默尔并没有直接而正面的思想碰撞和交流。虽然跟班 15 年,但在伽达默尔的心中,布尔特曼更是一位和蔼可亲的慈父形象。他在评价布尔特曼的读书会时说:"这个圈子是以对鲁道夫·布尔特曼的尊敬和友情为纽带结成的。"⑤所以,当伽达默尔的思想最终走向成熟,当他从纯粹学术思想的角度去理解和评析布尔特曼解释学时,海德格尔便自然而然成为一个参照。

所以如此,有两个方面的原因。首先,从历史事实的角度看,海德格尔恰好与布尔特曼和伽达默尔都发生正面的思想接触。仅从这种外在的关联来说,研究伽达默尔和布尔特曼的关系,必定绕不过海德格尔这条纽带。另

---

① 在伽达默尔的学徒时期,有一段时间因为学术的发展前景而与海德格尔关系紧张。此时,布尔特曼邀请伽达默尔参加自己的读书会。该读书会的内容是古希腊的古典文本,非常符合伽达默尔的口味,给他的学术信心带来极大鼓舞。这段经历让伽达默尔获益匪浅,以至他在布尔特曼 90 周岁的贺信中专门详细地提到这件事情,并表达了他的感激之情。(参见 Jean Grondin, *Hans-Georg Gadamer: Eine Biographie*, S.138−139.)

② Hans-Georg Gadamer, *Gesammelte Werke*, *Band 10*, Tübingen: J.C B.Mohr(Paul Siebeck), 1995, S.398.

③ Rudolf Bultmann, *Glauben und Verstehen IV*, Tübingen: J. C B. Mohr(Paul Siebeck), 1984, S.120, Fn.27.

④ Rudolf Bultmann, *Glauben und Verstehen II*, S.199.

⑤ 伽达默尔:《哲学生涯——我的回顾》,陈春文译,商务印书馆 2003 年版,第 214 页。

外,就思想的旨趣而言,与神学背景出生的海德格尔不同,伽达默尔与布尔特曼是有距离的。如果说后者从自己的问题需要出发,大谈解释学问题,那么前者几乎对神学研究和圣经解释没有太多兴趣,而且伽达默尔也自知在神学解经领域所知有限,因而敬而远之①,他甚至承认专门地研究布尔特曼并非他力所能及②。"从伽达默尔的角度而言,他与布尔特曼的关系不是由于直接的神学兴趣。这兴趣毋宁说来自于海德格尔。他一方面在马堡有过驻足,另一方面对伽达默尔保持着一生之久的影响。"③伽达默尔的学生暨著名的伽达默尔研究者让·格朗丹的这句话给我们指明了一个研究布尔特曼与伽达默尔关系的关键点。

通过上述论述,不难发现,在海德格尔与伽达默尔之间存在着一个布尔特曼。他虽然不是哲学解释学家,但他的解释学对于 20 世纪解释学发展起着极为关键的作用。一方面,因为对于生存问题的关注,他的生存论解经与海德格尔前期相遇,另一方面,随着自己问题研究的展开,他的宣道神学与后期海德格尔相通,这对于想以解释学把海德格尔前后期统一起来的伽达默尔无疑是一个很好的榜样。那么,伽达默尔究竟是怎么理解布尔特曼的呢?下面将分别着眼于生存论解经和宣道展开二者之间的解释学对话。

第一节 生存论解经与伽达默尔的解释学

在诸多解释学基础概念和问题上,例如前理解问题、解释学应用问题和自我理解问题等,布尔特曼都已经进行了较为深入的分析,并形成较大影响。然而,由于布尔特曼强调理解者与理解对象的生命关联,伽达默尔更倾向于把布尔特曼的解释学归入施莱尔马赫—狄尔泰的传统之中。实际上,布尔特曼对施莱尔马赫—狄尔泰传统是有批评的,而且从根本上超越了他们。读一读《解释学问题》(1950 年)这篇文章便可得知,布尔特曼超越移情—重构的理解观,把文本的意义及其与理解者的生命关联置于解释学的中心地位。正是在此基础上,前理解的作用,解释学应用的意义以及理解者之自我理解与理解文本之间的关系等问题方能获得澄明的语境。也正是因为这个原因,让·格朗丹大胆地宣称:"可以非常明显地看到布尔特曼是伽达默尔解释学的一位先驱。"④下面就让我们分别围绕前理解、解释学应用

---

① 参见 *Philosophical Hermeneutics and Biblical Exegesis*,S.122.
② 这是他在《马堡神学》这篇文章中明言的立场。参见伽达默尔:《哲学解释学》,第 207 页。
③ *Philosophical Hermeneutics and Biblical Exegesis*,p.125.
④ Ibid.,p.140.

和自我理解这三个解释学的基础性概念揭示布尔特曼相对于伽达默尔的先驱意义。

一、前　理　解

如果说海德格尔的前期思想是伽达默尔的前提，那么这首先表现为海德格尔在《存在与时间》中对理解之前结构的揭示。《真理与方法》的第二部分中对解释学经验的阐述正是从这里开始的。

海德格尔对前理解结构的揭示指明这样一个事实：任何理解都要从某种前理解出发才是可能的。这是对人类理解活动的真实状况的揭示。人是在世的此在，因此他的理解必须而且只能在他所筹划的意义视域中进行。此在的历史性，或者说理解者的历史性注定理解不可能具有自然科学认为的天真的客观性，而只能是理解者的意义筹划和文本之事情本身之间的意义运动。"解释开始于前把握，而前把握可以被更合适的把握代替：正是这种不断进行的新的筹划过程构成了理解和解释的意义运动。"①这是伽达默尔从海德格尔的前结构揭示中获得的启发。

注意到理解者本身的历史性，并在理解过程中考虑这一因素，使历史主义走到一个决定性转折。传统的历史主义虽然有意识地摆脱科学抽象孤立地看待事物的眼光，而从历史发生形成的角度去理解世界的存在，但是，为之忽略的是这种历史主义的考察眼光本身的历史性，以至它在根底上没有真正跳出科学思维的窠臼，故而没有将历史性原则贯彻到底。因此，直到海德格尔把历史性的维度纳入此在的考察中，或者说，纳入自我理解的范围中时，一种新的历史主义方才正式地登上西方哲学的历史舞台。

1. 布尔特曼解释学的前理解问题与相对主义问题

如果我们说布尔特曼的解释学也是建立在新历史主义的基础之上，按照看待布尔特曼解释学的惯有逻辑，人们会不容分说地断定这是布尔特曼从海德格尔那里学过来的。当然，针锋相对地主张说，布尔特曼在这方面没有受海德格尔的影响，也是没有意义的。因为人文科学本来就是一个历史的现象，它的所有成果都是在人文学科共同体中孕育而成，而非某一个人在书斋中的天才式独创。所以，不可否认，布尔特曼的思想与德国的浪漫主义和历史主义思潮，尤其是与这一思潮的最高花朵海德格尔有着水乳交融的关系。

尽管如此，布尔特曼的历史主义眼光同样有它自己的传统，那就是基督

---

① 伽达默尔：《诠释学 I：真理与方法》，第 379 页。

教的末世论思想。正如我们在第二章的分析中已经阐述的,这一眼光贯穿于布尔特曼对旧约、犹太教、新约以及整个基督教早期历史的考察之中。因着这种眼光,布尔特曼特别意识到了希伯来和希腊在历史问题上的巨大差异。如果说后者的历史是过去了的知识对象,那么在前者那里,历史总是聚集过去、现在、将来为一体的当下,历史的意义与盼望着的当下存在密切相关。

为了更加具体地展示布尔特曼的历史主义眼光,让我们把讨论落实到某个有据可依的文本之上。针对自由神学历史耶稣的考察,布尔特曼在1926年发表《耶稣与话语》一书。这本书也是对耶稣的一个考察,但布尔特曼声称他的旨趣与自由神学大相径庭。该书的导言具有非常重要的意义。它可算作是布尔特曼首次明确表达自己历史主义思想的文献。

在他看来,自由神学的历史主义相当于一种客观的历史主义。它孜孜不倦地寻找历史耶稣,认为耶稣的意义在于他两千年前的所言所行,以及他的道德人格等等可考察的过去事实,而且相信这些事实通过采用当下盛行的科学研究方法,必定可以得到还原。对此,布尔特曼的评价是:"过去150年间,关于耶稣的生活、他的人格和内在生活的发展所写的一切东西都是幻影和臆造。"[1]之所以如此,因为它们都是站在历史之外,带上超历史的"眼镜"所得到的结果,自由神学家们"从历史中看到的无非是他们或明或暗已经知道的东西。"[2]这与历史的本质背道而驰。因此,在导言的一开头,布尔特曼开明宗义地说道:"严格地讲,我不能写出'观点';因为本书的前提是,历史的本质不能通过像观看自然环境那样'观看'到。"[3]历史不可观看是因为人与历史的特殊关系所致。他说:"当人观察自然,他可以把握某种不是自己的客观事物。但是,当他转而去关注历史时,他必须承认自己是历史的一部分;他正在处理的是他自己处身其中的各种事件的复合体。"[4]鉴于人与历史的这种特殊关系,或者说人的历史性存在,当人认识历史时,他不是在获得关于某个客观事物的知识,而是与历史对话。

何谓与历史对话?布尔特曼转而把矛头再次指向自由神学的历史观。自由神学的考察对象虽然是历史,但它的考察方式却是非历史的。它不是置身于历史之中,而是站在历史之外去对之进行超历史的评判。例如采用心理学的方法分析耶稣的人格,以现代的道德尺度衡量耶稣教导的价值,等

---

[1] Rudolf Bultmann, *Jesus and the Word*, p.8.
[2] Ibid., p.5.
[3] Ibid., p.3.
[4] Ibid.

等。当然,此类研究并不是完全错误和多余。以对象化思维对某个历史事件或历史人物予以评价是历史学家的本职工作。布尔特曼并不反对自由神学的研究,而且对其成果予以肯定。可是问题在于,当我们以自由神学的方式去考察历史时,历史的本质被掩盖了。如果人是历史性的,那么对历史的理解必应是历史的而非超历史的。就此而言,任何从某个非历史的前提观点出发考察历史的做法都不是与历史对话,与历史对话是无前提的,因为对话者本身就在历史之中。由于历史的意义不在历史之外,所以一个真正理解历史的人必须摒弃一切超历史的方法和判断,投入到与历史的相遇中去。故此,布尔特曼声称他写此书的目的不是为读者提供一种历史观,而是将之带入与历史的个人相遇,"本书中没有把耶稣描述为伟人、天才或英雄的字眼;……它的关注完全限于耶稣的意图,也就是说,他的意图作为历史的一个部分对我们当下有什么要求。"①为此,必须避免任何超历史的东西,而时刻对自己的历史性保持高度意识。

前面提到,与历史的对话是无前提的。这一断语有待进一步澄清。因为布尔特曼紧接着表达了这样的观点:没有中立的历史研究②。然而,上述的"无前提"和这里的"没有中立"并非是对立的。毋宁说,它们不在同一个层次上。当布尔特曼声称与历史的对话必须是无前提时,他专门针对那些超历史的理论观点和视角。但是,一旦抛开这些东西,完全置身于历史之中,与历史的对话或相遇恰恰又不是无前提的。这个前提是什么? 正是历史性的人本身。布尔特曼称之为"生存"。人是历史之中的历史性存在,这意味着人总是在当下生存着的具体存在,是总对自身有所理解的存在;这意味着历史的意义是对如此这般理解着自己的人才能得以开显。所以,"当我们遭遇到耶稣的话语时,我们不是用哲学的体系去判断它们的合理性;它们与我们相遇于我们对自己生存的追问中。所以,我们被我们自己生活的疑问所困扰是我们进行询问的不可或缺的条件。历史研究带给的不是无时间的智慧,而是与本身就是时间中之事件的历史相遇。这就是与历史对话。"③在此意义上,布尔特曼声称信仰是一种理解,生存是理解的前理解。

在《耶稣与话语》的导言中,布尔特曼的意图主要在于澄清该书的写作目的以及提醒读者所当采取的阅读态度。时隔 24 年之后,布尔特曼则开始将这些内容汇集在解释学的专题下予以讨论。《解释学问题》实际上是把

---

① Rudolf Bultmann, *Jesus and the Word*, p.8.
② See Ibid., p.10.
③ Ibid., pp.11–12.

上述内容系统化、解释学化。把生存作为前理解确立为一条解释学原则,并将之与德国的哲学解释学传统关联起来。

在本文中,布尔特曼从解释学的角度,将生存作为前理解的意义进一步展开。既然生存或历史性的人本身是理解历史的前提,那么这在解释学上意味着什么呢?或者说,当我们面对一个文本或其他历史传承物时,生存的前理解意义是如何表现的呢?布尔特曼认为,任何理解都以理解者与被理解者之间的某种"生命关联(Lebenszusammenhang)"为前提。因此,理解绝不可能仅仅是知识的获悉,或者说,即使知识获悉也是以生命的联系为前提。然而,这听起来似乎不算新颖,施莱尔马赫和狄尔泰不早已看到这一点吗?

布尔特曼认为,施莱尔马赫、狄尔泰二人看到生命在理解中的作用是对传统的方法论解释学的巨大突破。但是,他们强调理解者与作者之间的生命关系,从而把理解视为生命之间的同情和重构,是对解释学意义的一种限制。"狄尔泰以作者与解释者之间的亲缘关系为理解之可能性的条件,他实际上揭示了所有理解性解释的前提。……现在的问题是对这一理解的前提进行更为精确地规定。需要做的不是反思作者和解释者的个体性以及他们的心灵历程,也不是反思解释者的创造性或者(与作者的)同质性(Kongenialität),而是对一个简单的事实加以沉思:理解的前提是解释者与文本直接或间接表达的事情之间的生命关系。"[1]所以,生命关联作为理解之前提突显的是理解者与理解对象之间的关系。布尔特曼在此至少已经注意到文本自身的意义而不是作者的原意在理解过程中的重要性,就此而言,是对施莱尔马赫—狄尔泰传统的一个突破。

至此,或许会产生这样的质疑:如果生命关联是理解者同理解对象之间的关系,岂不是又回到主客二分的思维窠臼里去了吗?严格说来,被理解者不是对象。理解者之所以可能与被理解者有某种生命关联,因为理解者是历史性的存在。他在历史之中进行理解,而他所理解的也在同一个历史之中。所以,当说到理解对象时,切不可在主客分离的前提下,把对象当作从理解者之外塞进来的东西。毋宁说,这对象的存在与理解者本身密切相关。"根本就没有这种情况(主客对立),因为觉察一种历史过程的行为其自身就是一种历史行为。中立地观察一个对象所要求的那种距离是不可能的。关于历史过程的那种似乎是对象性的图像,总是以一种观察者的特质为前提的,但观察者自身却是历史的,而且从来不会是一个站在历史时间之外的

---

① Rudolf Bultmann,*Das Problem der Hermeneutik*,*Verstehen und Glauben II*,vS.217.

旁观者。"①这个与理解者本身相关,因而与之处于某种生命关联之中的对象,被布尔特曼称之为"历史现象"。"作为历史现象,没有理解它们的历史主体,它们就根本不存在。因为只有当过去的事实对一个自身存在于历史中且参与历史的主体成为富有意义的,只有当它们讲话且只对理解它们的主体讲话时,它们才会变成历史现象。"②

可是,这样虽澄清主客二分的误解,却又带来一个新的质疑:如果理解对象总是与理解者相关,而它们的生命关联是理解的前提,那么理解岂不成了理解者的自我杜撰?另外,理解者之间是存在着差异的,也就是说,生命关联会因人而异,如此理解岂不陷入理解的相对主义之中了吗?

首先,让我们来看一看生存作为理解的前提意味着什么?人是历史性的存在,即生存,这是我们反复强调的。生存意味着人是一种可能性的存在。但这不是说他有许多选择的余地,而是说,他是一种敞开,这一方面意味着向着未来和他者敞开,另一方面则是说,人是在自己特有的具体处境中筹划着的、理解着的存在。

就前一方面而言,当我们说理解对象与理解者具有某种生命关联时,所要表达的意思是,理解对象之为理解对象,在于理解者是可能性的敞开,这使得它为理解者带出某种生存的可能性而成为有意义的,因而成为可理解的。所以,"这并不是说主体按主观意愿把某个意义附加给它们(理解对象),而是说,它们因为那个在历史生命中与之相系的人而获得意义。"③理解对象在被理解之前必定是可理解的,生命关联作为前理解的意义在于"让……成为可理解的"。因此,就后一方面而言,前理解在某种意义上意味着理解者的确已经拥有了关于理解对象的知识,但这是一种"不知之知"。或者说,理解者在开始理解之前,当然不知道文本所要表达的事情是什么,但是,如果文本要被理解,那么必须纳入到理解者的世界和处境之中去,因为人作为处境中的存在,只能从自己的世界出发,才能进行理解。反过来,文本必须被转换为理解者熟悉的世界才能被理解,就此而言,我们说当理解者尚不知文本所要表达的事情之时,他已经在自己所熟悉的世界中"知道"了文本的事情。布尔特曼认为,这种前理解的作用在学习一门外语和小孩学习母语的过程中非常明显地表现出来④。

那么,这是不是会导致理解的相对主义呢?每个人的处境都是独特的,

---

① 布尔特曼:《关于"去神话"问题》,李章印译,《世界哲学》2012 年第 1 期,第 74 页。

② Rudolf Bultmann, *Das Problem der Hermeneutik*, *Verstehen und Glauben II*, S.229.

③ Ibid.

④ See Ibid., S.218.

面对同一文本的不同理解者的兴趣和视角也各自不同,理解的客观性何以得到保证? 我们知道,历史主义自诞生之日起便陷入相对主义以及作为其极端表现的虚无主义的泥淖之中。这主要是由于两个方面的原因所致。第一,历史主义往往与生命哲学相伴而行,因此必须考虑个体性和差异性。第二,历史主义总是与时间性相关联,不主张超时间的永恒性,而凸显的是时间中的变更。正如狄尔泰在其 70 岁寿诞对历史主义所带来的后果所作的评判那样,"一切皆流逝于历史过程之中,无物常驻。"①具有上述特性的历史主义是否注定没有客观性而只能是相对主义的呢? 如果客观是指科学所谓的见物不见人的对象,如果只有永恒不变的理论观点或价值判断标准才能被称为客观的,那么历史主义不承认这样的客观性。但是历史主义是有客观性的。而且它的客观性就在时间中。

在谈到上述所谓"历史现象"时,布尔特曼一方面强调它与理解它的历史主体不可分开。另一方面又指出,历史现象是单义的、客观的。当然,"如果客观知识的概念是从自然科学那里接受过来的,那么它对于理解历史现象不相适宜。"②那么,历史现象的客观性意味着什么? 我们可从两个方面来切入讨论。

第一,历史现象的客观性不是通过某种不变事物或永恒标准,而是通过它在理解过程中的主导作用表现出来的。历史现象的存在不能脱离理解它的历史主体,但是,在它与其理解主体的历史关联中,导引着理解进程的不是理解者而是历史现象。换言之,只要一个理解者的理解不是随心所欲、不负责任地信口雌黄(这样的人根本不是在理解),只要他是从自己生存处境的问题出发进行追问和理解,那么,他的理解就不是把历史现象占为己有,相反,是他自己被卷入到历史现象的运动之中去。所以"称提问方式为'主观的'是没有意义的。人们这样讲,因为看见提问方式无疑总是必须由一个主体来选择。然而,这里的'选择'又意味着什么呢? 提问方式作为提问方式根本不产生于个体的意愿,而是产生于历史自身。每一现象照其复杂的本性在历史中呈现出不同方面,也就是说,按照不同的方向获得,或更确切地说,要求意义,而每一位解释者正是在此意义中,根据在他们的历史生命的多样性中发挥作用的动机,获得提问方式,而现象是通过这个提问方式对他们开口说话。"③如此说来,理解者的不同处境、各异的提问方式,甚至

① Wilhelm Dilthey, *Hermeneutics and the Study of History*, Edited by Rudolf A. Makkreel and Frithjof Rodi, New Jersey: Princeton Universtiy Press, 1996, p.389.

② Rudolf Bultmann, *Das Problem der Hermeneutik*, *Verstehen und Glauben II*, S.229.

③ Ibid., S.229-230.

相去甚远的兴趣不仅不与历史现象的客观特性相冲突,而且恰恰是其客观性的必然要求,这种能在多样性和差异性中发出意义要求甚至可以说命令的东西,正是历史主义特有的客观性。

　　第二,历史主义因为其时间性特征导致的虚无主义只有从实践的维度,通过凸显将来得到克服。历史研究是无止境的,历史知识是无定见的。没有哪种研究能声称自己是唯一的历史研究,没有哪种认识能主张自己是最终的历史知识。"当解释者把他的理解当做终极之解时,历史的图像就被歪曲了。"①历史之为历史在于时间中的变更。历史在理解中被传承,因此在变更,理解者在理解中重新理解自己,因此也在变更,历史与理解者的生命关系随着都在发生变更。所以,"历史的研究从来不会被封闭,相反,它必须总是更进一步。"②那么,如何克服这种貌似的虚无主义呢? 这里,我们不妨切换一种眼光,即突显历史事件的将来性。正因历史总是处于变更之中,所以历史的意义只能在将来。如果在历史主义的思维中缺乏将来的维度,势必会因为历史的变更性而陷入相对主义。"历史事件作为它之所是的历史事件总是首先在将来才成为可识知的。"③一切都在将来指明自身的是其所是。布尔特曼甚至声称"只有当历史终结时,方才可能真相大白"。④然而这是何等天真的言辞。历史有终结吗? 即使有,谁能知道呢? 即使有人知道,那些没能看到历史终结的人又当如何呢? 所以,需要追问的是,布尔特曼所谓的将来和终结是什么意思? 将来是总站在我们前面,有待达及的点? 终结是发生在这个点上的世事的终止? 在第二章中,我们已经详细讨论过将来的意义从以色列民族的盼望,经由犹太教启示文学的末世论到基督教的宣道末世论信仰的转化过程。在宣道末世论中,将来体现的是信仰的本质。在向着将来的信仰的眼光中,历史已经终结,尽管现世仍旧在运行。当然,把信仰说成一种眼光可能会招致质疑:这是基督教的说法,因此只是布尔特曼个人,或部分人的理解。但是,如果这里涉及的仅仅是一种抽象理论,即"历史在信仰的眼光中终结了"作为一个判断摆在那里,那么,我们当然可以选择不认同,甚至将其视为一种偏颇之词予以摒弃。然而,如果这里涉及的不是理论,而是需要我们去努力、争斗以至于付出代价才能得到的东西,这时候如果仍旧拒绝,则意味着放弃克服虚无主义。我们已经反复讲到,信仰在布尔特曼那里不是理论的认同,信仰首先是生存的抉择。即使

①　Rudolf Bultmann, *Das Problem der Hermeneutik*, *Verstehen und Glauben II*, S.147.

②　Ibid., S.148.

③　Rudolf Bultmann, *Glauben und Verstehen III*, S.148.

④　Ibid.

信仰是一种眼光,那它并不等于理论观察的视角,毋宁说,信仰的眼光要求的不是如何去无关己身地看,而是要求按照这种眼光去活,即按照这个世界已被终结的样子去生活。信仰作为一种"活法"终结了历史,但它毕竟在世界之中,因此同时又是历史性的,这种历史性是一种在世而不属世、出世而不离世的历史性,信仰作为一种时间性和历史性的实践终结了作为虚无主义之土壤的时间序列中的世界历史。就此而言,虚无主义的克服不是一个理论问题,而是实践问题。人类只要还在着,就无法通过提出一种说法来一劳永逸地克服虚无主义。

虚无主义产生于历史的时间特征。如果不采取形而上学超时间的永恒,而是就立足于时间之中来克服虚无主义,那么必须让当下成为向着将来,走出虚无的运动。恰恰是这个"当下的运动"极富解释学意味。这运动不是别的,正是作为理解着的存在的历史性特征。如果缺少将来的眼光,或者说,如果历史的理解只是站在今天往回追溯,看到的只是彼此相异的理解者带来的各执一词的理解后果,而一旦有了这种眼光,看到的则是作为理解者与被理解者之生命关联的历史现象本身的意义运动。在这里,谈不上任何相对主义和虚无主义,因为理解成了一种运动,即朝着将来走出相对的运动。由此可见,相对主义和虚无主义是这种眼光的后果:理解不是运动,而是静观,理解者没有在理解中变化自身,而是始终如一地按照自己固有的意见进行判断。所以,我们断定说,相对主义恰恰不是历史主义的产物,相反,相对主义的病根,正是由于我们往往看不到历史的意义在于历史自身的运动,看不到理解正是理解者自身的运动,从而固执地把意义依附在某种固定不变的客观实体之上。相对主义无非是打碎了的一元主义,而一元主义推崇的是超历史的永恒实体。就此而言,相对主义不仅不是历史主义的结果,反倒是本质主义和客观主义的结果。因此,当布尔特曼说"历史事件的将来属于历史事件"①,"主体(人)自己的将来(他在将来才显明于其所是)属于历史现象"时②,为克服相对主义和虚无主义提供了非常重要的启示。

我们知道,伽达默尔解释学也曾遭到相对主义甚或虚无主义的指责。其中最为著名的是贝蒂与赫施。两位解释学家都竭力主张作者原意是保障解释之客观性的标准,伽达默尔忽略作者原意,过分强调文本的意义,把理解视为理解者与文本之间的视域融合,必然陷入理解的相对主义和虚无主义。

---

① Rudolf Bultmann, *Glauben und Verstehen III*, S.148.

② Rudolf Bultmann, *Das Problem der Hermeneutik*, *Verstehen und Glauben II*, S.229.

之所以在前理解问题中讨论理解的相对主义问题,因为相对主义是人的历史性挑起的,而前理解实际上正是人作为历史性存在的结果。布尔特曼和伽达默尔的解释学都遇到了这个问题,首先说明他们在解释学的基本立场上的一致性。所以从回应的角度而言,伽达默尔针对相对主义和虚无主义的责难作出的回应实际上与布尔特曼如出一辙。

面对指责,伽达默尔一方面努力澄清自己的解释学是对存在论—生存论层面的事实进行现象学的描述,因此不受站在科学主客二分立场上所要求的方法论意义上的客观性和正确性的束缚。"从根本说来我并未提出任何方法,相反,我只是描述了实际情形。"①所谓"实际情形"指的正是人的历史性存在。另一方面,伽达默尔虽然极力反对方法论意义上的客观性,但也想力图表明他的解释学也是有标准的,那就是引导着理解活动的"事情本身"。

伽达默尔认为,理解既不是作者的原意一统天下,也不是理解者的自我表演,而是事情本身的发生和运动。任何被理解的文本都是在事情本身的运动中被推给理解者的,同样,任何理解者都是在事情本身的运动中面向文本的。事情本身是每一个具体理解行为的前提和背景,而每一个具体的理解行为又是事情本身的某一方面的展现。所以,伽达默尔认为,文本一旦形成便会离开作者进入事情本身的运动中被传承,故而拥有自己的视域,而理解者也是在事情本身中获得自己的理解视域。就此而言,作为视域融合的理解行为不可能导致所谓的相对主义和虚无主义。因为理解者的视域与文本的视域发生融合时,文本体现的事情本身必定会对理解者构成一种约束。因此,理解作为文本与理解者的视域融合过程同时也是二者之间相互制约过程,而它们相互制约的标准就是事情本身。

不难看出,伽达默尔所谓的"事情本身"与布尔特曼的"历史现象"基本上表达了相同的观点。首先,他们都拒绝以科学意义上的客观性来要求自己的解释学。其次,他们都从存在论的层次把理解视为一种发生事件,并赋予它引导理解过程的主导作用,来阐明其解释学的客观性。这种客观性不是在主客二分前提下所谓的那种独立于主体的客观性,相反,它是主体和客体共同参与其中的作为原初事实的客观性。

2. 伽达默尔对布尔特曼前理解思想的理解

尽管伽达默尔对布尔特曼心存感激,且敬爱有加,但他似乎没有在形成自己解释学思想的过程中就布尔特曼的解释学做系统研究,而是从自己已

①　伽达默尔:《诠释学 II:真理与方法》,第 497 页。

经形成的思想出发对之进行一种选择性评述和借鉴。所以,"生命关联"一词让他把布尔特曼归入到施莱尔马赫—狄尔泰的生命解释学阵营之中。

在伽达默尔看来,解释学在海德格尔出现了一个分水岭,显然,布尔特曼在他的西方解释学史中的位置应该在此分水岭之前。换言之,布尔特曼的解释学仍属于狄尔泰式的生命解释学,而不属于自海德格尔诞生的哲学解释学。因为哲学解释学的首要特征是普遍性。在上面的论述中,已经可以明显看到布尔特曼解释学的普遍性要求,所以,他才在《解释学问题》一文的最后作出下述结论:"圣经解释并不处于与任何其他文学作品不同的理解条件下。"①伽达默尔虽然视布尔特曼为一个伟大的人文主义者和语文学家,但论到后者的解释学思想时却主要从神学的角度来予以评析,因此在《真理与方法》中出现关于布尔特曼上述观点的如下评价:

> 布尔特曼曾经写道:"圣经的解释与所有其他文献一样,应当遵循同样的理解条件。"但是,这句话的意义是有歧义的。……布尔特曼自己强调说,所有理解都预先假定了解释者和文本之间存在着一种生命关联,解释者与他从文本中得知的事情之间有一种先行的关联。他把这种解释学前提称之为前理解,因为它显然不是通过理解过程得到的,而是已经被预先设定。所以霍夫曼——布尔特曼赞同地引证他——写道,《圣经》解释学预先已假定了一种与《圣经》内容的关系。
>
> 但是我们可以问一下,这里是什么样的一种"前提"。这种前提是否与人的存在一起被给予呢? 在每一个人那里是否因为人被上帝问题所困缠而存在着一种与上帝启示真理的先行的实际关系呢? 或者我们是否必须说,只有首先从上帝出发,也就是说,从信仰出发,人的存在才知道自身是被上帝问题所支配? 但是这样一来,前理解所包含的前提的意义就成为有问题的了。因为这种前提显然不是普遍有效的,而只是从真信仰观点来看才是有效的。②

对于伽达默尔的指责,布尔特曼作出如下回应(这或许可以算作是二人就解释学问题的一次正式对话):"伽达默尔在其对神学家具有重要意义的著作《真理与方法》(1960,313f.)中争辩道,谈论理解《圣经》的前理解可能就是对这样一种前理解的谈论,它通过上帝问题在人的生存运动中被给

---

① Rudolf Bultmann, *Das Problem der Hermeneutik*, *Verstehen und Glauben II*, S.231.
② 伽达默尔:《诠释学 I:真理与方法》,第468—469页。

予。我认为,前理解恰恰是伽达默尔所谓的那种'本真经验',即'人意识到自己有限性的经验'(339f.)①中被给予的。这种经验当然不会总是现实的,但是,它作为一种持存的可能性而存在着。"②

把伽达默尔的质问和布尔特曼的回应加以对比,发现这一问一答之间似乎答非所问。的确,布尔特曼没有正面回应伽达默尔,究竟是不是所有人都被上帝问题所缠绕。相反,他把理解圣经的前理解,也就是伽达默尔所谓的"与上帝启示真理的先行关联"与伽达默尔自己的"有限性经验"等同起来。

生命关联作为前理解属于布尔特曼的解释学思想,但是布尔特曼的解释学与他的神学是一体。如果解释学对之而言是一种方法,那么我们不妨借用黑格尔的观点说,这种方法不是外在的,而是信仰自身的方法。所以,生命关联作为前理解究竟在何种意义上具有普遍性必须置入布尔特曼的整个生存神学的语境之中才能理解。在第三章的第一节中,曾经论到布尔特曼的一种主张,即生存哲学是唯一的自然神学。人人都被上帝问题所支配,这显然是不合事实的。就如伽达默尔所言,马克思主义者就不会接受这个前提,更不用说那些没有基督教背景的民族。显然,伽达默尔看到了圣经理解和信仰之间的解释学循环关系,这在基督教解经中经常被谈论到。但是布尔特曼在谈论前理解问题时已经不在这个范围之内。后者所要讨论的问题根本不是解经是否应在信仰的前提之下进行,而是对于任何一个作为此在的人,包括那些没有信仰的人,理解圣经何以可能。

生存哲学之所以是唯一的自然神学,并非因为它以某种方式透露了有关上帝的启示和信仰的知识,相反,它的意义仅仅在于把人作为一种可能接受上帝启示和可能成为有信仰者的存在揭露出来。同样,当布尔特曼说人人都与上帝有着某种先行关联,不是说人人天生都信上帝,而是强调人作为一种能在在理解圣经中的意义。人在进入圣经理解之前根本不知道圣经的主题是什么,但是人作为一种可能性的能在是向着所有被理解事物敞开的,包括圣经。换言之,在进入圣经理解之先,理解者已经作为可能性存在向圣经的内容敞开了。只有在这种关系下,对圣经的具体理解才是可能的。布尔特曼所谓人与圣经或上帝的先行关联是先于具体认知理解之前的源初生命关联,而这种关联的根源在于人是一种生存现象。所以,布尔特曼谈论前

---

① 布尔特曼标注的是《真理与方法》德文第四版的页码。此两处的页码分别对应于现中译本(洪汉鼎译,商务印书馆2010年版)德文编码的I 337和I 363。

② Rudolf Bultmann, *Glauben und Verstehen IV*, S.120—121, Fn.27.

理解问题时,最终谈论的是人的历史性存在,而不限于某一领域。因此,布尔特曼所谓的先行关联不仅对圣经理解,而且对于所有文本和历史流传物的理解都是有效的,因而具有普遍性。

在布尔特曼看来,人在生存论上作为向着上帝的启示和圣经敞开的能在,在生存状态上表现为人的自我有限性经验。伽达默尔从哲学解释学将这种经验描述为人的存在的有限性、开放性和否定性,而布尔特曼则从信仰经验,将它视为某种本真的生存可能性的开启。"有限性的经验必须被当作向本真生存的召唤来倾听。"①当人处于这种经验之中时,在布尔特曼看来,则正是上帝启示之开端,只有处在有限处境中的个人才有可能遭遇到来自他之外的上帝启示,而启示,如前所述,是以审判的否定临到人的。可见,布尔特曼描述的信仰经验与伽达默尔描述的否定性经验是相通的,由于具有否定性的信仰经验是就人是一种有限性存在方才可能,所以,布尔特曼把前理解等同于伽达默尔所谓的"自我有限性的经验",并认为它具有普遍性,其实不与伽达默尔的观点相抵触,也不是基督教独断的设定。布尔特曼讨论前理解问题时,不是着眼信仰与圣经理解之间的循环,而是人作为敞开之能在与所有文本理解(包括圣经)之间的循环,他的讨论区域是圣经解释学,但讨论的问题是哲学解释学的问题。

在上述引文中,伽达默尔对"生命关联"的另一个质疑是,"不是通过理解过程得到的,而是已经被预先设定。"之所以称其是一种质疑,因为伽达默尔这样说显然是以自己的前理解观为参照的。在他看来,前理解不是可以在理解之前预先设准的,"解释者不可能事先就把那些使理解得以可能的生产性的前见与那些阻碍理解并导致误解的前见区分开来。这种区分必须在理解过程本身中产生,因此解释学必须追问这种区分是怎样发生的"。② 所以,当伽达默尔说生命关联就是理解之前的设定时,结合前后语境,他似乎是在指责,所谓的生命关联正如假定人人都与上帝有某种关系一样,只是局限于某个领域的特定前提。

前面已经就布尔特曼对此质疑的回应做过论述。但布尔特曼的意图不只满足于把生命关联的原则在圣经理解中普及开来,以说明人人都具有理解圣经的前理解,而且也要将之扩展到所有的理解之中,他声称"理解圣经与理解其他文本具有相同的条件"是要寻找圣经理解和其他文本理解之间的共同性。所谓的生命关联是理解不可逃开的事情,即任何理解只能在理

---

① *Philosophical Hermeneutics and Biblical Exegesis*, p.138.
② 伽达默尔:《诠释学 I:真理与方法》,第 418 页。

解者所熟悉的世界里面才是可能的。换言之,文本表达的事情只有纳入理解者的世界之中才是可理解的。生命关联所指明的恰恰是理解之化陌生为熟悉的特征。对此,布尔特曼专门列举了外语学习和翻译的例子。他说:"只有当文字标识的事情(事物、关系等)被相信,而且这个相信源自于生活中的用语和交往,才可以重新习得一门外语。一个对象或关系,如果在我的生命关联、我的环境和生活方式中完全没有意义,那么它在它自己语言中的名称也是无法理解和不可翻译的。"①生命关联不是局限于圣经解释内部的教条式预设,毋宁说,布尔特曼借此表达了一条解释和理解的普遍原则,即理解者无论如何是与文本相熟知的。就此而言,生命关联的旨趣与伽达默尔所谓的理解者与传承物的历史共同性极为贴近。应该从理解者以及理解活动的历史性来理解生命关联的意义。所以,布尔特曼认为生命关联不是现成就有的,也不是固定不变的,而是与解释者的兴趣或关切相关。

至此需要再度防范的误解是,解释者的兴趣绝不表示生命关联是解释者纯粹主观的、个人的意愿。理解既不是毫无损坏地还原理解对象的原貌,也不是理解者粗暴地按主观意愿把某个意义强加之,所以生命关联作为理解的前提也既不是理解对象所表达的某个具体的观点或理论,更不简单地只是理解者事先已有的现成看法和意见,而是解释者与理解对象交流的过程。"提问方式产生于提问者的兴趣,而提问者的兴趣又扎根于提问者的生命中。这种兴趣以某种方式活生生地呈现在要解释的文本中且促成文本与解释者之间的交流,这是所有理解性解释的前提。"②也就是说,解释者的兴趣对解释者能与理解对象处于什么样的生命关联会起到契机的作用,但一旦某种生命关联形成,解释者并不是关系中的主导者或操纵者,而只是交流方之一,他也要受到生命关联的制约。就此而言,伽达默尔说生命关联不在理解过程中,而是理解的前提,他只说对了一半。生命关联既是理解的前提,因而在理解之先,但同时,生命关联也在理解之中,因为理解正是理解者与文本相互交流的生命过程。生命关联作为前理解的普遍性正在于此。

在针对伽达默尔质疑的回应中,布尔特曼最后说道,前理解是作为一种"持存的可能性"而存在。显然,伽达默尔未能从可能性的角度理解布尔特曼所谓的前理解。究其原因,除了他对布尔特曼的解释学定位之外,还可能因为他保守的神学观念。严格说来,伽达默尔并没有学术意义上的神学立场,因为他并不致力于神学问题本身的研究,而只是从解释学出发关注与之

---

① Rudolf Bultmann, *Das Problem der Hermeneutik*, *Verstehen und Glauben II*, S.218.

② Ibid., S.217.

相关的神学(这也是他关注布尔特曼的动机)。但他毕竟自称是一个新教徒,他的宗教经验受到他母亲的影响,而他母亲是一个路德正统派的虔信者①。所谓路德正统派是通过系统化、教条化将马丁·路德的宗教改革思想正统化的结果,它偏离了路德本身强调个人生命经验的信仰精神,将信仰固化为教条的认信,形成一种保守的传统。伽达默尔在这样的宗教环境中所受到的熏陶无疑会影响他对布尔特曼的理解,妨碍他看到布尔特曼企图冲破教条化的神学所蕴含的巨大解释学能量。所以他才会说:"神学里的前理解的解释学意义本身就似乎是一种神学的意义。"②在伽达默尔看来,布尔特曼在神学领域内谈论的前理解如果适合于其他文本,那么就不适合圣经。由于共处同一传统和历史之中,我们与世俗文本具有某种在先的生命关联是可以理解的,但是对于圣经则绝不可能,因为启示是从历史之外进入,历史本身中没有启示。另一方面,如果布尔特曼的前理解适合于圣经,那么出于同样的理由,它就不适合于世俗文本,因为后者的理解并不需要建立在启示的基础之上。所以,伽达默尔紧紧抓住圣经的启示性以及启示在理解圣经中的作用,而对布尔特曼前理解的普遍性保持怀疑态度。

布尔特曼作为神学家当然不否定启示的作用,但是他对启示的理解已经不同于传统神学,即不从现成性把启示理解为具体知识和信息的传达,而是将其理解为人对自身有限性经验的意识。然而,通过上面的阐述可以看到,伽达默尔仍在现成性意义上将启示视为某种知识的传达,即圣经记载的是上帝超历史的知识,所以他也在现成性的意义上认识启示与圣经理解的关系,即理解圣经必须以获得上帝超历史启示为前提。伽达默尔的这种理解透露出他保守的正统神学观念,相比而言,与强调上帝启示是神学之第一前提的巴特神学更为靠近。但正如这种传统保守的观点致使巴特误认为布尔特曼的解释学思想直接抹杀了启示的必要性,从而将之斥为新自由主义,同样的原因致使伽达默尔看不到布尔特曼的前理解是人的历史性存在,故而看不到它的普遍性。但无论是巴特还是伽达默尔,他们都没能在现成性和可能性之间作出区别,以至于要么认为布尔特曼是用本来只是在可能性意义上的前理解取代上帝的实际启示(巴特),要么把上帝的实际启示等同于仅仅作为可能性的前理解,从而主张布尔特曼的生命关联不具有普遍性(伽达默尔)。这样看来,我们就能明白为什么布尔特曼在回应伽达默尔质

---

① See Phillippe Eberhard, "Gadamer and Theology", *International Journal of Systematic Theology*, Vol.9, No.3, July 2007, pp.283-300.

② 伽达默尔:《诠释学 I:真理与方法》,第 470 页。

疑时,最后强调说:"这种经验当然不会总是现实的,相反,它是一种持存的可能性。"

尽管如此,伽达默尔对布尔特曼前理解思想的理解在后来的一篇文章《解释学与历史主义》(1965年)中发生了变化。

> 如果把布尔特曼使用的前理解概念理解成围于偏见中的东西,当作一种前知识,那就完全错了。实际上这里涉及的是一个纯粹的解释学概念,它是布尔特曼被海德格尔对解释学循环以及人类此在的一般前结构的分析所激起而制定的概念。他指的是开放问题视域,理解唯有在这种视域中才成为可能,但他并不是指自己的前理解不能通过同上帝话语的相遇(就如同其他话语一样)而得到修正。正相反,这个概念的意义就在于把作为这种修正的理解的活动性显现出来。这种"修正"在信仰召唤的情况中是一种只按其形式结构才具有解释学之普遍性的特殊修正,这一点很值得注意①。

伽达默尔在这段文字中对布尔特曼前理解思想的阐发相对前面一段引文做了修正。第一,这里伽达默尔不把布尔特曼的前理解当做现成的知识。既然如此,说前理解是指人人都拥有上帝的启示,或在论题的意义上有对上帝的追问,就不攻自破了。第二,伽达默尔看到布尔特曼的前理解与海德格尔此在分析的关系。这就意味着仅仅把布尔特曼的解释学划归到狄尔泰的阵营,以及把他的前理解思想仅仅局限在神学范围之内是远远不够的。第三,既然前理解是问题视域的开放,那么它就既不是理解者预先的占有物,或预先赋予给理解者的现成物,而是能在的理解者本身。可见,伽达默尔在这里承认布尔特曼是在可能性的意义上谈论前理解问题的。第四,问题视域的开放意味着理解是前理解修正的过程。虽然"修正"是伽达默尔特有的术语,但是,它在布尔特曼以及海德格尔那里有相应的思想渊源。布尔特曼将之表达为信仰的顺服行为,即在上帝之道的召唤下,不断自我放弃地顺服。而海德格尔则将之表述为,倾听语言道说的符合和定调。所以,当从哲学解释学的视域出发理解布尔特曼解释学时,其意义显然更加清晰明了,同时也体现了布尔特曼对于伽达默尔的先驱意义从而暗示了他在解释学史上的正当位置。第五,在视域开放和修正的基础上,便很容易看到布尔特曼前理解思想的普遍性。虽然布尔特曼立足于神学领域,用神学的话题述说前

---

① 伽达默尔:《诠释学Ⅱ:真理与方法》,第512—513页。

理解的意义,但是,理解者作为敞开之能在与上帝的启示以及作为上帝之道的《圣经》之间的先行关联,所暗示的正是理解作为前理解之修正的普遍运动。"这种'修正'在信仰的召唤的情况中是一种只按其形式结构才具有解释学之普遍性的特殊修正。"伽达默尔真是一语道破了布尔特曼前理解思想的玄机。

最后,关于上帝问题与人的生存的关系问题,伽达默尔后来也有了另外的表述。在《古典解释学和哲学解释学》(1968 年)一文中说:"人类此在趋向本真状态的未来性以及相反情况,即在世界中沉沦,都可以通过信仰和罪责概念得到神学的阐明。虽说这并非海德格尔意义上对存在问题的阐明,而是一种人类学的转义解释,但布尔特曼根据能在的'本真性'证明上帝对于人的存在具有普遍的重要意义,这是真正的解释学收获。他的重点在前理解概念。"①可见,伽达默尔对布尔特曼前理解思想的理解是在发展的过程中,视域的转换,即从施莱尔马赫—狄尔泰的生命解释学转换至海德格尔以来的哲学解释学,是导致上述两种理解的根本原因。

尽管很难说清伽达默尔的前理解思想在多大程度上受到布尔特曼的影响,但就思想本身的形成和发展而言,布尔特曼的前理解思想已经上升到哲学解释学的高度,甚至在一些具体内容方面已经道出伽达默尔后来主张的观点,这也是为什么当伽达默尔讨论解释学问题时,不得不面对布尔特曼这个人物,甚至多次牵涉到他的前理解思想,而且前后发生转变,这充分说明布尔特曼在哲学解释学尤其是海德格尔之后的解释学发展过程中不可或缺的角色。

二、应用与实践

布尔特曼的先驱意义除了在前理解思想,也通过解释学应用予以体现。谈到应用,我们总是在理论与实践分割的前提下,把它理解为将一般理论下降至具体情况的过程。在此之前,必定有一个理论学习的行为,即理解、解释的过程。浪漫派解释学考虑到理解活动的语言性,已经认识到理解和解释的统一性,主张解释并非在理解后以语言的方式对理解的表达,相反,"进行解释的语言和概念同样也要被认为是理解的一种内在构成要素。"②然而,由于浪漫派的语言观基本上仍属于工具论,所以无法赋予其眼光把应用与理解、解释置于同一层次予以考虑。这一点正是伽达默尔解释学的

---

① 伽达默尔:《诠释学 II:真理与方法》,第 128 页。

② 伽达默尔:《诠释学 I:真理与方法》,第 435 页。

贡献。

在伽达默尔看来，理解若不考虑理解者的具体处境，就不能算作真正的理解，或者说，理解必定是把被理解者应用于理解者的处境中，否则不可能发生。例如要理解一个文本，"那么它一定要在任何时候，即在任何具体境况里，以不同的方式重新被理解。理解在这里总已经是一种应用。"①伽达默尔为什么能看到理解与应用的统一性？这一方面是由于他对人的历史性存在的把握，这是他从海德格尔的此在分析中学到的，另一方面，是由于他对理解之实践性的发现，这则要归诸于亚里士多德的实践智慧对他的启发。

在纯粹理论范围内，所谓理解就是对一个处于理解者之外的对象进行概念性认知，理解的意义在于把捉对象本有的意义，相应，理解的实现则是把对象的原义作为一种现成之物予以占有。在此前提之下，应用当然就是将已占有的现成知识与实践相结合。然而，当我们突破这种理论眼光的束缚，将理解拓展至实践领域（这里所谓实践不是与理论相对而言的，而是在非常广泛的意义上涉及人的生命活动），那么上述图景将会被彻底颠覆。

在实践领域或亚里士多德所谓的道德领域（道德在亚氏那里的意义是广泛的，可以涵盖一切人文科学，因而涉及所有的实践活动），知识的意义发生改变。知识不是某个主体通过观察对象而得到的一般性观点。也就是说，一个处于某个需要作出道德判断的具体处境中的人，既不是置之度外地考察度量，以便获得一个客观的判断，也不是从一条普遍法则出发下降到自己的境况，相反，他此时所作的判断同时就是他所采取的行动。"正如亚里士多德所描述的，道德的知识显然不是任何客观知识，求知者不是立于他所观察的事实的对面，而是直接地被他所认识的东西所影响。道德知识就是某种他必须去做的东西。"②因此，道德知识是一种在此时此地规范和指导行为的知识，它是一种实践知识，或者说实践智慧。所以在这里没有理论和实践、理解和应用的断然割裂，毋宁说，二者在此达到统一，即一个真正理解应当与不应当，合适与不合适的人只能是在具体处境中采取行动的人。

解释学应用与神学的关系应该是比较明显的。基督教解经的传统向来重视应用原则，即将从圣经中解释出来的意义应用至信徒的生活之中。尽管伽达默尔认为基督教的解经至虔信派之际，尚未在理解、解释和应用之间真正达成三位一体的关系，但在四大部门解释学中，伽达默尔认为法学解释学和神学解释学是解释学应用原则的真正典范。实际上，应用问题以及与

---

① 伽达默尔：《诠释学 I：真理与方法》，第 437 页。
② 同上书，第 444 页。

之相关的理解的创造性是神学解释学的一个重要特点。在一定意义上,布尔特曼的解释学充分展现了神学解释学的这个维度。

神学解释学若不具有创造性,圣经恐怕早已销声匿迹。虽然圣经本身在数千年的历史过程中按其原貌地被传承下来(当然这里不考虑圣经本身的形成过程,因为那时还不涉及圣经解释的问题),但是对圣经的理解和解释却发生着翻天覆地的变化。且不说在古代和近代,即使从 19 世纪自由神学到辩证神学之间,对圣经的理解已然发生巨大变化。自由神学的根源是反正统主义的虔信主义。它厌恶教义神学而突出信仰生活,以至于这一时期圣经解释最终演变为历史批判,从而丧失了真正意义上的神学解释学。这种境况在辩证神学得到扭正。辩证神学所要面临的圣经解释学问题是,如何经历自由神学的矫枉过正后,重新建立基督教的教义体系。且不说 20 世纪最伟大的教义学家卡尔·巴特有洋洋数千页的《教会教义学》,即使布尔特曼,这位在我们看来更亲近自由神学性情的神学家也对各个教义进行重新的解释。我们已经在他的解释学中看到他如何对上帝创世、基督论、上帝之道、罪、恩典、信仰、律法、宣道、启示等基本的神学教义进行自己的解释。虽不像巴特那般形成体系,但不可否认他对基督教教义的发展所起到的推进作用。伽达默尔对此显然是认同的,他说:"在极端的历史主义进程中(自由神学的历史批判)以及在辩证神学的推动下,据说应归入解神话化口号之下的布尔特曼的解释学思考在历史解释学和教义解释学之间建立了真正的调节,就此而言,这是一件划时代的事件。"①不仅如此,布尔特曼在解释传统教义时充分展现了解释学应用。他的解释原则是,所有教义必须放置在当下个体的处境中才能理解。就此而言,解神话化不仅体现了神学解释学的创造性,而且暗示了理解的应用特征。正如何卫平先生所言"布尔特曼的这一思想(解神话化)不仅含有海德格尔所说的解释学'解构',也含有后来伽达默尔所说的解释学'应用'"。②

当然,伽达默尔在《真理与方法》中谈论应用及其创造性问题时,主要是围绕牧师的布道与圣经的关系展开的。诚如伽达默尔所言,布道不能像法官的判决对法律条文那样对圣经提供新的补充,"牧师的布道与法官的判决不同,它不是对它所解释的文本进行创造性的补充。"③伽达默尔为此提供的理由是,圣经是上帝的话语,是不可修改的。因此牧师布道的内容与

---

① 伽达默尔:《诠释学 II:真理与方法》,第 127 页。引文参原文有改动。
② 何卫平:《伽达默尔评布尔特曼"解神话化"的解释学意义》,第 100 页。
③ 伽达默尔:《诠释学 I:真理与方法》,第 467—468 页。

自己的思想无关,他不能在布道中掺入自己的思想以补充或修改圣经,因为他的权威不是自己的,而是圣经的,布道成功与否也与之无关,而是完全取决于上帝之道本身的力量 。"《圣经》就是上帝的言辞,并且这意味着,《圣经》具有远远超过解释它的人的思想的绝对优先性。"①伽达默尔的这番言辞再度体现了他保守的正统神学观。实际上,关于神学解释学的应用和创造性问题涉及一个在基督教内部极为敏感的问题,即圣经是否可以修改。在正统的基督教传统看来,圣经具有绝对权威性,修改圣经会被不假思索地斥为异端。然而,在人类历史的长河中,圣经不被"修改"似乎很难不被淘汰。尤其是启蒙以来随着理性精神的兴起,圣经越发不得不面临"被修改"的命运。实际上,这个问题也在不断敲击神学家的神经,只不过神学家采取的方式与那些主张直接对圣经进行修改人不同,他们对圣经采取了一种弱化的或者说柔性的修改,即不对圣经文本本身,而是围绕对圣经的理解和解释进行修改,而这恰恰涉及解释学的应用问题。就此而言,在一定意义上,布尔特曼的解神话化甚至卡尔·巴特的"上帝之道"都是在解决这个问题,因而涉及解释学的应用问题。

解神话化的最终目的是宣道。宣道的意义在于让圣经成为向当下具体个人的上帝的召唤,即上帝之道。这里涉及以下几个问题。首先是如何看待圣经的问题。自神学步入20世纪以来,人们对圣经本身的理解发生了变化。启蒙夺去了圣经的神圣光环,它被剥夺了上帝启示和上帝之道的头衔,成为一本与其他书籍无二的历史和道德文献。与此同时,上帝话语的权威也失去根据。辩证神学为要重新树立上帝之道在神学中的核心地位,必须重新解释圣经本身的地位。但是,像启蒙之前那样把圣经直接等同上帝之道则是不可能的。所以,辩证神学基本上达成一个共识,即在上帝之道与圣经之间进行区分。

当然,这不是要废弃圣经,而是要以上帝之道保证圣经的权威性。例如把上帝之道推崇至无以复加地位的卡尔·巴特所理解的上帝之道并非圣经本身。圣经在他看来只是记载下来的上帝之道。除此之外,还有宣讲出来的上帝之道,即教会布道,以及启示的上帝之道本身——基督。后者是前两者的基础。上帝之道的启示保证圣经和教会布道成为上帝之道。

这条原则同样贯穿在布尔特曼的解神话化之中。布尔特曼所谓的上帝之道从来不是单指圣经本身而言。上帝之道就是上帝的行动,因此从现象学的角度而言,就是上帝自身的显现。上帝之道作为上帝的行动是上帝向

---

① 　伽达默尔:《诠释学 I:真理与方法》,第468页。

人发出的召唤和要求。"上帝之道是向人发出的召唤和要求,这是确定的、毋庸置疑的、不能追问为何的。"①所以说,圣经,只有当它产生召唤和要求的作用时,才成为上帝之道。布尔特曼以此对犹太人的律法书这样解释道:"《托拉》既不包含永恒真理,亦不是某个无时间性的道德规律的体现;毋宁说,它是上帝向摩西说的,后来在犹太人会众中重新被言说,它作为上帝那要求顺从的召唤,关涉着每个个体。"②因此,在布尔特曼看来,抽象地、教条地声称圣经是上帝之道是没有意义的,甚至会招致对圣经的批判从而使上帝之道的权威荡然无存。所以,应当把圣经和上帝之道的位置加以颠倒,不是圣经保证上帝之道的权威,相反,圣经的意义和权威在于它在宣道中能成为上帝之道。这正是布尔特曼解释学的终极目的,即让圣经成为对当下个体发出的上帝之道。

在此基础上,我们可以探讨神学解释学的创造性问题,该问题实际上涉及另一个问题,即究竟何为理解圣经。既然圣经已经不是一本记载某个民族历史和道德规范的文献,而是在宣道中成为向当下的倾听者发出的召唤和要求,那么,理解圣经显然不等于获得圣经历史批判者所获得的知识。因此,这里的理解总是意味着自我理解,但却不是关于自身的理论认知,而是采取抉择和顺服的行动。只有用行动去回应上帝之道的召唤和要求的人才算理解圣经。就此而言,圣经知识或者说信仰知识是一种实践知识,它与亚里士多德称之为"自我知识"的道德知识具有相同的性质。所以,布尔特曼说,"从一个中立的立场出发,它(圣经)无法被理解为上帝之言。"③这里总要涉及理解者的处境,从而涉及应用。

因此,神学解释学的创造性就布道与听道的关系来看更为明显。没有一个听道者会与另一个听道者对宣道产生绝对相同的回应和理解,就像他们能毫无差异地算得一个数学题的结果一样。尽管伽达默尔以圣经绝对权威之名剥夺了神学解释学的创造性(对圣经的补充性修改),但他又抓住神学解释学中布道与听道的关系将其作为解释学应用的典范,"它(神学解释学)假定了《圣经》是在对我们讲话,并且只有那些被允许去听这种讲话的人才理解。就此而言,应用是首要的东西。"④不难看出,应用在神学解释学通过宣道得以体现。就此而言,这一问题已通过布尔特曼的宣道解释学得到非常明显的阐述。虽然伽达默尔没有围绕布尔特曼的宣道进行深入探

① 布尔特曼:《信仰与理解》卷一,第 332 页。
② 同上。
③ 同上书,第 344 页。
④ 伽达默尔:《诠释学 I:真理与方法》,第 470 页。

查,但他关于应用在解神话化的体现并非毫无察觉。在对布尔特曼的回忆中,他这样总结和评价解神话化的意义:"解神话化实际上对于布尔特曼及其学生而言只是他向来的解经实践的整理:表达了一个解释学原则,即现实的理解必须翻译(转换)到自己的语言之中。它是一个方法问题,而不是教义问题,更谈不上异端邪说。"①不仅如此,伽达默尔甚至认为应用问题在布尔特曼之后的神学解释学,亦即富克斯和埃贝林的解释学中得到明确体现。② 然而,以富克斯和埃贝林为代表的新解释学实际上正是沿着其师布尔特曼的宣道神学所开辟的路径往前行走。当然,伽达默尔或许出于多种缘由,不曾关注或探讨布尔特曼的宣道,但倘若抛开思想家之间的个人学术关系,但就应用这一解释学问题本身的内涵而言,神学的宣道无疑占据重要的地位故而对哲学解释学的发展具备重要意义。就此而言,布尔特曼立足于宣道与伽达默尔立足于亚里士多德的伦理学企图阐明的理解、解释和应用的三位一体关系是一致的。这一方面说明,神学解释学在四门部门解释学中,诚如伽达默尔自己承认的,与哲学解释学靠得最近。另一方面,也说明布尔特曼解释学作为神学解释学的最新发展,充分体现了神学解释学在哲学解释学形成和发展过程中的作用,从而也进一步彰显了布尔特曼在哲学解释学发展中的地位和影响。

三、自 我 理 解

　　理解之所以必须是应用是由理解者的处境决定的。理解者是历史性的存在决定了理解,着眼于理解者而言,是被理解者进入到理解者的境遇中来,着眼于被理解者而言,是理解者参与到被理解者的境遇中去。但无论如何,理解不可避免地是应用,即处境化的过程。那么,人的解释学处境,或者说人的历史性,具体说来意味着什么? 如果引用海德格尔的说法,历史性意味着人向来是有所领会地在那里。人绝不是一个清楚透明的主体意识,而是被抛掷在一个具体处境中,并在其中自我筹划着的生存现象。无论是布尔特曼还是伽达默尔,当他们谈论自我理解时,都以此为出发点。

　　"自我理解"可以说是布尔特曼解释学思想的核心概念之一。它上承布尔特曼的基本神学原则:谈论上帝同时就是谈论人自身,下启他的解释学原则:任何理解都是解释者的自我理解。然而这句话是非常有歧义性的。就像前一句话会招来人本主义和新自由主义的帽子一样,后一句话,若不具

---

①　　Hans-Georg Gadamer, *Gesammelte Werke*, *Band 10*, *Hermeutik im Rückblick*, S.391.

②　　参见伽达默尔:《诠释学 I:真理与方法》,第 467 页下第 275 注释。

体阐明,也会导致理解上的主观主义和相对主义。那么,让我们来看看布尔特曼所谓的自我理解到底包含了哪些意义?

当讨论布尔特曼的自我理解问题时,必须严格地把它与一般意义上的自我认识和近代哲学以来的精神的自我实现区别开来。布尔特曼的自我理解是建立在人作为历史性存在这一基础之上的。鉴于此,一切以对象化思维为基础获得的关于人的知识都被排除在自我理解的范围之外。例如生物学关于人的身体和生理的知识,医学关于人病理的认识,心理学关于人心灵的认识,社会学关于人行为的认识,甚至哲学关于人之本质的认识都不能算作人对自我的理解。这些知识虽然充实、丰富了我们对人的认识,但却把人从他的时间性和历史性中抽离了出来。换言之,它们是对一般的,抽象的人的认识,而布尔特曼所要追问的是一个具体的在时间中生存着的人的自我理解。一个这样的人"并非像面对自然时那样站在历史的对面。对于自然我们可以采取某种距离思维来讨论它,相反,我们站在历史之中成为历史的一部分。我们谈论历史的每一句话必然也是对我们自己的谈论,也就是说它透露了我们是如何解释自己的生存"①。

既然人是历史性存在,也就是说他的本质不在于某个超时间的永恒之物,那么,如果着眼于历史的变化和发展,例如把人视为一个从潜在到现实,低级向高级的精神过程,是不是就能把捉到他的历史性了呢? 此类观点虽然非常强调运动、变化、发展,历史的味道似乎很浓厚,但实际上与强调普遍抽象的无时间性本质的思维方式如出一辙。它所把握的运动无非是隐藏在各种纷呈复杂的变化背后的本质变化,换言之,是指导具体运动的原则运动,究其根底还是一种无时间、无历史的本质。无论它把世界中的一切事情视为是从潜在向现实的运动,还是把人类历史视为观念和精神从低级向高级的实现过程,有一点是非常明确的,即无论最终发展至何等的层级或阶段,它们都事先已经在起点之处就被酝酿着了。因此,这种运动和发展是必然的。这种观念论或唯心主义的思想"在历史中它发现的总是自己,因为它把历史的形态还原至存在于人的理性中的观念运动。所以它预先占有了历史发生的所有可能性"。② 正是在这里,它与人的历史性背道而驰,所以由之而来的关于人的界说也不能算作自我理解。

那么,所谓人的历史性和自我理解究竟是在何种意义上而言的呢? 对象化思维和观念论不能把握人的历史性,因为它们都企图把人作为一种不

---

① *Theologische Bücherei*: *Die Anfänge der Dialektischen Theologie* Teils 2,S.55.

② Ibid.,S.51.

变的本质或规定好的运动过程一劳永逸地把握住。而人的历史性恰恰在于它是不可占有的(unverfügbar)。我们虽然可以就人是什么形成许多思想和学说,但是,有哪一个具体的人的生活是按照这些理论,哪怕是其中的一个而发生的呢? 有谁是先把自己的一生按照某种哲学规划好之后才开始生活的呢? 生活是绝对的开端,生活没有前提,一切哲学都是生活中的反思,而人首先总是已经投入在生活之中了,或者援用海德格尔的表达,人首先总是在那里。"在那里生存着"正是布尔特曼所谓的自我理解。就此而言,自我理解与理论意义上的自我认识,以及与日常所谓的自知之明、自我定位毫无关系。相反,历史性的自我理解在某种意义上恰恰意味着对自己毫无所知。因为这种理解不是别的,正是不可占有的生存本身。"人的生存不是作为类存在的人的个例,而是在他的个体的生活中得到理解的;这生活发生在时间性中,表现为诸多一次性的、不可重演的时刻以及时间中的诸多事件(Ereignissen)和诸多抉择(Entscheidungen)。这表明,我们的生存不是我们可占有的和可确定下来的。"①然而,这不是说生存是某种非理性的神秘事件,毋宁说,生存是最为现实因而是最为真实的,它不可占有因为它拒绝占有,所以,自我理解不可能在生存之外,而只能是生存之中的展开。

　　鉴于自我理解的不可支配性,布尔特曼认为在理解和解释过程中发生主导作用的不是理解者的主体意识。理解者的自我理解虽然是理解的前提(这是就他是可能性存在而言的),但这不表示他可以预先知道他将要理解到什么。毋宁说,恰恰因为他作为理解之前提在于他的能在,这意味着理解本身作为他的自我理解也是不可占有的,也就是说,他不能规定理解活动本身的发生,或者说,不能决定他在理解过程中会遭遇到什么。相反,他只能参与到这个活动中去理解他所能理解的东西。因此,布尔特曼说:"如果我们放弃对文本的中立(客观认知的态度),这意味着主导解经的是真理问题。"②为了更好地理解布尔特曼的意思,我们不妨采用反面例证法。如果我们像观念论那样去对待一个文本,即认为无论这个文本表达了什么内容,它们都已经在理解者的精神本质中被蕴含着了。在这样的前提下,理解无非是去把文本中本来就属于理解者的东西实现出来,或者说借助文本把理解者的精神潜藏的东西实现出来。这样,主导理解的就不是真理问题,而是理解者自己。文本的内容在这里无非是"理解者作为理性主体事先拥有的

---

①　*Theologische Bücherei*；*Die Anfänge der Dialektischen Theologie* Teils 2，S.56.

②　Ibid.，S.51.

东西"。① 然而,这不是布尔特曼要主张的理解。理解的意义在他看来仅在于它是一个事件。具体言之,理解是一个理解者与理解对象相遭遇的实际性(Wirklichkeit)。这如何可能? 只有当理解者不是一个以某种方式事先把理解对象把捉于自身之中的精神,同时,也只有当理解对象是一个以全然相异的面貌为理解者带来全新信息的他者,理解才可能是一个历史性事件,否则理解就是非时间、超历史的认知活动。因此,理解是一个事件的意义在于,在理解中总是会发生偶然意外,从而让理解者惊诧的事情,而并非一切都是事先规定好的东西的必然展现;不仅如此,理解甚至会表现为对象向理解者发出挑战,使他的存在成为成问题的。因此,理解者的自我理解意味着他随时做好准备去从文本那里接受他不知道的内容,而被理解者的他者性则意味着要把文本的话语当做权威去倾听。否则"文本的话语不会对他成为一个事件(时间事件);文本不会成为一个挑战他的权威,因此向他道出某种全新的事情"。② 这种情况往往是因为我们认为在理解中"所有的可能性来自于对人的生存的把握,这种生存是可占有的、可确定下来的"。③ 然而,理解作为一个事件必定是事情的解释(布尔特曼语)。"与之相对的是事情的解释,它预设了完全不同的对人的生存的理解。……我们的生存不是我们可占有的和可确定下来的,而是不可确定的和成问题的,因此,我们做好准备听取话语本身以及它发出的追问,对我们而言,意味着决定把文本的要求当做权威来听取。"④可见,布尔特曼所谓的真理问题不是别的,正是那不可把握、不可占有的生存活动本身。生存虽然总是人的生存,但它却不是为人所把握和占有之物,换言之,真理即人本身所是的那个现象——生存。就此而言,真正的理解就是生存,只有在生存之中,而非其外,被理解者才能作为他者与理解者相遭遇。

布尔特曼对自我理解以及理解的这种不可把握和不可占有之特征的描述,并在此基础上把理解标画为真理,与伽达默尔达成深刻共鸣。后者专门撰写一篇文章《自我理解的疑难性——关于解神话化问题的解释学讨论》(1961年)讨论自我理解问题。在本文中,伽达默尔反复强调的是,自我理解的不可占有性。这一特性表明理解具有游戏结构,因为"在理解中有一种吾丧吾的因素"。⑤ 理解者的自我理解不具有自然科学所要求的那种自

---

① *Theologische Bücherei : Die Anfänge der Dialektischen Theologie* Teils 2 , S.53.

② Ibid. , S.57.

③ Ibid.

④ Ibid.

⑤ 伽达默尔:《诠释学 II:真理与方法》,第 157 页。

我占有意义上的自我知识。理解的游戏性意味着理解者并不是理解运动的主导者和规定者,相反,他如痴如醉地投身在游戏之中而丧失掉自我占有,但恰好却又不是自我迷失,而是自我丰富。伽达默尔认为,"在和文本打交道以及理解保存在宗教文献中的福音启示的含义时的情况也与此类似。"①所以,他紧接着用基督教布道说明"理解是一种谈话方式的相互理解"。②相互理解的对话不只是获悉对方所表达的,而是把对方所说的转化成自己的语言说出来,因此它需要向对方敞开,正如在布道中,真正理解不在于听布道的内容,而在于从中听到上帝的召唤,而这只有当听者彻底投身到整个布道活动之中去时,方才可能。"理解之真正的实现并不在于布道本身,而是在于布道作为一种向每个人发出的召唤被听到的方式。"③所以,如果对话者在对话过程中始终抽身于对话之外,对他人的话语进行对象化审视,而不是融身于对话之中被对话活动本身所主导,就没有真正的理解发生。很显然,伽达默尔关于自我理解之游戏结构的论述在布尔特曼那里能找到契合之处。当然这并不是要为布尔特曼争夺功劳,理解的游戏结构当然是伽达默尔正式提出的,我们的意图仅在于捋清、澄明布尔特曼与伽达默尔的游戏学说之间的内在关联。这种关联其实在伽达默尔后来对布尔特曼的自我理解的阐释中得到了暗示,这主要体现在他另外两篇论文中。第一篇是1964年撰写的《马丁·海德格尔和马堡神学》,另一篇是1965年撰写的《解释学与历史主义》。

在第一篇文章中,伽达默尔对布尔特曼关于生存的不可占有性和自我理解的阐述显然要比他在《自我理解的疑难性——关于解神话化问题的解释学讨论》更深一步。伽达默尔已然看到自我理解在布尔特曼那里被赋予的意义与古希腊哲学具有完全不同的旨趣。"他(布尔特曼)描写了与古希腊哲学中内含的自我意识相对立的基督教信仰的立场。……特别是,古希腊哲学意味着斯多葛派自我控制的理想,它被解释为完全自足的理想,并被基督教批评为是站不住脚的。由此出发,在海德格尔的思想的影响下,布尔特曼用非本真和本真概念详细解释了他的主张。已落到这个世界中的此在,根据自我控制理解自身的此在,被看作为转化,并且在破坏其自足过程中经历着向本真的转折。"④伽达默尔看到布尔特曼用非本真的生存代表一切以对象化思维为前提的、从自我确定性出发理解自身的生存方式,并将之

---

① 伽达默尔:《诠释学Ⅱ:真理与方法》,第163页。
② 同上。
③ 同上书,第164页。
④ 伽达默尔:《哲学解释学》,第207页。

与基督教信仰的那种放弃自我营造的确定与稳妥、投向全然他者的生存方式相对比。他由此注意到布尔特曼的自我理解与心理学的自我认识，甚至与德国唯心主义的精神概念的辩证的自我认识之间的差别。"自我理解概念由此就同自我认识概念相区别，这种区别不仅是在'心理学意义上'，即在自我认识中可以发现某些预存的东西，而且同样在规定着德国唯心主义精神概念的深层思辨意义上。显然，在黑格尔的现象学中这种自我意识的发展必须通过对他物的承认才有可能。……精神就是它所生成的东西。但是在自我理解概念中（如其与神学家相适合）涉及的是某种他者。"①在这里值得一提的是，伽达默尔看到基督教的自我理解中有一个哲学没有的维度——他者。虽然黑格尔也讲他者，例如自我意识的形成与他者的承认，但这个他者只是自我意识达至其普遍性过程的一个环节，并不是真正的他者。基督教的他者是完全从我之外临到我，因此是我不可占有和超越，只能去遭遇的他者。真正的他者是与生存的不可占有性相应而言的。生存与精神不同的是，它并不事先把一切作为潜在包含在自身之中，然后在历史中以自我展现的方式展现他者。所以，当我们说人是可能性存在时，不是说他把他者作为一种可能性潜存于自身之中。恰恰相反，能在意味着敞开，即让他者遭遇自身。他者不是从我里面推出来的，而是从我之外带着我不可预知的信息迎面走来，而这是以我的历史性存在的敞开状态为前提的。正是在这个意义上，伽达默尔称这个他者是不可支配的，而总是准备着去遭遇这样一个他者的自我是不可理解的。"不可支配的他者，即外在于我们的东西是这种自我理解的前提。我们在永远更新的经验中对某个他者和许多他者所获得的自我理解，从基督教的角度看，在某种本质的意义上总是不可理解的。"②这句话可以说是对布尔特曼自我理解概念的精要阐述。这一点可以通过布尔特曼关于解释问题的阐释得到印证。

在第二篇文章中，伽达默尔更是一语中的地指出布尔特曼自我理解的实义："自我理解应该指一种历史决定而非指某种我们可支配和掌握的东西。布尔特曼经常强调这一点。"③显然，伽达默尔将布尔特曼自我理解与对象化的自我认知，甚至与德国唯心主义的自我意识的发展区别开来，非常深刻地把握到布尔特曼的意图。正因为如此深刻的把握，他才能在《自我理解的疑难性——关于解神话化问题的诠释学讨论》一文的开篇便将其理

---

① 伽达默尔：《诠释学 II：真理与方法》，第 513 页。
② 同上书，第 514 页。
③ 同上书，第 512 页。

解的游戏结构与自我理解问题关联起来予以讨论。

尽管如此,在《自我理解的疑难性》中,伽达默尔仍然嫌弃布尔特曼的自我理解由于跟从海德格尔前期而落入主体性窠臼。但实际上在第四章中,我们已经集中讨论过布尔特曼宣道神学与海德格尔后期思想在精神旨趣上的契合,以及他们共同的现象学精神。宣道神学是以布尔特曼对生存的理解以及本节所讨论的自我理解为前提的。而且,我们还提到,虽然布尔特曼对海德格尔的关注主要是在其前期,但他也不是对其后期全然无知。我们曾经专门提及过一篇文章涉及布尔特曼对海德格尔后期的评述。所以,布尔特曼虽然没有大量关注和借鉴海德格尔后期思想,笔者认为,他从自己的问题出发,在他和海德格尔共同思想旨趣的导引下,不约而同地与海德格尔后期走到了一起。既然如此,如果伽达默尔的解释学如其自称的那般是对海德格尔后期的证明,"我仍然认为有可能在解释学意识本身中证明海德格尔关于'存在'的陈述以及从'转向'经验中发展出的问题方向,我在《真理与方法》中曾经做过这种尝试。"①那么,他所揭露的理解的游戏结构,甚至包括其他与海德格尔后期相关的思想,肯定会以某种形式在布尔特曼解释学中得到展现。故此,如果我们将研究从自我理解继续推深到宣道思想,也许会发现布尔特曼与伽达默尔之间存在着更广阔的对话空间。下面将从贯通布尔特曼的自我理解概念与海德格尔后期开始,尝试在宣道与伽达默尔游戏说之间发起一场更加精彩的对话。

第二节　宣道与伽达默尔的解释学

一、宣道与游戏

1. 布尔特曼的自我理解与海德格尔后期

伽达默尔虽然不赞同布尔特曼是海德格尔思想的移植者这种肤浅的观点,而且就布尔特曼在神学领域对海德格尔思想的创造性理解给予高度评价,但他也认为,布尔特曼无论如何没有跟上海德格尔的步伐,以至于未能真正抓住后者的核心问题。"先验哲学的自我知识证明,它不太适合于海德格尔内心深处所考虑的问题,从一开始就推动着他前进的问题。后来产生的、关于转向的讨论,在我看来,似乎不再能与布尔特曼的基本神学所关

---

① 伽达默尔:《诠释学 II:真理与方法》,第 156 页。

心的事连在一起了。"①当然,伽达默尔并不主张海德格尔的前期和后期是断然决裂的。毋宁说,他是以一种辩证的眼光看待这个问题的。一方面,海德格尔前期虽然谈论的主题是此在,但是他要揭示的实际上是存在的意义。"就此而言,一切后来的'存在事件'(Seingeschehen)、作为存在'澄明'(Lichtung des Seins)的'在此'(Da)等概念早已作为结论而隐藏于《存在与时间》的最初萌芽之中。"②另一方面,此在的存在论分析无法透彻地澄明存在问题,因为它毕竟透露出先验论和主体性的气息,因而无法从根本上克服形而上学的存在遗忘。就此而言,可以说后期"海德格尔的思路朝着相反的方向发展着"。③ 伽达默尔对海德格尔前后期关系的理解或许可以这样总结:就基本问题而言,海德格尔的整个思想并没有发生转向;但就运思的方向而言,前后期的海德格尔则是断然有界可寻的。

布尔特曼是如何理解海德格尔前后期之关系的呢? 首先,他从一开始就意识到海德格尔的核心问题之所在,因此和伽达默尔一样,他不认为海德格尔的前后期是断然决裂的;此外,他比伽达默尔来得更彻底。他不仅不认为在思想宗旨上有断裂,而且认为,即使在运思上也没有差别。在布尔特曼看来,无论是前期的生存着的此在,还是转向后的存在的真理、存在的澄明、语言的道说等旨在于阐明存在事件的观点,皆为突出同一个思想,即不可占有性(Unverfügbarkeit)。

在《反思奥托·珀格勒所描述的马丁·海德格尔的思想道路》(1963年)一文中,布尔特曼对珀格勒关于海德格尔前后期思想关联的认识深表认同,以此指明海德格尔后期与他的神学之间的暗合与相通之处。布尔特曼认为,虽然海德格尔转向后逐渐把此在淡出,转而谈论存在之真理甚至存在之虚无化,但却仍然以人的生存经验为基础。"我现在试问:向来分解着(aufbrechenden:参孙周兴译法)的解蔽事件(Ereignis)能被理解为不同于生存经验的东西吗? 真理被称为自由,是敞开的行动。……是谁在行动? 是谁在开启? 非人莫属。……分解的事件难道不是人本真生存着的经验吗?"④实际上,布尔特曼也并不是没有看到海德格尔因为生存与主体性的纠缠不清而陷入困难之中,但他认为,海德格尔没有放弃生存概念。相反,真理的敞开状态以及存在的解蔽—遮蔽的虚无化无非是从生存演变过来的。"海德格尔拒绝生存概念不是由于生存被理解为主体性吗? (但)他通

---

① 伽达默尔:《哲学解释学》,第 208 页。
② 伽达默尔:《诠释学 II:真理与方法》,第 156 页。
③ 伽达默尔:《哲学解释学》,第 208 页。
④ *Rudolf Bultmann-Martin Heidegger Briefwechsel 1925–1975*, S.308.

过谈论生存向绽出之生存(Ek-sistenz)的转化,以某种方式恢复了生存概念的名义。参与到无蔽状态的敞开之中,'使无蔽状态作为在无蔽状态中去遭受和绽出生存的泰然任之(eingelassenheit)而得到保存'。如果把生存替换成虚无,生存就转变成绽出之生存。"①因此,即使海德格尔转向后的确转换了视角,即从此在的生存经验转化为此在融身其中的事件,如真理的敞开和存在的虚无化等,布尔特曼仍旧认为后者实际上是前者的转化,因此无论是前期的生存经验抑或后期存在自行澄明的事件都具有同一个特质,即它们都是不可把握和不可占有的。即是说,它们都是超越主体意识的。

海德格尔为什么强调真理与非真理的辩证关系,为什么突显存在的自我隐藏的虚无化特性,甚至不惜采用诗化的甚至近似神秘的语言谈论存在事件?原因在于,如果不这样,人们就容易把存在当成某种可占有和可把握的东西,从而回到形而上学之中。布尔特曼正是从这个角度来解读海德格尔后期。"敞开状态总是超出它之所是,因为它总是与隐藏为伍。它是所有持存之物和可占有之物的'虚无',因此不可通过将之归到持存的和可占有的类的普遍性下予以把捉。"②布尔特曼如此理解海德格尔后期当然是与自己的思想旨趣密切相关的。由于存在事件和人的生存经验都是不可占有的,所以,从这个特征去解读海德格尔后期暗示了布尔特曼打通他的生存神学与后期海德格尔思想的意图。

在布尔特曼看来,存在之不可把握性与辩证神学强调的作为全然他者之上帝的理解有异曲同工之妙。上帝之全然他者性不是要把上帝作为一个超历史、超理性的不可认知的对象悬置于彼岸世界,而是要告诉人不要企图一劳永逸地对上帝形成某种永恒地真知灼见。上帝是不可把握和占有的。布尔特曼说:"如果虚无属于存在,那么思(Denken)就要做好准备在存在的真理中把存在当作不可占有的事件去经验。与此相应,新教的上帝理解也是这种情况。"③这里,布尔特曼将上帝理解与存在真理相提并论,而海德格尔的存在在他看来和生存都具有不可占有的特征,由此说明,布尔特曼没有局限于人来理解生存,毋宁说生存是人置身其中的事情本身,因此它可以与海德格尔对存在的理解相通,并带出一种新的上帝理解。

如前所述,布尔特曼不把上帝理解为一个实体,上帝就是上帝之道,是行动,因此是生存事件,就此而言,布尔特曼的生存神学所透露出的上帝理

---

① *Rudolf Bultmann-Martin Heidegger Briefwechsel 1925–1975*, S.308–309.

② Ibid., S.314.

③ Ibid., S.315.

解与海德格尔在《人道主义书信》中关于从存在的真理理解神性的提法是相通的。他说:"只有从存在的真理出发,神圣的本质才有可能被思考。只有从神圣的本质出发,神性的本质才有可能被思考;而只有在神性的本质的照耀下,上帝这语词所指的一切才可能被思考。"①海德格尔的存在和布尔特曼的生存都具有超越性特征。布尔特曼之所以没有刻意关注海德格尔后期,一方面如我们之前所述,由于他从自己的问题视域出发同样走向了与海德格尔后期相似的道路,另一方面则由于,在布尔特曼看来,海德格尔后期所谈论的,他已经在前期谈论过了。这种理解在布尔特曼自己的思想视域内是顺理成章的。因为,他根本不觉得海德格尔的此在分析论与所谓的主体性和先验论有任何瓜葛。可能有人会质问说,就连海德格尔自己都感到这种困难了,难道布尔特曼比他海德格尔还理解海德格尔? 在某种意义上可以这么说。但其意义已经不在于谁更好地理解了海德格尔的原义,而在于,布尔特曼为什么能够看到海德格尔没有看到的? 海德格尔自己,以及他的很多解释者把他的前期归到先验论并非没有道理,因为海德格尔的此在分析论是一种形式上的结构式的分析,即存在论—生存论的分析,它虽然扎根于生存经验,但毕竟是对之的一种形式化,所以难免有抽象的意味和取向。但是,布尔特曼的生存神学,虽然以海德格尔的生存论分析为前提,但更加凸显的是当下的、正在发生的生存经验本身。如果再次引用存在论—生存论和存在—生存状态这两个层次的话,那么海德格尔主要站在前一个层次,而布尔特曼则牢牢抓住后一个层次。

这两个层次的区别在于,前者是可说的、可做现象学描述的,后者根本不可说,因此不可把握和占有。生存经验拒绝说,逃离语言的描述。可能又有人会问,如果生存经验不可说,那布尔特曼的圣经解释说的又是什么呢? 布尔特曼有专门的新约注释——《新约神学》,但那不是对生存经验的言说,而是对新约概念的生存主义解释,仍然是理论意义上的。生存经验作为当下的发生是不可说的,正如存在是不可说的一样,它们都是正在发生的事件,是不可把握、不可占有、不可对象化因而是超越的。正是因为如此,布尔特曼的解神话化必定走向宣道,而海德格尔也必定转向一种诗意的言说。宣道和诗都不是对正在发生之事件的表达和描述,而就是事件本身。宣道就是上帝的召唤和听者的生存抉择。而在诗的语言中,物被召集而存在起来。也正是在这里,从海德格尔的前期到后期,人从存在意义显现的场所变成投身于真理之敞开状态的参与者,存在的守护者,道说的倾听者,但无论

---

① 保罗·利科:《解释的冲突》,第489页。

如何,最终的基础是人的自我理解。"难道这里(后期)不也是在此在的自我理解中发生的吗? 尽管此在在这里是以比在《存在与时间》中更为彻底的方式理解着自己。"①所以,"存在的经验是以此在为前提的,没有此在的理解就不可能有存在的理解;而这里所说的难道不是自我理解吗?"②布尔特曼认为,无论是存在的开显还是此在的自我理解(生存)都是不可把握的当下发生。在他眼中,自我理解与对象化的自我认识因而与形而上学的先验论、主体性风马牛不相及。

在第四章中,我们谈到海德格尔放弃前期此在现象学解释学道路的原因有二,一是这种方法的先验性嫌疑,二是它的内在性困境。但通过上述关于布尔特曼的自我理解与海德格尔后期之间关联的阐述,我们发现,在布尔特曼那里自我理解作为不可占有的当下生存不仅与先验主体毫不相干,而且根本不会像海德格尔所认为的那样,会将问题始终限制在此在的生存领域之内,从而无法达到超越的维度,也就是他所谓的此在现象学的内在性困境。首先,我们不应该把凡是将人作为谈论中心的哲学都归入先验论的范畴,毋宁说作为先验主体的人和作为生存的人代表两种对人截然不同的理解。总的来说,布尔特曼和海德格尔都站在后一种立场上,但是,由于海德格尔是立足于存在论—生存论的层次对此在进行现象学分析,因此难免沾染形式化乃至先验论的色彩,但这个问题对于完全立足存在—生存层次的布尔特曼来说根本不存在。生存不可表述、不可对象化因而不可占有的当下性特征恰恰表明它是一个超越的现象,即超越人的任何主体认知活动,甚至超越现象学描述。

此外,透过上面的论述,我们还发现,不仅生存本身就是超越的,而且正是因为生存,超越性才是可以谈论的。换言之,只有相对于一个不可占有、不可把握因而总是向着他者敞开的当下生存,超越的他者才是可能的。他者不是从我里面推演出来的,而只可能是从我之外临到我的,所以生存的超越性不仅在于,它本身作为不可把握的当下发生超越于对象化认知,更重要的是,只有在生存中,人才能去让这个他者临到他,从而去遭遇他者。就此而言,海德格尔因为顾虑前期道路的先验性和内在性而发生转向的做法,其实并没有完全摒弃前期。换言之,人若不首先是此在,即敞开的生存,是无法置身于存在的显现,也无法倾听到存在的道说,因而,从存在本身揭示存在的进路也是无法完成的。海德格尔后期的运思虽然发生逆转,但却是以

---

① *Rudolf Bultmann-Martin Heidegger Briefwechsel 1925–1975*,S.309
② Ibid.,S.310.

其前期为前提和基地。正是由于这个原因,伽达默尔认为我们仍然可以就立足于人的经验世界、人的日常语言,把海德格尔后期企图表达的存在的超越性纳入进来加以阐明。所以,面对海德格尔就解释学循环对他作出的内在性禁区的批判,伽达默尔回应道:"我觉得,正是在这一点上(解释学循环),我们可以追随海德格尔对胡塞尔先验终极证明中蕴含的现象学内在性概念的批判。我试图阐明语言的对话特征远远胜过在主体的主观性与在说话者的意图中寻找出发点。"①

然而,通过上述对布尔特曼自我理解概念的论述,不难发现,布尔特曼所理解的生存已然具有突破先验论和内在性的苗头。更为关键的是,布尔特曼以生存为基础建立起来的宣道没有像海德格尔后期那样走向诗化和神秘,而是紧紧抓住现实的宣道活动,因此与努力克服海德格尔后期神秘倾向的伽达默尔之间必然具有共同性。伽达默尔主要通过艺术游戏的经验和语言的经验来做成这一点。下面让我们就布尔特曼的宣道神学与伽达默尔的艺术游戏和语言观进行一些讨论。

2. 艺术游戏与宣道

为什么要把上述关于布尔特曼的自我理解与海德格尔后期思想关系的谈论放在这里,而不是归到第四章中呢? 在此引入这个插曲的目的在于把布尔特曼的解释学与后期海德格尔,从而与声称从解释学经验证明海德格尔后期的伽达默尔贯通起来,故而一方面拓展对布尔特曼解释学的理解,另一方面看到它在哲学解释学发展过程中的地位和意义。

既然自我理解是不可占有的当下发生事件,那么就应当抵挡一种理解上的诱惑,即把自我理解当做是主体性的自我认知或一种纯粹的主观状态。这种诱惑可以说是这个术语本身固有的,尤其是当我们把它仅仅局限于生存论解经的范围,亦即把解神话化仅视为一种解释学方法时,情况更是如此。由于在谈论理解行为时,总是在理解主体与理解对象的关系模式之中进行,所以,"理解是一种自我理解"要么导致主观主义和相对主义的理解观,即理解是理解主体的不受制约的发挥;要么导致唯心主义的理解观,即理解是理解主体潜在性的实现。上述两种误解的共同之处在于两个方面的原因。第一,它们都把自我理解的"自我"视为一个非时间、非历史的基点,这个点不是在经验之中,而是经验的开端。因此,第二,它们都把自我理解视为主体占有的现成之物,它或者是主体的现成观点,或者是主体事先以潜在的方式所占有的可能性。所以,要真正把握"理解总是理解者的自我理

---

① 伽达默尔:《诠释学 II:真理与方法》,第 421 页。

解"这一判断的意义,必须超越和克服以上两个方面。那么,如何超越作为拥有自我确知的非历史性的主体呢? 从伽达默尔的艺术游戏理论和布尔特曼的宣道神学中都可以看到这方面的努力。

(1)伽达默尔的游戏理论

在第一章中,我们已经就布尔特曼解释学提出的神学和哲学动因有所交代。如果说解神话化的神学背景是启蒙以来的理性和实证精神带给圣经解释的重重危机,那么,在哲学方面,其动因主要是马堡学派将之发挥至极致的对象化思维。然而,这两个方面是相关联的。圣经批判研究和宗教历史学派之所以能操控整个 19 世纪的神学领域,正是由于它们迎合了对象化思维,或者说,它们是后者垄断神学领域的结果。对象化思维的负面效应远非只在神学领域表现出来,其实,当时新兴的哲学思潮也致力于克服它在整个人文领域的恣意扩张。布尔特曼的解释学无非是时代精神的发展在神学领域的表现。所以伽达默尔说,"鲁道夫·布尔特曼对神话的批判,对世界神话式描写的看法,特别是认为这种对世界的神话式描写在《新约全书》仍然起支配作用的看法,也就是对客观化思想这个总论点所作的一种批判。"①当然,布尔特曼对对象化思维的批判不是简单地摒弃,相反,他非常重视历史批判研究和一切与对象化思维相关的神学研究。而且,这种思维模式由于与人的存在相关根本上也是不可能摒弃的。所以,布尔特曼把他的解释学工作与海德格尔的生存哲学联系起来,以人的可能性存在为基础一方面把对象化思维诉诸于人的某种生存可能性,另一方面,揭露它对于信仰的不合时宜性。

通过对新约的一个重要概念"身体($\sigma\omega\mu\alpha$)"的考察,布尔特曼发现,新约使用这个概念并非在一般意义上指我们现成可见的身体。"人被称为'身体',因为他既能够使自己成为自己行为的对象,也能够把自己当做遭遇到某事的主体加以体验。"②这样表述或许还不足以令人看到其中的区别,因为在后一种情况下,仍然有主体在场。但是,这里的主体已不是前一种情况下与客体对立的认知主体,而是一个投身在当下经验中的体验者。所以,更精确地说,后一种可能性意味着"人可以把自己理解为隶属于某个并非源自他自己意志的事件"。③ 在阐明这两种可能性时,布尔特曼借用了海德格尔本真与非本真这一对概念。但是,在第三章中关于二者在几个概

---

① 伽达默尔:《哲学解释学》,第 200 页。

② Rudolf Bultmann, *Theology of the New Testament I*, p.195.

③ Ibid., p.196.

念使用上的差异已经告诉我们,布尔特曼对非本真与本真的理解并非完全遵循海德格尔的本意。在海德格尔那里,本真与非本真作为常人之沉沦和超越常人的决心尽管存在着差别,但它们毕竟都属于此在的生存论结构,因此比对象化思维更加本源。然而,布尔特曼将这对概念主要与对象化态度和非对象化的当下经验相对应,而且其主要目的不在于指明孰本孰末,而是要将二者区别开来,以便一方面抵御来自对象化思维对信仰的损害,另一方面着眼于生存经验来阐释信仰的意义。但正是因为这个原因,即对对象化思维的批判,使得布尔特曼与伽达默尔的旨趣更加接近。

众所周知,伽达默尔提出游戏说的目的在于通过批判自康德以来在艺术领域占统治地位的主观审美经验,指明艺术经验中的真理。他主要通过以下三点来阐明艺术经验的特征。

第一,游戏作为艺术作品的存在方式,其主体不是游戏者的意识,而是游戏本身。审美意识的哲学前提是近代的主体性概念,即把人视为抽象的意识主体。所以,要批判它,必须首先超越主体意识。按照主体性哲学,甚至按照通常的意见,总认为游戏作为人类的一种活动理所当然地隶属于或受决于游戏的人。但是,伽达默尔通过对游戏的反思发现,"游戏的主体不是游戏者。"①因为,首先游戏者必须遵守游戏的规则,"谁不严肃对待游戏,谁就是游戏的破坏者。"②更为重要的是,虽然不完全排除游戏者意识的作用,但是,在某种意义上,他在游戏过程中所采取的行为却不是他的意识能完全决定的。所以,伽达默尔认为,在艺术经验中,起主导作用的不是审美主体的主观感受,而是让审美主体卷入其中的游戏本身。"游戏的魅力,游戏所表现的诱惑力,正在于游戏超越游戏者成为主宰。"③与此相应,艺术的意义远非"趣味"二字所能穷尽,而是与真理相关。

第二,在游戏中,主体不是以对象化的眼光审视游戏,而是参与其中。第二点指出了第一点的原因。如果问,为什么游戏的主体不是游戏者而是游戏本身,那么可以回答说,是因为游戏者在游戏中是全身心地投入状态。如果一个人总是置身其外地对某个游戏进行分析,也许他可以把这个游戏的起源、规则、玩法、整理得非常透彻,甚至可以就一场具体游戏中的游戏者作出经典的评价,但是他不能因此被称为游戏者。同样,如果艺术审美仅限于对艺术品之色调、比例、或其象征寓意的解读,那么这还没有达到艺术作

---

① 伽达默尔:《诠释学 I:真理与方法》,第 151 页。
② 同上书,第 150 页。
③ 同上书,第 157 页。

品的真正意义。游戏或者说艺术作品的存在不是对象,而是一个发生的事件,具体言之,是一个主体卷入其中的事件。在这个意义上,只有参与游戏的人才能理解游戏。伽达默尔称这种参与为共在。他说:"共在就是参与。谁共在于某物,谁就完全知道该物本来是怎样的。"①伽达默尔甚至就基督教的布道现象进一步说明"参与"更多的含义。布道的听众不仅不能以对象化的思维去审视布道的内容,而且也不能仅仅把布道当做一种情感的催生剂而陶醉于主观的感受中。布道包含着对听布道之人的某种要求,即要求他以意志的决定和行动来回应它。同样,在艺术经验中,"作为艺术游戏向观赏者表现的东西并不穷尽于瞬间的单纯陶醉,而是含有对持久的要求以及这一要求的持久存在。"②所以,参与不仅不是把艺术作品当做认知对象,也不是当做愉悦的对象。在它们那里,都没有发生过去与现在的共时性。

第三,以游戏的方式发生着的艺术经验具有"共时性"特征。这是对"参与"意义的揭示。在把艺术作品作为对象(无论是认知的抑或审美的)的活动中之所以没有"参与"行为,因为,活动者总是把自己放置于作品之外。那么,是不是说"参与"意味着主体必须投入到作为对象的艺术作品中去呢?伽达默尔并无意于在主体和对象之间切换,毋宁说,他是要让被主客思维方式忽略,但却超越主客之上发挥作用的事情得到澄清。那就是,主体和客体同时被卷入其中的事件。如果说这个事件是一种关系,那么主体和客体都是关系中相互关联的点。伽达默尔看到的既不是作为主体的点,也不是作为客体的点,而是将二者关联起来的关系本身。"理解和理解对象之间的关系优先于理解和理解对象,正如说话者和被述说的对象之间的关系是指一种运动的实现过程,这个过程不可能在关系的任一方成员中具有坚固的基础。"③所以伽达默尔特别强调艺术作品的表现性,以及观众的观赏作为艺术游戏之整体组成部分的必要性。"表现"意味着艺术作品不是一个僵死的物,它的意义毋宁在于它向观众的显现过程之中。所以艺术作品"在观赏者那里才赢得它们的完全意义"。④ 此外,观众在艺术作品中的必要性意味着观众不是置身艺术作品之外的主体意识,而是参与到艺术作品的表现之中去的游戏者。但是,无论是强调艺术作品的表现形式,还是把观赏者的存在纳入到艺术游戏之中,都为要消除对艺术作品和审美主体的

---

① 　伽达默尔:《诠释学 I:真理与方法》,第 183 页。
② 　同上书,第 186 页。
③ 　伽达默尔:《诠释学 II:真理与方法》,第 156 页。
④ 　伽达默尔:《诠释学 I:真理与方法》,第 161 页。

点式理解,而突出两者作为事件的发生特征。然而,当着眼于事件之发生去理解二者时,便发现它们实际上是同一个事件,即作为过去的艺术作品和作为现在的观赏者相互遭遇的,因而具有共时性的当下发生。

(2)伽达默尔的游戏理论与宣道

"游戏的主体不是游戏者而是游戏本身"这句话似乎并非乍看起来那么好理解。顺着这句话,仿佛可以问一问,那个超越游戏者之上的游戏本身到底是什么?伽达默尔自己的表达也令人不由得如此追问。例如,他说"游戏者把游戏作为一种超过他的实在性来感受"。[①] 这句话的意思似乎是在说,在游戏中,除了游戏者之外还有一个凌驾于游戏者之上,且操控着他的力量存在着。换言之,在理解活动中,理解者和被理解者受制于某个第三者的牵引。但是,这样理解伽达默尔合适吗?能不能把游戏本身理解为某个超越者?如若不能,如何理解游戏之超越性呢?布尔特曼的宣道或许能帮助我们更好地理解游戏的意义。

我们说,伽达默尔的游戏理论和布尔特曼的宣道都包含克服主体意识的努力。然而,如果说前者是企图借助艺术经验颠覆游戏者和游戏活动的常理地位来做到这一点,那么,相比而言,后者并没有刻意地通过找到某个超主体的东西来克服它,而是主张一种与之不同的自我理解。尽管如此,二者之间是相通的。

宣道就是让圣经或人言成为上帝之道。但是,不是任何的圣经宣读或一般人言都是宣道。只有当它们得到理解的时候,即听者以意志的决定和行为回应的时候,才成为上帝之道。那么,一个什么样的人才能产生这样的理解呢?尽管布尔特曼一再强调宣道具有召唤的特征,但是,不是所有人都能听到召唤,换言之,能否听到宣道中的召唤取决于听者的自我理解。如果他以理性审视的态度或企图获得神秘体验的态度面对宣道,则不能产生对宣道的真正理解。因为他把自己理解为从宣道中获得某种现成之物的现成存在。那么,能理解宣道的自我理解应该是怎样的呢?"真正的召唤只能是这样一个言语,能把人指向自身,教导他理解自身。"[②]理解宣道不是取决于听者如何理解自身吗?为何又说召唤教导人理解自身呢?这一自相矛盾不是由于理解或叙述的偏差所致,而是由于自我理解本身的辩证性:一个能够从宣道中听到召唤,从而以意志的决定和行动去回应的人是这样理解自己的:他不理解自己。但同时需要强调的是,不理解自己的人向来总是对自

---

① 伽达默尔:《诠释学 I:真理与方法》,第 161 页。
② 布尔特曼:《信仰与理解》卷一,第 345 页。

己有所理解的。因此,所谓不理解自己,不是说每个人对自己成为完全陌生的,而是说他无法预定自己的将来,因此他当下对自己的理解恰恰表现为敞开的可能性。理解到自己是不可理解的,这种自我理解才可以不断得到充实和丰富,从而才能在宣道中被教导新的自我理解。

理解到自己是不可理解的与自我把握和占有的自我理解针锋相对。如果后者是主体性的自我理解,那么前者恰恰包含了对之的超越与克服。但是,很显然,这里并没有出现一个凌驾在主体之上的力量在冥冥之中操控着它。相反,超越仅仅意味着,生存着的人是主体意识不可把握和占有的。如果我们由此反观伽达默尔的游戏理论,便可发现,当他声称游戏的主体不是游戏者而是游戏本身,他并不是要把游戏当做一个比主体更高的实体加以突显,毋宁说,游戏的主体之所以是游戏本身,是因为游戏中的游戏者不再是主体意识(尽管他的意识也在发生作用),而是生存。生存超越生存中的人的认知意识的把握和占有,或者说,生存中的人不是主体意识的存在,而是当下正在发生着的经验。就此而言,游戏对游戏者的主体性的超越,在于游戏是游戏者的当下正在发生的经验。所以,游戏不是别的,正是生存本身。

当然,伽达默尔在表述上与布尔特曼存在差别。伽达默尔不是通过说明生存是不可把握和占有的,因而超越主体意识,而是强调在生存或者说游戏中,主体意识是被遗忘的。伽达默尔谈的虽然是游戏,但他想要指明的却是那比主体意识更加本源,因而比它所能把握到的经验更加丰富的生存。主体恰恰是从生存的经验之中衍生而来。我们今天总喜欢从自己的角度把游戏仅仅理解为人的诸多活动中的一种。因此,可能产生这样的质问,即使承认伽达默尔的说法,那么,游戏之外的情况又如何呢? 主体意识岂不是又占据了主导地位吗? 伽达默尔似乎是把人的全部生活中的一个片段截取出来,加以夸大而已。但伽达默尔不是这样理解游戏的。在他眼里,游戏正是人的最原初生活的样子。所以,他引用荷兰历史学家赫伊津哈的话说:"野蛮人自身绝不可能知道存在和游戏之间的概念之别。"①这种差别毋宁是主体意识形成之后的产物。显然,伽达默尔更多表现出哲学家想要回到基础的倾向,而布尔特曼在这方面没有那么强烈的意识,他的目的仅在指出主体性思维对信仰的不合时宜,以及生存对于阐发信仰之意义的重要性。尽管存在上述差异,但是,无论是不可占有的生存抑或使主体意识被遗忘的游戏,皆在于把那种比主体性更加原始的(伽达默尔),或者与主体意识截然

---

① 伽达默尔:《诠释学 I:真理与方法》,第 153 页。

不同的(布尔特曼)经验揭示出来。游戏作为生存超越主体,是因为它的这种源初性和不可把握性,而非因为它是某个凌驾于主体之上的力量或超越理解者与被理解者的第三者。

下面让我们再来看一看游戏的"参与"、"表现"和"共时性"与宣道之间的关系。相比于游戏对主体意识的超越性,这些特征更直接地体现在宣道之中。宣道不等于做报告。在后者中,报告人和听报告人是截然有别的。但是在宣道中,宣道者除了是宣道者之外,同时也是被宣道者或听道者。这意味着,宣道者的宣道不是仅仅表达自己的圣经理解和神学知识,相反,他自己必须对自己的信息有所回应,只有这样,他的语言才是上帝之道。换言之,真正的宣道要求宣道者不能抽身于他的话语之外,而必须参与到其中。就此而言,宣道本身就应该是宣道者自己信仰的实践活动。同样,对于听道的会众而言,如果他仅仅获得了某种知识和教义,那么宣道对之而言是不存在的。这与一堂神学课没有区别(就内容的丰富和知识的深度,甚至不如一堂神学课)。宣道的要求是,每一个听者必须同宣道者一起践行共同体的信仰生活,而不是首先去判断听到的话是否传达了某种知识。若是如此,你会发现每次布道的内容几乎都是重复的。"圣言所说的,都不是新事;但圣言发生的事件,圣言被言说的现在,却是决定性的时刻。"①这个时刻就是信仰实践的时刻。除了布道活动,信徒的交通活动(又称团契)更能说明参与在宣道②活动中的意义。在团契中,每个人的参与直观地体现出来,共同体的信仰实践更加具体地表现出来,语言的事件性更加突出。

团契本身就是信仰生活的实践,而非对信仰实践的理论总结和预备。伽达默尔承认宗教的团契交通活动与他所要说明的观赏的参与具有相同的意义。"观赏是一种真正的参与方式。我们可以回忆一下宗教里的交通(Kommunion)概念,古希腊的 Theoros(理论)概念就是依据这一概念的。"③所以,宣道的事件特征主要是以语言事件表现出来的。宣道的语言不以宣道之外的事情为指向。换言之,没有什么事先的内容等着宣道将之宣布。宣道的内容或者说意义是在宣道的过程之中形成。虽然我们常说宣道是宣讲上帝之道,但是这句话容易引起歧义。因为它似乎以上帝与上帝的话语之间的区分为前提。实际上,上帝之道不在宣道之外。所以,布尔特曼说:

---

① 布尔特曼:《信仰与理解》卷一,第 333 页。
② 宣道(Verkündigung)与牧师的布道(Predigt)要区别开来。宣道是一种意义的界定,即凡是能向听者成为上帝之召唤的话语都是宣道。而布道则是具体的宗教活动。因此,牧师的布道只有成为向听者的发出的召唤时,才可算作宣道。
③ 伽达默尔:《诠释学 I:真理与方法》,第 183 页。

"上帝之道就是上帝。"也可以反过来说,上帝就是上帝之道。上帝不是一个实体,而是行动着的、作为着的、向人提出要求的位格。换言之,圣经中的上帝是表现(显现)的上帝。上帝不是哲学家的抽象原则、至高实体,消极地等待着人的认识和通达。相反,上帝存在于他的行动之中,即存在于他向人发出的召唤和提出的要求之中,因此只有全身参与到他的要求中去的人,才能真正认识和理解上帝。这种理解不是知识的获悉,而是活生生的信仰生活。

正因为上帝以宣道的方式存在,所以,上帝在几千年前提出的教导和要求就可以在宣道中获得当下性。我们当然可以从历史学角度,把上帝在圣经中的教导和要求视为过去的历史产物,但是宣道却可以跨过历史的鸿沟,让遥远的过去在当下产生效应。就此而言,它似乎是非历史或者说超历史的。然而,宣道不是抽象的教义解读和讲授,宣道必须是能唤起听者以其意志的抉择和实际的行动进行回应的语言。离开后者,宣道就失去了意义而成为抽象的教义。就此而言,它又是历史性的,因为倾听宣道的人总是在历史、时间中生存着的个体。不仅如此,宣道者也是同听道者一样的历史性存在。所以,上帝的要求在生存着的人那里获得历史性,而这个历史性表现为过去与现在的共时性。伽达默尔在描述古典型的时候所讲的一句话同样适合于宣道,即"一种无时间的当下存在,这种当下存在对于每一个当代都意味着同时性"①。可见,伽达默尔在他的艺术游戏中所企图阐明的艺术经验的共时性与基督教的宣道活动有着密切关系。他说:"共时性就特别与宗教膜拜行为以及布道里的福音宣告相适应了。这里,共在的意义就是指对救赎行为本身的真正参与。"②故此,他赋予宣道以至高的解释学意义,"布道中的语词甚至负有造就共时性的中介责任,因而在解释学的问题上,它就占有首要的地位"。③

尽管伽达默尔在谈论基督教布道时没有专门提到布尔特曼,而是提到了路德和克尔凯郭尔,④但两位思想家都是布尔特曼思想的同路人。基督教自从与希腊哲学结合以来,逐渐走上形而上学的道路。然而,与此同时,仍有一批思想家维护着基督教信仰的本色,形成与希腊式的思辨风格相抗衡的神学传统。路德和克尔凯郭尔都是这个传统中的关键人物。布尔特曼则是这一传统在20世纪的传承者。伽达默尔从基督教吸取的养分主要来

---

① 伽达默尔:《诠释学 I:真理与方法》,第407页。
② 同上书,第188页。
③ 同上书,第187页。引文参照德文有修改。
④ 参见上书,第186—187页。

自于这一传统。就此而言,虽然伽达默尔也许没有太多关注布尔特曼本人的宣道神学,但是,就其对布道的理解,说明他和布尔特曼站在相同的基督教传统之中,这与他在马堡神学的氛围下所受到的辩证神学的影响分不开。

二、宣道与伽达默尔的语言观

1. 宣道中的语言事件

宣道涉及两个重要问题,一个是生存,另一个则是语言。前一个已经在本章第一节中通过前理解、应用和自我理解等话题得到充分探讨。而且这也是伽达默尔在他的《真理与方法》中直接涉及的内容。但是,后一个问题似乎没有那么显然了。或许是因为解神话化的强烈效应(主要在圣经的生存论解释上)使得人们无暇顾及布尔特曼的宣道思想,也或许因为解神话化与海德格尔早期的关系如此抢眼,以至于忽略宣道与解神话化的内在关联。所以,宣道的,或者广义地说,解神话化的语言问题一直是一个隐匿的问题。或许出此原由,伽达默尔在讨论他的语言学说时,几乎没有正面提及布尔特曼。伽达默尔对布尔特曼其他思想的理解虽然有所变化(如在第一节中所描述的),但是关于下面一点,他坚定不移,即布尔特曼仅仅与此在的生存论分析相关,而且他对海德格尔的独到理解和应用,使得他无法与海德格尔的基本问题以及转向后的思想旨趣相吻合。"布尔特曼以这种方式神学地解释了海德格尔关于此在本真性的概念。……(但)在海德格尔那儿,本真性和非本真性的同源性毋宁说超越了自我理解的出发点。它是海德格尔思想中存在本身在揭示和遮蔽的对立性中得以表达的第一种形式。"[1]倒是他的两个学生,福克斯和埃贝林,伽达默尔认为由于他们都关注海德格尔后期,因此在解释学的语言问题上比他们的老师更有意识。"同布尔特曼相联系的最近的解释学似乎在某个方面超越了他。……我认为神学家福克斯和埃贝林的解释学思想都以相同的方式从后期海德格尔出发,因为他们更强烈地强调语言概念。"[2]

宣道中的语言问题所以是隐匿的,因为布尔特曼的确没有就宣道之语言问题做专门探讨。他更为关注的是生存。换言之,他所谓的事件,更多指的是生存事件,即前面所谓的自我理解的事件,而非语言事件。但是,我们不禁要问一问,为什么强调生存经验的布尔特曼会同时主张宣道,而没有像自由神学那样走向人内在体验或信仰的道德化? 这说明,布尔特曼所谓的

---

① 伽达默尔:《诠释学 II:真理与方法》,第 515 页。
② 同上书,第 514—515 页。

生存经验与所谓的人的内心体验是根本不同的。生存经验作为历史性的发生事件可以通向语言事件。或者说,生存为展现语言的新的意义提供基地。虽然,布尔特曼没有如他的学生那样把思想重点放在语言问题上,但是后者的语言问题意识不只是简单地由于关注到海德格尔后期那么简单。就神学自身的传承而言,布尔特曼的神学为他们能够去全面深刻地考察解释学的语言问题做好了充分准备。

伽达默尔意识到,如果要说明解释学语言的普遍性,则必须摆脱工具主义语言观。伽达默尔把语言的工具主义追随到古希腊。柏拉图两个世界的划分,把事物之"实"与事物之"名"割裂开来。前者属于理念世界,后者则是对之的感性表达,因此是没有真理的。真理仅在于理念的纯思活动中。当然,不能以此断言柏拉图的对话都是在工具主义的意义上使用语言的,更不可否认柏拉图的对话中也含有非工具论的语言理解,例如在《泰阿泰德篇》和《智者篇》中也表达过思维和语言之同一性的意思:"我把思维说成心灵与它自身围绕正在思考的某个主题而进行的谈话。"①但是同样不可否认的是,这个思想或者说对话式的哲学活动方式在之后的西方哲学传统中被日益兴起的工具主义语言观淡化了。

让这一传统得到光复的恰巧是有其特殊哲学诉求的基督教。虽然深受柏拉图影响,但在新柏拉图主义的影响下,奥古斯丁在斯多葛派区分内在逻各斯和外在逻各斯的前提下,赋予思想和语言关系以新的理解,从而为他的三位一体的论证提供了一个在他看来非常贴切的例证,即用内在逻各斯与思想的同一性类比圣父与其圣言,即圣子之间的关系。伽达默尔从中得到的启发是,正如圣子生于圣父而不在时间上晚于或在地位上低于圣父,人的内在话语既不是思想完成之后才产生,也不是通过某种反思活动构成的反映思维的产物。所以,不存在先于言说的纯思维,思维就是言说,言说不是指向思维而就是思维的事情。"谁思维某物,以及对自己讲某物,这里的某物就是指他所思维的东西,即事情。"②思维与语言具有同一性,即它们是同一个事情本身。

然而,除了圣言与人言之间的类似性之外,奥古斯丁也注意到二者之间的差异性。虽然他用内在话语和思想的同一性类比圣父与圣子的同一性,但他认为,这两种同一性毕竟不可同日而语。因为在上帝那里思想作为知

---

① 柏拉图:《柏拉图全集》第二卷,王晓朝译,人民出版社 2003 年版,第 719 页。
② 伽达默尔:《诠释学 I:真理与方法》,第 600 页。

识与存在直接等同,而这在人是不可能的。"在我们这里,存在与认识并非一事。"①由于思想(知识)和存在在上帝是同一的,所以上帝之言总是出于真知的真言。但人的思想不可能持存于存在,或者说,人的有限性存在使得人经常对我们之外的存在无知,所以,当我们言说这些对之无知的东西时,我们的言算不上真言。"因为言若非生于已知之物就算不得真的。"②然而,奥古斯丁并没有因此放弃或否定人的内在话语,相反,他更进一步,阐发出对于伽达默尔而言非常可贵的观点。人的有限性存在虽然使人言与圣言之间有着不可跨越的鸿沟,但是,这正好反过来照明了一个事实,即人的语言如果要与存在一致,则必须通过一个过程方才可能。所以,奥古斯丁智慧之处在于,他并没有因为人言常常不出于真知就彻底否定人言能够被称为真言。相反,他通过可能性和潜在性来解释人言在何种意义上仍然是真言。他这样追问道:"还未在实际思想视觉内形成的东西怎能算作言词?若它连形式也没有,怎能相像于生了它的知识?是因为它能有这形式而已可称为言了吗?这等于说它应称为言,因它能够是言。"③奥古斯丁认为,这尚未成言但可称为言的东西就是当我们想东想西时摇摆不定的思想,当这样的思想找到所知的某物并形成于它时,就得到真言了。

　　伽达默尔由此得到的启发是,上帝之言与人言的差异性意味着过程因素是人言不可避免的。"发生过程消失在神的全知性的现实中,……如果我们要更详细地了解话语的过程因素,那么我们就不该停留在与神学问题的相似之处,相反,我们必须驻足于人类精神的不完满性及其与神性精神的区别之上。"④由此可见,不仅圣言与人言的类似性,而且其差异性都对伽达默尔的语言观产生了巨大的启发。他从中不仅找到摆脱工具语言观的根据,而且为他过渡到解释学语言普遍性提供一个平台。如果将这两个方面的启发综合而论,一个全新的语言观便呈现于眼前:语言不是表达语言之外的某物的符号工具,而是与思维一同是事情本身的展现,而且就人的语言不可避免地是一个过程而言,所谓的事情本身不是别的,正是这一具有有限性、开放性和多样性的语言经验的展开和发生。

　　显然,宣道语言的意义是不可用工具论语言观去解释的。宣道的目的不是向听者传达某个事态或原理。换言之,宣道语言的功能不在于表达他物,相反,语言自身向听者说话。上述两种不同的语言观表现在解经中则是

---

① 　奥古斯丁:《论三位一体》,周伟驰译,上海世纪出版集团2005年版,第435页。
② 　同上书,第435页。
③ 　同上书,第426页。
④ 　伽达默尔:《诠释学I:真理与方法》,第597—598页。

时代史的解经(包含心理学解经)和事情解经的差别。第一种解经总是不自觉地把语言当做传达的符号,所以,它热心于历史环境的还原或作者心理、人格的重构。但是,布尔特曼认为,所有这些情况无非是理解者的自我投射,即按照自己已有之物的虚构。他们不仅无法实现愿望,更重要的是,掩盖了文本或被理解者作为"语词"的真正意义,亦即无法听到文本的语词想要对他们所说的话。所以,解经的根本问题不是方法问题,而是如何理解"语词"的意义。"'语词'这个词的原始的和真正的意义在于它指示一个言说者之外的实情,并把这实情向听众揭示出来因此向他们成为事件(Er-eignis)。"①语词向听者说话,这既不是诗意地比喻,也不是现实地向之传达某种知识,而是在听者那里引发一个事件。事情的解经正是以此为目的,即让语言(圣经)向听者成为一个事件。那么,这是如何可能的呢?

对此,布尔特曼在《〈新约〉中的教会和教导》一文中就教会教导的意义所作的阐发是富有教益的。文章从这样一个问题开始:为什么教会的教导已然是信众耳熟能详的内容,但却没有因为一再重复的传达而变得多余?借此,布尔特曼区分两种语言观。一种是传达事态和原理的语言。另一种则是开启人的种种可能性的语言。第一种语言虽然看起来总是在向我们提供我们不知道的各种信息和知识,但是,实际上并不能为我们带来任何新的东西。因为它们传达的知识就其能为我把握和占有而言,并没有超出我的掌控之外。换言之,它们从一开始就以潜在的方式隐藏在自我之中,所以,它们虽从我之外传递于我,实则是自我的实现而已。相反,教会的教导虽然看起来总是不断地重复着相同的内容,但是,对于一个真正的倾听者,即一个用自己的行为和决定参与到教导之中去的人而言,可以成为全新的东西。"新"意味着教导打开了他靠着自己不能打开的自我理解的可能性。所以,当教会教导忏悔、恩典、信靠时,这不是在传达有关这些主题的知识,而是呼吁听者去忏悔、感恩、相信。因此,"他们在得闻宣讲以及倾听宣讲时,悔改得到实现,或者不悔改得到显明。"②语言在这里引发一个事件。"这些话语并不是从一个有距离的观察出发来言说的,并不传递一种观察或者指示的知识;毋宁说,它们本身属于一个处境,这个处境揭示了它们,而又通过它们得到揭示。感恩之言本身就是感恩;爱的话语本身就是爱;恨的话语本身就是恨。"③可见,布尔特曼把两种语言观分别对应于两种自我理解。在前一

---

①　*Theologische Bücherei：Die Anfänge der Dialektischen Theologie* Teils 2, S.53.

②　布尔特曼:《信仰与理解》卷一,第 197 页。

③　同上书,第 196 页。

种情况中,"人原则上能够主宰自己,能够关照自己(认识你自己);人的自我理解或许总可改进、深化,但原则上不能成为新的;只是人原初的自我理解可以变得清晰明确而已。"①而在后一种情况中,"人的存在是一个能在,总是处于冒险之中,其种种可能性总是可以在决定中、在自我抉择中得到领会。"②只有在后一种自我理解的前提下,即只有当人被理解为不可把握、不可占有因此时时可能被某种他自己全然不知的他者遭遇的生存时,语言才能够成为事件。否则,语言则只能是传递和表达的工具。

布尔特曼虽然强调生存,但并不妨碍他思考语言问题。相反,这两者在布尔特曼那里是相辅相成的。即是说,只有在生存中,语言才会成为事件,反过来,布尔特曼所谓的生存恰恰是在语言活动即宣道中发生的。由于生存总是脱离不了人,所以我们总是习惯于把生存与主体性联系在一起,因而,将布尔特曼紧紧地局限于海德格尔前期的视域之下。然而,在海德格尔的运思过程中,转向语言恰恰是为要克服主体性。所以,导致这样的印象就不足为奇:布尔特曼的神学中没有一个超越主体性的维度。哲学家们因此说他没有跟上海德格尔后期的步伐,神学家们因此指责他是新自由主义。布尔特曼自己却不以为然。在他看来,他所理解的生存或者说人的自我理解是与海德格尔后期相通的(参本章第一节)。或者说,生存不是隶属于主体的某个属性,类似于情感、理性、意志等。相反,生存就是人自身,而且它是对人的这样一种刻画:人是主体意识不能把握和掌控的。就此而言,生存是非主体性的,或者说是超主体性的。布尔特曼正是在这种生存理解的前提下,展开对宣道即语言问题的思考。

然而,超越主体不等于承认语言是某个超越说话者之上的实体或神秘力量,而是如伽达默尔在艺术游戏中所揭示的那样,是人的自我遗忘的经验。一场真正对话中的讲话者是全身投入的,因此他不可能处处对自己所言所行保持着主体性关照,否则就会对对话产生破坏。因此,正如在游戏中不能尽情投入的游戏者破坏了游戏,在宣道中不能采取行动予以回应的听道者也破坏了宣道(让它失去意义)。所以,语言和游戏有着相同的经验结构,即自我遗忘性和无我性。"游戏的基本规则都和以语言起作用的谈话的规则具有相似的结构。"③但除此之外,伽达默尔在语言经验中谈到了其他东西。如果艺术游戏指明一种超越主体意识的原初经验事件,那么语言

① 布尔特曼:《信仰与理解》卷一,第 194 页。
② 同上书,第 194—195 页。
③ 伽达默尔:《诠释学 II:真理与方法》,第 190 页。

游戏则进一步揭示这一事件的开放性、否定性、有限性(历史性)特征。

2.宣道与对话辩证法

生存处于布尔特曼思想的核心地位:圣经的解释是生存论的;信仰是一种生存经验;上帝是在生存中与人相遭遇的他者;生存甚至是理解海德格尔后期的线索;语言事件只能是生存的语言,等等。虽然从形式上看,布尔特曼与只谈上帝启示,只字不提人的事情的卡尔·巴特相比,更切近于以人为中心的自由主义,但实际上,布尔特曼的思想原则没有违背巴特的宗旨,即辩证神学的原则。只需要弄清生存的两个特性,便可辨出其中的天壤之别。首先,生存虽然总是人的生存,但它不是人的属性或功能。这是我们反复提醒的。因此,如果说后者可以被当做科学研究的主题,在对象化的思维之下对之形成系统学科,那么对于前者绝不可以这样。人绝不可能置身生存之外谈论生存,对生存的谈论就是生存本身。而且生存也不可能是为某种理论系统事先规定好的运动程序,因此没有正确或错误的生存,也没有暂时的和终极的生存,生存就是此时此刻在生存着。其次,布尔特曼所谓的生存是一种否定性的经验,因此具有辩证的特征。这不仅表现为我们在前面谈论自我理解时所发生的情况,即自我理解表现为自我的不可理解(不可把握)。而且,就信仰生存的特征而言,信仰首先意味着被上帝否定。所以说,如果人在自由神学的语境中总是作为肯定的、正面的、积极的角色出场,即以人的某个部分(他的某个能力和属性)为信仰奠基,甚至最终为上帝的存在提供根据,那么,在布尔特曼那里,人则是全部地被置于与之截然相异的上帝之前。在上帝面前,他发现自己的存在成为问题。

上帝的启示不需要在人之内先找到一个契合点,然后按照人能够预料和承受的方式启示自己。相反,他的启示犹如晴天霹雳、当头一棒,使人顿时不知所措。"上帝通过他的话语向人的行动在人里面或在上帝必须向之屈就的人的精神生活中没有接触点。"①也就是说,信仰的经验在上帝启示以先,人从自己里面找不到任何苗头,或者说,它是全新的、意外的。就此而言,信仰是一种否定的经验,它体现为上帝对人否定性的审判和人在上帝面前自我否定的行动。

"否定性"是伽达默尔所谓的解释学经验的基本特征之一。论到经验,人们首先想到的当然是,感官传递于我们的经验,或者说,科学家们能够反复观察到的、可重复的经验。但伽达默尔所要探讨的经验却不是科学意义

---

① Rudolf Bultmann, *Glauben und Verstehen II*, S.119.

上的。毋宁说,他所谓的经验是虽然"在科学里是没有任何地位"①,但是"却是科学的必要前提"②的经验。这种经验不是别的,正是作为人的生活和生命的历史性经验。科学的经验只不过是为了证明某一在先概念或原理,从历史性经验中截取的片段。因此它需要的是相同经验的多次重复。但是,历史性经验拒绝任何自身之外的原则和目的。它的意义毋宁在于,它总是当下正在发生着的事情。或者用伽达默尔从黑格尔那里借用的术语表达,历史性的经验是我们"'做出'的经验"③。所以,对之而言,体现其特征的不是可重复性和可证实性,而是既有经验被新的经验取代、更新甚至反驳。在这个意义上,可重复的经验,严格说来,已经不能算作经验。因为,经验一旦被做出,即使它被重复和证实,已经不再是新的经验。但做出的经验是作为"未曾期待的东西才能对某个占有经验的人提供某种新的经验。"④就此而言,历史性经验的意义在于,它总是在当下的发生中"'成为'新的经验"⑤。鉴于上述区别,伽达默尔称科学的经验为"与我们的期望相适应并对之加以证明的经验。"⑥而将自己所探讨的经验称为"我们所'做出'的经验。而后一种经验,即真正意义上的经验,总是一种否定的经验。"⑦

那么,经验的否定性意味着什么呢?既然经验总是向我们提供某种超出预期的新的经验,那么,经验就不是我们可以支配的。在这里,"人类的筹划理性的能力和自我认识找到了它们的界限。"⑧因此,否定性的经验同时是人类对自己有限性或历史性的经验。在此基础上,如果进一步结合至解释学经验,那么,经验的否定性和有限性则表现为理解者对被理解者的开放性。当理解者意识到自己的历史性存在,而且发现,在他的历史性经验中,他所遭遇到的常常出乎自己的意料,这时,他必定会逐渐学会在对象面前保持沉默,以更多地去听对象的声音。伽达默尔认为,效果历史意识所要求的正是这样的向对象的开放性。即把对象当做一个人格性的"你"来经验,并对他的他在性保持敏感。"历史意识知道他物的他性。"⑨既然对象作为一个人格的存在,有自己的视域、立场和观点,那么,理解就"不要忽视他

---

① 伽达默尔:《诠释学 I:真理与方法》,第 490 页。
② 同上书,第 495 页。
③ 参见上书,第 499—500 页。
④ 同上书,第 500 页。
⑤ 同上。
⑥ 同上书,第 499 页。
⑦ 同上。
⑧ 同上书,第 505 页。
⑨ 同上。

的要求,并听取他对我们所说的东西。"①然而,何谓听取?听取意味着"必须接受某些反对我自己的东西。"②可见,经验的否定性不仅向理解者提出向对象开放的要求,而且,它也是理解过程的实际情形,即理解中常常会出现反驳、否定理解者的经验这种情况。这些经验往往对于理解者而言,是不悦的,甚至是痛苦的。

　　理解者向对象的敞开实际上把理解刻画为他倾听对象说话的过程。理解者面对的不是一个可以任意剖析的物,而是与自己一样的人格,所以,理解的过程实际上是人格之间的对话过程。既然如此,经验的否定性对于对话性的理解而言又意味着什么? 诚恳地倾听对象的声音,意味着理解者必须时刻做好准备从对象那里听到与自己不一致的意见。换言之,他必须坦然迎接来自对方的质问,只有质问的声音才体现出经验的否定性和对象的他在性,从而赋予理解以意义。所以,理解性的对话具有问答的逻辑结构。在此结构中,问和答相互蕴含和预设,也就是说,提问"在方向上预设了答复,而答复同时又刺激新的问题,新问题又会诱发新的回答,以此不断向前推进,这就是问答辩证法,亦即'问答逻辑'。"③尽管如此,在其中占据着主导地位的还是提问。因为提问具有"指方向的意义,所以,问题的意义就是这样一种使答复唯一能被给出的方向,……问题的出现好像开启了被问东西的存在。因此展示这种被开启的存在的逻各斯已经是一种答复。"④不仅如此,经验的开放性也必定表现为提问。在理解中,理解者不是要证明自己的见解是正确的,而是想得到事情本身的见解,而这只有通过被文本质问才得以可能。"提问就是进行开放。……以这种方式(提问)显露被提问东西的有问题性,构成了提问的意义。"⑤所以,在此意义上,我们可以说"经验的开放性意味着问题性,如果没有问题被提出,我们是不可能有经验的,经验所具有的辩证的否定性和开放性始终体现于问题的结构之中。"⑥鉴于提问在对话中的根本性和优先性,理解者在与对象的对话中实际上处于某种被动的状态。"因此提问更多地是被动的遭受,而不是主动的行动。问题压向我们,以致我们不再能避免它或坚持我们习惯的意见。"⑦

---

①　伽达默尔:《诠释学 I:真理与方法》,第 510 页。
②　同上。
③　何卫平:《通向解释学的辩证法之途》,三联书店 2001 年版,第 302 页。
④　伽达默尔:《诠释学 I:真理与方法》,洪汉鼎译,商务印书馆 2010 年版,第 512 页。
⑤　同上书,第 513 页。
⑥　何卫平:《通向解释学的辩证法之途》,第 302 页。
⑦　伽达默尔:《诠释学 I:真理与方法》,第 518 页。

尽管如此,伽达默尔并没有走向强调和突显他者的立场上去。他的解释学的对话经验是以"我"和"你"的平等为基本前提的。从思想渊源来看,他的对话辩证法一方面吸取了马丁·布伯的思想,旨在于用"我—你"的共在关系的优先性突破近代以来的孤立"我思"的禁锢;另一方面,受黑格尔承认的辩证法的影响,伽达默尔始终强调对话双方在地位上的平等和态度上的相互承认,并以此建立解释学的伦理学,旨在突显善良意志和相互尊重在解释学中的重要意义。即使他对倾听他者的突出也是为要表明"善良意志"的重要性。"他(伽达默尔)十分强调倾听的优先性是解释学现象的基础,并把'善良意志',即努力理解他人的愿望视为理解的先决条件和起码要求。"①与此不同,在布尔特曼的语言辩证法中,由于其所涉及的是人与上帝之间的关系,所以,他者的维度和提问的决定性被更多地突显出来。

既然上帝的启示和信仰的经验具有否定性,那么这一特征必定通过宣道表现出来。在布尔特曼那里,无论是上帝的启示还是信仰的经验都与客观化的知识无关。因此,只有在宣道中的生存事件中谈论它们才是有意义的。那么,宣道的否定性是如何体现的呢?或者说,语言在宣道中具有怎样的特征?

宣道的语言不可能是理论性的说教语言,这是不容置疑的。此外,宣道也不能只是安慰、鼓舞的话语。虽然在这里,语言已经是一个事件,即安慰和鼓舞的行动。但是,此类的语言行动是迎合性的,布道者所说出的只是听者愿意听到的,或者说是他在某种意义上可期待的话语。然而,如果听道者从宣道中听到的尽是悦耳之音,获得的是顺心的、平畅的享受而没有丝毫冲击与苦痛,或者说,如果一场布道仅仅达到这种果效,而没有让听者处于被质问的处境,那么它是失败的。因为宣道作为上帝之道具有质问的特性。

在宣道中,提问的不是人,而是上帝之道,人在宣道中首先处于被提问的地位。如果在这一点上,布尔特曼与伽达默尔或许还分有相同的旨趣,(伽达默尔也认识到理解者在与对象的对话中的"被动遭受")那么,接下来布尔特曼可能走得更远。由于人不可能成为与上帝平等的对话者,所以,当他被上帝之道提问时,他的回答是认识到自己存在的成问题性,并持续地处于这一状态中。这里的回答是一种生存的回应。也就是说,听道者被他所听的道置于否定的处境之中。正是在这个意义上,提问与回答达到一种辩证的统一:在宣道中,问就是答,因为答无非是被提问者被质问的生存状态;反过来,答也就是问,因为听道者的回答不是解答问题,而恰恰是成为问题。

---

① 何卫平:《通向解释学的辩证法之途》,第253页。

所以,宣道作为上帝与人的对话同人与人之间的对话有所不同。如果说,在后者,对话双方的提问和回答互相制约、限制,同时又彼此激发和开启,那么这种关系在前者那里是不存在的。人与人的对话辩证法呈现为一种问和答的过程,即我的问以隐含的方式制约和启发着你的答,而你的答又隐含地意味着一种问,因而促发我的答和问。对话以这种逐渐展开的方式进行。然而,在宣道的对话中,问和答之间不存在彼此蕴含、指引和开启的关系,相反,问就是答,二者直接同一。因为提问的不是与听道者平等的另一个人,而是上帝。上帝的提问否定的是作为生存的整体的人,而不是他某些习惯的意见。故此,回应不是部分的反省和改变,而是全部地被置于问题之中。因此,在宣道中,"问题根本不是人提出的,回答也不是由人提出的问题所规定的。因为只要是人在提问,那么回答就不会是问题①,只有当提问的是上帝,回答才会成为问题。也就是说,当下具体的而非抽象的人被置于质问之下"。② 可见,即使在宣道的辩证法中,生存仍然是基础性的。就此而言,布尔特曼的宣道辩证法的实质实际上是生存辩证法。在其中,问和答之所以统一,不是因为对话双方彼此制约和启发的过程,而是因为人始终是生存着的人,即是说,他在生存中被问,同时又以这被质问的生存去回应。"问就是答,答就是问,当我们'辩证学家'这样说时,仅仅涉及到一个唯一的、特定的问题,即一个决定性的问题:人自身在他的生存中。"③生存的问答与人之间的对话的问答不同的是,在这里,旧问题不断成为新问题,而对新问题的回答不是新的,而是旧的。"所以这里涉及到的不是渐进的思维过程。而是涉及到一个点的持存或在我看来围绕着一个中心。任何'渐进'的思维方式都会受到阻挠,因为它会发现它所想象的进步立即又回到了老问题。"④当然,布尔特曼主要是就信仰的生存经验而言的。由于信仰的意义在于当下的抉择,所以,信仰的问答是一次性的,而且是彻底的、全部的。信仰不是逐渐开显的过程,它要求的毋宁是,要么信,就完全的开显,要么不信,则完全的遮蔽。但布尔特曼同时强调,这不是说信仰是超历史的、魔幻的。相反,信仰是历史性的经验。只不过这种经验不是通过"今日格一物,

---

① 此句的原文是"Denn solange der Mensch fragt,ist die Antwort nicht die Frage。""Frage"做名词有"问题","疑问"的意思。但译作问题,造成理解的困难。结合这句话的上下文,它意欲表达的意思是,只有上帝的提问才能让人的生存成为"有问题的"。所以,"Frage"在这里不是指一个命题式的问题,而是表达人的成问题的状态。

② *Theologische Bücherei:Die Anfänge der Dialektischen Theologie* Teils 2,S.75.

③ Ibid.

④ Ibid.

明日又格一物,豁然贯通,终知天理"的渐进过程而达到的。毋宁说在每一次的抉择中,都可以达到绝对的信,就此而言,信和不信不可并存,没有半信半疑的状态,或者说半信半疑仍是不信。尽管如此,信的抉择却又表现为不断地抵挡不信的过程,即同样的抉择或者说同样的问答需要反复不断地进行。信仰的历史性正在于此。

可见,布尔特曼所谓的信仰的历史性,其旨趣更加接近海德格尔所谓的真理之为"去蔽"。海德格尔虽然强调真理是一个不断去蔽的过程,但他似乎没有刻意表示,去蔽过程具有发展、进步的意义。而只是说去蔽是一种争夺①,即不断地与遮蔽抗争就够了。但受黑格尔影响的伽达默尔,试图把辩证法与现象学相结合,有意识地把富有启蒙精神的黑格尔辩证法注入到理解的现象之中。尽管他不同意黑格尔的绝对精神和绝对知识,也不赞同启蒙主义缺乏历史教养的幼稚的客观性要求,但他相信,人在理解过程中必定克服自己的个别性,向更高的普遍性提升②。

虽然在布尔特曼的生存辩证法中看不见黑格尔的影子,而且他与伽达默尔截然不同的思想旨趣使他们对辩证法的理解必然存在差异,但是,不能否认的是,二人都不约而同地紧紧抓住辩证法的否定特征。这与他们各自的思想要求是分不开的。伽达默尔把黑格尔的概念辩证法的自否定与人的实际经验相结合,带出人的历史性和有限性以及解释学经验的开放性,从而在丰富辩证法意义的同时,也促进了现象学本身的发展。布尔特曼则把辩证法的否定性植入到信仰的经验之中,既保证了上帝启示对信仰的决定性意义,不至陷入自由神学,又避免空洞、独断地强调上帝之道的超越性,不至陷入教条主义,因而推进了辩证神学的发展。不仅如此,布尔特曼强调生存作为一般经验之不可把握和不可占有性,以及作为特定信仰经验的被质问性,来突显生存的否定性,这本身也丰富了生存概念的涵义,从而为生存主义思潮增添了新的色彩。

辩证法的发展一直以来存在两种不同取向。一种旨在凸显合题,强调走向融合,另一种凸显否定,更强调矛盾的持续张力状态。伽达默尔的对话辩证法强调对话双方的平等地位,对话过程的相互制约和启发,把不断达成更高的一致性作为对话的目标,就此而言,他属于前一种。布尔特曼的生存辩证法强调人与上帝在宣道中的不对称地位,凸显人的"成问题"和"被否定"状态,把语言双方的持续张力刻画为辩证法的基本特征,就此而言,他

---

① 参见海德格尔:《存在与时间》,第 43 页。
② 参见伽达默尔:《诠释学 I:真理与方法》,第 431 页。

属于后一种。实际上,辩证法的后一种取向在突出多元化的后现代哲学思潮中更受推崇。以辩证法为线索探讨布尔特曼与伽达默尔的关系,其旨趣不仅在于捋清二者之间的关联性和差异性,更重要的是为进一步阐述布尔特曼的当代影响埋下伏笔。

本 章 小 结

就具体思想而言,伽达默尔与布尔特曼之间是一种若即若离、遥相呼应的关系。这主要因为他与布尔特曼的关系不如与海德格尔那般直接。就哲学解释学的发展而言,伽达默尔与布尔特曼之间是一种先行者与后继者的关系。这主要因为,一方面解释学的诸多核心问题已在布尔特曼得到一定讨论,另一方面,布尔特曼代表的神学解释学传统在哲学解释学的发展中扮演了重要角色。鉴于此,本章分两个步骤讨论布尔特曼与伽达默尔的关系。一方面,从生存的角度探讨布尔特曼与伽达默尔在具体问题上的思想关联;另一方面,从宣道中的语言思想出发,探讨布尔特曼与伽达默尔语言观之间的关系。

由于常常把布尔特曼与海德格尔前期关联,致使看不到宣道与生存的内在统一性,故而往往只看到一个半截子的解神话化,即解神话化就是生存论的解经。但实际上,布尔特曼所理解的生存与伽达默尔的解释学经验在很多地方是相通的。尽管由于学术领域不同,伽达默尔对布尔特曼没有像对海德格尔那样的直接继承关系,但他却不得不在一些问题上完善他对布尔特曼的理解,或者说,他没有将也无法将布尔特曼仅当做某种过去的解释学观点的代表予以简单陈列,相反,他对之的关照随着自己思想的发展而不断深入,这说明布尔特曼是伽达默尔在形成自己思想时不可回避的一个人物,非常明显地透露出布尔特曼在当时解释学界的影响力,反映了他在哲学解释学的发展过程中所占据的重要地位。

然而,布尔特曼在哲学解释学中的地位还远不止一般而言的影响力。在一些具体解释学问题上,尤其是在解释学语言问题上,他甚至构成其重要环节。宣道与伽达默尔的艺术游戏和语言哲学之间的关联已经向我们展示,布尔特曼立足自己的问题研究,根据自己的运思逻辑也实现了伽达默尔通过艺术游戏和语言游戏企图描述的解释学经验。所以说,布尔特曼的解释学是前后一贯,一气呵成的。他不需要先跟随海德格尔,然后在后者转向之后,也进行一个思想的转折。对圣经的生存论解释必然走向宣道,后者已然蕴含在前者之中,或者说,前者是为后者做准备。所以,如果从解神话化本身的内在发展线索,而不是照着海德格尔的思维路线去理解解神话化,便可发现,解神话化与转向后的海德格尔的语言观,甚至伽达默尔的语言观之间尽管存在差异,但绝不是完全隔绝的,相反,它们之间构成一条解释学语言问题发展的内在逻辑线索。

然而,布尔特曼并非先谈生存,然后再谈宣道以及与之相关的语言问题。正如我们的研究所表明的,生存由始至终地贯穿在其解释学之中。生存不仅在前理解、应用和实践、自我理解等问题上是核心概念(这是大家都能看见的),而且在宣道,即涉及语言事件和语言辩证法的问题上,同样处于中心地位。之所以如此,因为布尔特曼对生存的理解根本与传统的主体性和自我意识无关,相反,与以主体性为基础的主客思维模式抗争可以说是贯穿在他的整个思想中的基本线索。他没有像海德格尔或一些海德格尔的研究者那样认为,生存对于克服先验主体性和现象学之内在性有力不能及之处。因此,他可以牢牢地站在生存的立场上,去理解后期海德格尔的思想,因而对企图超越主体性窠臼,立足现世经验阐明海德格尔后期的伽达默尔而言,构成一个必不可少的先驱。

然而,伽达默尔虽然看到基督教的宣道与他主张的艺术游戏中的参与和共时性有相同之处,但他没有专门就布尔特曼的宣道神学有任何评论,而只是泛泛而谈地诉诸于基督教的布道现象。另外,伽达默尔注意到布尔特曼的两个学生,福克斯和埃贝林在语言问题上的特别贡献,以及他们与海德格尔后期的密切联系,但在他看来,这恰恰是对布尔特曼的绝对超越,即语言问题是布尔特曼解释学的盲区。

因此在这个问题上,我们是从布尔特曼自己的文本中去寻找根据。其中一篇文章,即《反思奥托·珀格勒所描述的马丁·海德格尔的思想道路》是非常重要的。它可以说是布尔特曼有意识地从自己的思想出发对海德格尔后期的理解。因此,为我们连通布尔特曼的生存概念与伽达默尔语言观指明方向。当然,在他们之间进行沟通的工作,其意义不只是在于指出二者之间有何等相似,更为重要的是,在此过程中,让我们更深入地理解了布尔特曼的生存概念,进而理解他的解释学。同时看到,为了克服主体性,不需要像海德格尔那样诉诸于某种诗化的神秘语言。立足生存,同样可以克服主体性,以及由之而来的工具论语言观。实际上,这正是伽达默尔的解释学的语言经验所力图达到的目的。

布尔特曼解释学的重要性不仅在于代表了神学解释学在哲学解释学形成过程中的影响和作用,而且也体现了哲学解释学对神学解释学的反作用。布尔特曼之后,神学解释学彻底摆脱纯粹方法论的意义,俨然成为一种新的神学研究方向，即解释学神学。然而，由于复杂的神学背景，布尔特曼的解神话化在神学领域备受争议，有极为推崇的，也有大加贬抑的。那么，布尔特曼究竟给他之后的神学带来了什么启发，引起了怎样的变革？此外，布尔特曼之后，神学解释学与哲学解释学朝着越来越融合的道路发展，那么他对于这一趋势以及在此趋势中的哲学解释学发展又具有怎样的意义？这是下一章即将讨论的问题。

第六章 "解神话化"与利科解释学

在哲学解释学的发展和传播过程中,保罗·利科无疑是一位重要人物。通过与法国哲学传统相结合,他将在德国传统下未被察觉或被忽略的维度带进哲学解释学的研究中,推动了哲学解释学的发展。今天,当我们以利科为基点,观察哲学解释学的发展过程,尤其是反思他与布尔特曼的关系时,有两个维度是需要特别加以注意的。

首先,利科与布尔特曼的关系既不同于海德格尔与布尔特曼的关系,也不同于伽达默尔与布尔特曼的关系。利科不像海德格尔那样,曾经和布尔特曼有过直接的交互影响,并共同推动解释学从认识论—方法论向生存论—存在论的发展。也不像伽达默尔那样,做过布尔特曼的"间接弟子",对其人格魅力和思想旨趣有切身体会,且在其思想形成和阐述中直接提及解神话化的相关解释学论题。更重要的是,海德格尔、伽达默尔与布尔特曼同属德国传统,他们之间不仅有语言的同一性,而且有思想传统的共同性。前面已经详细讲到,德国的浪漫主义和历史主义传统正是布尔特曼与海德格尔、伽达默尔发生相遇和影响的背景。

然而这一切对于利科都不存在。对于利科,布尔特曼是一个外来思想家。是他向法国思想界介绍了布尔特曼。也是他第一个通过给布尔特曼的《耶稣、神话学和解神话化》作序,解读了布尔特曼的解神话化。他站在自己的明显带着法国哲学传统的解释学理论框架下审视、评论乃至批判布尔特曼。这决定了利科与布尔特曼的关系不会像在海德格尔和伽达默尔那里那样呈现为同一传统下思想的内在演进过程。相反,他只能立足自身的传统和思想,围绕解释学议题,着眼于当代效应,与布尔特曼发生一场不同传统之间的思想对话。

其次,利科与布尔特曼的关系具有海德格尔和伽达默尔都不具有的一个维度:圣经解释学。利科是一位哲学解释学家,同时也是一位圣经解释学家。他在圣经解释方面所做的思考和贡献是卓越的。与布尔特曼一样,利科不在施莱尔马赫普遍性与特殊性的对立范畴下定位哲学解释学与圣经解释学的关系①。

---

① 参看利科:《哲学诠释学和圣经诠释学》,载利科:《从文本到行动》,夏小燕译,华东师范大学出版社 2015 年版,第 125—143 页。

在他看来,圣经解释学恰恰是哲学解释学的一个典范。具体而言,圣经解释学包含了从文本到文本世界再到化为己有的一般解释学过程。圣经各类文本的结构以及文本之间的交互性作用折射了隐喻与叙事的哲学解释学功能,恰如布尔特曼认为的,圣经解释中理解者与文本之间的关系(生命关联)是一种普遍的关系,涉及的前理解和自我理解等问题具有哲学解释学意义。

尽管二者在解释学问题上始终存在分歧,但当考察他们之间的思想关联时,作为其共同关注的圣经解释学是不可忽略的维度。不仅如此,顺此话题,我们甚至可以将问题推向更深的层次,即布尔特曼的解神话化在后布尔特曼时期的圣经解释学中究竟有何影响?故此,以下篇章将着眼于哲学解释学和圣经解释学,探讨解神话化与利科的解释学关联,以此透视布尔特曼解释学的当代效应。

第一节　"解神话化"与利科的哲学解释学

毋庸置疑,布尔特曼的解释学思想在利科心中是有分量的,他敏锐察觉到解神话化在哲学解释学发展过程中的重要意义。故此,他积极地将布尔特曼介绍到法国思想界,亲自为其《耶稣、神话学和解神话化》作序,且对解神话化作出极为深刻的思考和评述。鉴于此,本章内容首先将以这篇序为线索,围绕利科就解神话化的评论展开讨论。在该序中,利科主要就解释学循环、文本的客观意义、解释学的长途以及想象力的解释学意义等问题切入对解神话化的评论。以下探讨亦将紧扣上述问题来探讨布尔特曼与利科的解释学关联,进而为澄清解神话化的当代效应铺垫道路。

一、解释学循环

解释学循环(Hermeneutical Circle)是解释学研究的一个重要议题。不仅在哲学解释学中,它被海德格尔、伽达默尔推向存在论层次予以讨论,而且在部门解释学内,其中尤其是圣经解释学中,也一直扮演着重要的角色。在圣经解释学内部,解释学循环体现为两个层次:认识论层次和生存论层次。前一个层次涉及教义与解经之间的循环,即教义必须通过圣经解释建立,而解释圣经必须遵守一定的教义。后一个层次涉及上帝的启示与人的信仰之间的循环,即信仰必须以上帝的启示为前提,上帝的启示必须通过信仰显现。然而,从生存论的层面而言,信仰不只是对某一教义的相信,而是人的一种生存活动,体现为对上帝之道的理解。在此意义上,上述循环可以进一步总结为：理解必须通过上帝的启示，上帝的启示必须通过理解。

布尔特曼的生存神学有一个非常重要的立场，即"谈论上帝必须通过谈论人"。① 从解释学角度，这句话可以翻译为"理解上帝必须通过理解人"。如果说理解上帝即接受他的启示（信仰），那么这个接受活动必须表现为人的自我理解，或者说只能通过人的自我理解得以表现。在此意义上，信仰就是人对自身的某种理解即人的一种生存经验。但需注意的是，布尔特曼的意图并非要将上帝的理解与人的自我理解直接等同，毋宁说，这句话揭示了信仰与理解之间的某种循环关系：理解必须信仰，信仰必须理解。在辩证神学的影响下，布尔特曼当然强调上帝的超越性及其在信仰活动中的优先性（没有上帝的启示，人不可能有信仰），但是，布尔特曼同样强调，这个超越的优先的上帝若不借着人的生存活动（自我理解），是空洞的，抽象的，不可理解的。正是在这层意义上，利科高度评价了布尔特曼，甚至以此将之与卡尔巴特区别开来。"布尔特曼区别于巴特之处，在于布尔特曼完全了解到，对象的这种首要性，意义对于理解的这个首要性，只有通过理解本身、通过注解工作才能实施。因此，必须沉入解释学循环之中。"②布尔特曼所强调的这种循环，尤其是循环的后一方面"信仰必须理解"得到利科强烈认同。然而，尽管布尔特曼把握了信仰作为一种理解活动的解释学特征，但是他将这种理解阐释为一种空洞的意志抉择。这又令利科不能完全接受。利科认为，信仰作为理解活动诚然是一种生存抉择，但它必须经历一个展现丰富内容和意义的解释过程之后才可能发生。在此意义上，利科的叙事解释学其实是对解神话化的充实和支撑，即为布尔特曼空洞的理解活动提供内容，使其立足于文本叙事的意义之上。对此，利科解释学知名研究者范浩沙（Kevin J. Vanhoozer）称："利科的叙事理论给基本上还是生存主义的神学一个更加确切的基础。"③

利科正是抓住基督教内部的这个解释学循环——理解必须相信，相信必须理解——来说明文本在理解过程中的重要性。因此，他对这一循环的理解与布尔特曼存在一定区别。在布尔特曼，这一循环是作为上帝与人相遇的生存事件，即信仰活动展现的。秉承辩证神学的传统，布尔特曼和巴特一样坚持"上帝是上帝，人是人"这一辩证神学的宣言。但是，与巴特不同，他认为这一宣言是空洞的，它仍旧是对上帝与人之关系的一种抽象谈论。

---

① Rudolf Bultmann, *Glauben und Verstehen I*, S.188.

② 保罗·利科：《解释的冲突》，第 476 页。

③ Kevin J. Vanhoozer, *Biblical narrative in the philosophy of Paul Ricoeur: a study in hermeneutics and theology*, Cambridge: Cambridge University Press, 1990, p.134.

在他看来,辩证神学的宣言只有纳入到人的实际性生存活动中,才能获得实质性意义。"如果说,神学不应对上帝作思辨,不应谈论上帝的概念,而是应该谈论实际的上帝,那么神学就必须在谈论上帝的同时,也谈论到人。"①可见,布尔特曼虽然认为信仰是上帝与人之间的一种解释学循环关系,但它是一种生存层面的循环,而且在此循环中,生存是至关重要的环节,因为上帝是怎样只能通过生存才能揭示出来。

利科非常认可布尔特曼揭示的这一循环运动。但是,利科认为,在这一循环过程中至关重要的并非生存,而是文本的客观意义。关于循环的前一方面,利科与布尔特曼没有异议,他们都强调信仰的对象(上帝或上帝的召唤)具有优先性,"在信仰背后,还有那信仰对象对于信仰的首要性。"②然而,信仰的对象不是在人的生存中,而是在文本中被揭示出来的。"实际上,只有在对文本的理解当中,我才能实际地认识到这个对象(信仰的对象)"。③ 因此,利科指责布尔特曼忽略了文本环节,而过于急切地跑到了生存的环节。"整个理解的历程,是从观念的意义进到生存论的意指。一上来就跑到抉择的契机(生存)这样一种解释理论跑得太快了。"④尽管如此,利科并不认为他的解释学理论是对布尔特曼的否定和推翻。相反,他坦承只是一种补充。原因在于,布尔特曼的解释学进路,利科是认可的,但是利科不同意仅在或一上来就直接在生存的层面谈论这种循环。"利科对布尔特曼解神话方案的起点(文本)和终点(意涵)并无异议,可是他却补充了一个中介性的'客观'层次,这也关系到他批评布尔特曼未有对语言的性质与功能作出反思的原因。"⑤

强调文本和对文本的解释是否意味利科想从上述所谓的圣经解释学循环的生存论层次回归到认识论的层次呢? 毕竟教义总是建立在对圣经解释的基础上,而圣经解释正好涉及文本意义的认识。利科虽然非常强调文本的客观意义在解释学过程中不可或缺的地位,他整个七八十年代的工作,(代表作是《活的隐喻》、《时间与叙事》和《从文本到行动》)围绕隐喻和叙事理论阐述文本的客观性结构和意义,突出强调解释学作为方法的重要性,并以此弥合自狄尔泰以来理解和说明的断裂。但是,他从不认为这里的"客观"是实在论或自然科学意义上的,他始终强调文本的意义是一种所谓

①   布尔特曼:《信仰与理解》卷一,第151页。
②   保罗·利科:《解释的冲突》,第476页。
③   同上。
④   同上书,第485页。
⑤   林子淳:《利科:在圣经镜像中寻索自我》,香港:基道出版社2011年版,第96页。

的"第二等级的指称"。

何谓第二等级的指称呢？它是相对于第一等级的指称而言。第一等级的指称与第二等级的指称的区分是利科解释学理论的一个关键。文字的隐喻功能或者说文本的叙事功能正在于可以消除或悬置它们在日常语言中对现实世界的指涉（第一等级的指称）而指向一个虚构的意义世界（第二等级的指称）。"我的论题是，对第一等级指称的消除，即通过虚构和诗歌进行的消除，是解放第二等级指涉的可能性条件。"①所谓第二等级的指称所指涉的正是利科所谓的文本的意义或文本世界。"文学作品只有在悬置描述活动的指称的条件下才能通过它特有的结构展示一个世界。"②文本世界作为第二级指称的对象在实在中甚至在心理中并无位置，它是一种胡塞尔意义上的"观念的"意义和海德格尔意义上的此在的世界③。所谓第二等级指称所指涉的内容不是脱离主体或作为此在的理解者的那种客观存在。就此而言，不能说利科背离海德格尔、布尔特曼、伽达默尔的传统，企图把解释学的发展再度扳回到方法论的层面去。毋宁说，他尝试在方法论的解释学和存在论的解释学之间进行一次糅合。如果可以的话，应该说利科的解释学是一种方法论—存在论的解释学。因为他一方面指责没有方法维度的纯存在论是一条操之过急的短途，但另一方面，他又认为离开读者的生存参与和占有，文本的客观意义也无法仅通过一种纯粹的方法论建构起来。

尽管存在上述指责，利科并不认为"文本客观意义"这个层次在布尔特曼那里是绝对缺失的。不仅如此，利科评论说布尔特曼了解到这个首要性只有通过"注解工作"才能实施，暗示布尔特曼的解经工作实际上正是他所谓的文本客观意义的环节。他指责布尔特曼走了一条生存的短途，但他认为那只是其解释学的特征。相反，他的解经学（exegsis）所做的正是一项解释文本客观意义的工作。如此就不难理解，利科为什么说布尔特曼"作为新约的一个解经者，其解经工作在其解释学哲学中并没有一个适当的基础"。④ 换言之，布尔特曼的解释学忽略了他的解经工作所承担的环节，而过于着急地走向生存的应用。而这一环节恰恰是利科极为重视的。

二、文本的客观意义

利科对布尔特曼的解释学诟病最多的莫过于指出它略过了一个重要环

---

① 保罗·利科：《从文本到行动》，第 119—120 页。
② 保罗·利科：《活的隐喻》，汪堂家译，上海译文出版社 2004 年版，第 303—304 页。
③ 参见保罗·利科：《解释的冲突》，第 485 页；保罗·利科：《从文本到行动》，第 120 页。
④ 保罗·利科：《解释的冲突》，第 484 页。

节,即"文本意义"的环节。然而,有必要对利科的这一指责进行一番澄清性考察。究竟利科所谓的"文本意义"是什么意思? 布尔特曼真的不关心文本的客观意义吗?

说布尔特曼不关心文本的客观意义是不符事实的。作为新约神学家和解释学家,他当然不可能对新约文本乃至整个圣经文本毫无研究。他的《新约神学》以及《约翰福音注释》都是对圣经文本的解读,甚至逐字逐句。早期,他还对同观福音书进行了详细的注解,发表《同观福音传统的历史》一书。但是,利科为什么批判他忽略了文本的意义呢?

这个问题引发我们不得不去反思另一个问题,或者说一个有趣的现象。尽管布尔特曼对圣经文本有如此详尽的注解,每一本都堪称大作。可是,布尔特曼在讨论解释学问题时,从未正式提及他这方面的工作。尽管他一再声称"解神话化"是要解开神话的遮蔽,阐发新约的真意,"如果新约的宣讲要维持其有效性,那么只能对之解神话化。"①但他从未断言他的《新约神学》或《约翰福音注释》所阐发的就是新约的真意。相反,他的圣经解释最终诉诸于一种宣道(Verkündigung)的语言事件,认为新约的真意在于它作为"上帝的道召唤人们进入真正的自由……解神话化的任务除了阐明这种召唤的意义之外别无他求"。②

宣道是一种语言行动。布尔特曼认为,宣道的特征在于它可以将圣经乃至神话转化成一个语言事件,使之成为面向听者的上帝之道,从而召唤人做出抉择。"宣道意味着宣告,即直接向听者召唤(anrede)并敦促他采取某种确定的姿态。"③然而,利科指责布尔特曼的地方正在此处。他认为,仅仅把圣经转化为一种宣道语言并通过这样的语言引发一种生存的抉择,而根本不顾及圣经作为文本的客观意义,这种解释学显得草率而任意,并不能确实解开神话的意义。"假如宣教并不引发思想,假如它并不展开任何对信仰的理解,那么它就不再能是解神话化的起源了。"④但问题是,为什么布尔特曼不把他对新约的注释作为对文本客观意义的阐释而纳入其解释学呢?当然,这样发问显然有点把利科的模式强加给布尔特曼的嫌疑。或者说,如果把其注释纳入其解释学过程,是否就可以回避利科的指责了呢?

这个问题涉及布尔特曼与利科对文本的客观意义在解释学中的地位和意义的不同看待。实际上,布尔特曼并非不关注文本的客观意义。他在其

---

①　Rudolf Bultmann, *New Testament and Mythology and other basic writings*, p.9.

②　布尔特曼等:《生存神学与末世论》,第 28 页。

③　Rudolf Bultmann, *Glauben und Verstehen III*, S.122.

④　保罗·利科:《解释的冲突》,第 484 页。

新约注释中,不仅对文本的历史来源、文献形式、文本编排做了大量考究,而且对其重要概念,如恩典、审判、原罪,包括对基督本身的意义等予以生存论的解释。尽管如此,他不认为这些解释对于解神话化具有决定性意义。换言之,神话的意义不在于提供某种可把握的客观意义,而是在宣道中成为一种能唤起抉择的语言。宣道在布尔特曼的解释学中才是决定性的环节。不仅如此,宣道必须对客观意义保持警惕。

在《20世纪真正的和世俗化的宣道》一文中,布尔特曼仔细反思了宣道的特征和目的。文章围绕宣道是什么和不是什么展开讨论。宣道是什么?前面已经提及,宣道是一种召唤人做出抉择的语言,其重点在于发出召唤。那么这种意义上的宣道不是什么呢?布尔特曼从三个层面回答这个问题。首先,从自然科学和历史学的层面,宣道不是传达一种客观事实。"宣道不是简单地传达事实。如果说自然科学和历史学研究发现了什么,那么它们传达所发现的,这并不是宣道。"[1]其次,从伦理的层面,宣道不是伦理性说教,它的目的不在于向听者传达道德行为规范。"宣道如果是伦理性的说教,那么也是世俗化的;因为这样的宣道,信仰之外也有,人们可以在像苏格拉底那样的异教徒那里听到这种宣道。"[2]最后,从哲学的层面,宣道不是阐述具有普遍性的理论学说。"如果讲道讲述的是一些据说应该相信的教义命题,那就是在使宣道世俗化。因为教义命题具有可以让人们信以为真的普遍真理的特征,但信以为真不等于信仰。"[3]用一句话予以总述,宣道不传达普遍、客观的内容,无论是事实性的抑或学理性的。

可见,由于宣道作为其解释学的决定性环节拒绝客观的内容,布尔特曼并非忽略文本的客观意义,而是有意去避开它。这也就回答了上面的问题,即为什么布尔特曼没有将他阐述文本客观意义的注经纳入其解释学框架中。利科当然可以由此指责布尔特曼走了一条生存的短途,甚至可以嫌弃他的偏激。"显然,布尔特曼很少苛求信仰的语言,而他对神话的语言却颇有质疑。"[4]所谓信仰的语言就是宣道,而神话的语言代表一种客观化语言。但是,值得注意的是,布尔特曼并没有忽略文本的客观意义这一环节,相反他是有意跳过它。

既然如此,现在的问题是,被布尔特曼分开的两个环节——文本客观意义和生存的占有(应用)能否连接在一起?要回答这个问题就必须理清利

---

① Rudolf Bultmann, *Glauben und Verstehen III*, S.122.

② Ibid., S.125.

③ Ibid., S.126.

④ 保罗·利科:《解释的冲突》,第482页。

科究竟是如何理解文本的客观意义。

利科解释学的出发点是文本，即"通过文字固定下来的话语"①。这与布尔特曼、伽达默尔，甚至海德格尔（后期）都不同。后三者的解释学强调的是语言（Sprach）或话语（Wort），解释作为语言或话语的事件，如宣道、对话和存在道说，呈现为一个去蔽和意义显现的过程。但利科认为，这样的解释学由于忽略了文本的客观意义，在一定意义上都走了解释学的短途。解释学的长途意味着理解必须经过从文本客观意义的说明到生存占有的理解的迂回过程。这是利科立足法国的结构主义传统对解释学的补充。由此，利科便将解释学的中心从语言性（Sprachlichkeit）转移到文字性（Schriflichkeit）。同时，他摒弃结构主义的纯粹符号分析的旨趣，将文本分析的重点从语言结构分析（analysis of the structures of language）转换为论述的语义说明（explanation of semantics of discourse）。通过这种双重转换，利科企图以文字性文本的内在结构分析补充传统解释学空缺的一环。

在这方面，Boyd Blundell 分析利科对伽达默尔解释学的批判性补充意义时，作出的一段评论具有一定代表性："利科对伽达默尔解释学的批判性补充是围绕从语言性走向文字性这一运动来组织的。……在进行结构分析时，这一运动朝向了别的方向发展，那就是超越语言的个别单位（语词）走向论述中的语词的语境，基本的单位不再是语词而是句子，范围不再是语言的结构而是论述的语义学，原初的行为不再是命名而是判断（predication）。"②

值得注意的是，此双重转换相互关联。凸显文本及其意义结构是利科立足结构主义传统对解释学的批判性补充（具体体现为叙事学说），反过来，他对结构主义进行了解释学的改造。因此，他没有像结构主义一样采取科学的态度，对文本的见物不见人的客观意义进行分析。"我总是非常小心地将作为一种普遍解释模式的结构主义与合法的、富有成效的结构分析区分开来，后者被应用于特殊情况下明确的经验领域。"③也就是说，利科虽然强调文本客观意义，但他的解释学最终关注的并非文本，而是在文本中被记录下来的论述（discourse）。论述是"一个主体欲表述自己的作为；而此表述是指向另一个主体所作的；在此作为中表述主体欲传递一些

---

①　保罗·利科：《从文本到行动》，第 148 页。

②　Boyd Blundell, *Paul Ricoeur between Theology and Philosophy*, Indiana：Indiana University Press, 2010, p.82.

③　Ibid., p.72.

信息或影响对方"。① 可见,他所谓的文本客观意义总是已经牵涉阅读者的参与。"即使是针对书写文本的诠释理论,也不能只关注文本自身,而不涉及论述的发生和接收者的参与。"②

尽管利科没有如布尔特曼或伽达默尔那样,一味凸显理解者的历史性在理解中的作用,而是强调文本的中心地位,把理解视为一个读者(理解者)把自己向文本敞开,接受文本教诲的过程。"面对文本理解自身时,人根本无需把他自己有限的理解能力强加于文本,而是向文本敞开自己,并且从它那接受一个更广大的自己。"③但他同时强调,读者"自身的建构和(文本)意义的建构是同步的"。④ 也就是说,利科所谓的文本客观意义仍旧是文本与读者之间的关联之物。虽然他竭力强化文本的客观意义相对于读者之生存占有的优先性(文本的阐释导致自我理解),以避免布尔特曼过快跑向生存占有,但他根本不曾离开文本与理解者、过去与现在相互作用这一解释学的基本路径,或者说,他仍旧在历史性的视域下讨论问题。

如此一来,利科的确将布尔特曼拆开的两个环节——文本意义与生存占有——连接了起来,但是,我们不但不能说他因此超越了布尔特曼,相反,必须承认他恰恰是在布尔特曼的解释学框架内,通过强调文本的中心地位来实现这一任务。圣经的意义是通过宣道将过去与当下(作为听者的理解者)联系起来而产生,文本的意义是通过叙事将过去与当下(作为读者的理解者)连接起来而产生,无论如何,意义的形成离不开当下人的参与。这里再次印证利科声称自己只是对布尔特曼的一个补充。"我提出这些问题(文本意义的问题),并不是为了反对布尔特曼,而是要更好地思考在布尔特曼那里仍未被思考的一切。"⑤

三、怀疑解释学

如前所述,利科所谓的文本客观意义仍旧牵涉到读者(理解者)的参与,它是文本与读者互动的产物。不仅如此,尽管利科把生存占有列在其解释学之虹(hermeneutical arc)的最末一端,但是,他强调这是解释的终极目

---

① Paul Ricoeur, "Philosophical Hermeneutics and Theological Hermeneutics", *Studies in Religion* 5 (1975):17.

② 林子淳:《利科:在圣经镜像中寻索自我》,第98页。

③ Paul Ricoeur, *Essays on Biblical Interpretation*, Edited by Lewis S. Mudge, Fortress Press, 1980, p. 70.

④ 保罗·利科:《从文本到行动》,第165页。

⑤ 保罗·利科:《解释的冲突》,第484页。

标,即使文本分析也要以此为目的。文本分析的重要性不在其自身,而在于它是为读者打开一种生存可能性的必要条件。"存在模态(生存可能性)部分取决于文本,故我们不可能不处理文本结构和其意义而与它相遇。"①既然如此,利科就仍然面临一个解释学的老问题:如何保证读者从文本中遭遇到的生存经验是源自文本,而非读者纯粹主观的虚构? 这个问题实际上与传统解释学遭受的相对主义指责相关,故是个老问题。为此,利科提出了怀疑解释学。

"怀疑"意味着一种不信任,以及由此产生的反思和批判态度。持怀疑态度的人一般不相信事物表面呈现的意义,因而企图穿透它达及深层的意义。就此而言,怀疑解释学亦可称为"批判解释学"、"反思解释学"或"深层解释学"。但需要注意的是,利科提出怀疑解释学针对的主要不是作者和文本,而是读者。如何避免理解中发生的生存经验不是读者的主观感受?这个问题,就其理论渊源而言,还要追溯到传统解释学的前理解问题那里去。

海德格尔从生存论—存在论的层面将理解的前结构合理化,沿此道路,伽达默尔从人对传统的归属性谈论前理解作为人的历史性存在结构不可避免地会在理解中被带入。因此,他认为前理解参与理解过程并在其中发生作用,这是无法回避的,他的解释学正是要将这个现象展露出来。"我(伽达默尔)本人的主张是一种哲学的主张:问题不是我们做什么,也不是我们应当做什么,而是什么东西超越我们的愿望和行动与我们一起发生。"②利科并不反对传统解释学的这一观点,但他认为,尽管人归属于传统,故而前理解不可避免,但我们不能对此没有意识。利科所谓的意识不是仅仅知道前理解的存在,而是要对前理解可能导致的理解扭曲有意识。换言之,正因为前理解无可避免,所以要对之进行批判,以免它成为一种固化模式无意识中操控我们的理解活动。故此,利科认为,尽管相比于海德格尔,伽达默尔已经开始从解释学的存在论向方法论返回,因而开始讨论面对人文传统和文本时的距离意识。但总的来说,伽达默尔倾向于强调人对传统的归属性(Zugehörigkeit),而不太注重二者之间的间隔(distanciation),或者说未在这方面深入下去。而这恰恰是利科的工作。就此而言,利科通过强调间隔的积极作用对伽达默尔构成一种"批判性补充"。③

---

① 林子淳:《利科:在圣经镜像中寻索自我》,第 101 页。
② 伽达默尔:《诠释学 II:真理与方法》,第 552—553 页。
③ Boyd Blundell, *Paul Ricoeur between Theology and Philosophy*, p.70.

可见,利科之所以强调间隔和批判在解释学中的重要性,因为他看到为传统解释学所揭示和凸显的前理解有可能沦为一种操控的意识形态,以致理解完成变成读者的主观虚构。为此,六七十年代,他特别关注弗洛伊德的心理分析的解释学意义。他认为,弗洛伊德对本我和自我关系的探讨,充分揭示了人的思维包含着虚假意识。我思并非像笛卡尔认为的是绝对自明因而绝对可靠。相反,我思里面出现的东西常常不是我真正想说、想要和想做的。人的自我意识里面包含着一种自我不一致甚至自相矛盾的结构。"我(利科)使用心理分析,就像笛卡尔使用怀疑论证来反对事物之独断;但这一次,这是要反对我思本身——或确切地说,心理分析是要在我思内部分裂开我(Je)的必然性、意识的幻想以及自我(Moi)的奢望。"①通过心理分析,利科揭穿了我思自我中心的幻想,我思必须离开自我确证的短途,走一条反思和批判的长途。然而,这对以德国解释学为代表的传统解释学意味着什么呢?

解释学从德国历史主义传统中发展而来,它反对笛卡尔式的先验主体,把人置于历史传统的境遇中予以理解。人是历史性和时间性的存在,从解释学角度,这意味着,理解者的理解摆脱不了其前理解结构。人对历史的归属性意味着"我们并不能把我们从历史生成中抽离除去,在我们与它之间拉开距离"。② 在利科看来,这种观点仍旧是一种自我确证的自我中心主义。尽管不是通过意识的自我确证,但却是通过一种历史归属性的自我确证,因此它拒绝间距化,从而避开对自身历史性的反思与批判。

如果利科关注弗洛伊德是为从意识层面剖析我思的虚幻性,那么他关注哈贝马斯则从社会历史层面做同样的事情。20 世纪 80 年代,利科把哈贝马斯的意识形态批判引入解释学构成一种批判性补充。他认为,伽达默尔从人文科学的角度赋予历史传统以正当性,哈贝马斯则从批判社会科学的角度"把传统看作仅仅是在暴力的非公认的条件下对交往系统歪曲的表达",③并对其予以批判。传统作为人的历史性存在的构成具有存在论的合理性,但从认识论的层面,恰恰是传统有可能沦为一种固化的机制,控制人们的理解于无形中,导致理解活动的扭曲。或者说,理解活动如果不是作为一个反思批判理解者的过程建立起来,理解很有可能成为理解者的虚假意识的自我游戏。所以,利科认同传统解释学的起点,即理解从前理解出

---

① 保罗·利科:《解释的冲突》,第 212—213 页。
② Gadamer, *Kleine Schrifte I*, *Philosophie*, *Hermeneutik*, Tubingen, 1967, S.158.
③ 保罗·利科:《诠释学与人文科学》,孔明安等译,中国人民大学出版社 2012 年版,第 24 页。

发，和终点，即理解是一种生存的应用，但是他担心这个过程会因为缺乏对前理解传统的反思批判意识而变质为一种理解者的主观虚幻，这是他提出怀疑解释学的原因。

关于怀疑解释学的讨论暂搁于此。下面我们要谈一谈利科强调反思批判的解释学与布尔特曼的关系。

站在利科的立场，布尔特曼当然被划在德国解释学的范围。而且，利科公然声称布尔特曼解释学走了一条短途。"对存在的询问被插入这个我们所是的存在之中并使我们成为存在的'此'，可以说在布尔特曼那里发生短路了。"①尽管如此，究竟能不能立即断定布尔特曼解释学缺乏反思批判的要素呢？为澄清此问题，有必要从利科所谓的"短途"本身谈起。

笔者认为，所谓"短途"应该从两个层面来界定。首先，从解释学过程的环节而言，德国解释学都疏忽了文本的客观意义这一环节，故而是一条短途。其次，从解释学的内在精神而言，德国解释学缺乏反思批判精神，把自我理解阐释为一种自我确证的直接行为，故而是一条短途。利科没有明文直言后一层意义的短途，但从它引入文本环节，阐明文本在理解过程中的意义而言，可以推出这一结论。既然文本的解释学意义在于以其客观的意义世界把读者带入一条自我反思与批判的建构之长途，现在德国解释学都忽略了文本的客观意义，它们岂不是缺乏反思批判精神？这一推理虽然在逻辑上没问题，但是其结论却不合事实。

传统解释学没有让反思批判精神缺席。在海德格尔，它表现为其后期存在道说——此在倾听，并作出放弃、沉默和顺从定调的诗的经验。在伽达默尔，反思批判表现得更加具体。一方面表现为自我理解与事情本身理解的辩证关系。即理解是理解者的前理解结构在事情本身的引导下不断修正的过程；另一方面，表现为解释学经验的否定性。即，理解是理解者不断经历被否定之痛苦的经历。

反思批判精神在德国解释学主要体现为一种否定性的生存经验。由于布尔特曼是一位神学家，且深受辩证神学的影响，这一点在他身上最为突出。辩证神学产生于对自由神学的彻底批判，由于后者主张人可以通过自身的建树，如道德修炼、社会功绩、内在体悟等达及上帝，辩证神学极力主张上帝与人的无限差异性，彻底断绝二者之间正面接触的可能性。然而，与其同道者卡尔·巴特不同的是，布尔特曼反对以一种抽象的语调谈论上帝与人的差异性，他认为上帝对人的绝对超越性应当作为一种生存经验才具有

---

① 保罗·利科：《解释的冲突》，第488页。

实在性意义。这种经验不是别的,正是人在上帝面前的罪人处境。"人无法占有他的生存(因为他不是站在生存的旁边,而是在它里面,他生存地活着,生存发生着),所以只有当上帝向他发出质问时,他才看到他所处其下的质问(即他是一个罪人)。如果上帝向他发出质问,那么质问就是回应,确切说,不是通过取消、'扬弃'质问或者说在进一步的认识中前进至回应中,相反回应恰恰必定是质问,即是说罪人就是称义的人。"①布尔特曼紧紧抓住此时当下的活生生的生存,将辩证神学的辩证性刻画为一种否定与肯定辩证统一的生存经验,我们可把这种经验称为生存辩证法。由此,人与上帝的关系呈现为一种否定性的接触,即上帝是通过否定人自身的建树而临在于他的。人的一切建树被布尔特曼称为"自以为有的确定性和虚假的安全感"②。所以,信仰作为一种上帝与人相遇的经验,必定是一种在上帝否定下去除自身虚假安全感和确定性的活动。更重要的是,这不是某个偶然的一次性经历,仿佛经历之后人就达到了绝对真理(与上帝合一),相反,否定与肯定、定罪与称义是一个持存的生存状态。

不仅如此,布尔特曼特地从解释学角度将这样一种否定—肯定的信仰经验阐释为人的自我理解,"信仰是一种对个人存在的新理解,换言之,赋予我们一种对于我们自己的新理解"③,并且特别强调自我理解的否定性、非一次性。"这种个人的自我理解常常会被检验,即在每一种遭际的情况下受到质疑。随着生活的延续,我的自我理解可能被证明是不完备的,或者由于进一步的经历和际遇会使之变得更清晰、更深刻。"④可见,布尔特曼的解释学并不主张一种自我直接确证的主体中心主义,人对自我的理解恰恰是通过不断自我检验或被质疑的经验而实现的。"我的自我理解,就其性质而言,肯定会天天更新,这样我也就理解了包含在自我理解中的主体的自我。"⑤尽管没有强调利科所谓的文本,但在布尔特曼辩证神学的语境里,由于信仰是发生于上帝之道的一种否定性的自我理解,因此可以确保信仰作为一种理解不会陷入纯粹的主观虚构。

布尔特曼的生存辩证法所描画出的自我理解与利科企图通过文本意义去建构主体的解释学长途具有异曲同工之妙。利科虽然反对笛卡尔的主体

---

① *Theologische Bücherei：Die Anfänge der Dialektischen Theologie Teils* 2，S.75

② Rudolf Bultmann，"*Bultmann Replies to his Critics*，" *Kerygma and Myth— A Theological Debate*，pp.17–18.

③ 布尔特曼等:《生存神学与末世论》,第 52 页。

④ 同上书,第 52—53 页。

⑤ 同上书,第 53 页。

哲学,但他并不是要消解主体。相反,他认为所谓的经过文本意义的长途解释学恰恰是一个主体建构的过程。这一过程的特征在于主体通过失去自己而获得自己。"必须丢失意识,以便发现主体。"①主体在文本中遭遇到的是一个不同于自己的文本世界,他恰恰是通过文本的教导而成为自己。"本真的自我,是某种可以由'文本材料'教授之物……。是文本材料给予了读者以主体性维度。"②虽然利科突出强调的是文本,但他借文本意欲表达的是一个与读者(主体)相异,能带给读者(主体)以否定性经验,故而使读者的主体性得以建构起来的东西(关于这一点,将会在后面涉及神学解释学的篇幅中继续讨论)。然而,这一维度其实在德国解释学中已经得到阐发。尤其通过布尔特曼刻画的生存辩证法得到生动的表现。

利科之所以主张主体的建构必须通过否定,因为主体包含虚假意识。这种虚假意识是主体仅靠自身无法去除的,他甚至无法意识到。所以,要去除虚假意识就必须经历一个文本的迂回之路,走一条解释学的长途。通过分析利科强调文本客观意义的用意,以及他主张走一条解释学长途的真正原因,我们发现其实利科意欲表达的并非在德国解释学中完全缺席。在此意义上,虽然布尔特曼没有如利科引入文本作为解释学长途的中间站点,但他以一种具有解释学意义的宗教经验展现了克服主体虚幻性的努力,在这一点上,他比海德格尔的诗的经验和伽达默尔对话辩证法都来得彻底,故而与利科解释学所欲刻画的经验更具亲缘性。因此,尽管布尔特曼一上来就跑到抉择的契机(利科语),但他不主张通过抉择人就可以一劳永逸地占有真理,相反,抉择是面对上帝的否定不但做出顺从和回应的行动,它使人处于各种对自身的不确定性中,以此获得投向上帝的真正确定性,这就是信仰的行动。就此而言,利科借助文本的引入,实际上是把暗藏在布尔特曼乃至德国解释学中的反思批判精神予以展露。正如他个人所言,无论是面对伽达默尔,还是布尔特曼,他的工作都是一个补充。

四、想象力的解释学意义

利科一方面强调文本的客观意义,另一方面强调理解作为一种反思批判过程的重要性。然而,如前面讨论的,利科所谓的文本客观意义终究是在读者参与之下的创造性意义,而反思批判过程恰恰是读者进入文本形成自己的过程,如此便出现一个新的问题,读者是何以可能参与文本并创造出一

---

① 保罗·利科:《解释的冲突》,第212页。
② 保罗·利科:《诠释学与人文科学》,第53页。

种让自己得以塑造的意义的呢？该问题涉及两个方面的子问题。首先，读者参与其中的文本究竟是一种什么文本？其次，读者通过反思批判塑造自己的过程究竟是如何发生的？

受法国结构主义和英美语言分析哲学的影响，利科极其重视文本意义的分析和说明在解释学中不可或缺的地位。但需指出的是，文本并非现成摆在那里的书籍或资料，文本的意义也非蕴藏在其中的客观内容。利科所谓的文本存在于与读者的关系中，文本是"通过文字固定下来的话语"，①而"文字召唤阅读"。② 是阅读让摆在那里的书籍成为文本，因此文本的意义不在文本的字面上，也不在文本对现实世界及其关系的指涉，文本的意义是在阅读过程中被实现出来的另一种指涉。"文本不是没有指涉对象；准确地说，这将是阅读作为诠释的任务，即实现指涉对象。"③利科把这样一种构建于阅读活动并指涉一个非现实世界的文本称为"隐喻"或"叙事"。

那么，读者又是如何在阅读文本的过程中塑造自己的呢？与德国解释学思路不同，利科不赞同把理解者在理解过程中的自我塑造诉诸一种直接性的生存应用，或者说，德国解释学过快地切入到生存的层面而忽视在此之前的一个重要阶段，那就是想象力的意义创造。想象力的意义创造是通过对隐喻和叙事文本的分析、说明（阅读）得以实现。

隐喻是以单词为单位的句子，叙事是以句子为单位的讲述。但二者具有相同的特点，即它们将在日常的或科学的语言和思维看来没有关联的东西放置在一起。例如"岁月是一剂良药"。从常理来看，"岁月"和"药"怎么能扯上关系呢？叙事也是一样，它通过情节化的方式将本不相干的甚至是虚构的事情、人物等安排在一个情节里，形成一个故事。对照科学的语言，隐喻是荒谬的。霍布斯因此称隐喻是对语言的滥用，不具有认知价值，它使语言"超越了它们被规定的意思，因此具有欺骗性"。④ 同样，对照历史事实，叙事也不值推敲。如果对照《三国志》去读《三国演义》，后者很多时候是在编造。那么利科又为什么会对隐喻和叙事如此重视呢？他认为，隐喻和叙事的价值正在于它们把不相干的东西拉拢在一起，从而为读者的想象创造了空间，或者说，正是凭借想象力的创造，不相干的东西得以可能被归置于一处，故而产生新的意义。

利科是从康德反思判断力着手讨论想象力问题的。反思判断力作为一

①　保罗·利科：《从文本到行动》，第 148 页。
②　同上书，第 149 页。
③　同上书，第 152 页。
④　Thomas Hobbes, *Leviathan*, New York：Liberal Arts Press, 1958, p.39.

种从特殊上升至一般的能力,要在多样性、差异性中找到相通性,从而达成统一性。利科认为这与隐喻和叙事具有相似性。因为隐喻尤其是叙事的情节化功能正是要在不相干的事件之间达成一种统一性。然而,这一行动是在没有普遍原则规定下进行的。正如反思判断力在寻找相通性时,并没有从知性那里得到一个原则,否则就是规定性判断力了。所以,反思判断力的活动是在没有事先原则支配下的创造活动,用康德的表述,它按照一种"好像有"的统一性来考察那些在知性规律看来偶然性的经验,"就好像有一个知性(即使不是我们的知性)为了我们的认识能力而给出了这种统一性。"①简言之,反思判断力把那些偶然的经验看做好像是有关联的、统一的,在这一"看做好像"的活动中,想象力起着至关重要的作用。同样,在隐喻和叙事中,想象力也发挥着决定性作用。正是想象力在不相关的事情之间"看出"相关性,确切地说,是创造出相关性。利科认为,隐喻和叙事通过其"荒谬"违背常识、打破常规、突破习以为常的思维界限,以此为想象力去创造出新的关联性打开空间。"隐喻是这样运作的:混淆已经建立的逻辑界限,以求发现新的相似之处,而先前的分类阻止了我们对这些相似之处的注意。"②可见,隐喻和叙事具有解构—建构的作用。但利科并没有从这个角度,而是从理解者的自我塑造来讨论它们的解释学意义。

隐喻和叙事为想象力提供可施展的空间,想象力通过隐喻和叙事开创一个新的世界。这个世界不是现实的世界而是一个关于人的生存世界。"隐喻指涉的更深刻的现实是什么?我们可说它是'人的'现实……,'一个与生存的其他可能性,在其最根本处是与我们自己的可能性相对应的'世界。"③这里实际上已经涉及解释学的应用,即是说,这个"人的"现实或世界既是文本呈现给读者的,也是读者的想象力从文本中建构起来的,毋宁说,它是一个在读者与文本的相互交往关系中存在起来的世界。利科认为,通过这个世界,读者的自我理解得到扩展、深化和改变。"通过拓宽眼界,通过提出新的可能性,读者的世界被重新塑造了,因为我们的'世界'无非是我们的可能性的范围。由于我的世界和文本的世界的视域融合,我的自我理解受到挑战。"④至此,可以清楚看出利科为什么强调文本以及阐发文本意义的方法对于解释学的重要性,因为只有通过这个环节,想象力才能发

---

① 康德:《判断力批判》,邓晓芒译,杨祖陶校,人民出版社 2002 年版,第 15 页。

② Kevin J. Vanhoozer, *Biblical narrative in the philosophy of Paul Ricoeur: a study in hermeneutics and theology*, Cambridge: Cambridge University Press, 1990, p.64.

③ Ibid., pp.68-69.

④ Ibid., p.99.

挥效能,或者说,分析文本意义的行为同时就是想象力开创一个超出现实世界之上的新世界(人的世界)的过程。

前面已经讲到,利科并不反对德国解释学的路数,只是认为它太过仓促,忽略了一个重要环节,因此他的解释学旨在于补足这一环。然而,这需补足的一环究竟是什么? 当然可以说是文本,也可以说是方法论,但通过上述分析不难发现,文本也好,方法论也罢,牵动利科之真正关切的是想象力对于解释学的重要意义。把想象力作为一个环节补入德国解释学是利科解释学的一个根本性贡献。

正是在这里,我们可以看到利科对布尔特曼的超越之处。布尔特曼把解神话化最终诉诸于具有末世论意义的宣道事件,把理解刻画为个人在其此时此地的具体时刻中面对上帝话语的召唤做出抉择的行动。"上帝的道召唤人进入真正的自由,进入自由的顺从的时候,解神话化除了阐明这种召唤的意义之外别无他求。"①布尔特曼通过宗教信仰的经验凸显了解释学之理解与应用的统一,但或许是受到克尔凯郭尔信仰激情的影响,布尔特曼对意志的作用太过浓墨重彩。上帝的召唤仅仅针对的是人的意志,他的召唤以一种末世论的口吻向人宣告一个时刻:非此即彼。生与死、自由与捆绑可以且必须在顷刻的抉择间泾渭分明。这就是信仰,而理解作为信仰就发生在面对重大时机的抉择瞬间。所以,布尔特曼尽管强调信仰是不断做出抉择的过程,但就每一次的抉择而言,它是瞬间的无过程行为。因此,他特别指出信仰作为理解是一种"时机的真理"(Die Wahrheit des Augenblicks)。"如果此在是时间—历史性的并且本质上向来是全新的,那么对 $\alpha\lambda\eta\theta\epsilon\iota\alpha$ 的追问只有作为对时机,即向来属我的时机的 $\alpha\lambda\eta\theta\epsilon\iota\alpha$ 的追问才有意义。"②真理作为人与上帝相遭遇的时机是瞬间的,具体言之,是倾听宣道的个人在倾听的那一瞬间(时机)对上帝所作出的抉择。然而这一瞬间的"时机"却没有给想象力留下任何用武之地。

利科承认,理解最终必须在理解者的生存处境发生效用,或者说改变理解者的生活。然而,这一过程却并不像布尔特曼描述的是在意志的瞬间抉择中就得以完成的。尽管布尔特曼认为,理解在于把握被理解事物中蕴含的关于人的可能性,"解释应当使在诗中正如在艺术中被揭露的人的存在的可能性得到理解。"③但他同时认为这种可能性通过理解者做出抉择便可

---

① 布尔特曼等:《生存神学与末世论》,第 28 页。

② Rudolf Bultmann, *Theologische Enzyklopädie*, S.185.

③ Rudolf Bultmann, *Glauben und Verstehen II*, S.222.

立即实现。然而这是不符合常理的。意志不是面对虚空抉择,或者说,若没有已经提供出来的可能性摆在意志面前,它无法做出抉择。但能从被理解事物中将人的各种可能性呈现出来却不是意志能做到的。在利科看来,这项任务恰恰属于想象力。

如前所述,利科极力推崇的文本是隐喻和叙事。因为正是通过这样的文本,想象力得以创造出人的诸可能性世界。利科不认同对想象力的贬低,如伽达默尔为前见正名,他极力为想象力正名。想象不是复制、再生,而是创造,"想象并非获得某物的图片,而是从语言中(文本)创造出图像。"①因此,在理解过程中,必须先有想象力的创造,意志的抉择才有基础。"没有想象对可能性的在先占有,意志将没有计划去实现。"②一种只是作为召唤的宣道是空洞的,它要求听者做出回应的抉择,但却不给他提供一个可以投向的世界。所以,利科指责布尔特曼乃至整个德国传统的解释学跑得太快,跳过了"意义的契机"。"意义"并非文本的字面意义或对现实世界的指涉,而是在读者的参与下由读者的想象力创造出来的关于人的可能世界,就此而言,布尔特曼解释学真正缺失的既不是文本,也不是方法论而是一种对想象力之解释学意义的洞察。

以上主要围绕哲学解释学的几个重要问题,就利科对布尔特曼的评价展开二者之解释学思想之间的对话。然而,与伽达默尔不同的是,利科非常积极地投入到圣经解释学研究,发表许多重要著述来阐述自己的独到观点。诚如其哲学解释学一样,利科的圣经解释学也是从布尔特曼开启的语境出发进行探索,故而蕴含着与布尔特曼之间的思想继承性。在某些方面,正是利科为澄清布尔特曼解释学思想的当代效应提供开阔的视野。因此,在布尔特曼和利科之间围绕圣经解释展开一场对话显得尤为必要。

第二节　"解神话化"与利科的圣经解释学

历史的耶稣是一个典型的布尔特曼效应下的圣经解释学问题。由于对布尔特曼片面突出"宣道的基督"不满,其后继者纷纷重新投入历史耶稣的研究。尽管如此,他们无法逾越布尔特曼而再次回到历史批判研究的语境中去。那么,如何在承认宣道基督的前提下重新为历史耶稣找到合理的位

---

① Kevin J.Vanhoozer, *Biblical narrative in the philosophy of Paul Ricoeur: a study in hermeneutics and theology*, p.65.

② Ibid., p.104.

置便成为布尔特曼之后的圣经解释学不得不慎重考虑的问题。利科对此有自己的思考,主要体现在其"互文性"的圣经解释学思想中。下面我们将以这一思想为契机,切入历史耶稣的探讨,以此阐明布尔特曼的解释学效应。

一、互文性与历史的耶稣

1.互文性

互文性(intertextuality)是利科圣经解释学的重要思想。从方法论的层面,互文性是对马丁路德"唯有圣经"解经原则的继承与发扬。所谓互文性是指文本与文本之间的相互作用、相互影响的互动状态。利科从互文性的四个层面凸显圣经的自解原则。首先是旧约内部各类文本的互文性;第二是旧约与新约之间的互文性;第三是新约内部各类文本的互文性;最后是整本圣经文本与读者的生活文本的互文性。利科企图通过互文性原则从圣经中建立起一个文本的网络,并从中梳理出一条条"意义的路线"。

然而,互文性在利科的圣经解释学中恐怕不止方法论的意义。圣经文本的交互作用并不是发生在字意层面,而是发生在叙事之间。利科首先将圣经的各类文本视为叙事,然后在其隐喻—叙事的框架下建构圣经的互文性。正如在隐喻和叙事中,想象力将不同的语义构建为一个新的语义空间,将不同的事件、人物连缀成一个新的故事,在互文性中,它从作为不同叙事的各类圣经文本中搭建起一个富有意义的新世界。凯文·范浩沙(Kevin J. Vanhoozer)在评论利科的互文性理论时说:"利科把互文性视为他的隐喻理论的延展。更精确地说,互文性在利科看来是《圣经》中创造性想象运行的形式。"①就此而言,互文性不是获取某种圣经知识的方法,但它又的确是一种方法,只不过这种方法是帮助打开一个想象的可能世界的方法。显然,利科的圣经解释学与其哲学解释学一脉相承。篇幅限制,在此我们不打算就互文性的各个层面予以细述,而只将与解神话化相关的部分,即新约之互文性给予简括,然后切入布尔特曼与利科的相关讨论。

关于新约的互文性,利科主要讨论了新约中耶稣的话语(比喻、寓言等教导)与其行为和受苦叙事之间的交互作用。耶稣的话语指向一个宗旨,即上帝的国来临了。但是,耶稣并非置身度外地宣布这一事件,相反,他在宣布的同时就把自己当作这一事件的来临,或者说,他用他的行动和生活让这一事件发生起来。在此,利科认为耶稣的话语与他的行为是统一的。耶

---

① Kevin J.Vanhoozer,*Biblical narrative in the philosophy of Paul Ricoeur：a study in hermeneutics and theology*,p.200.

稣的教导是以他自己为指涉的,即他就是上帝之国的来临,如恶葡萄园户的寓言中被打死的儿子就是他自己,他被打死意味着上帝审判的来临;同时,他的行动和生活又是上帝之国来临的表现,如他洁净圣殿、让瞎子看见、让瘸子行走等。不仅如此,耶稣的话语和福音的叙事也是相互作用。福音书是关于耶稣的讲述(story about Jesus),但这讲述又是由耶稣的讲述(stories of Jesus)构成的。前者是福音书的叙事,后者是耶稣的话语(教导)。这就意味着,福音书讲述的那一位正是讲述福音的那一位,一言以蔽之,福音书是耶稣自己对自己的讲述,他既是讲述者同时又是被讲述者(讲述的指涉者)。"福音叙事的'英雄'既是寓言的讲述者,又是它们间接的指涉者。耶稣在寓言中宣讲上帝,但是福音书把耶稣作为上帝的寓言来宣讲。"①那么,利科的互文性与历史耶稣问题有怎样的关系呢? 历史耶稣在神学内部经历了怎样的发展? 布尔特曼在此过程中起到怎样的作用呢?

2. 布尔特曼的"历史耶稣"情节

历史的耶稣是自由神学圣经历史批判研究的中心议题。它主导着整个19世纪和20世纪初的神学研究旨趣。圣经批判研究旨在于通过现代的研究手段对福音书进行一种历史化的追溯与恢复,以此还原出历史耶稣的肖像,从而为基督教信仰奠定基础。然而,圣经历史批判家的努力不仅没有还原出一个能为大家接受的历史耶稣,反而使得历史耶稣的肖像更加扑朔迷离。"有多少研究者,就有多少历史的耶稣。"②这一评论蛮有讽刺地宣布了历史批判研究的失败。

实际上,布尔特曼的神学研究是在自由神学的母体中孕育出来的。圣经历史批判行之末路之际,其内部已经开始对其研究的意图和方法提出反思和批判。尤其是随着宗教历史学派研究的更新,福音书被坐实不只是纯粹历史文献,而是在早期信徒的信仰和教会的传教工作之兴趣的主导下的一种编纂。这对圣经历史批判研究之雄心——还原耶稣的历史原貌——无异于一个沉重打击。由此,圣经形式批判研究逐渐成为后期自由神学的中心。既然福音书不全是历史的材料,那么就有必要将其中历史的成分与非历史的成分区分开来。这正是圣经形式批判研究的工作。

布尔特曼的早期著作《同观福音传统的历史》正是一部圣经形式批判研究的专著。然而,圣经形式批判研究作为圣经历史批判研究的细化和延

---

① Paul Ricoeur, "Biblical hermeneutics", p.105. 转引自 Kevin J. Vanhoozer, *Biblical narrative in the philosophy of Paul Ricoeur: a study in hermeneutics and theology*, p.200.

② Werner G. Jeanrond, *Theological Hermeneutics-Development and Significance*, p.126.

续,不仅没有力挽狂澜,反倒将其推入了真正的末路。既然福音书已经不是史料,或只有很少一部分的史料,那么姑且不说圣经形式批判研究能不能将其成功地分离出来,即使能够,也不足以支撑起恢复历史耶稣肖像的宏大工程。所以,很多从事圣经形式批判研究的自由神学家纷纷开始离弃自由神学的路数,重新寻找信仰的根基。当时最具影响的莫过于"宣道的基督"。"宣道的基督"旨在于取代"历史的耶稣"为基督教信仰奠基。主张它的神学家认为,对于信仰具有关键意义的是借助教会的宣道在信徒的信心中存在的"基督"。

布尔特曼正是在这种神学研究发展的过程中,建构自己的生存神学和宣道神学。他的"解神话化"方案在某种意义上正是将"历史的耶稣"和"宣道的基督"之间的对立推至极端。极力主张信仰是个人在其历史性处境中(生存神学)与被宣扬为上帝之国来临之标志的基督(宣道神学)相遇的事件,故而圣经的解释必须成为这样一种宣道事件(语言事件)才是有意义的。

尽管历史的耶稣在布尔特曼那里被放置在一个较为次要的位置,但通过上述叙述不难发现,布尔特曼的思想实际上带有很强的"历史耶稣"情节。这主要表现在两个方面。

首先,布尔特曼虽然批判了历史耶稣,但他并不是要否定圣经和信仰。我们知道,18 世纪以伏尔泰和大卫·施特劳斯为代表的圣经批判也对圣经的历史真实性予以猛烈抨击。但他们是站在启蒙理性的角度对圣经予以否定,企图将耶稣及其事迹定位为一种纯粹虚构,从而捣毁整个基督教信仰。相比于此,布尔特曼的意图是完全相反的。他不仅不是要摧毁信仰,相反正是为了捍卫信仰,或者说,他是出于一位神学家为信仰辩护的动机才放弃"历史的耶稣"。而他这样做的前提是,"历史的耶稣"对于信仰没有太大意义,因此不应成为神学研究的主题。

其次,尽管布尔特曼淡化了历史耶稣,但不代表他对历史耶稣完全持否定态度。严格来说,耶稣及其事迹是否具有历史真实性根本不是布尔特曼关心的重点。他关心的毋宁说是怎样理解或定位耶稣对于信仰是有益的。显然,在他看来把耶稣定位为宣道中的基督要比历史中的耶稣有利于信仰,但是他并没有因此主张,历史的耶稣根本就是不存在的,圣经中关于耶稣的记载纯粹是编造,或者说,关于耶稣的宣道完全可以成为关于任何人的。换言之,历史的耶稣仍旧是布尔特曼思想的一个前提,甚至是不言而喻的前提。只不过,他将这一前提的意义压缩至一个很低的地位,这就是为什么他在其《新约神学》里宣称"耶稣的信息是新约神学的前提,但不是它本身的一部分"①,并只用了半页篇幅去描述历史的耶稣,而用几百页的篇幅去说明宣道的基督。

　　3.历史的耶稣与互文性

　　尽管不可否认布尔特曼的历史耶稣情节,但他对历史耶稣的这种处理方式毕竟为他招致了激烈的批判。其中反映最为激烈的要属其学生恩斯特·克泽曼(Ernst Käsemann)。

　　以布尔特曼的弟子为中心组建起来的布尔特曼学派重新探讨历史耶稣的问题。然而,他们既不否定布尔特曼圣经形式批判研究的结论,也承认他将信仰诉诸于作为宣道的生存论事件对神学研究和圣经解释所具有的划时代意义。只不过,他们认为他们的老师做得太过极端。如果耶稣的信息只是新约神学的前提,那么这个前提有必要性吗? 所谓"只是一个前提",意味着耶稣对于信仰的意义仅在于他存在过,且被钉过十字架。至于其教导、行为等都可能是后世传教者的编纂结果,不具有历史的或无法坐实到历史的真实性层面。如此一来,耶稣对于基督教就只是一个符号,他的意涵是由后来的信徒和教会赋予的,而非自身具有。就此而言,布尔特曼突出宣道的基督,淡化历史的耶稣会"导致神性的、复活的基督吸干人性的、尘世的耶稣的危险",②从而使得耶稣其人完全成为多余。如果基督教信仰只不过是一群人不断地生存决定和自我告白,那么这个决定和告白是面向谁而做就不具有决定性了。这是布尔特曼的学生们不得不共同面对的一个布尔特曼效应。他们都认为,尽管宣道具有重要的意义,但宣道必须与历史的耶稣即耶稣的言语行为关联起来。在此意义上,克泽曼声称:"耶稣其人是信仰的开端和终结,是顺服的原型,是新亚当。这些都不是前提,而是《新约》的核心。"③

　　究竟如何将"宣道的基督"与"历史的耶稣"关联起来呢? 围绕此问题,我们着重谈谈布尔特曼的两个学生埃贝林和富克斯所代表的新解释学以及保罗·利科的互文性思想,并在此基础上阐释利科的互文性在圣经解释学中的意义。

　　这一问题显然不能再回到前布尔特曼的语境中予以解决。换言之,不能再从客观历史主义的角度将耶稣及其行为作为一个纯粹的历史人物或历史事实予以建立。经过布尔特曼之后,这一做法首先对信仰是没有意义的,

---

①　Rudolf Bultmann, *Theology of the New Testament I*, p.3.

②　曾庆豹主编:《诠释学与汉语神学》,香港:道风书社2007年版,第49页。

③　Ernst Käsemann, *Exegetische Versuche und Besinnungen I*, Gottingen, 1960–1964, S.213.

其次是不可能的,因为福音书已被公认不是一本单纯的历史材料。所以,当布尔特曼的学生们试图去弥合老师撕开的裂缝时,他们仍旧不得不再次回到布尔特曼的宣道,从语言的维度寻找解决的方案。这也是为什么艾贝林和富克斯会走向后期海德格尔的语言哲学的原因。在他们看来,布尔特曼将语言引入基督教信仰的阐释是神学研究的一次突破,然而,这个引发信仰的语言事件被布尔特曼引入了偏激之中,即过分凸显宣道倾听者的回应(决定)的决定性意义,而不顾宣道本身或语言事件本身的意义承载和传递。在此,他们找到了补上"历史耶稣"的缺口。"基督论的宣道不是一件随意套在耶稣上的外套,而是隐含了对耶稣的人格、他的行为、他传道中的东西的解释,耶稣自己的位格、行动、话语是基督论宣道的基础。"[1]

　　那么,如何补上"历史耶稣"这一缺口呢?埃贝林和富克斯为代表的新解释学一方面批判布尔特曼的宣道是空洞的、形式的,另一方面又要竭力杜绝回到客观历史的角度来审视"历史耶稣"问题。因此,他们认为宣道应当具有自身的内容和意义,而这并不是作为历史人物或事实的耶稣及其故事,而是耶稣的教导(话语)。关于基督的宣道必须以耶稣自己的布道为基础。然而,现在又出现另一个问题:宣扬耶稣的布道或教导与历史的耶稣有何关系呢? 这个问题涉及到新解释学的一个重要思想,即耶稣的话语与其行为是统一的。耶稣宣扬的是一个新的时代,即上帝之国已经降临。但是,他不是作为一个信息传递员来宣传这一讯息,相反,他用自己一生的行动甚至死亡来见证这一时代。就此而言,耶稣的话语指向的是他自己,他在其教导中宣布的这个时代正是他用生活行动划出的那个时代。既然耶稣的话语和行动是统一的,那么当宣道以耶稣的话语为内容时,它实际上是在宣讲一个以耶稣的言语、行动、生活和死亡代表的世界。简言之,它是在宣讲一个"历史的耶稣"。"强调话语和行动在耶稣人格中的统一性充分说明富克斯和埃贝林作为新解释学的领军人物,同时也是重新主张历史耶稣的主要人物。"[2]至此,如果我们回到上述有关利科互文性的阐述,便可发现,新解释学在处理"历史耶稣"的问题上与利科分有了相同的见地。首先,他们都对布尔特曼式的空洞化宣道表示不满。其次,他们都主张耶稣的教导应作为宣道的内容,企图以此充实宣道,以使其具有自身的内容和意义。最后,他们都通过论述耶稣话语与其行为的统一性而提出"历史的耶稣"。然而,问

---

① 曾庆豹主编:《诠释学与汉语神学》,第52页。

② Anthony C. Thiselton, *The Two Horizons*, p.346.

题在于福音书中耶稣的教导、行为和生活在何种意义上可以被称为是"历史的耶稣"。对此,新解释学似乎没有给出确切答复,而利科的圣经互文性思想似乎可以给出一个回应。

利科的互文性是在其叙事理论的背景下提出的。叙事即是对现实的模仿同时也是对它的重构。在此意义上,叙事包含一种虚构,即通过将在现实中不相干的人物、事件等拉拢在一起以构成一个意义想象的空间。本着互文性原则,利科主张将圣经中不同的文类(历史、智慧、预言、颂歌等)关联起来,以形成一张意义之网。同样在涉及新约时,也应当将福音书中关于耶稣的教导、行为、受难等组建起来形成一种叙事的意义网。利科之所以强调叙事在圣经解释中的意义,因为他发现以布尔特曼为代表的圣经解释学过快地进入生存的层面,忽略了意义建构的环节。或者说,它还没来得及给读者建立一个供他做出选择的意义世界,就强迫读者去做一个空洞的决定。因此,利科解释学意欲解决的核心问题便是如何将一个客观的意义世界建立起来。他所谓的"历史的耶稣"也与此关切相关。

如前所述,利科主张耶稣的话语与其行为相统一。然而,这并不是圣经自身呈现于我们的,而是通过叙事发现的。利科通过叙事将福音书中耶稣的寓言连缀起来,同时将其话语(寓言)与其行动生活连缀起来,刻画出一个活生生的耶稣人格:耶稣以其话语宣布一个世界的来临,以其行为见证这一世界的来临,并按照他所宣布的那个世界去生活,反过来,他用他的生活把他宣布的那个世界展现出来。在此意义上,耶稣就是一种生存方式,即一种按照上帝之国已经来临的样子去生活的方式。利科认为,耶稣被作为一种生存方式或者说作为生存的可能性被叙事建构起来,正好补足了布尔特曼解释学缺失的那一环节,即文本之客观意义的环节。只有当把这种具有客观内容和意义的生存可能性带到读者面前时,要求他做出抉择才是有意义的。不仅如此,利科认为这样一种生存方式或可能性才是历史耶稣的实际意义。换言之,历史耶稣的"历史"不再是历史学意义上的,而是历史性意义上的。后者指向的是作为人的生存世界被建构起来的意义,不是史实层面的历史事件。

如本节一开始提到的,"历史的耶稣"成为后布尔特曼神学解释学的中心议题。然而,事实告诉我们,关于历史耶稣的研究不可能再回到前布尔特曼时期的圣经历史批判。相反,它不得不带上强烈的布尔特曼色彩。通过上述关于新解释学和利科的互文性思想的分析,不难发现,他们意欲建立的"历史耶稣"尽管剑指布尔特曼"宣道的基督"的片面性,而且的确对其形成一种补充,但并没有在根本上超越布尔特曼所划定的解释学道路,即理解或解释是一种历史性的生存事件。正是在这一背景下,历史的耶稣方才可能作为一种"历史性"(Geschichtelichkeit),或者说一种生存的可能性被建构起来。这一曾被布尔特曼漠视的问题才能得到重新被关注的视域和机遇。布尔特曼解释学在当代解释学中的影响由此可见一斑。

二、从神学解释学到解释学神学

如果说"历史耶稣"是布尔特曼解释学引发的一个具体的神学解释学问题,那么接下来要讲到的是布尔特曼解释学为神学研究本身带来的一次思路上的变革。布尔特曼之后,解释学从神学解释学转向解释学神学。于此,解释学不再只是神学研究的一个二级课题,而是作为一种研究方式或思维模式影响整个神学研究活动的运行。

在本书的开端,我们便详细阐述了布尔特曼的希伯来精神传统以及它与希腊精神传统的对峙和分野。实际上,布尔特曼之所以能在神学研究领域引发一场思维变革,恰在于他将自己深深浸入希伯来精神,且将之充分带入其神学的探寻和发问过程之中,而这恰恰是深受希腊精神影响的西方主流神学传统所匮乏的。受希腊传统的影响,传统神学竭尽全力遵循概念化、对象化(表象化)、逻辑化、思辨化和体系化的模式建造神学体系,将上帝、耶稣、信仰等作为表象化概念予以逻辑化的思辨考察,以便形成一个完整的思想体系。布尔特曼最为反感的便是这种神学研究路数。他始终强调,脱离信仰者的信仰生活或者说脱离人的生存去空洞地谈论神学问题是没有任何意义的,对上帝、基督的发问、对圣经的解释等必须以发问者和解释者的自我理解为前提才是可能,同时才是有意义的。一言以蔽之,解释学才是神学的合理存在模式。尽管布尔特曼的这种立场有其自身的局限和问题而且也遭到诟病,但是相对于传统的神学研究思路,它的确构成一种哥白尼式的革命。另外,从效果历史的角度来看,随着布尔特曼的这一革命被开辟出来的新范式已然成为后布尔特曼神学研究的出发点。

1. 见证解释学

为了更加具体和清楚地说明布尔特曼的"哥白尼革命"所具有的影响和效果,下面我们将从利科的"见证解释学"为契入予以详备解析。之所以选择哲学家利科而不选择神学家的相关思想,一方面由于本书是着眼于哲学解释学的发展探讨布尔特曼解释学的影响,另一方面则在于利科是站在神学圈子之外阐述其圣经解释学,故而可在普遍一般的层面体现布尔特曼的影响性。

　　利科的圣经解释学与其哲学解释学的关系不同于通常的理解。一般认为,哲学解释学是普遍性的,而圣经解释学或神学解释学是前者在圣经解释领域的运用,故而是部门性的。但在利科这里,二者的关系发生了变化。利科通过其圣经解释学所阐述的恰恰是其哲学解释学,不仅如此,他甚至认为,哲学解释学的诸多思想和原则在圣经解释学中得到最佳体现,能得到更好的说明。"神学解释学展示了如此原始的特征,以至于关系逐渐颠倒过来,最后神学解释学使得哲学解释学作为它自己的工具而服从于它。"①正因此,利科的圣经解释学并非简单讨论一门将哲学解释学的一般原则应用于圣经解释的方法论,而是在阐述一种作为解释学的神学,或者说将基督教信仰作为一个解释学的运动予以展现。就此而言,它与布尔特曼的解释学是一样的。

　　基督教信仰的解释学特征主要体现在见证这一活动中。显然,见证一词是与"看"这个活动相关的,无论是在英文(witness)还是在法文(témoin)或德文(Zeuge)中该词的意思都表达目击者。也就是说,基督教信仰作为对"耶稣是基督"的认信实际上是从第一批亲眼目睹耶稣并与之一同生活的信徒开始传承下来的。然而,见证在基督教信仰的传承过程中经历了从"看"到"听"的转变。除了第一代信徒是"看"到耶稣并相信耶稣是基督,后来的信仰者都是通过"听"而相信。

　　为此利科仔细分析"见证"在从路加到保罗发生的意义转变。路加的见证诚如他在《路加福音》一开始所承认的,完全是讲述他所见之事。然而,保罗并没有与耶稣同食同寝,相反他本是基督的迫害者,尽管据他所言,他有一次与耶稣的"神秘会见",但他对此只字不提,而且声明只传钉十字架的基督。就此而言,保罗作为见证人肯定不是在"看见"的意义上而言。更重要的是,他在回忆自己迫害基督的过去时,声称为耶稣殉道的司提反是见证人。利科以此为根据断言,见证一词在基督教的发展和传播过程中发生了意义的变化。"在司提反的事情中出现了一个转折点:'复活的见证人'将越来越不是目击者,以至于信仰将通过听道和传道得以传承。'声音'的确指向过去'所见之事',讲述的却不再是所见之事:信仰来自于听。"②见证不再是目击者讲述其所见之事,而是信仰者将所听之事一代一代传讲下来,基督教信仰维系于"说—听"活动,其中起到决定作用的不再

---

　　① 保罗·利科:《从文本到行动》,第125页。
　　② Paul Ricoeur, *Essays on Biblical Interpretation*, p.89.

是"看"（witness）而是以听为基础的"说"（testimony），①即说出其所听，倾听其所说，基督教信仰正是在说与听的过程中得以发生。

让我们将问题进一步推深。如果说基督教信仰维系于说与听的见证活动，那么它究竟说了什么？见证的内容不是抽象的教义或一般的原理，更不是某种推演上帝之存在的概念化证明，这些内容与见证的本质背道而驰。见证之为见证在于，它是以见证人和见证倾听人的生存经验为基础的。就此而言，见证上帝或见证基督都与见证人与上帝或基督发生的经历相关。利科由此声称，以色列的信仰实际上维系于发生在以色列人和上帝之间的几件奠基性事件，如"拣选亚伯拉罕"、"领出埃及"、"西奈山颁布律法"、"迦南美地"等，信仰作为一种意义正是通过对这些核心事件的讲述和倾听而呈现出来。"以色列通过围绕几件核心事件排列它们的传奇、传统和故事来告白对上帝的信仰，意义从这些核心事件中按照一个整体结构散发出来。"②同样，基督教信仰也是通过讲述耶稣的出生、传道、受难、复活等大事件而不断地宣告他就是基督而得以发生。然而，这里可能出现这样一个问题，即如果说以色列人讲述的是他们祖宗的历史因而可以在以色列人之间引起反响，那么基督教作为一种普世化宗教，它的讲述朝向的是不同民族，这样它的见证如何能对它们具有意义呢？

回答该问题之前，让我们先做一个设想。假如摩西在向以色列人讲述祖宗的历史时，采取的是历史学家的态度，即仅限于将过去的事情报告给以色列人，这样的讲述能维系得住他们的信仰吗？见证区别于历史报道在于，见证人不是置身度外地讲述一些与己无关的事情，相反他所讲述的是自己认同的、相信的，"见证人不再是见证……，而是为……作见证，后者让我们明白见证人可以将自己隐含在其见证中，因此见证就是他的信念的最好证据。"③不仅如此，他带着极大的期望，希望听者也能接受他所认同和相信的。所以，"在见证中，不仅要有陈述（statement），而且还必须要有证明某种观点或真理的讲述（account）……，见证只有在被用来支持某个判断的时候（这时它远非仅仅记录事实）才叫做见证。"④也就是说，见证人在作见证

① witness 和 testimony 都被译为"见证"，但后者的意义显然要比前者更加宽泛。前者强调的是"看见"，是一种直接的见证，而后者可以是直接的，也可是间接的。testimony 有"证词"、"证言"的意思，它凸显的是见证人的"话语"，而这个话语可以是目击者的也可以是非目击者的。因此，从 witness 到 testimony 是一个将侧重点从见证人的"看见"向见证人的"话语"转移的过程。

② Paul Ricoeur, *Essays on Biblical Interpretation*, p.50.

③ Ibid., p.73.

④ Ibid., p.81.

时,不仅在陈述历史事实,而且在陈述中设身处地地阐明一种意义、宣告一种真理,而面对见证人宣告的意义,见证的倾听者不是置身度外地听一段故事,而是设身处地地思索其对自身的意义所在。"见证是这样一个东西,我们通过它对……进行思考、对……给予评价,简言之对……做出判断。"①所以,无论是作见证的人还是听见证的人,都参与进见证宣告的真理和意义之中,见证是一个关涉见证者和听见证者之生存的意义世界。

利科之所以强调见证,或者说将见证与解释学关联起来,一个很重要的考虑是,他认为人的意识是在一个见证解释的过程中成长起来的。利科反对笛卡尔式的意识自我建造的自明性,意识要从一个"婴儿"走向"成年"必须借助意识之外的事物,意识不能在自身内孤立地存在,更谈不上自明性,它必须在与外在事物的距离中反思到自我并变得越来越明晰。所谓的外在事物主要指历史流传下来的文本和所有符号性存在。它们承载着人存在的努力、欲望、激情和意义,因此都是关于人之存在的见证。然而,见证承载的有关存在的意义不是一目了然的,故而需要解释。"存在的努力和欲望不仅不是可直观到的,而且只有通过著作才可得到证明,而这些著作的意义不是确定无疑的,而是可怀疑和可推翻的。这就是为什么反思不得不包括解释。"②意识只有通过对文本或者说历史的符号进行反思和批判(这个过程正是一个解释和理解的过程)来理解自己。利科强调理解的反思批判性,同时强调这一理解过程对自我意识存在的意义,故而主张解释学应当走一条反思批判的长途。同时,利科认为反思不是意识自身的内在活动,而是通过解释和理解外在文本和符号的见证活动,正是在这样一个大的语境下,利科考虑圣经解释的问题,而见证在他看来是圣经解释学的核心,甚至是整个基督教信仰存在的根基。

从解释学角度而言,基督教信仰是人面对圣经这一承载着人的某种存在之努力、欲望和意义的文本对自身的理解。圣经之所以能够唤起一种自我理解乃是通过解释。所以,圣经解释学就其本质而言就是将圣经解释讲述为一个见证(叙事),并在叙述过程中带出一种意义(文本的世界),这个意义展现了人的某种存在模式并对理解者的自我意识形成一种冲击,使之产生反思(生存的占有)。"反思是通过见证生存努力和存在欲望的著作去努力生存和去想要存在起来。我在这个意义上将见证纳入反思结构中。"③

---

① Paul Ricoeur, *Essays on Biblical Interpretation*, p.81.
② Ibid., p.69.
③ Ibid., p.81.

简言之,圣经解释实际上也是一个从叙事到文本意义最后到理解者的意义占有的长途过程,这正是见证解释学的要义。

很明显,利科的见证解释学虽然是围绕圣经的理解和解释提出的,但实际上囊括了其哲学解释学的核心思想,如叙事、文本世界、反思、意义占有,故而是一条解释学的长途。在此意义上,见证解释学不能被看做利科哲学解释学在圣经解释领域的应用,实际上,通过见证解释学,利科重申了他的"解释学之虹",即从叙事为起点到意义的占有为终点的整个解释学过程。更为重要的是,通过见证解释学,利科充分阐明了自我意识的"剥离",这一点留待后面叙述。

至此,我们可以回到之前的问题,即基督教作为一种普世化宗教靠什么支撑其见证的意义?见证解释学虽然是对历史的一种讲述,但根本没有历史学家企图还原历史的动机,而是通过对历史的重构甚至"虚构"来构建一个意义世界。就此而言,见证解释学的意义是通过叙事带出来的,虽然叙事涉及到历史事实,但它不关心历史考证意义上的真实虚假,或者说,它不将意义奠定在历史考证的真实性上面。故此,基督教的见证带出的意义不是史料学意义上的,而是通过叙事展示的生存论意义上的,所以它可以对全人类产生效用,或者说能在全世界拥有其信仰者。反观犹太教情况也是一样,摩西讲述的虽然是以色列祖宗的事情,但却是针对当前所需,通过重构这些事情带出能维系新一代以色列人信仰的意义。总之,在叙事中或者说在见证解释学中,决定性的不是历史本身,而是对历史的叙述。由此可以看出,尽管利科对布尔特曼颇有微词,但他关于圣经解释的思考以及关于基督教信仰的见证特征的阐述恰恰是在布尔特曼开创的神学解释学化框架下展开的。下面让我们围绕利科的见证解释学,分析他与布尔特曼解释学之间的关系。

2. 见证与宣道

前面已经较为系统和全面地阐释了见证解释学的基本意涵。显然,见证解释学的第一个特征就是它将基督教信仰视为一种讲述与倾听的活动,凸显它的语言性和事件性。结合前面对布尔特曼宣道解释学的论述,其间的相关性不言而喻。然而,值得我们注意的并不是这一现成的相关性,而是导致这种相关的原因。

(1)神话性语言与诗性语言

见证与宣道之间的亲缘性首先体现在语言观上。前面已经围绕宣道与海德格尔后期的语言哲学进行较为深入的探讨。实际上,无论是宣道的语言还是诗的语言,从否定的角度而言,都在与客观对象化思维下的工具语言观作斗争。工具语言可以精准地表述一个客观世界,但却对非客观化或前客观化的发生事件无能为力。海德格尔为了探索作为世界之发生的"存在"而提出诗的语言;布尔特曼为了谈论作为引发信仰的"上帝之道"而诉诸于宣道语言。布尔特曼的宣道语言不仅承接融入20世纪哲学的发展,而且开启了20世纪神学研究的新领域,是其推动神学解释学向解释学神学转变即神学之解释学化的重要一环。在此影响下,不仅诸如富克斯、埃贝林等知名神学解释学家积极投入基督教神学的语言问题研究,并与哲学解释学保持密切沟通,而且像利科这样的重要哲学解释学家也积极投入圣经解释中的语言问题研究。见证解释学正是在此背景下被提出。

与布尔特曼不同,利科所要探讨的圣经语言不是以宣道的形式被说出的话语,而是以文本的形式被记载的文字。强调文本解释是利科解释学的一个特色,他批评之前的解释学的共同问题在于忽略对文本意义的解释,企图以此将在德国解释学中被分割的方法与真理融合起来。然而,利科的文本解释及其意欲揭示的文本意义都不是向方法论—认识论层面的单纯回归。相反,其所蕴含的对语言的理解与宣道有异曲同工之妙。

利科认为圣经的各类文本,如历史书、智慧书、先知书、颂歌等不是对现成事实的描述和指称,而是以不同的形式为同一个主题做见证。在上述分析中已经指出,见证不是对所见之事的客观描述,而是通过描述某个事情带出能让听者理解自己的意义和真理。因此,见证的语言决不能是工具性的,因为它不只是简单地描述已发生的事实,而是在描述中对之进行重构和再叙述,以便让某种超越现成事实之上的意义得以呈现。在此意义上,利科称见证的语言为"诗性语言"。见证语言的"诗性功能是对日常指称功能的消除,至少在这个意义上是取消,即日常指称就是描述熟悉的直觉客体或科学通过其测量标准能够规定的客体"。① 利科所谓的语言的日常指称功能实际上就是工具语言的功能,它遵循的是在主客对立的框架下的一种符合论真理观。诗性语言或语言的诗性功能恰恰是要将我们带回主客二分之前的状态。"诗性语言将参与或隶属于某个事物秩序的状态带回给我们,这个状态先于我们将自己作为主体与作为客体的事物对立起来的能力。"②在此意义上,圣经作为见证旨在于将听者带入上帝拯救的事件,而圣经解释正是要把圣经从语言的日常指称功能中解放出来,从而使其成为能够指称一个意义世界的文本,既利科所谓的隐喻性指称。

---

① Paul Ricoeur, *Essays on Biblical Interpretation*, p.65.

② Ibid.

有关隐喻性指称前面已作分析,兹不赘述。这里要说明的是,利科将见证的语言阐释为一种诗性语言,进而与隐喻性指称关联起来,更进一步透露出他在语言问题上与宣道的亲缘性关系。在语言问题上,宣道通过凸显语言的言说性,即强调语言的意义在于被言说这一行动中,而见证则是通过凸显语言的书写性,即强调语言的意义在于文本自身的客观结构中。尽管如此,二者分有一个共同旨趣,即解构工具语言,寻找一种能产生意义和真理的生存语言。这样的语言被布尔特曼称之为神话性语言,利科则称其为诗性语言。

布尔特曼的解释学主要是围绕对圣经中的神话语言进行解构而展开的。在他看来,神话需要解构因为它作为一种客观对象化的表述与圣经意欲表达的真正意义发生了错位。圣经是关于信仰生存的描述,而神话语言却将它绘制成一幅过时的客观世界图景。因此要解释圣经,必须找到一种适合圣经真意的语言,为此他提出宣道。宣道要求悬置神话语言的客观化思维,宣道的目的不是呈现一幅客观世界图景或讲述可普遍传达的一般性知识,而是通过宣告圣经为上帝之道而将倾听者带入信仰的经验。因此,宣道的语言必须去客观化、去逻辑化、去概念化,一言以蔽之去工具化。宣道的语言不是呈现事实或知识的符号,它本身就是意义发生的行动。那么宣道语言应当具有什么样的特征呢? 布尔特曼用"神话性"来刻画宣道语言。

神话语言不仅与圣经真意发生错位,而且与现代人也发生错位。因为它所描述的世界观是现代人不能接受的。圣经的很多记载不仅违背逻辑,甚至不符常识。逻辑是人类认识世界的思维规则,常识是人类认识世界的结果,因此都与人类对世界的认识活动相关。它们所使用的语言也都是对世界的一种描述和指称。面对它们,神话作为一种世界观即对世界的对象化认识显得荒唐。但是,宣道不是对世界认识的表达,宣道语言也不能是逻辑化、概念化、客观化的,不仅如此,恰恰在一定程度上,宣道语言还需要不合逻辑、不符事实,因为只有在打破人类常有的知识模型或固有的思维规则时,新的意义才可能迸发。因此,布尔特曼在解神话化的最后开始为神话正名:"神话语言在当作信仰语言使用时,就失去了它的神话意义。"①宣道语言作为能唤起信仰的语言应当是神话性的。神话性语言与突出逻辑概念分析和客观事实表述的工具性语言的根本区别在于,它是通过象征或者说通过指向一个超越客观认知之外的意义世界而对人发生影响。"神话的观念

---

① 布尔特曼等:《生存神学与末世论》,第47页。

可以用作宗教的语言,因为在基督教信仰中,这也许是不可缺少的象征或形象。"①宣道语言之所以需要是神话性的,因为象征的意义只有在悬置从而摆脱日常意义和科学逻辑的意义之后才能显现。

　　结合之前有关利科的诗性语言的阐述,可以清楚看到,宣道语言的神话性与利科所谓的见证语言的诗性是一致的。一方面,它们要对工具性语言进行解构。就此而言,布尔特曼所谓的神话语言背后的客观化思维正是利科所谓的语言的第一等级的指称。另一方面,它们要寻找一种能产生意义的生存语言。就此而言,布尔特曼所谓的宣道的神话性语言与利科所谓的见证的诗性语言或隐喻性语言是相似的,它们所产生的作为信仰经验的意义和作为第二等级指称的意义世界都是就人的生存而言,因而与人面对圣经的自我理解相关。

　　鉴于语言问题在解释学中的重要地位,宣道与见证在语言问题上的共同旨趣是布尔特曼的宣道解释学与利科的见证解释学够在诸多方面具有相关性的重要原因之一。然而,解释学最终要牵涉到自我理解的问题,笔者认为,二者在各自的圣经解释中有关人自身存在的讨论也体现了神学解释学化的一个重要方面。

　　(2)自我塑造与自我理解

　　见证作为利科圣经解释学的一个重要概念实际上蕴含着一个极具革命性的哲学观点。利科是在简·拿波尔特(Jean Nabert)的影响下意识到见证对于解释学乃至整个传统哲学可能具有的重要意义。因此,他对见证的意义的阐述也正是围绕简·拿波尔特提出的一个问题而展开,即"我们有权赋予历史的某一时刻以绝对性的特征吗"?② 历史的某一时刻是偶然的,对于传统哲学而言,偶然的东西是不合时宜的。哲学在一定意义上正是不满足于现象界的偶然故而进到先验的或超越的领域去寻找必然。只有必然的才是真理,才具有意义,才能为偶然的现象界奠基。那么,见证作为对历史偶然现象的叙述究竟能不能参与到真理和意义的建构中去呢? 利科认为拒绝偶然性是传统哲学的共性,"没有哪个哲学家尝试将见证与哲学反思综合一起。大多数要么忽略它要么把它丢到信仰的领域。"③哲学对见证的拒斥是出于这样的认识,即真理的必然性和普遍性是由概念体系的封闭性和自主性赋予并由之得到保障的。真理的必然性要求不允许任何历史的偶然

---

① 　布尔特曼等:《生存神学与末世论》,第47页。

② 　Paul Ricoeur, *Essays on Biblical Interpretation*, p.71.

③ 　Ibid.

具有优先地位。简言之,拒斥见证就是拒斥历史的偶然,而"这种对历史偶然性的拒绝是对自主性的最好防御"①。"自主性"作为哲学的标志将其与见证分裂开来,然而,利科认为恰恰是这个"自主性"成为哲学的最大偏见,故而反映其根本的局限性。

利科的哲学从整体而言具有反自主性的特征,这一点尤其通过见证解释学予以表现。从否定的角度而言,利科哲学的反自主性主要表现为对笛卡尔"我思"的自我奠基性的批判;从肯定的角度而言,则表现为对见证在自我塑造中的意义的肯定性探讨。然而,见证是以解释学的方式对自我的形成产生作用的。见证解释学之所以能被提出,或者说人的存在之所以必定是解释学的正在于人是有限的存在。由于承认人的有限性,利科从一开始就与笛卡尔的那种将绝对性、自明性乃至真理性全部囊括进自我之中的哲学范式划清界限。

实际上,无论是海德格尔还是伽达默尔,都承认人的有限性存在,故而将解释学刻画为人的存在模式。在海德格尔那里,此在的"被抛"决定了它的在世是一种与周遭世界的领会性存在,因此,此在始终是敞开的,即不断地向其可能性超越的存在,而不可能是封闭的。在伽达默尔那里,人的有限性决定其存在的辩证性经验特征。不同的是,利科在阐述人的解释学存在模式时始终有一个绝对者的维度。由于对绝对者的强调,利科极为关注圣经的解释问题,故而与从神学角度阐释人之有限存在的布尔特曼更具亲缘性。

在《见证解释学》一文,利科开门见山地提出这样的问题,"对什么样的哲学会让见证成为一个问题? 我的回答:一种对之而言绝对者的问题是一个恰当问题的哲学,一种寻找将绝对者的经验与绝对者的观念连接起来的哲学。"②无可否认,利科紧抓住绝对者这一概念反映了法国哲学传统的影响。笛卡尔在其沉思中已经讨论过无限的观念,然而笛卡尔的讨论带有强烈的先验色彩,仍旧立足于我思的有限性意识将无限作为一种逻辑的预设推演出来。利科认同笛卡尔所谓的有限性意识,也承认无限概念的哲学意义,但不认同笛卡尔处理有限意识与无限观念之关系的方式。换言之,在利科看来,无限观念和有限性意识的关系不应只是囿于我思之中的纯粹内在的逻辑关系。见证解释学正是要让无限作为绝对者走出笛卡尔的内在性,从历史的偶然事件、行为中追寻它的踪迹,同时也要让有限意识不再只是一

---

① Paul Ricoeur,*Essays on Biblical Interpretation*,p.71.

② Ibid.,p.78.

种内在的自我意识,而是成为一种去遭遇绝对者的经验,以实现或填充其关于无限的空洞观念。这样,我们可以更加具体地回到前面的问题,即对什么样的哲学见证才能成为一个问题? 见证只有对于一门作为解释学的哲学才是一个问题。因为见证作为绝对者显现自身的历史偶然性符号需要解释,与此同时,意识的有限性也决定了它不可能通过直接把握一次性占有绝对者进而达到自明性,相反它必须通过对绝对者的历史显现的不断理解来实现自己。"原初确信(对绝对者的把握)无法在一种完全直觉的反思中占有自己,相反,它必须走一条长途,即解释绝对者在历史中显现自身的偶然符号(signs)。原初确信的解释学结构是原初确信借之和在其中得以产生的人类意识的有限性的必然结果。"①可见,利科强调见证的根本旨趣在于批判传统哲学的自主性,突破由之而来的内在性,走向历史经验的外在性,从而在内在自我反思与外在见证解释之间达成某种解释学的关联,即自我反思不断地在理解见证的过程中实现对自我的理解。

　　自主性背后体现的是一种思辨化、抽象化和体系化的思维特征。它在神学领域的影响力同样不可低估,其所导致的结果则是以概念化的逻辑演变为基础的系统神学。系统神学就其运思和旨趣而言,是对基督教信仰的教义化、概念化、体系化和知识化的研究模式,这种模式在以布尔特曼为代表的神学研究模式中受到严厉指责。那么布尔特曼的神学研究究竟是以什么样的模式进行的呢?

　　在这里,布尔特曼的观点里透露出与利科极为相近的旨趣。布尔特曼反对以概念辨析或逻辑演绎为基础的系统化神学,即便是以圣经为基础的神学体系,在他看来也是没有意义的。因此,在辩证神学的理解上,他和巴特形成鲜明对比。巴特声嘶力竭地呐喊道"上帝是上帝、人是人",但最终却写成洋洋几千页的教会教义学,企图以神学教义的形式来讲清上帝对人的超越性。相反,布尔特曼认为"辩证神学并不代表某个由一些关涉到新约学的教义命题构成的神学体系,如关于罪、恩典、启示、基督等从某个教义原则出发的命题。诸如此类的命题与新约学毫无干系,因为后者要求的是理解新约的真意"。② 何谓新约的真意? 布尔特曼这样说"'上帝不是人,人不是上帝'这个命题根本就算不上神学命题。因为它不是从上帝与个人的一个特定关系出发谈论上帝,而只说到一个与一般的人不同的一般的上

---

① Paul Ricoeur, *Essays on Biblical Interpretation*, p.97.

② Rudolf Bultmann, *Glauben und Verstehen I*, S.114.

帝。所以它谈论的根本不是上帝而是上帝的概念。"①这句话包含两点指责,一是没有落实到上帝与人的特定关系中,二是谈论的只是一个作为概念的上帝而不是上帝。由此可以看出,布尔特曼心目中的辩证神学应该是在上帝与人的具体关系中关于上帝的谈论。如此一来,辩证神学之辩证刻画的不再是概念之间的一般关系特征(正反合),而是具体处境中的个体性、偶然性的遭遇特征,同样谈论也不再是关于上帝的知识性描述,而是关于上帝的生存化言说。"如果我们说到辩证神学,那么辩证法在这里意味着,神学的真理不是通过真命题的观念而是通过现实性的观念得到规定的;也就是说,神学命题的真不在于它以某个无时间的真理原则为根据。……相反,它之为真在于它为那些具体处境中产生的问题提供答案,而它本身作为被说出的内容正属于这些处境。它的真理不是无时间的有效性命题,而是发生在时间中的言谈的真理;不是与世隔绝的而是在真理追问之下的言说(Sagen)。"②故此,布尔特曼沿着他所理解的辩证神学要求最终走向一种关于上帝之生存谈论的宣道。

布尔特曼对辩证神学的改造表达了他对传统神学模式的反思和改造,正如利科通过凸显见证的意义改造传统哲学模式一样。见证,如前所述,是要把我思从其内在性导出至历史的符号中从而实现我思的自我塑造,布尔特曼的辩证神学所要求的宣道是要把神学的一般抽象性谈论导入人的具体处境中以实现其自我理解。就此而言,尽管利科与布尔特曼在许多具体问题上存在差异甚至争议,但在其最终旨趣上却保持惊人的一致。他们意识到,解释学是神学或哲学的最佳运作模式,因为只有解释学有意识地将自我理解纳入神学或哲学的建构中,也只有解释学因为意识到人的有限性,故而不赞同封闭于自身的概念体系,主张必须关注偶然的、零碎的以及被传统哲学瞧不起的个别经验。有限的人正是通过这样的经验瞥见绝对者的显现,得到上帝的启发,从而更新自身的自我理解。

(3)剥离与审判

至此想必会给读者造成偏题的印象。因为本小节是在"神学解释学与解释学神学"的标题下,围绕神学的解释学化来谈论的,但在后面的论述中似乎又谈回到了利科的哲学解释学去了。这主要是由于利科的神学解释学和哲学解释学的特殊关系造成的。正如一开头陈明的,利科的神学解释学并不是其哲学解释学的应用,而是其解释学思想本身的有机构成部分,换言

---

① Rudolf Bultmann, *Glauben und Verstehen I*, S.115.

② Ibid.

之,利科实际上是从哲学和神学两个领域同时开始阐释其解释学思想,不仅如此,他的有些观点甚至通过其神学解释学得到更加透彻的阐发,如前面讨论到有关击破哲学自主性的问题,利科正是借助圣经解释中的见证问题予以澄清。尽管如此,纠正这种既成的印象还是有必要的。鉴于此,下面将着眼于见证解释学中更具神学色彩的方面予以分析,并就其与布尔特曼解释学的相关性进行阐发。

　　谈论至此,一直没有点明的是,解释学的辩证性。这一特点在海德格尔那里已初露端倪,在伽达默尔则是得到高度凸显。解释学经验,按照伽达默尔的描述,必定是辩证的。理解作为人的存在模式体现为不断被否定的经验。那么解释学的辩证性在利科那里是如何得到阐述的呢?实际上,利科对辩证法的钟爱不亚于伽达默尔,因此,他极力从各个角度赋予其解释学以辩证色彩。限于篇幅和出于问题讨论的需要,下面集中围绕见证解释学来讨论这一问题。

　　利科引进见证的解释学意义,其核心目的在于将我思的内在反思与历史的外在经验联通,使我思通过见证的解释和理解得以塑造。那么,我思是如何在理解见证的过程中被塑造的呢?笛卡尔通过所谓意识的内在反思达到在他看来不可怀疑因而是绝对自明的东西,以之确立自身的存在,这一做法被利科予以嘲讽。在他看来,笛卡尔的"我思故我在"是意识的自我消遣。即使我们站在笛卡尔的角度同情地赞同他所看到的是自明的,但令人尴尬的是,"我思故我在"究竟说出了什么呢?"'我思故我在'这个第一真理是抽象空洞的,因此是战无不胜的。"①不仅如此,利科甚至对笛卡尔的这种反思本身提出质疑,"所有反思都是中介性的,没有直接的自我意识。"②也就是说,笛卡尔内在意识反思式的自我确证根本谈不上反思,"我们可以在某种悖论的意义上说,如果意识意味着直接的自我意识,那么反思哲学不是意识哲学。"③在传统语境中,反思无疑是意识的活动。然而利科对二者的关系进一步辨析:意识固然是反思发生的场所,但反思之为反思恰在于超出意识,换言之,反思作为意识活动的特质在于它要突破意识的范围。

　　反思突破意识具有两方面的意涵。首先,就反思活动的发生而言,反思要突破意识必须借助于自身之外的中介,这决定了反思必定是中介性的活动,它"必须通过使其客观化的观念、行为、著作、机制和历史遗迹等得到中

① 　Paul Ricoeur, *Essays on Biblical Interpretation*, p.68.
② 　Ibid.
③ 　Ibid., pp.68-69.

介化"。① 其次,就反思活动的效果而言,反思的中介化是我思不断放弃自我主权从而失去自主性的过程。但利科立即指出,意识放弃主权不是意识自己的主动行为,意识按其自主本性不可能做到这一点,反思之所以能达到这一效果,乃因意识在反思活动中遭遇到了令其不得不放弃主权的力量。"反思不能从自己出发做到放弃主权意识,它只能通过承认自己在历史中的显现的依赖来做到这一点。"②这里出现一个关键词"依赖"。依赖与自主形成对立。利科通过对反思活动的阐释,向我们展现了这样一个图景,即我思的活动并不应是"自造"而是一个"他造"的过程。"他造"不是意识将自身之外的东西纳入作为自己的建构材料,相反,它意味着我思向自身之外事物的降服,承认自身对他者的依赖性存在。我思"正是在这些(向我思显现的)客体中,失去并找回自己"。③

当然,利科没有走向列维纳斯的他者,刻意凸显他者的绝对外在性,从而在我与他者之间刻画一种强烈的不对称关系。在某种意义上,利科的着眼点仍旧是我思,企图在我与他者之间达成一种辩证关系,从而将他者作为一个具有积极意义的维度引入自我内涵的建构中。"他者性并不是从外面被添加到自身性之上……,但是它属于自身性的意义内涵和本体论构成。"④然而,利科也没有让他者成为我的附庸或组件,相反,他者对我的构建意义正在于他者对我的否定,以及由此带给自我的被动性经验。"他者性的元范畴'现象学的'回应者就是在人的行动中以众多方式混杂在一起的各种被动性经验……。被动性成了他者性的证实。"⑤在他者面前,我不再是凌驾一切的主权者,而是在被质疑、被否定的经验中不断被要求放弃主权。他者与我的这种辩证关系是利科想要揭示的我思的处境。我思是在他者否定下不断离弃自身从而达及自身的。利科称我思的这个过程为"剥离"(depouillement)。

利科坚持主张,我思不能通过内在地自我占有而达到对自身的绝对性把握,相反,他必须经历一个他所谓的自我剥离的迂回长途,才能得以被塑造起来。然而,哲学无法具体地展示自我的剥离,因为自我之剥离并非自我自发的内在行为,而是在某种外在力量或他者力量的敦促甚至冲击之下才得以发生。哲学作为一种反思性工作,可以从理论层面指出我思与他者的

---

① Paul Ricoeur, *Essays on Biblical Interpretation*, p.68.
② Ibid., p.75.
③ Ibid., p.68.
④ 保罗·利科:《作为一个自身的他者》,佘碧平译,商务印书馆 2018 年版,第 461 页。
⑤ 同上书,第 462 页。

辩证关系,但不能作为一种实际性经验去验证它。"以他者形式出现的内在声音不来自哲学;哲学能够发现它,却不能确认它及其源头。"①反倒是神学,利科认为,能够极为贴切地将自我剥离之过程予以生动呈现。"只有'神学'而非哲学可在这种关系中提供'答案',但'神学'在这里不指学科中之系统或教义神学,乃是一种回应的形式。"②

利科所谓的神学指的是作为其圣经解释学的见证解释学。实际上,见证解释学要揭示的正是自我反思与外在力量显现的双重行为之间的辩证关系。"这种解释的哲学是一个有两个中心点的椭圆,什么是解释见证? 它是一种双重行为,一个对自身的意识的行为和一个基于绝对者显现自己的符号的历史理解行为。绝对者自我显现的符号同时是意识凭其识别自己的符号。"③因此,见证解释学旨在于让圣经成为他者向自我发出让其降服自身的召唤,"圣经在呼召与回应关系中,成为一有意义之他者的角色"。④ 故此,利科认为,圣经即绝对者显现自身的符号,亦即见证。圣经解释即把圣经处理为一种能召唤人舍弃自己归向上帝的述说,这正是犹太—基督教社群维持、传承其信仰的方式。从哲学的角度来看,这一过程的实质乃是自我面向圣经中的上帝之显现而做出的自我放弃。"对犹太—基督教社群来说,言述上帝的行动是借着圣经正典成就的。……一个人能言述上帝是因向这人言说的圣经已经言述了上帝;而当读者的自我面向经卷时,却能聆听到那位哲学不能确认之神圣他者的声音,以致能成为一个回应的自我。"⑤就此而言,见证解释学通过阐明以色列人和早期基督教徒信仰的见证性而成为自我面对绝对者显现不断放弃自身主权从而回归自身之历程的具体实例展现。

然而,利科诉诸圣经解释所要阐述的不止于此。鉴于黑格尔辩证法在解释学中的强有力影响,利科不得不将其见证解释学的辩证性与之区分开来。虽然圣经是上帝显现的见证,但见证却不能等同于上帝的显现,换言之,圣经的见证性在于它不将上帝固化下来从而为我思绝对占有他提供范式。相反,上帝借着圣经显现的同时又逃离圣经的见证。这体现在上帝在

---

① 林子淳:《利科两篇吉福德神学讲演之析读——作为其自我寻索现象学的说明案例》,载《中国现象学与哲学评论》第十三辑,2014 年,第 206 页。

② 同上书,第 206 页。

③ Paul Ricoeur, *Essays on Biblical Interpretation*, p.93.

④ 林子淳:《利科两篇吉福德神学讲演之析读——作为其自我寻索现象学的说明案例》,载于《中国现象学与哲学评论》第十三辑,2014 年,第 206 页。

⑤ 同上书,第 207 页。

圣经中形象的多元性,如救主、审判者、慈父、暴君等。上帝的诸多形象之间的差异性甚至矛盾性致使我思不可能借助圣经形成对上帝如黑格尔的绝对知识那般的系统性认知。因此,圣经作为上帝的见证具有偶然性,或者说它只是上帝的个别化的踪迹,踪迹与踪迹之间没有必然的认知和逻辑关联。我思借着圣经中的见证对上帝的理解故而都是一次性的,或者说每次的理解之间没有黑格尔所谓的辩证逻辑的递进性。"绝对知识的不可能性表达了意识无能将所有神迹集结进一个前后一致的整体里。与见证相关的是'每一次'的经验。只有当意识每一次都把神启示自己的例子当作独特的,自我反思与历史中的见证之间的和谐才能达到。"①

利科关于我思与他者的辩证关系的阐述与布尔特曼企图揭示的信仰经验的辩证性有着极大的相通处。从思想的发端而言,布尔特曼的解释学是辩证神学和生存主义的融合,体现为辩证神学的生存化和生存主义的辩证化。由于前者,布尔特曼极力反对脱离人的历史性抽象谈论上帝与人的差异,这是我们前面讨论过的;由于后者,布尔特曼提出一种"审判—施恩"式的生存处境。在传统的神学语境里,审判与恩典是对立的,二者不能同日而语,审判之下没有恩典,恩典意味着免除审判。所以,在教义神学中审判与恩典通常被分开来讲。然而,布尔特曼从辩证的角度主张,上帝的救赎恰恰是审判与施恩同时发生的行动。上帝之道在宣道中构成对人的一种质问,让听者意识到自己存在的成问题性。就此而言,救恩映照在人的处境里,实际上是人面对上帝审判的自我否定行为,"新约的观点在某种程度上与现代人违拗,恰在于它欲打碎人的确定性,并告诉他,只有放弃自己的确定性,靠着上帝的恩典,才能本真地存在着"。② 而这种不断地自我否定正是恩典的表现或者说是救赎的过程。③

不仅如此,布尔特曼强调救赎作为面向上帝审判的自我否定不是一次性的,相反,人需要不断朝向上帝作出决定,每一次的决定都是对自身的一次否定和向上帝的一次归回。在此意义上,布尔特曼称每一次的决定为"时机的真理"。④ 他提出"时机的真理"是有意针对黑格尔的绝对真理体系。在他看来,人不可能形成关于绝对者的终极知识体系。对于上帝,人只能立足于自己有限的具体处境中对其召唤做出回应,而每一次的回应就其是放弃自身的确定性而言意味着冒险,这就是真理。就此而言,所谓时机间

① Paul Ricoeur, *Essays on Biblical Interpretation*, p.99.
② *Karl Barth-Rudolf Bultmann Letters 1922-1966*, p.92.
③ 参看第五章第二节中"宣道与对话辩证法"标题下的相关讨论。
④ 参看第四章第二节第二小节"宣道的真理在生存中的展开"标题下的相关讨论。

的真理不仅意味着真理的形式是片断的,不成体系的,而且也意味着人对上帝的认识作为一种生存性的理解才是有意义的,换言之,那些脱离生存的抽象认识,尽管展现为恢宏的体系,却是无意义的。

利科与布尔特曼的辩证法体现的是生存的辩证法而非思辨的辩证法。虽然利科认为我思在其与他者的辩证关系中不断地自我丰富,但这不是黑格尔意义上的概念和知识的发展,而是我思不断追求证实的过程。在《作为自身的他者》一书的序言里,利科便摆明了立场,承认其意欲构建的自我的解释学不同于追求知识确定性的哲学。"从根本上说,证实是与在最后的和自身奠基的知识意义上的科学(episteme)概念相反对的"。① 证实不能像知识那样提供自我内在的确定性,因此属于信念和信仰的范畴。"证实没有与终极基础相关的确定性那么急切。因为证实首先表现为一种信念……,证实属于'我信仰……'的语法。"②证实体现为信念的更新过程,而这一过程恰恰是通过怀疑实现的,由此决定证实是相信与怀疑的辩证法,证实就是不断克服怀疑地去相信,这与布尔特曼描述的信仰是不断让自身处于不确定性中的冒险特征如出一辙。因此证实也好,信仰也罢,它们都没有提供具有终极确定性的知识,相反,它们刻画的是追求确定却又处于不确定中的人的存在模式,因此是一种生存的辩证法。

尽管利科是为了阐明其哲学解释学而切入对圣经解释学的谈论,而布尔特曼则是完全出于神学的关切,澄清基督教信仰的真意而谈论圣经解释问题,但是二者同时抓住圣经所展示的信仰经验中的辩证特征,并且都表达出对以黑格尔为代表的思辨——认知式辩证法的不认同,笔者认为这应当诉诸于两位思想家共同的思想旨趣。这种旨趣尽管在前面的论述过程中已经或直接或间接地展露出来,但这里仍有必要对其予以简单的勾勒。

首先,无论是利科还是布尔特曼,他们都立足于人的有限性反对一种全息式的体系化哲学建构。利科之所以追寻一种能体现我思之反思迂回的哲学道路,乃因为他不同意笛卡尔的我思能在其自身中达到绝对自明性。布尔特曼之所以诉诸于宣道,追根溯源是因为他反对将圣经理解为有关上帝的客观化知识体系,反对传统的教义化神学系统。

其次,二者紧紧扣住人的有限性来谈论问题。这实际上是他们反对体系化的原因。在利科那里,我思之所以要走出自己,走一条反思批判的迂回之路,难道不是因为我思是有限的吗? 反言之,如果我思真如笛卡尔所谓的

---

① 保罗·利科:《作为一个自身的他者》,第33页。

② 同上。

是绝对自给自足，那它就没有走出去的必要；同样，在布尔特曼这里，由于其历史性，人无法跳出他有限的处境去抽象地、纯粹理论化地把所有事物当作对象予以认识。所以，人对上帝的认识不可能是知识性的更不能是体系化的，而只能是面向上帝的决定行为，亦即一种生存式的理解。

再次，二者皆把人的自我理解视为最终诉求。这一点实际上与第二点构成一体两面的关系。正是由于人的有限性存在使他不能脱离自己的处境去理解任何事物，所以，他对任何事物的理解都包含对自身的理解，同时也意味着理解的终极目的在于影响乃至改变理解者的自我理解。毋庸多言，利科和布尔特曼在这一点上的一致性是最为明显的。宣道的目的是要向听者打开一种生存的可能性，使其在其中能对自身有新的理解。见证的目的同样是塑造倾听者的自我，而这种塑造是通过听者对文本意义的占有而达成的。

最后，二者都认同自我理解或自我塑造的过程是一个辩证的否定过程。不仅如此，他们都主张这种否定发源于自我之外的他者之力量，利科以此彻底粉碎传统体系哲学自主性的偏见和自我奠基的傲慢，布尔特曼以此确保上帝在信仰经验中的绝对先决性，避免陷入自由神学的人本窠臼。

通过上述的总结可以看出，利科和布尔特曼都致力于将自己的思想推行在一条解释学化的道路上。当我们在这里使用"解释学化"一词时，已经不再是就利科和布尔特曼具体的解释学思想而言，而是就他们的思想所遵循的一种共同旨趣从而体现出的共同特征而言。解释学化代表的是一种与传统哲学的思辨化、知识化、体系化截然相反的思想范式。布尔特曼是这一范式在神学界的首位代表，从而开启了神学解释学化的进程，而利科可以说是有意识地促进哲学解释学化的代表。故在《见证解释学》一文的结尾处，利科专门在他所谓的解释学哲学（hermeneutic philosophy）与绝对知识哲学之间做出区分，指出后者的不可能性以及前者作为沟通意识的内在观念与历史的外在经验，从而沟通理性与信仰、哲学与宗教的重要意义。简言之，布尔特曼与利科之间的种种差异可以诉诸于他们不同的学术传统、研究领域和问题关切，但他们之间之所以能够产生如此大的共鸣，尤其是在圣经的解释旨趣和基督教信仰的理解方式上具有上述种种亲缘性，是因为二者共同行走在神学或哲学的解释学化的道路上。哲学和神学在这条道路上越来越走向融合而不是分裂。这也很好地解释了这一现象，即利科虽然是纯粹的哲学解释学家，但他却依托圣经解释学阐释其哲学解释学的要义。反过来，布尔特曼虽然是纯粹的神学解释学家，但他的解释学思想却对哲学解释学的发展产生重要影响。这应该不是一种巧合。

本 章 小 结

　　与海德格尔、伽达默尔不同,利科与布尔特曼并没有太多面对面的接触,他们之间更多是一种纯粹学术的研究关系。然而也正因为这个原因,我们无需考虑太多其他因素,而可以直接就文本本身展开思想之间的对话。更为重要的是,利科是立足于法语世界和法国哲学传统来理解布尔特曼的,这意味着,他可以从德国传统没有的角度出发将不同的维度注入到布尔特曼的理解之中,从而在更加开阔的视野中证实布尔特曼解释学的当代效应。因此,本章实际上有两个方面的用意。一方面是以现有文本为依据,就事论事地讨论布尔特曼与利科之间的解释学关系,另一方面则是要通过这种探讨折射布尔特曼解释学的当代效应。本章集中从哲学解释学和圣经解释学两个层面展开。

　　首先,就哲学解释学而言,利科在为布尔特曼著作所作序言中围绕解释学循环、文本的客观意义等问题对解神话化展开详尽评述。一方面对布尔特曼给予了高度的肯定,另一方面指出解神话化走了解释学的短途。本章第一节实际上正是围绕利科的这一指责而展开。文中分析了布尔特曼忽视文本意义的原因在于他仍旧是在一种客观对象化的意义上来看待文本解释,因此,尽管他也对圣经文本进行详尽解释,但他并没有将之作为一个环节纳入其解释学之中,所以利科说他的解经学没有在其解释学中获得应有的地位。反过来,虽然利科批判布尔特曼忽视文本,走了解释学的短途,但他所谓的文本不是自然科学意义上的客观之物,而是在与读者的关系中构建起来的意义之物。就此而言,利科虽然批判宣道不顾文本自身的意义而过快地跨入生存占有的环节,但他对文本意义的建构仍旧在布尔特曼的宣道所揭示的解释学语境中发生的。也就是说,文本只有关联于当下读者才能具有意义(尽管利科称其为文本的客观意义),正如圣经通过宣道关联于当前听众才能成为上帝之道。

　　其次,就圣经解释学而言,我们着重从两个层面探讨布尔特曼解释学的当代效应。首先是从具体解释学问题层面探讨布尔特曼所引发的历史耶稣问题。历史耶稣问题成为一个布尔特曼效应的典型。一方面,布尔特曼完全剔除历史耶稣对于基督教信仰的意义显然不合情理;但另一方面,经历了布尔特曼之后,已经无人认同自由神学关于历史耶稣的研究,换言之,自由神学已经回不去了。那么,究竟如何在“宣道基督”的耀眼光环下,重新为历史耶稣找到立足之地呢? 这个问题成为后布尔特曼解释学研究的一个重要激发。对此,本章第二节的第一小节围绕利科的"互文性"思想对此问题展开讨论。其次是从整个神学的研究模式层面探讨布尔特曼解释学所引发的从神学解释学向解释学神学的转向。这个转向实际上才是布尔特曼解释学在当代的最大效应。随着 20 世纪哲学解释学的兴起,人文科学研究在思维方式上逐渐从概念化、体系化向解释学化转变。所谓解释学化是指不再站在"上帝"的视角进行全息式的对象化研究,而是立足于具体的处境,立足于个人与他者之间的关系发问。这种取向不仅发生在哲学领域而且也发生在神学领域。鉴于此,本章第二节的第二小节以利科的见证解释学为契机,从语言、自我理解和解释学经验的辩证性出发,探讨其与布尔特曼宣道解释学的共同旨趣,在此基础上阐述解释学化的思维模式在二者思想中的体现。

结　　语

　　学术是一种语言和文字交流的活动,但其背后却是学者的生存经验,以及他们所属人文传统的展现。虽然,从语言和文字来看,布尔特曼借用了海德格尔前期,但是从生存经验和精神看,他们是思想取向和精神气质上的契合,而从人文传统自身发展来看,是历史本身推动他们不期而遇。所以,即使行文中丝毫不见海德格尔后期的"解神话化",却仍然能够与之心有灵犀。这是他们共承的历史传统和共处的学术生态圈导致的。

　　同样,虽然年龄上的差距,尤其是术业上的各有专攻致使伽达默尔没有对布尔特曼进行系统深入的研究,但是不难发现,哲学解释学在基督教中的渊源以及马堡神学对之的影响无不渗透在伽达默尔思想之始末。可能这些养料不全来自布尔特曼,但实际上提供这些养料的基督教思想恰恰是布尔特曼置身其中的传统,即从奥古斯丁到马丁·路德再到克尔凯郭尔的传统。所以,通过对布尔特曼的系统化、细致化的理解,我们能够在他和伽达默尔之间找到为他们共同面对的问题,以及他们思路相投的解决方案,让我们看到他们共处的人文传统和时代带给他们的共同问题在各自领域的表现,也让我们看到,在西方,每一个时代的问题都同时贯穿在哲学和神学的领域,因而整个西方思想的发展是通过神学和哲学的交互影响而得到推进的。

　　一种思想的影响力不仅在于它在当时引发的效应,而且在于它对于后世或在异域文化圈所能激起的反响。利科作为一个法国文化圈学者能够将布尔特曼解释学引进自己的文化传统,并给予深刻的分析和评价,不仅再度说明了布尔特曼在哲学解释学发展进程中的地位和意义,而且在更深的程度上展现了哲学与神学在解释学领域的交互影响,甚至预示了二者走向融合的趋势。利科之所以关注布尔特曼乃因他自己对神学解释学的强烈兴趣,但这绝不是在哲学解释学之外的另一个兴趣。如果说对于海德格尔和伽达默尔,神学主要是作为一种思想资源或一个维度嵌入到哲学解释学之中以产生影响,那么对于利科而言,神学和哲学共属解释学的组成部分。在利科看来,哲学解释学的一些关键问题恰恰通过神学解释学才能得到透彻说明,后者是前者的典范。在此意义上,神学解释学与哲学解释学再不是两条腿走路,布尔特曼不再是作为一个纯粹的神学家进入利科的视域,相反,他带着自己的解释学问题进入对布尔特曼的探索,因此他们的思想已经超越神学与哲学的明显区划,而达到更加融通的对话。

　　无论西方神学与西方哲学在思想渊源和旨趣上有多么大的差距,如果我们将整个西方思想比喻为一曲交响乐,那么它们作为其中的两个重要声部,互相协调、彼此衬托、缺一不可。尽管二者之间有过协调、合作,亦有过对立、分野,然而,这首交响乐的激昂、华丽、深沉、震撼不正是由此而生吗?在西方,哲学对神学的影响自是有目共睹、显而易见的。翻开神学史,处处可见哲学的理论和概念。但是,神学对哲学的影响仿佛更多通过一种思想的暗示或启发,以及对思想家们的精神气质和性情倾向的塑造而潜移默化地发生效用。例如,在本文中代表哲学一方的对话者的海德格尔和伽达默尔,其中尤其是前者,就是这种思想家的典范。所以,正如莱布尼茨没有窗户的单子却可以反映整个宇宙的内容,解神话化与哲学解释学的关系,以缩影的方式展现出整个西方神学和哲学之间的交互作用。

　　基督教为西方思想保藏的最大财富就是生存。正是生存使得基督教即使在被希腊哲学的概念、逻辑、体系紧紧包裹的年代,仍不缺少源自信仰生命的呐喊与冲破力,以致最终酿成宗教改革运动;也正是生存,使得基督教可以为自近代以来逐渐为主体性和科学思维所统治,因而日渐抽象、干瘪的精神注入新的生机。

　　众所周知,海德格尔此在论的直接源泉是狄尔泰的生命哲学。但是,他为什么对生命有如此之大的执着关怀? 或者说在各种生命哲学的流派之中,海德格尔为什么单单对狄尔泰情有独钟? 可以说,这是由他早年的信仰经验,以及他早期(学生年代和早期教学年代)对基督教信仰经验的探索决定的。从保罗的书信中,海德格尔看到的不是教义,而是保罗的信仰经验,是保罗自己的基督徒生活的展现,即历史中的实际生活经验(Factical life experience)。奥古斯丁在海德格尔看来就是一个生存主义者。因为,奥古斯丁向我们呈现的是具有各种可能性的,因而不可把握的经验发生(the en-actment of experience)。马丁·路德对"原罪"的阐释启发了海德格尔,使他看到与古希腊种加属差的定义方式截然不同的对人的理解,即人是一种在历史和时间中与他者共在的生存现象,而不是固有某种本质的一成不变者。最后对于克尔凯郭尔,海德格尔尽管没有专门的文本探讨他,但是,前者的影子在《存在与时间》中显然可见。那种面对非此即彼的处境而需要的克尔凯郭尔式的抉择勇气和一种孤独自我的人格魅力无不萦绕在海德格尔的脑海之中,并牵引着他的思维神经。

　　上述这些在海德格尔的思想生涯中留下深刻痕迹的基督教思想家们无不是布尔特曼的思想先驱和传统背景。没有这一共同的思想背景,就没有发生在 20 世纪德国神学界和哲学界之间的这段奇缘。正是在这个意义上，我们反复强调，布尔特曼与海德格尔的关系不是东施效颦、鹦鹉学舌，而是志趣相投者的历史相遇。是神学在整个西方思想的发展过程中对哲学所具有的持续影响力的典型体现。

相比于神学对哲学的影响，哲学对神学的影响更为明显。如果说前者是一种潜移默化的精神气质熏陶，那么，后者常常表现为大刀阔斧般地改造。整个中世纪哲学可以算作最为突出的例证。基督教引入大量的哲学概念、理论和方法对自身的内容进行说明论证。到了近代，哲学对神学的影响更为全面、透彻，以至于已经不再是概念和方法的直接借用，这时的哲学已经开始作为独立的思想，即以其本有的对人、世界甚至基督教本身的理解来与神学对话，从而对后者发生影响。虽然这一时期对神学而言是极为不利的，因此，神学对之采取的更多是拒斥、批评的态度，但不得不承认的是，正是近代的批判与攻击孕育了基督教神学后来的伟大发展。自由神学（其中包括情感神学、实证神学、道德神学）、辩证神学，甚至生存神学在某种意义上都可以直接或间接地归诸于启蒙运动及其影响下的各种哲学思潮。如果说在中世纪，哲学是作为婢女辅佐神学成为系统恢弘的理论大厦，那么在近代，哲学则是作为他山之石磨砺神学而使之与时俱进。然而，无论以何种方式，神学思想史中的哲学踪迹是凿凿可见的。因此之故，神学中的很多思想若脱离了哲学的背景是无法透彻理解的。布尔特曼的解神话化就是一个典型的例子。

但是，以解神话化为例说明这个道理，似乎令人立即感到不切主题。因为，只要提及解神话化，无人不晓它与生存主义哲学的关系。所以，解神话化应该是最为明显和直接地体现哲学对神学之影响的例子。但是需要注意的是，正是由于解神话化充分体现了哲学的影响，才导致我们对之的理解不够充分，因为我们对它所体现的哲学影响的理解是不充分的。这主要体现为将解神话化局限于海德格尔的早期。这一做法在神学领域和哲学领域分别导致的结果是：在神学领域，由于对生存的理解摆脱不了自由神学的窠臼，即把生存视为属于人的东西，从而草率地认为布尔特曼的思想无非是海德格尔哲学的神学版本；在哲学领域，由于对生存的理解摆脱不了主体性的窠臼，从而认为布尔特曼的神学终究是主观性的，所以，没有跟上海德格尔企图克服主体性而发生转向的思想步伐。

解神话化在两个领域所遭遇到简单理解以致于误解是因为只看到生存神学与生存哲学的横向关系，而没有看到它与辩证神学的纵向关系。换言之，我们忽略了生存神学也是在辩证神学的语境之中发展而来的。"上帝

之道"是辩证神学的核心概念。在巴特那里,上帝之道就是耶稣基督。但
不是作为历史人格的耶稣,而是作为被宣告的耶稣基督之名:"上帝与我们
同在。"因此,耶稣基督作为上帝之道的意义不在于它代表或表达了该名字
之外的某些事实,而在于它被宣讲出来,即宣道。宣道是语言的事件。显然
这里涉及 20 世纪西方思想发生的语言转向。正是在这个意义上,伽达默尔
将卡尔·巴特先知宣告般的《罗马书释义》称为"解释学宣言"。① 辩证神
学的"上帝之道"的意义被布尔特曼从解释学的角度加以表现。布尔特曼
的问题是,《新约》如何成为上帝之道? 具体言之,一本由人参与写成,而且
如今已然成为书面文字的书籍如何成为上帝之道而在当下发生效应? 这才
是解神话化的终极之问。所以,让《圣经》成为上帝之道才是解神话化的最
终目的。而达至这一目的的唯一方法是让圣经成为宣道的语言,或者说,不
要把圣经当做记载某一历史或传讲某些宗教教条和道德教导的文字去理
解,而是把它当做宣道,即上帝之道加以倾听。由于倾听上帝之道与生存密
切相关,所以,布尔特曼才把生存置于其神学的中心地位。就此而言,生存
与宣道是一而二、二而一的关系。生存神学必然通向宣道神学。在此过程
中,至关紧要之处在于,自辩证神学以来,神学内部发生的对圣经语言之理
解的转变。而这一转变恰好发生在 20 世纪之初,正当哲学领域发生普遍语
言转向的时候,这难道是巧合? 当然,这也不必然说明,神学后知后觉地从
哲学学会这种语言转向,相反,我们应该从中看到的是,神学与哲学在西方
思想的发展过程中,向来就有着水乳交融,难分难解的关系。鉴于此,只有
立足于这一语言转向的大背景之下,才能真正地理解解神话化。如果将神
哲学的这种宏观关系缩放到布尔特曼与海德格尔的思想关联之内,那么,我
们不得不说的是,布尔特曼与海德格尔后期不是绝对地绝缘,相反,如果立
足于海德格尔后期,将会让我们更加清晰地洞观到解神话化之奥旨。也只
有这样,解神话化与伽达默尔解释学的关系才能全面而丰富地展现出来。
虽然伽达默尔对神学的吸收显得林林总总、不成体系,但是他的借鉴和吸取
不是任意的,相反在他提到的各种神学观点之间实际上有着内在的逻辑关
联。为什么他主张哲学解释学实际上发源于新教的宗教改革? 为什么他在
阐释效果历史意识之真理问题时,要从克尔凯格尔那里借用"共时性"概
念? 为什么他声称卡尔·巴特的《罗马书释义》是一部解释学宣言? 等等。
吸引伽达默尔眼球的这些神学家们的神学思想都在解神话化中得到系统的
综合与体现。就此而言,解神话化应该是伽达默尔解释学中神学维度的全

---

① 　伽达默尔:《诠释学 Ⅱ:真理与方法》,第 493 页。

部,甚至如让·格朗丹所展现的,在诸多方面成为哲学解释学问题的先驱。

　　毋庸置疑,布尔特曼的解释学应纳入整个哲学解释学运动之中予以考量,这不仅因为它对于哲学解释学的形成和发展产生影响,而且对于后世解释学的发展产生极大效应。围绕布尔特曼解释学形成的布尔特曼学派开始自觉地广泛关注哲学解释学对于神学的意义,其中以其弟子埃贝林和富克斯为典型。富克斯结合海德格尔后期将宣道神学发扬光大,提出"语言的发生"。① 埃贝林敏锐地洞察到《真理与方法》对神学解释学的巨大意义,并积极与哲学解释学对话。

　　不仅如此,在布尔特曼解释学的影响下,解神话化运动在神学领域引起了从神学解释学向解释学神学的转化。"解释学神学"(hermeneutische Theologie)是布尔特曼的弟子埃贝林提出。② 后者继承其师,强调理解者的生存处境在神学研究中的基本地位,继续推动自布尔特曼以来对体系化和教义化神学模式的批判。无独有偶,在哲学解释学这边,利科也尝试通过其解释学探索发起一场哲学研究的范式革命,提出"解释学哲学"。利科无疑将神学与哲学的交互影响关系向前推进了一步。与海德格尔和伽达默尔不太相同的是,利科并没有仅将神学解释学作为一种借鉴和参考从中获取零星启示,而是将其作为一个部分甚至是作为一个典型纳入其解释学大厦中。他不仅积极投入到神学解释学问题研究,如以互文性思想探讨历史耶稣问题,故而与后布尔特曼研究者达成共识,而且以神学解释学特有方式澄明哲学解释学问题,如以基督教信仰的见证性(见证解释学)阐述"解释学哲学"的基本特征,从而与布尔特曼解释学产生共鸣。从布尔特曼与海德格尔,我们看到神学与哲学的交互影响孕育了哲学解释学,从布尔特曼与伽达默尔,我们看到神学与哲学的交互影响推动了哲学解释学的发展,从布尔特曼与利科,我们看到神学与哲学朝着解释学的方向走向融合的趋势。神学与哲学——西方思想的两大基调——将以怎样的方式为我们呈现更加绚丽的思想盛宴,而解释学又将在其中扮演怎样的角色,的确是值得期待的事情!

---

① 参见曾庆豹主编:《诠释学与汉语神学》,第 74—75 页。
② 参见李丽娟:《诠释神学——与存在相属的神学》,第 10 页。

参 考 文 献

一、外 文 文 献

1. Rudolf Bultmann, *Glauben und Verstehen I*, Tübingen: J. C B. Mohr (Paul Siebeck), 1966.

2. Rudolf Bultmann, *Glauben und Verstehen II*, Tübingen: J. C B. Mohr (Paul Siebeck), 1968.

3. Rudolf Bultmann, *Glauben und Verstehen III*, Tübingen: J. C B. Mohr (Paul Siebeck), 1965.

4. Rudolf Bultmann, *Glauben und Verstehen IV*, Tübingen: J. C B. Mohr (Paul Siebeck), 1984.

5. Rudolf Bultmann, *Theologische Enzyklopädie*, Herausgegeben von Eberhard Jüngel und Klaus W. Müller, Tübingen: J.C.B.Mohr (Paul Siebeck), 1984.

6. Rudolf Bultmann, *Neues Testament und christliche Existenz*, Ausgewählt, eingeleitet und herausgegeben von Andreas Lindemann, Tübingen: Mohr Siebeck, 2002.

7. Rudolf Bultmann, *Geschichte und Eschatologie*, Tübingen: J. C B. Mohr (Paul Siebeck), 1964.

8. Martin Heidegger, *Gesamtausgabe, I. Abteilung: Veroffentlichte Schhriften 1914 - 1970*, Band 9, Wegmarken, Frankfurt: Vittorio Klostermann. 1976.

9. Martin Heidegger, *Gesamtausgabe, I. Abteilung: Veroffentlichte Schhriften 1910 - 1976*, Band 12, Unterwegs Zur Sprache, Frankfurt: Vittorio Klostermann, 1985.

10. Martin Heidegger, *Gesamtausgabe, I. Abteilung: Veroffentlichte Schhriften 1910 - 1976*, Band 7, Vortrage und Aufsatze, Frankfurt: Vittorio Klostermann, 2000.

11. Martin Heidegger, *Fruhe Schriften* (Gesamtausgabe I), Vittorio Klostermann Frankfurt Am Main, 1978.

12. *Rudolf Bultmann-Martin Heidegger Briefwechsel 1925-1975*, Herausgegeben won Andreas Grossmann und.

13. Christof Landmesser, Vittorio Klostermann. Frankfurt am Main Mohr Siebeck. Tubingen.

14. Hans-Georg Gadamer: Gesammelte Werke, Band 1, *Herneneutik I*, Tübingen: J. C B. Mohr (Paul Siebeck), 1990.

15. Hans-Georg Gadamer: Gesammelte Werke, Band 2, *Herneneutik II*, Tübingen: J. C B. Mohr (Paul Siebeck), 1993.

16. Hans-Georg Gadamer：Gesammelte Werke，Band 8，*Ästhetik und Poetik I*，Tübingen：J. C B.Mohr（Paul Siebeck），1993.

17. Hans-Georg Gadamer：Gesammelte Werke，Band 10，*Hermeutik im Rückblick*，Tübingen：J.C B.Mohr（Paul Siebeck），1995.

18. Gadamer，*Kleine Schriften I*，*Philosophie*，*Hermeneutik*，Tubingen，1967.

19. Wilhelm Dilthey，*Einleitung in die Geisterwissenschaften*，Leipzig und Berlin：B. G. Teubner，1933.

20. Ernst Käsemann，*Exegetische Versuche und Besinnungen I*，Gottingen，1960–1964.

21. Eberhard Jüngel，*Wertlose Wahrheit*，*Zur Identitat und Relevanz des christlichen Glaubens*，2.Auflage，Tübingen：Mohr Siebeck.

22. Jean Grondin，*Hans-Georg Gadamer：Eine Biographie*，Tü-bingen：Mohr Siebeck，2000.

23. Walter Mostert，*Glaube und Hermeneutik*，Herausgegeben von Pierre Buhler und Gerhard Ebeling，Tubingen：J.C.B Mohr（Paul Siebeck），1998.

24. *Theologische Bücherei：Die Anfänge der Dialektischen Theologie* Teils 2，Herausgegeben von Jürgen Moltmann，Chr.Kaiser Verlag München，1963.

25. *Rudolf Bultmanns Werk und Wirkung*，Herausgegeben von Bernd Jaspert，*Wissenschaftliche Buchgesellschaft Darmstadt*，1984.

26. *Heidegger：Perspektiven zur Deutung seines Werks*，*Otto P öggeler（Hrsg.）*，*Athenäum*，1984.

27. Philosophical Hermeneutics and Biblical Exegesis，*Edited by Petr Pokrný and Jan Roskovec*，Tübingen：J.C B.Mohr（Paul Siebeck），2002.

28. *Theologische Bücherei：Die Anfänge der Dialektischen Theologie* Teils 2，Herausgegeben von Jürgen Moltmann，Chr.Kaiser Verlag München，1963.

29. Rudolf Bultmann，Jesus and the Word，Translated by Louise Pettibone Smith and Erminie Huntress Lantero，New York：Charles Scribner's Sons，1958.

30. Rudolf Bultmann，"Bultmann Replies to his Critics，" *Kerygma and Myth— A Theological Debate*，New York：Harper &Row，Publishers，1961.

31. Rudolf Bultmann，*History and Eschatology：The Presence of Eternity*，Harper & Brothers，1957.

32. Rudolf Bultmann：*Jesus Christ and Mythology*，New York：Charles Scribner's Sons，1958.

33. Rudolf Bultmann：*Theology of the New Testament I*，Translated by Kendrick Grobel，SCM Press Ltd，1952.

34. Rudolf Bultmann：*Theology of the New Testament II*，Translated by Kendrick Grobel，SCM Press Ltd，1955.

35. Rudolf Bultmann，*New testament and Mythology and Other Basic Writtings*，Edited and Translated by Schubert M.Ogden，London：SCM Press LTD，1985.

36. Rudolf Bultmann, *Existence and Faith*, Selected, translated and introduced by Schubert M.Ogden, London: Collins Clear-Type Press.

37. Rudolf Bultmann: *Primitive Christianity in its contemporary setting*, Translated by the Reverend R.H.Fuller, Thames and Hudson, 1983.

38. *Karl Barth-Rudolf Bultmann Letters 1922 – 1966*, Edited by Bernd Jaspert, Translated by Geoffery W.Bromiley, Michigan: William B.Eerdmans Publishing Company, 1971.

39. Karl Barth, "Rudolf Bultmann—An Attempt to Understand Him", in Hans-Werner Bartsch(ed.) , *Kerygma and Myth*, vol.II(London: S.P.C.K. , 1962).

40. Karl Barth, *Church Dogmatics*, Volume I, The Doctrine of The Word of God, Part I, Translated by G.W.Bromiley, D.Lrtt. , D.D.Edingburgh: T.& T.Clark.1975.

41. Karl Barth, Church Dogmatics, a section, selected by Helmut Gollwitzer, Translated by G.W.Bromiley, T.&T.Clark, 1961.

42. *The Hermeneutics Reader*, edited by Kurt Mueller-Vollmer, New York: The Continuum International Publishing Group Inc, 1985.

43. Martin Heidegger, T*he Phenomenology of Religious Life*, Translated by Matthias Fritsch and Jennifer Anna Gosetti-Ferencei, Indiana University Press, 2004.

44. Martin Heidegger, *Supplements: From the Earliest Essays to Being and Time and Beyond*, Edited by John Van Buren, Albany: State University of New York Press, 2002.

45. *Becoming Heidegger: On the Trail of His Early Occasional Writings*, 1910 – 1927, Edited by Theodore Kisiel and Thomas Sheehan, Illinois: Northwestern University Press.

46. Kierkegaard, *Concluding Unscientific Postscript to the Philosophical Crumbs*, Edited and Translated by Alastair Hannay, Cambridge University Press, 2009.

47. Wilhelm Dilthey, *Hermeneutics and the Study of History*, Edited by Rudolf A.Makkreel and Frithjof Rodi, New Jersey: Princeton Universtiy Press, 1996.

48. Paul Ricoeur, "Philosophical Hermeneutics and Theological Hermeneutics", Studies in Religion 5(1975).

49. Paul Ricoeur, *Essays on Biblical Interpretation*, Edited by Lewis S.Mudge, Fortress Press, 1980.

50. Anthony C.Thiselton, *The Two Horizons*, The Paternoster Press, 1980.

51. Roger A.Johnson: *The Origin of Demythologizing*, Leiden: E.J.Brill, 1974.

52. John Macquarrie, *An Existentialist Theology-A Comparison of Heidegger and Bultmann*, England: Pelican Books, 1973.

53. Gareth Jones: *Bultmann: Towards a Critical Theology*, Cambrige: Polity Press, 1991. David Cairns, *A Gospel without Myth?*, London: CM Press LTD, 1960.

54. *The Historical Jesus in Recent Research*, Edited by James D.G.Dunn and Scot Mcknight, Indiana: Eisenbrauns Winona Lake, 2005.

55. Gilbert V Lepadatu, *Early Heidegger Transition From Life to Being*, VDM Verlag Dr.

Müller, 2009.

56. Richard E.Palmer, *Hermeneutics*, Evanston: Northwestern University Press, 1969.

57. Thomas F.Torrance, *The Hermeneutics of John Calvin*, Edinburgh: Scottish Academic Press, 1988.

58. B.H.Mclean, *Biblical Interppretation and Philosophical Hermeneutics*, Cambridge University Press, 2012,

59. *The Future of Our Religious Past*, Edited by James M.Robinson, Translated by Charles E.Carlston and Robert P.Scharlemann, Harper & Row, Publishers, 1971.

60. James F.Kay, *Christus Praesens: A Reconsideration of Rudolf Bultmann's Christology*, Michigan: William B.Eerdmans Publishing Company, 1994.

61. *The Making of ModernTheology*, "Rudolf Bultmann: Interpreting Faith for the Modern Era", edited by John de Gruchy, Collins Publishers, 1987.

62. Jasper D.*A Short Introduction to Hermenetics*.London: Westminster John Knox Press, 2004.

63. Kevin J.Vanhoozer, *Biblical narrative in the philosophy of Paul Ricoeur: a study in hermeneutics and theology*, Cambridge: Cambridge University Press, 1990.

64. Boyd Blundell, *Paul Ricoeur between Theology and Philosophy*, Indianan: Indiana University Press, 2010.

65. Thomas Hobbes, *Leviathan*, New York: Liberal Arts Press, 1958.

66. Werner G.Jeanrond, *Theological Hermeneutics-Development and Significance*, London: Macmillan Academic and Professional LTD.1991.

67. Alfred A.Glenn, "Rudolf Bultmann: Removing the False Offense", *Journal of the Evangelical Theological Society* 16.2(Spring 1973) : pp.73−81.

68. George D.Chryssides, "Concepts of Freedom in Bultmann and Heidegger", *Sophia*, Vloume 17, Issue 1, 1978, pp.20−27.

69. George D. Chryssides, "Bultmann's Criticisms of Heidegger", *Sophia*, Volume 24, Issue 2, July 1985, pp.28−35.

70. Gareth Jones, "Phenomenology and Theology: A Note on Bultmann and Heidegger", *Modern Theology*, 5:2 January 1989, pp.161−179.

71. Phillippe Eberhard, "Gadamer and Theology", *International Journal of Systematic Theology*, Vol.9, No.3, July 2007, pp.283−300.

二、中 文 文 献

1. 布尔特曼:《信仰与理解》卷一,卢冠霖译,香港:道风书社,2010 年。

2. 布尔特曼等:《生存神学与末世论》,李哲汇、朱雁冰等译,上海:上海三联书店,1995 年。

3. 卡尔·巴特:《罗马书释义》,魏育青译,上海:华东师范大学出版社,2005 年。

4. 海德格尔:《存在与时间》,陈嘉映、王庆节合译,熊伟校,北京:三联书店,2010 年。

5. 海德格尔:《时间概念史导论》,欧东明译,北京:商务印书馆,2009 年。

6. 海德格尔:《在通向语言的途中》,孙周兴译,北京:商务印书馆,2005 年。

7. 海德格尔:《演讲与论文集》,孙周兴译,北京:三联书店,2005 年。

8. 海德格尔:《形式显示的现象学:海德格尔早期弗赖堡文选》,孙周兴编译,上海:同济大学出版社,2004 年。

9. 海德格尔:《康德与形而上学疑难》,王庆节译,上海:上海译文出版社,2011 年。

10. 海德格尔:《存在论:实际性的解释学》,何卫平译,北京:人民出版社,2009 年。

11. 海德格尔、奥特等:《海德格尔与神学》,刘小枫选编,孙周兴等译,汉语基督教文化研究所,1998 年。

12. 伽达默尔:《哲学解释学》,夏镇平、宋建平译,上海:上海译文出版社,2004 年。

13. 伽达默尔:《诠释学 I:真理与方法》,洪汉鼎译,北京:商务印书馆,2010 年。

14. 伽达默尔:《诠释学 II:真理与方法》,洪汉鼎译,北京:商务印书馆,2010 年。

15. 伽达默尔:《哲学生涯——我的回顾》,陈春文译,北京:商务印书馆,2003 年。

16. 伽达默尔:《伽达默尔集》,严平选编,邓安庆等译,上海:上海远东出版社,2002 年。

17. 狄尔泰:《精神科学中历史世界的建构》,安延明译,北京:中国人民大学出版社,2010 年。

18. 狄尔泰:《历史中的意义》,艾彦、逸飞译,北京:中国城市出版社,2002 年。

19. 柏拉图:《柏拉图全集》,第二卷,王晓朝译,北京:人民出版社,2003 年。

20. 亚里士多德:《形而上学》,吴寿彭译,北京:商务印书馆,1997 年。

21. 奥古斯丁:《论三位一体》,周伟驰译,上海:上海世纪出版集团,2005 年。

22. 奥古斯丁:《论基督教教义》,载《论灵魂及其起源》,石敏敏译,中国社会科学出版社,2004 年。

23. 黑格尔:《精神现象学》上卷,贺麟、王玖兴译,北京:商务印书馆,1997 年。

24. 克尔凯郭尔:《恐惧与颤栗》,刘继译,陈维正校,贵州人民出版社,1994 年。

25. 克尔凯郭尔:《致死的疾病》,张祥龙、王建军译,中国工人出版社,1997 年。

26. 保罗·利科:《解释的冲突》,莫伟民译,北京:商务印书馆,2008 年。

27. 保罗·利科:《从文本到行动》,夏小燕译,上海:华东师范大学出版社,2015 年。

28. 保罗·利科:《诠释学与人文科学》,孔明安等译,北京:中国人民大学出版社,2012 年。

29. 康德:《判断力批判》,邓晓芒译,杨祖陶校,北京:人民出版社,2002 年。

30. 约翰·麦奎利:《存在主义神学——海德格尔与布尔特曼之比较》,成穷译,王作虹校,香港:道风书社,2007 年。

31. 潘能伯格:《近代德国新教神学问题史》,李秋零译,香港:道风书社,2010 年。

32. 凯文杰·范胡泽:《保罗·利科哲学中的圣经叙事——诠释学与神学研究》,杨慧译,北京:中国人民大学出版社,2012 年。

33. 让·格朗丹:《哲学解释学导论》,何卫平译,北京:商务印书馆,2009 年。

34. 李丽娟:《诠释神学——与存在相属的神学》,台湾:台湾基督教文艺出版社,2010 年。

35. 刘小枫:《走向十字架的真》,上海:上海三联书店,1995 年。

36. 赵敦华:《基督教哲学 1500 年》,北京:人民出版社,1994 年。

37. 何卫平:《解释学之维——问题与研究》,北京:人民出版社,2009 年。

38. 何卫平:《通向解释学的辩证法之途》,上海:上海三联书店,2001 年。

39. 张旭:《卡尔·巴特神学研究》,上海:人民出版社,2005 年。

40. 曾庆豹主编:《诠释学与汉语神学》,香港:道风书社,2007 年。

41. 杨慧林:《圣言·人言——神学诠释学》,上海:上海译文出版社,2002 年。

42. 傅永军等:《宗教与哲学:西方视域中的互动关系研究》,济南:山东大学出版社,2014 年。

43. 林子淳:《利科:在圣经镜像中寻索自我》,香港:基道出版社,2011 年。

44. 布尔特曼:《关于"去神话"问题》,李章印译,《世界哲学》2012 年第 1 期。

45. 邓雅各:《回忆耶稣——历史耶稣探索的问题分析》,载《圣经文学研究》第三辑,北京:人民文学出版社,2009 年。

46. 朱松峰:《论海德格尔马堡时期的思想演变——以"实际生活经验"为基点》,载《北京大学学报》(哲学社会科学版)2010 年第 4 期。

47. 刘娟:《克尔凯郭尔关于孤独个体的思想研究》,《中共山西省委党校学报》2005 年第 1 期。

48. 何卫平:《奥古斯丁与西方解释学》,《武汉大学学报》(人文科学版)2012 年第 5 期。

49. 何卫平:《海德格尔 1923 年夏季学期讲座的要义及其他》,《世界哲学》2010 年第 2 期。

50. 何卫平:《伽达默尔的教化解释学论纲》,《武汉大学学报:人文社科版》2011 年第 2 期。

51. 何卫平:《伽达默尔评布尔特曼"解神话化"的解释学意义》,《世界宗教研究》,2013 年第 2 期。

52. 李章印:《海德格尔哲学对布尔特曼神学的影响》,载傅永军等:《宗教与哲学:西方视域中的互动关系研究》,济南:山东大学出版社,2014 年。

53. 梁工:《圣经诠释学早期历史略伦》,《安徽师范大学学报》(人文社会科学版)2012 年第 3 期。

54. 林子淳:《利科两篇吉福德神学讲演之析读——作为其自我寻索现象学的说明案例》,载《中国现象学与哲学评论》第十三辑,2014 年。

后　记

　　从博士论文答辩到本书的出版,之间经历了8年时间。在导师的叮咛和鼓励下,该书在毕业后旋即纳入"解释学论丛"的出版计划当中。但由于一些问题尚未理清,一些基本资料也未吃透,个人始终觉得论文还有值得充实和提升的空间,就暂时搁置了出版计划。参加工作以来,除了完成必要教学任务,基本上将全部时间与精力投入到论文修改上。修改过程中,我反复阅读论文外审专家的评审意见,将论文涉及的一些基本材料重新阅读、深入思考,对论文的内容、结构进行较大改动。2018年,我以此成功申报了国家社科后期资助项目。项目获批将本书的研究和修改工作推向一个新台阶。一方面,结合项目评审专家提出的修改意见,我对现有内容进行了再次修改,将一些论述含混的地方予以澄清,论证不足的地方予以强化;另一方面,立足于哲学解释学的发展效应,在原有基础上,增加一章内容探讨布尔特曼与保罗·利科的解释学关联,让整本书逻辑上更加连贯,结构上更加立体。因此,对比当年的博士论文,本书在某种意义上有了质的变化。

　　当然,这并不说明本书已经具有相当水平了。从解释学处境来讲,充其量只能说与我当下的视域相匹配。随着年龄阅历的增长和学术思考的深入,该书也会变得捉襟见肘。不仅如此,各位专家之所以给我一个更好修改的机会,是出于对我研究成果的认同,却也是对我这样年轻后生的鼓舞。在此,我要向给本书提出宝贵修改意见的各位专家表达诚挚谢意。感谢你们不吝赐教,用你们的大视域修正、拓展我的小视域。

　　一日为师,终身为父。我经常用这句俗语表达我对何老师的感激。在跟何老师学解释学之前,我是一个先验论者,相信有一些先天不可更改的观念或真理。是何老师领着我们一句一句"啃"《存在与时间》和《真理与方法》等解释学经典,把历史意识带入我的思维。历史意识不仅让我获得一个反思以前的契机,而且教会我做人的重要道理。至今何老师在课堂上的一句话让我记忆犹新,他在讲到解释学的伦理学意蕴时说:"解释学不仅是一门学问,也是做人的原则。"正是在这双重影响下,我决定进入我现在的研究。我的博士论文从选题、写作到修改无不倾注了何老师的心血。当初,在我初步表达自己的学术经历和想法后,何老师毅然提出让我作布尔特曼研究。在课堂上涉及布尔特曼的地方,他总是特地多花一点时间讲解和讨论。论文写作中,多次与何老师探讨,他提出的很多意见让我在写作中避免走弯路。还记得拿到何老师对我论文的第一次修改稿时,我的脑袋"嗡"地一声,只看到空白处写满密密麻麻的批注。直至出版前夕,何老师仍就书名酌定、引文出处等细节问题给我提出宝贵建议。同门师兄弟都说何老师是一个严谨的学者,从论文修改便可看出来了。

我要对洪汉鼎先生、李章印教授、傅永军教授、张能为教授、邓晓芒教授、赵林教授、查常平教授、林子淳教授、曾庆豹教授等对我论文提出建设性意见的专家表示衷心感谢。2012 年赴台湾政治大学参加五校博士论坛,有幸与曾庆豹教授相识,他不仅给我许多意见和建议,而且邮寄给我一本台湾学者关于布尔特曼的研究专著,收到邮件那一刻,非常感动。2015 年博士论文答辩,邓晓芒教授、赵林教授对论文给予肯定,同时提出独到修改意见,给予我思路以重大启发。2016 年参加山东大学举办的青年解释学论坛时,有幸与洪汉鼎先生、李章印教授、傅永军教授谋面,他们的见解从不同角度给我启发。会议结束前,李章印教授主动将《宗教与哲学:西方视域中的互动关系研究》一书赠予我,让我获益匪浅。2018 年诠释学年会上,林子淳教授将自己的两本利科解释学研究专著赠予我,为我完成该书写作的后期工作提供很大帮助。每当感到学术乏力、孤独和艰难时,想起这一幕幕,我又没有理由不重振起来。

感谢同门师兄弟和同学,他们是李永刚师兄、黄旺师兄、毛安翼师兄、付志勇、孙洁、帅巍师弟、魏琴师妹、龙佩林老师、庞昕博士等,与你们一起讨论的场景历历在目。还有黄小洲老师、邵华师兄,感谢你们在我求学历程中的指点和帮助。尚有诸多朋友与同学,未能一一列出,但感激之情不减丝毫。

我想特别感谢我的家人。首先是我的爱人杨宪苓女士。在漫长而穷困的求学之路上,爱人的无怨无悔、不离不弃成为我最大的慰藉和鼓舞。写作博士论文时,我几乎每天向她汇报我的进程,彼此安慰,相互鼓励。其次,我要感谢我的父母亲。别人家的孩子都挣钱多年了,我还在读书,在农村这似乎是不可思议的。但父母亲默默支持我,没有把家庭的经济压力过早转移给我,反而以我为荣。最后,我要感谢我的三叔、幺叔和姑姑。他们勤于思考、热爱读书的习惯让我从小耳濡目染。特别是我的姑姑,通过她在香港的学术资源帮我收集到大量布尔特曼研究文献,解决了博士研究的一个重大难题。

最后,我要向人民出版社编审洪琼博士表示感谢。后期资助项目成功申报以及本书顺利出版是在洪博士的倾心帮助和出版社的大力支持下得以实现。

是为记。

2023 年 1 月 20 日

责任编辑：洪　琼
封面设计：毛　淳　姚　菲
版式设计：姚　菲

图书在版编目（CIP）数据

布尔特曼与哲学解释学的发展：从海德格尔到伽达默尔和利科／
　姜韦 著. —北京：人民出版社，2023.11
（国家社科基金后期资助项目）
ISBN 978－7－01－025791－4

Ⅰ.①布…　　Ⅱ.①姜…　　Ⅲ.①解释学-研究　　Ⅳ.①B089.2

中国国家版本馆 CIP 数据核字（2023）第 124500 号

布尔特曼与哲学解释学的发展
BUERTEMAN YU ZHEXUE JIESHIXUE DE FAZHAN
——从海德格尔到伽达默尔和利科

姜 韦 著

人民出版社 出版发行
（100706　北京市东城区隆福寺街 99 号）

北京汇林印务有限公司印刷　新华书店经销

2023 年 11 月第 1 版　2023 年 11 月北京第 1 次印刷
开本：710 毫米×1000 毫米 1/16　印张：18.5
字数：300 千字

ISBN 978－7－01－025791－4　定价：89.00 元

邮购地址 100706　北京市东城区隆福寺街 99 号
人民东方图书销售中心　电话（010）65250042　65289539